16—18世纪喀尔喀蒙古政治社会体制研究

齐 光 ◎ 著

本书由复旦大学出版基金资助出版

复旦大学出版社

目 录

16—18世纪喀尔喀蒙古政治社会体制研究

绪 论   *001*

  第一节 历史背景 ······ 001
  第二节 先行研究 ······ 012
  第三节 研究目的及意义 ······ 018
  第四节 史料介绍 ······ 024
  第五节 章节构成 ······ 036

第一章 16世纪后半期七和硕喀尔喀兀鲁斯的形成及其在17世纪初期的发展   *041*

  第一节 七和硕喀尔喀兀鲁斯的形成 ······ 043
  第二节 阿巴岱汗后期七和硕喀尔喀兀鲁斯的政治社会体制 ······ 046
  第三节 从1596年"猴年大法典"看七和硕喀尔喀兀鲁斯的政治社会体制 ······ 053
  第四节 七和硕喀尔喀兀鲁斯政治社会体制在17世纪

		初期的发展 ···	060
	第五节	七和硕喀尔喀兀鲁斯领主与其属民之间的协商制度 ···	063

第二章　17世纪前半期七和硕喀尔喀兀鲁斯与四卫拉特的联合　069

	第一节	七和硕喀尔喀兀鲁斯对四卫拉特的战争与和平 ···	070
	第二节	七和硕喀尔喀兀鲁斯与四卫拉特建立新政权的经过 ···	077
	第三节	"喀尔喀—卫拉特联合政权"的建立及其意义 ···	082

第三章　1640年前七和硕喀尔喀兀鲁斯领主在卫藏的活动　088

	第一节	1640年前七和硕喀尔喀兀鲁斯领主在卫藏的活动情况表 ···	089
	第二节	1640年前七和硕喀尔喀兀鲁斯领主在卫藏的活动情况 ···	092

第四章　1640年后七和硕喀尔喀兀鲁斯领主在卫藏的活动　105

	第一节	1640年至1680年间七和硕喀尔喀兀鲁斯领主与达赖喇嘛往来关系表 ···	106

第二节　1640年至1680年间七和硕喀尔喀兀鲁斯领主
　　　　与达赖喇嘛的关系 …………………………… 122

第五章　17世纪中后期达赖喇嘛权威下的七和硕喀尔喀兀鲁斯政治社会体制　　151

第一节　五世达赖喇嘛颁发给七和硕喀尔喀兀鲁斯的
　　　　办理事务的噶舒克文书 ……………………… 152
第二节　五世达赖喇嘛颁发给七和硕喀尔喀兀鲁斯的
　　　　册封领主的噶舒克文书 ……………………… 161
第三节　1640—1686年间七和硕喀尔喀兀鲁斯政治
　　　　社会体制的变化 ……………………………… 167

第六章　17世纪中前期七和硕喀尔喀兀鲁斯与清朝的通使关系　　175

第一节　七和硕喀尔喀兀鲁斯与满洲—清朝的最早
　　　　接触 …………………………………………… 176
第二节　七和硕喀尔喀兀鲁斯左翼与满洲—清朝之间
　　　　最初的通使关系 ……………………………… 180
第三节　1640年前七和硕喀尔喀兀鲁斯与清朝的
　　　　关系 …………………………………………… 184

第七章　17世纪中后期七和硕喀尔喀兀鲁斯与清朝的"八扎萨克体制"　　195

第一节　清朝任命八扎萨克时须七和硕领主会议通过及

		达赖喇嘛的认可 ······	198
第二节		八扎萨克体制下七和硕喀尔喀兀鲁斯与清朝的	
		外交交涉 ······	201
第三节		八扎萨克的具体贡数和清朝皇帝的赏赉数 ······	207

第八章　17 世纪晚期七和硕喀尔喀兀鲁斯服属清朝的过程　　228

第一节	康熙帝向七和硕喀尔喀兀鲁斯的遣使 ······	229
第二节	对七和硕喀尔喀兀鲁斯左右翼纷争的调停 ······	233
第三节	服属清朝编立扎萨克旗和旧有体制的关系 ······	242
第四节	服属后册封的清朝爵位与八扎萨克之间的关系 ······	246

第九章　18 世纪前半期清朝的喀尔喀蒙古保护及其统治政策　　253

第一节	康熙帝对哲布尊丹巴呼图克图的优遇与利用 ······	254
第二节	雍正帝对喀尔喀蒙古的保护与利用 ······	259
第三节	喀尔喀蒙古在清准战争中的立场与作用 ······	268

第十章　18 世纪喀尔喀蒙古四部的政治社会体制　　284

第一节	清朝皇帝及达赖喇嘛等颁发给喀尔喀蒙古四部的敕书及噶舒克文书 ······	286
第二节	喀尔喀蒙古四部的吉谷呼及塔尔哈文书 ······	296

第三节　吉古呼及塔尔哈文书所反映的喀尔喀蒙古四部政治社会体制 ······ 313

第十一章　清朝统治的加强：1783年土谢图汗获罪事件　*332*

第一节　清朝以"滥发乌拉执照"为由弹劾喀尔喀蒙古王公 ······ 333
第二节　清朝对"滥发乌拉执照"事件的处置过程 ······ 337
第三节　清朝对土谢图汗车登多尔济等的处分 ······ 350

结　论　*359*

附录一　系谱　*374*

附录二　大事记表　*383*

参考文献　*395*

后　记　*403*

绪　论

本书将利用满、蒙、藏、汉文史料,以 16 世纪中期至 18 世纪晚期为时间轴,以蒙古高原和青藏高原为主要历史舞台,阐明喀尔喀蒙古的七和硕兀鲁斯体制——从其形成到服属清朝成为外藩及被分成四部后的政治社会制度的发展变迁历程。除关注七和硕喀尔喀兀鲁斯本身的发展外,主要揭示其与拥有巨大政治影响力的清朝皇帝和被蒙古人崇奉为圣者的达赖喇嘛之间的关系,以此深入探讨服属清朝前后喀尔喀蒙古政治社会体制的变化及其原因。

需要说明的是:本书中的政治社会体制,是指 16—18 世纪喀尔喀蒙古的政权组织形式、社会结构及在法的支配下的有机协调的统治体系。

第一节　历史背景

喀尔喀蒙古人,是今日蒙古国的主要居民。关于喀尔喀(Mon：qalq-a)一词的由来,学术界大概有三种说法。一、来源于注入贝尔湖的喀尔喀河(Mon：qalq-a γool),因该集团游牧于该河流域而得此名。二、来源于蒙古可汗的护卫集团(Mon：qalqalaγči)。三、来源于蒙古兵使用的盾牌(Mon：qalq-a bambai)。此外,据笔者发现,设有挡箭牌的战车,蒙古语也称喀勒喀(Mon：qalq-a)。不过笔者仍认为,不应将以上名称割裂看待,不能抹杀它们之间的内在联系。15世纪的喀尔喀土门(Mon：tümen,即"万户")十二鄂托克(Mon：otoγ),大体由巴林、弘吉剌特、巴岳特、扎赉尔、巴苏特、克列特、哈达斤、唐古特、萨尔图勒等成吉思汗时代的"阿亦马黑(Mon：ayimaγ)—斡字黑(Mon：oboγ)"集团①构成。以此来看,喀尔喀土门内的诸集团,作为向其直属领主或宗主可汗提供兵役的人员,曾以护卫蒙古帝国宗主可汗及其家室自居。1368年后,随着蒙古可汗朝廷的北迁,他们来到呼伦贝尔西部的喀尔喀河流域游牧居住,最终于15世纪的达延汗时代,"喀尔喀"这一名称固定下来,同时成为蒙古可汗非常倚重的一个政治社会集团。

喀尔喀土门,作为达延汗六大土门中的左翼三土门之一,为蒙古可汗朝政的稳固与扩展,立过汗马功劳。因此,达延汗行诸子分封时,喀尔喀土门奉戴了被认为是继承基业的两个小的嗣子。其中,巴林、弘吉剌特、扎鲁特、巴岳特、兀济耶特五鄂托克,由达延汗第六子阿勒楚博罗特领有。而扎赉尔、巴苏特、郭尔罗斯、克列特、哈达斤、唐古特、萨尔图勒等七鄂托克,由达延汗末子格呼森札统领。阿勒楚博罗特属下的五鄂托克,逐渐游牧至大兴安岭之南,称为"内喀尔喀五部(Mon：öbör tabun qalq-a)"。格呼森札支配的七鄂托克则不断向西拓展游牧地,最终至16世纪中晚期为止,占据了整个漠北地方,从而被称为"七鄂托克喀尔喀(Mon：doloγan otoγ qalq-a)"。后来格呼森札的七个嗣子,即长子阿什海达尔罕洪台吉、次子诺颜泰哈坦巴图尔、第三子诺诺和卫征诺颜、第四子阿敏都喇勒诺颜、第五子塔尔尼、第六子德勒登昆都伦、第七子萨穆贝玛,先后分领七鄂托克喀尔喀的全部及乌梁罕土门的一部分,形成了七和硕喀尔喀兀鲁斯

---

① 后来对应的汉字是"爱马克(Mon：ayimaγ)—斡字克(Mon：oboγ)",或"爱玛客(Mon：ayimaγ)—敖木库(Mon：oboγ)"。

(Mon：doloɣan qosiɣu qalq-a ulus)。本书的考察对象,即为此七和硕喀尔喀兀鲁斯的政治社会体制。

至16世纪中后期,七和硕喀尔喀兀鲁斯中,格呼森札长子阿什海达尔罕洪台吉、次子诺颜泰哈坦巴图尔、第六子德勒登昆都伦及第七子萨穆贝玛支系的领主们,逐渐形成了兀鲁斯共同体的右翼。他们不断向西进攻宿敌四卫拉特,将自己的游牧地扩展至阿尔泰山脉地区,以至巴里坤一带。1691年服属清朝后,他们中的大部分成为扎萨克图汗部。而第三子诺诺和卫征诺颜支系的领主们,带领各自属民,驻牧于蒙古高原的中心地带图拉河流域,发展成七和硕喀尔喀兀鲁斯政权的中流砥柱。1691年服属清朝后,成为土谢图汗部和赛音诺颜部。第四子阿敏都喇勒诺颜支系的领主们,服属清朝后单独成为车臣汗部。诺诺和卫征诺颜和阿敏都喇勒诺颜支系的领主们,曾形成兀鲁斯共同体的左翼。每个支系的领主们,皆经常一同召开会盟,制定法律,商议事务。

16世纪80年代,七和硕喀尔喀兀鲁斯众领主推举阿巴岱为"赛音汗(Mon：sayin qan)",并团结在其周围,处理内部纠纷及对外征战、议和等事务。当时,七和硕喀尔喀兀鲁斯针对四卫拉特,经过长期战争,将其征服并派遣领主进行直接统治,阿巴岱被推戴为汗的最大理由,可能即来自这一对外战争的功绩。另外,阿巴岱在喀尔喀蒙古历史上被永世传颂的功德是:他于1586年前往呼和浩特附近会见第三世达赖喇嘛,并请得"佛法大瓦齐赉汗(Mon：nom-un yeke wačir qan)"封号,以此在漠北地方首倡信仰黄教。随即七和硕喀尔喀兀鲁斯的有力领主们,纷纷效仿这种行为,逐渐形成了从达赖喇嘛请求封号的政治传统,这是利用宗教来巩固政权及自身权利的明白例证。至17世纪初期,七和硕喀尔喀兀鲁斯内各支系的领主们在共同的祖先崇拜、共同的宗教信仰及共同合议商定的法律基础上,达成了一种联合。

1624年前后,七和硕喀尔喀兀鲁斯与四卫拉特握手言和,止息战争,达成了两大集团的和平。但在同一时期的漠南,蒙古宗主可汗——林丹汗——开始攻打不服从旨令的其他兀鲁斯,致使众多失去归属和家园的漠南蒙古人逃至漠北避难。为抢夺这些逃人及其财产,七和硕喀尔喀兀鲁斯内部发生不和。最终于1634年前后,左翼诺诺和卫征诺颜支系的领主绰克图洪台吉与七和硕喀尔喀兀鲁斯的其他领主发生大的争执,被迫带领属民南下。而就在同一年,为躲避满洲、漠南蒙古联军的追击,不得不逃亡青海的林丹汗,于甘肃、青海交界处扁都口附近的锡喇塔拉(大草滩)病逝。林丹汗与绰克图洪台吉之间以姻亲及共同的信仰为前提,曾有过密切的书信和使者往来。旋即绰克图洪台吉组织自己的军队,进攻自16世纪中后期以来一直占据青海的多伦土默特(Mon:doloγan tümed)①,将其民众收归己有。其后又派长子阿尔斯兰率兵前往卫藏,打击黄教集团。相反,为消灭此"倒行逆施"的绰克图洪台吉,七和硕喀尔喀兀鲁斯右翼部分领主及以固始汗为首的四卫拉特领主,商定出兵前去征讨。

  1636年,满洲宗室领主、漠南蒙古领主及少数汉人军阀,于盛京召开会议,共同推戴皇太极为"皇帝",并以他为中心建立了"大清国"政权。同时,漠南蒙古的领主们又上尊号于皇太极曰"博克多车臣可汗(Mon:boγda čečen qaγan)",承认其是蒙古宗主可汗的继任者,以此皇太极具有了统治蒙古的正统性。此事对密切关注漠南动向的七和硕喀尔喀兀鲁斯和四卫拉特的领主,无疑产生了巨大的冲击。1637年,以固始汗为首的四卫拉特联军,于青海中部的今乌兰县附近大败绰克图洪台吉率领的军队,致使其在逃亡途中被杀。随后,固始汗亲自前往拉萨朝见达赖喇嘛,在请得"持教法王(Mon:šaǰin-i bariγči nom-un qan)"封号的同时,极力邀请五世达赖喇嘛前来蒙古。自消灭绰克图洪台吉至1640年秋召开"喀尔喀—卫拉特会盟(Mon:qalq-a oyirad-un čiγulγan)"为止的近三年时间内,以扎萨

---

① 青海多伦土默特的领主层,是蒙古中兴之主达颜汗第四子阿尔斯博罗特的子孙。

克图汗素班第为首的七和硕喀尔喀兀鲁斯和以固始汗为首的四卫拉特的领主们,曾有过密切的接触和商讨,计划将五世达赖喇嘛邀请至蒙古。在两次的迎请后,五世达赖喇嘛并没能离开拉萨前往蒙古地方后,固始汗决定出兵征服藏区。经过近三年的艰苦战斗,在七和硕喀尔喀兀鲁斯领主们的协助下,固始汗军队终于将喀木及整个卫藏全部征服。但需说明的是,固始汗的军事斗争并不是为了满足自己的征服欲望,其与众多七和硕喀尔喀兀鲁斯和四卫拉特的领主一样,完全是为了蒙古朝政及宗教的稳定与安全。1642年春,固始汗将五世达赖喇嘛请至日喀则,在众多蒙古领主及蒙藏僧众面前,按照忽必烈可汗将卫藏十三万户布施给高僧八思巴的传统,将卫藏全体民众及其土地献给五世达赖喇嘛,作为其属民、领地享用。固始汗的此种壮举,不仅是他个人的想法,也是当时全体七和硕喀尔喀兀鲁斯和四卫拉特蒙古领主的共同愿望。在此期间,固始汗与扎萨克图汗等七和硕喀尔喀兀鲁斯的领主们想必有过协商。

1640年联合建立统一的蒙古朝政,尤其是固始汗将卫藏地方献给五世达赖喇嘛,并在其基础上建立地方政府后,七和硕喀尔喀兀鲁斯和四卫拉特的领主们纷纷前往拉萨,朝见达赖喇嘛,布施黄教寺院,祈祷蒙古朝政及民众生活的泰平幸福。但作为蒙古领主,朝见达赖喇嘛的最大目的,还在于怎样继承和维护自身或其家族的政治地位,怎样顺利解决诉讼案件,怎样处理与周边诸多势力间的关系等大的政治社会问题。在从1640—1686年的近五十年间,七和硕喀尔喀兀鲁斯和四卫拉特的领主们前往拉萨朝见达赖喇嘛,处理以上问题事务的行为,从没有中断过,即使自身不能去,也派遣使者去。在这一时期,达赖喇嘛的存在,对七和硕喀尔喀兀鲁斯的影响是巨大的,这是不可否认、不可漠视的事实。

正是在这种大的形势下,七和硕喀尔喀兀鲁斯的左翼领主们,以印度高僧多罗那他转世为由,开始拥戴土谢图汗衮布1635年所生之子,并将其送至卫藏寺院学习佛教经典。1651年返回喀尔喀蒙古时,五世达赖喇嘛授予其"哲布尊丹巴呼图克图"封号。不久,于七和硕喀尔喀兀鲁斯,哲布尊丹巴呼图克图被尊为全体领主及民众的上师喇嘛而受到极大的崇拜,不仅在宗教方面,在世俗政治方面也掌握了不可撼动的权力。在17世纪的七和硕喀尔喀兀鲁斯,哲布尊丹巴呼图克图的成立及存在,给其政治社会发展产生过极其重要的影响。

另一方面,1636年后,七和硕喀尔喀兀鲁斯与清朝之间的外交往来也在向前推进。直至1646年发生"腾机思事件"为止,七和硕喀尔喀兀鲁斯左翼领主与清朝皇帝之间的友好往来从没间断过,只是在怎样摆正双方地位方面,互有立场和说法而已。"腾机思事件"之后,围绕战俘及逃人的遣送问题,经过长期交涉,最终于1655年,七和硕喀尔喀兀鲁斯与清朝达成共识,决定清朝皇帝将喀尔喀八位领主册封"扎萨克",基于此建立关系,每年八位扎萨克定期定额向清朝皇帝进献"九白之贡",其余小领主亦相应进贡领赏并进行贸易。历史上,将这一外交贸易体制,称为"八扎萨克体制"。以该体制为平台,双方的外交关系得到稳步发展。直至1691年,七和硕喀尔喀兀鲁斯服属清朝为止,"八扎萨克体制"作为双方往来的基本框架,发挥了重要作用。

17世纪中后期,七和硕喀尔喀兀鲁斯内部发生不合和争斗。首先,右翼阿什海达尔罕洪台吉支系的领主即扎萨克图毕希热勒图汗诺尔布和巴特玛额尔德尼洪台吉温布各领属下兵丁,攻击同为右翼的,但是诺颜泰哈坦巴图尔支系领主所领有的额勒济根鄂托克,致使该鄂托克的众多领主及其属民逃入左翼诺诺和卫征诺颜支系领主所支配的鄂托克内。其后,诺尔布逝世,其弟衮布扎克冰图阿海自立为扎萨克图浩塔拉汗。同时温布去世,其长子罗卜藏继任为亦林臣赛音洪台吉。围绕分配额勒济根鄂托克战俘问题,1662年罗卜藏执杀浩塔拉汗,吞并了其直属的奥鲁固诺特鄂托克。为此,左翼土谢图汗察珲多尔济与右翼部分领主一同领兵前去,征讨亦林臣赛音洪台吉罗卜藏,迫使其向西逃窜,并最终在喀尔喀和卫拉特军队的夹击下,被准噶尔首领僧格洪台吉所执杀。驱逐罗卜藏之后,1664年,察珲多尔济与众领主协商,将已故扎萨克图汗诺尔布长子旺楚克立为新的扎萨克图默尔根汗。不久,旺楚克去世,其弟成衮在不与全体七和硕喀尔喀兀鲁斯领主商议的前提下,于1666年从准噶尔首领僧格处请得汗号,自立为扎萨克图车臣汗。在以上的内乱期间,众多右翼领主及其属民被迫逃入左翼避难,成衮即位扎萨克图汗后,要求左翼土谢图汗察珲多尔济将这些逃避人员及财产返还给右翼。于是围绕这一问题,七和硕喀尔喀兀鲁斯的左右翼之间又产生了深刻的对立。

1686年,达赖喇嘛的使者噶勒丹锡热图呼图克图、康熙帝的使者阿喇尼,与七和硕喀尔喀兀鲁斯左右翼全体领主及准噶尔的噶尔丹博硕克图汗等,于喀尔喀蒙古库仁博勒齐尔(Mon: küreng belčiger)地方召开会盟,一同商讨怎样解决左右翼之间围绕属民返还而引起的对立与争执。在此会盟期间,左翼以土谢图汗为首的领主们答应返还留在左翼的全部右翼人口,但事后违背这一誓言,只返还了一半。对此,准噶尔的噶尔丹博硕克图汗以不履行会盟决定为由表示了不满。此外,噶尔丹博硕克图汗以会盟期间哲布尊丹巴呼图克图与达赖喇嘛代表噶勒丹锡热图坐在同一高度的座位上,以此没有尊重达赖喇嘛为由,斥责哲布尊丹巴呼图克图的不恭。再以土谢图汗先前曾援助过天山北麓和硕特兀鲁斯的鄂齐尔图车臣汗,攻打过噶勒丹,又将女儿嫁给鄂齐尔图车臣汗孙罗卜藏衮布为由,谴责了土谢图汗。会盟前后,扎萨克图车臣汗成衮去世,其长子沙喇即汗位。1687年,土谢图汗察珲多尔济以扎萨克图汗沙喇投奔噶尔丹为由,领兵前去杀死了扎萨克图汗沙喇及前来支援的噶尔丹博硕克图汗弟多尔济扎布,这些为噶尔丹提供了充分的开战理由。

1688年春,噶尔丹博硕克图汗领兵三万,越过杭爱山脉,以问罪哲布尊丹巴呼图克图及土谢图汗为口号,大举进攻七和硕喀尔喀兀鲁斯左翼。当时土谢图汗伞下的部分领主,正带领军队,于北方贝加尔湖附近攻打沙皇俄国军队侵占的要塞,故本部力量薄弱。即便如此,土谢图汗察珲多尔济仍于特木尔地方迎战了噶尔丹军队,但以失败告终。其后的数次小规模战斗也没有取得实质性的胜利之后,土谢图汗、哲布尊丹巴呼图克图等被迫率领属民,南下逃入清朝境内避难。1688—1690年间,七和硕喀尔喀兀鲁斯左翼数十万民众陆续逃进漠南蒙古,以寻求康熙帝的保护。同时右翼扎萨克图汗沙喇之弟齐旺扎布及色楞阿海等领主,亦纷纷逃入漠南西部地方躲避战乱。1690年,康熙帝组织京畿八旗和漠南蒙古扎萨克军队,于乌兰布统地方迎击南进的噶尔丹军队,迫使其返回漠北。趁此形势,1691年夏,康熙帝召集哲布尊丹巴呼图克图及土谢图汗、车臣汗、扎萨克图汗弟齐旺扎布等已进入漠南的三十五名喀尔喀重要领主,又集合清朝宗室王公和漠南蒙古四十九旗王公,于八旗察哈尔领地内的多伦诺尔地方举行了会盟。期间,康熙帝向参加会盟的喀尔喀汗、诺颜、台吉等,授予了清朝的亲王、郡王、贝勒等爵位,又将部分王公任命为扎萨克,但康熙帝并没有撤销喀尔喀汗王原来的封号及相应的一些权利。同时又宣布将七和硕喀尔喀兀鲁斯领主的属下人员,照漠南蒙古四十九旗例,编为"旗—佐领"。当时编立的扎萨克旗,土谢图汗近族九旗,车臣汗近族十二旗,扎萨克图汗伞下八旗,共二十九旗。1692年,清朝将土谢图汗部定为喀尔喀后路,将车臣汗部定为喀尔喀东路,把扎萨克图汗部设为西路,以此建立了三汗部。

1696年,由喀尔喀蒙古兵、漠南蒙古扎萨克兵、阿拉善和硕特兵及众多八旗、绿营组成的清军,在康熙帝的统一调度下,分三路前进至漠北进攻噶尔丹。并在图拉河南边的昭莫多地方,清朝的西路军与噶尔丹亲率的准噶尔军队发生战斗,将其全部歼灭。消除噶尔丹及其隐患之后,自1697年起,喀尔喀蒙古王公各自带领属下民众,陆续返回先前领地,逐渐恢复了原来的社会秩序。接着1701年,康熙帝册封齐旺扎布为扎萨克图汗,令其管辖属下王公旗分。1725年,雍正帝令喀尔喀和硕亲王达什敦多布继承祖上图蒙肯的赛音诺颜号,组织近族从土谢图汗部分离,另成一部,即赛音诺颜部。至此,清朝统治下的喀尔喀蒙古四部体制得以成立。

不过在此需要说明的是，喀尔喀蒙古的政治社会体制与内扎萨克蒙古有很大区别。首先，汗等旧有封号及其相应权利得到保留，依旧在一定范围内得以行使。其次，哲布尊丹巴呼图克图的原有权利得到尊重，其属民沙毕纳尔人数众多，拥有相当规模的财产，游牧移动花费巨大，是个特殊的、不可小觑的政治社会集团。再者，各个汗部内的组织机构及其组织原理，依旧保持着原来的秩序和理念。各扎萨克王公的实力和独立性相对弱小，作为"部"的共同体的存在和力量强大，各"部"之间也基于七和硕喀尔喀兀鲁斯时期的传统，联系非常紧密。因清朝没有分割统治喀尔喀蒙古的各个扎萨克旗，而是充分尊重了原有的七和硕兀鲁斯时期的政治社会体制，故康熙帝采取了优遇哲布尊丹巴呼图克图以安定喀尔喀的策略。1691年多伦诺尔会盟后，至1701年为止，哲布尊丹巴呼图克图屡屡伴行康熙帝，夏天驻锡热河，冬天移居北京，经常出其左右，两人关系甚是融洽。1722年康熙帝去世，次年一世哲布尊丹巴呼图克图也以89岁高龄，在北京黄寺圆寂，雍正帝赐予"弘法大师"封号。其后，雍正帝继续优遇二世哲布尊丹巴呼图克图，1736年在喀尔喀蒙古给其建立了著名的庆宁寺（Mon：amur bayasɣulangtu süm-e）。康熙帝与雍正帝对哲布尊丹巴呼图克图的拉拢与恩宠，对青海和硕特、准噶尔等原"喀尔喀—卫拉特联合政权（Mon：qalq-a oyirad-un törö, Tib：khal kha o rod gzhung）"下的兀鲁斯尚未服属清朝的不稳定时期，有力地保证了喀尔喀四部的稳定，同时对其他兀鲁斯也造成了一种牵制与诱惑。

1715年，因准噶尔军队袭击哈密事件的发生，清朝将土谢图汗部的军队调往西边阿尔泰山脉附近驻扎，防范准噶尔的侵袭。1717年，又调土谢图汗部的军队跟随傅尔丹驻防扎布坎河一带。1719年再令土谢图汗部的军队建造扎克拜达里克城。1724年，雍正帝令喀尔喀2 000名军队继续驻防阿尔泰，并在其管理上任命土谢图汗部的丹津多尔济、赛音诺颜部的策凌、扎萨克图汗部的博贝为副将军,从此开始设置了管辖军队的副将军职位。同时令土谢图汗部的军队移住扎克拜达里克城驻防。1727年,清朝任命土谢图汗旺济勒多尔济为盟长,自此开始于喀尔喀蒙古四部设立主要管理军事事务的盟长一职。同年,命额驸策凌负责处理与俄罗斯帝国之间的商贸事务。1730年前后,副将军丹津多尔济等喀尔喀蒙古王公,率兵协助清朝靖边大将军傅尔丹驻防阿尔泰山一带,抵御准噶尔军队的进攻。1731年,丹津多尔济与策凌率领的喀尔喀蒙古兵,从察罕廋尔地方出发,进击二策凌敦多布领导的准噶尔军队。1732年夏,丹津多尔济与策凌又领喀尔喀蒙古兵,向东追击深入杭爱山的准噶尔军队,并于额尔德尼召地方,大败小策凌敦多布率领的准噶尔军队,给予其毁灭性的打击。是年,清朝设置定边左副将军一职,负责北路部分军事事务,后来这一职衔成为定制。1733年,雍正帝任命额驸策凌为定边左副将军。

1733年,在车臣汗的恳请下,清朝第一次向喀尔喀蒙古四部的部分王公支付了俸禄。自1691年服属清朝以来,喀尔喀蒙古的王公们一直没有俸禄,他们在多伦诺尔会盟时,与康熙帝没有达成此项协议。表明清朝的制度不是一贯普遍的,而是时时变化的。

1735年,清朝与准噶尔之间进入和平交涉后,随即开始撤回驻扎在阿尔泰山附近的清军。但仍将喀尔喀蒙古四部的3000名兵丁,安插在鄂尔浑河驻防,后来又迁至塔米尔河流域。接着1740年,乾隆帝向四部颁布谕旨,宣布已与准噶尔商定不可将喀尔喀游牧向西越过扎布坎河,要求喀尔喀王公们遵守这一约定。1752年,乾隆帝又命喀尔喀四部于各自游牧地备兵,其中扎萨克图汗部1000名、赛音诺颜部2000名、土谢图汗部3000名、车臣汗部4000名。

1755年,喀尔喀蒙古兵协助清军,与投附清朝的准噶尔大领主阿睦尔撒纳的军队一起,西征准噶尔。进军伊犁,捕获达瓦齐后,接下来发生了土谢图汗部出身的王公额璘沁多尔济在护送阿睦尔撒纳至热河的途中,一时疏忽使其逃走而被乾隆帝严厉治罪处死的事件。因额璘沁多尔济是二世哲布尊丹巴呼图克图的兄长,且在喀尔喀蒙古众王公中德高望重,故清朝对他的杀害,受到很多王公的愤慨。趁此形势,扎萨克图汗部下领有和托辉特鄂托克的扎萨克郡王青衮咱卜,于1756年举起义旗,公然表示反抗清朝,并向四部王公发去信函,以求一同成事,但迅速被清军镇压,史称"青衮咱卜之乱"。在叛乱期间,喀尔喀各地发生多起废掉清朝驿站及袭击汉人商贩的行为,故此事件也称"撤驿之变"。这一事件自始至终并没有引起多少喀尔喀王公们的真正响应,也因当时的清朝正倾全力平定准噶尔和回部,所以乾隆帝对四部的政策没有发生根本性的变化。

从1758年始,清朝命喀尔喀四部各旗查明边界上报,这是自1691年服属以来,第一次针对旗界下达的命令。可以说平定准噶尔之后,清朝对喀尔喀蒙古的统治,从此开始强化起来。1762年,为处理与俄罗斯帝国之间的商业贸易及边境防御等事务,清朝在库伦设置钦差办事大臣。虽然早期的办事大臣职务,皆由土谢图汗等喀尔喀蒙古王公担任,但不得不说这是清朝强化喀尔喀四部统治的一种征兆。其后,乌里雅苏台将军即定边左副将军的部分职责转归库伦办事大臣,以监督土谢图汗部和车臣汗部。另外,哲布尊丹巴呼图克图及其属民沙毕纳尔的事务,也改由办事大臣呈奏清朝皇帝。

1780年,清朝制定"将军、参赞大臣、盟长、副将军办理事务章程",对喀尔喀四部办事机构进行整备与改革,意味着清朝对喀尔喀蒙古四部的统治,达到了规范化、效力化的程度。这是非常明显的强固清朝管理体制,削弱喀尔喀蒙古原有体制的改革信号。也就在同一年,乾隆帝严厉斥责喀尔喀四部擅自奏请向西拓展游牧地的请求,下令明确划定各部、各旗边界。因自1691年起至1780年为止的近百年时间内,清朝基本没有干涉各部汗王对部内的统治,所以就连所谓旗制建设最基本的"旗地划定"工作也没进行,而是任其自主发展。但是至此1780年,乾隆帝决定越过汗王层级,在清朝的介入和指导下,对各旗间的边界进行划定,以此渗透清朝的统治力。1783年,清朝又以擅自颁发赏赐乌拉执照,压迫属下民众为由,严厉弹劾了土谢图汗为首的喀尔喀蒙古王公,并将土谢图汗车登多尔济治罪削爵,还撤销了他的库伦办事大臣职务。

以上是本书的探讨范围及时代背景,科学分析和详细阐明喀尔喀蒙古政治社会体制的这种变化及其原因,有利于我们深入认识16世纪以来蒙古历史发展的真正趋势和特征,并从中得到一些规律性的启发。

第二节 先 行 研 究

《蒙古社会制度史——蒙古游牧封建制度》(ОБЩЕСТВЕННЫЙ СТРОЙ МОНГОЛОВ МОНГОЛЬСКИЙ КОЧЕВОЙ ФЕОДАЛИЗМ)是苏联著名蒙古学家、东方历史学家、语言学家符拉基米尔佐夫(Б.Я. Владимирцов)的著作。在其最后一篇的写作过程中,1931年作者不幸病逝,1934年,苏联科学院将这部著作出版发行。在这部著作中,符拉基米尔佐夫基于扎实的蒙古文史料功底和常年的调查研究结果,经过充分准备和长期构思,科学地阐述了11世纪到18世纪(本原打算论述到20世纪初,但因不幸病逝,故基本没有涉及18世纪以后的事物,即使18世纪的内容也很少)蒙古政治社会制度的发展历史,并提出了"蒙古游牧封建制度"这个概念。该著作分"古代(11—13世纪)——封建制度的开端,中期(14—17世纪)——封建制度的兴盛,近代(18—19世纪,20世纪初)——封建制度的解体"三大部分。创造性地揭示了古代蒙古人经过早期的氏族制度,到成吉思汗时代建立封建关系,14世纪以后再发展至兴盛的封建制度的变迁过程。可以说,这本书是至今为止学习和理解蒙古古代社会关系、社会制度、政权构造及封建传统的最好的书籍。只因作者突然去世而没能论述18世纪以后的部分。且这本书主要利用的史料,还是以《蒙古秘史》《蒙古源流》《黄金史纲》等传统蒙古年代记为主。因时代条件的局限,没能利用17世纪以后的满蒙文档案和新出土的法律文献,所以也没能阐明相应时代的社会制度。在涉及本书所要探讨的喀尔喀蒙古的政治社会体制问题上,符拉基米尔佐夫的这本著作,可作为一种体例及前期参考。本书将利用刘荣焌译,中国社会科学院民族研究所社会历史室1978年编的征求意见稿。

《喀尔喀史》(qalq-a tobčiyan)由原蒙古人民共和国学者达·贡格尔所著,分上、下两册,并由原蒙古人民共和国科学院历史所分别于1970年和1978年陆续出版问世。上册:第一部"喀尔喀蒙古的祖先(8至14世纪前半)":第一章"三河流域的蒙古人",第二章"蒙古帝国时期全蒙古的宗亲血族"。第二部"封建割据时期的喀尔喀蒙古人":第一章"喀尔喀部族的形成(14世纪后半至16世纪)",第二章"喀尔喀汗国的内外形势",第三章"喀尔喀汗国社会制度"。下册:第一部"喀尔喀蒙古人的社会制度":第一章"蒙古的氏族与姻亲",第二章"社会构成、人户、婚姻"。第二部"蒙古国家进入封建":第一章"氏族的瓦解及封建关系的产生与发展",第二章"封建关系的最终形成"。第三部"喀尔喀蒙古人的财政制度":第一章"古代与中世纪的土地关系",第二章"喀尔喀蒙古人的游牧生产生活"。笔者认为,该书是学习和研究喀尔喀蒙古历史的基础著作。很明显,它的撰写受到马克思主义唯物史学的深刻影响,是在原苏联学术的强烈熏陶下形成的历史叙述模式。即使在当下,该书中的某些内容仍具有很高的参考价值。而对笔者来说,该书上册第二部和下册第三部是主要参考内容。因在这些部分的写作中,达·贡格尔充分借鉴吸取了原苏联著名学者符拉基米尔佐夫及1970年代蒙古学者舍·纳楚克道尔的研究成果,故可以说水平颇高,借鉴意义很大。但因当时收藏在中国的有关七和硕喀尔喀兀鲁斯历史的满蒙文档案文书还未公开,所以该书理所当然地不能阐明其具体详情。笔者将在该书的基础上,更加细致深入地揭示七和硕喀尔喀兀鲁斯的政治社会体制及其服属清朝后的变化发展问题。

《满洲统治时期的喀尔喀简史1691—1911》(Manǰu-yin erkesiyel-dü

baiγsan üy-e-yin qalq-a-yin huriyangγui teüke 1691—1911)由原蒙古人民共和国科学院历史所学者舍·纳楚克道尔基撰写,蒙古国家出版理事委员会于1963年在乌兰巴托出版。其内容分为三大章:第一章"蒙古人被纳入满洲征服者权力之下":第一节,被纳入满洲之前的蒙古人的情况;第二节,蒙古人被纳入满洲征服者权力之下。第二章"满洲蹂躏下的喀尔喀蒙古":第一节,针对喀尔喀蒙古的满洲政策;第二节,蒙古人的经济制度;第三节,蒙古社会体制;第四节,剥削形式;第五节,喀尔喀的民族解放运动与阶级斗争;第六节,满洲压迫时期的蒙古文化。第三章"蒙古人消灭满洲统治得到独立":第一节,在喀尔喀蒙古的满洲政策之变化——新政;第二节,1911年民族解放运动——满洲统治的终结。对本书来说,最为重要的既第一章第一节被纳入满洲之前的蒙古人的情况,和第二章第三节蒙古社会体制。虽然伟大的舍·纳楚克道尔在自身所处的那个时代的政治氛围下,从民族征服的角度探讨了清朝统治时期的喀尔喀蒙古问题,但难能可贵的是,他基于蒙古国立档案馆所藏的厚重的历史档案史料,十分客观地论述了17世纪服属清朝前后时期喀尔喀蒙古的政治走向及其社会体制的实态。对清朝统治时期喀尔喀蒙古的军政机构、封建阶层、社会组织、旗内财政、统辖关系及社会经济活动,都进行了系统的阐释与分析,为我们了解当时的喀尔喀蒙古社会,奠定了最为坚实的基础。同时也强烈地影响了下一代的历史研究工作者,至今余热未散。但因史料的缺乏及视野的局限,舍·纳楚克道尔没有探讨七和硕喀尔喀兀鲁斯与包括达赖喇嘛在内的周边各大兀鲁斯之间的关系,也忽略了早期喀尔喀蒙古与清朝之间的外交关系。且虽然很细致客观地揭示了清朝统治下喀尔喀蒙古社会内部的管理机构与王公属民间的统属关系及其支配方式,但没有关注服属清朝前的七和硕喀尔喀兀鲁斯体制在清朝统治下怎样延续与变化的问题。这不是在责难和批判该书作者,在当时的知识积累与问题意识下,舍·纳楚克道尔已经做得相当的出色。不过为了突出笔者本书的论述重点,有必要交代先行研究的基本情况。

《满洲统治下的漠北蒙古行政组织 1691—1911》(ManǰU-yin J̌akirɣan-dü baiɣsan üy-e-yin aru mongɣol-un J̌asaɣ J̌akirgan-u jokiyan baiɣululta 1691—1911)一书作者是原蒙古人民共和国科学院历史所学者车·索诺木达克巴,1961年由科学院出版,是个只有131页的简短的小册子。第一章,漠北蒙古行政组织的总体系;第二章,统治漠北蒙古的满清国家军政体系;第三章,部;第四章,旗;第五章,哲布尊丹巴呼图克图的沙毕;第六章,持有印章的呼图克图们的沙毕。该书概括性地论述了清朝统治喀尔喀蒙古的军政组织及机构,包括设置年代、由来、职能,等等,是了解清朝统治下的喀尔喀蒙古行政运营体系的一本基础性资料。在"部(Mon：ayimaɣ)"、"旗(Mon：qosiɣu)"的由来等问题上,该书正确地认为清朝时期的喀尔喀蒙古的"部"是由来于七和硕体制的地方行政组织,而非自古以来的如氏族部族(Mon：oboɣ、yasu)般的基于血缘关系的组织,同时还强调了在服属清朝前的蒙古社会"和硕(Mon：qosiɣu)"就已广泛存在的事实。只因该书具有故意突出清朝统治残酷性以为其独立革命正名的一面,且没有深入阐明清朝军政体系的具体运营方式而没有受到学术界的广泛重视。

《清代蒙古盟旗制度研究》(清代モンゴル盟旗制度の研究)一书作者冈洋树,现为日本东北大学东北亚研究中心教授。该书于2007年2月,由日本东方书店出版发行。该书利用蒙古国立档案馆所藏盟旗一级的档案史料,着重探讨了清朝统治时期喀尔喀蒙古盟旗内部的体制及其社会构造,以及鄂托克、巴格等传统组织的存在关系,并以此纠正了支配学术界长达半个世纪之久的日本学者田山茂所著《清代蒙古社会制度》中所述的一些观点和认识,将17世纪以后的蒙古社会制度史研究,推向了一个新的高度。作者指出:关于支配漠南蒙古近300年、统合喀尔喀蒙古200余年的清朝时期蒙古社会构造的研究,先前往往只利用《大清会典事例》《理藩院则例》《蒙古律例》等清朝国家编纂的法制史料来展开论述,其中田山茂归纳的扎萨克旗成立三条件即"佐领的编成、旗地的划分、扎萨克的设置",可以说是其典型的措施。依照这些措施,清朝在服属后的蒙古诸部编立的旗行政组织的特点为:将旗内人口分为佐领与台吉随丁两大部分,并将满洲各种公务强加在佐领箭丁身上。一方面针对台吉,又按照其爵位分配随丁,专以侍奉。对旗内人口的两大身份,在行政管理上也存在分立,佐领属于苏木章京,受旗印务处统一管辖,而随丁作为台吉的属下,通过其主子再受制于印务处。此外,喇嘛独自形成另一个社会阶层等。针对以上这些问题,冈杨树认为:需要重新探讨这些先行研究的结论。因为,不使用蒙古扎萨克旗级别的蒙古文档案史料,很难把握蒙古传统的鄂托克制度在清朝统治时期的具体存在形态。也就是说,仅凭清朝编纂的法制史料,很难真切地把握清朝时期蒙古社会的真实面目。以此为前提,冈杨树教授提出了自己的问题意识与研究方法,并利用中国第一历史档案馆、蒙古国立档案馆所藏的满、蒙文第一级史料,着手揭示了鄂托克、巴格等蒙古传统社会组织在清朝统治时期的存在样式及其与清朝导入的"旗—佐领制度"间的关系。该书在发掘和利用蒙古文档案史料来探讨喀尔喀蒙古政治社会制度研究方面,为学术界作出了非常好的榜样。另与其他一系列政治史论文一道,为清代喀尔喀蒙古史的研究开创了崭新的一页。只因研究目的和研究内容的不同,该书没有探讨服属清朝前的七和硕喀尔喀兀鲁斯的政治社会体制及其变化发展问题。

《〈阿萨喇克其史〉研究》一书由中国人民大学乌云毕力格教授所著,中央民族大学出版社于 2009 年出版发行。该书是一部历史文献研究成果,基于蒙古国立图书馆所藏的孤本,对蒙古年代记——《阿萨喇克其史》进行了影印、转写和翻译。不过在第一部研究导论部分中,作者利用近年的学术研究成果,认真梳理和明确了 16 世纪后半至 17 世纪后半为止的喀尔喀蒙古的历史,包括"喀尔喀三汗部的成立""17 世纪中后期喀尔喀民族危机"等问题。作者还认真考究《阿萨喇克其史》的书名由来、成书年代及其作者善巴的身世与家族。为我们很好地提供了 17 世纪服属清朝前喀尔喀蒙古的一些基本情况。

《〈喀尔喀法规〉汉译及研究》一书由中央民族大学学者达力扎布所著,中央民族大学出版社于 2015 年出版发行。作者在该书中,除了译注"西库伦本蒙古文《喀尔喀法规》"外,对制定《喀尔喀法规》的历史背景、具体内容、适用范围及实施的时间等问题,进行了阐释和探讨。因《喀尔喀法规》是服属清朝前后,尤其是 1709 年后,以土谢图汗为首的部分喀尔喀王公共同召开会盟商定的法规典籍,故对了解当时的喀尔喀蒙古社会及汗部内的权力构造,俨然是一部绝好的史料。

《外喀尔喀车臣汗硕垒的两封信及其流传》(载《内蒙古大学学报》,1994 年第 4 期)和《1640 年以后的清朝与喀尔喀的关系》(载《内蒙古大学学报》,1998 年第 4 期)这两篇论文,是内蒙古大学学者齐木德道尔吉早年的研究成果。前一篇论文,利用《旧满洲档》中的蒙古文信件内容,阐明了喀尔喀左翼车臣汗与满洲汗王皇太极之间的往来关系,同时作者又参考《内国史院档》中的书信的满文翻译,给予了重要的探讨。后一篇论文,则利用中国第一历史档案馆所藏的老蒙文档案,揭示了 1640 年后的喀尔喀蒙古与清朝之间围绕苏尼特部的腾机思叛乱及设立八扎萨克问题进行的交涉过程。本书将在论述具体问题时,加以参考。

《17 世纪中后期喀尔喀内乱》(载《明清档案与蒙古史研究》第一集,内蒙古人民出版社,2000 年)和《从阿巴岱汗与俺答汗的关系看早期喀尔喀历史的几个问题》(载《内蒙古大学学报》,1999 年第 1 期)这两篇论文,是内蒙古大学学者宝音德力根教授早年的研究成果,利用中国第一历史档案馆所藏满蒙文档案文书,探讨了 16—17 世纪的喀尔喀蒙古历史。作者基于土谢图汗等喀尔喀首领致康熙帝的信件内容,揭示了七和硕喀尔喀兀鲁斯在其形成与发展过程中,与漠南蒙古土默特兀鲁斯阿勒坦汗家族之间发生的深刻关系及 17 世纪中后期左右翼内乱的发生与发展过程,同时强调应该对清朝编纂的官方史料提出怀疑。本书将在论述具体问题时,加以参考。

《入清前(1691)的喀尔喀车臣汗部研究》是内蒙古大学学者姑茹玛2008年写就的博士论文。作者利用《清内秘书院档》《内国史院档》《清内阁蒙古堂档》等满蒙文第一手档案史料,论述了服属清朝前喀尔喀蒙古车臣汗部的建立、游牧地、硕垒汗的政治活动,汗部内的鄂托克与俄罗斯的关系及17世纪后半叶的情况等问题,尤其注重探讨了硕垒车臣汗的历史活动及其功绩,是一部很好的研究成果。只因研究范围和目的不同,在七和硕喀尔喀兀鲁斯框架内,怎样认识车臣汗的活动,怎样理解这个"部"的内含,在比较中怎样评价等方面,与本书存在区别。

第三节 研究目的及意义

本书所要探讨的七和硕喀尔喀兀鲁斯,是回归蒙古本土的中兴之主达延汗(1464—1524)末子格呼森札领受的游牧集团,达延汗六大土门的主要成员之一。因其在土默特、察哈尔等有力土门迁入漠南后,占有了整个漠北地方,并在抵抗和进击卫拉特方面发挥过重要作用,所以一直在蒙古本部拥有较高地位。1636年漠南蒙古的领主们开始奉戴皇太极为可汗后,七和硕喀尔喀兀鲁斯作为蒙古本部唯一的独立代表,担当起了重要的历史使命。

针对蒙古游牧兀鲁斯,在此应该给予最基本的解释。16世纪,伴随着达延汗诸子分封及蒙古政治社会的持续发展,原来的六大土门,由宗主可汗实施强有力支配的政治社会集团,大体变成了达延汗诸子各个分支领主进行分割统治的,时常游离于宗主可汗权威外的,基于自身独立判断进行政治军事活动的蒙古游牧兀鲁斯。当时在同一兀鲁斯内,同一血缘支系出身的领主们通过合议,将一位出身高贵、实力强悍、秉持公正、建有功绩的领主推戴为首领,并以其为中心维持政权。而这位首领或称"汗",或称"济农",或称"洪台吉",或称"诺颜",他作为兀鲁斯政权的最高权威者,组织属下众领主召开会议协商事务,又设置司法审判官,基于众领主共同制定的法律,去仲裁兀鲁斯内部的诉讼事件。同时这位最高权威者又召开领主会议,以向某位领主授予军事指挥权的形式,指定其人率领兀鲁斯军队奔赴前线进攻敌人或布置防御。而兀鲁斯的大小范围,由奉戴汗王盟主权威的领主的多少及其属民的数量来决定。这种游牧兀鲁斯,是16—17世纪蒙古政权最基本的组织形式。在蒙古宗主可汗健在的前提下,虽然统属关系比较暧昧和强弱有别,但各大兀鲁斯仍是组成蒙古可汗朝政的一个单位。那么,七和硕喀尔喀兀鲁斯又是怎样的一种情况呢?它是如何成为一个兀鲁斯的?在它的形成与发展过程中,什么因素起到关键作用?兀鲁斯内部又是怎样的一种政治社会体制?后来是怎样发展变化的呢?这些是蒙古史研究或探讨清朝前期蒙古社会急需认识和解决的问题,不阐明服属清朝前蒙古兀鲁斯内部的政治社会体制,即无法清晰了解清朝时期的蒙古社会。而且不仅对蒙古,对揭示早期满洲社会的权力构造也有相当的借鉴作用。

1634年蒙古宗主林丹汗逝世前后,七和硕喀尔喀兀鲁斯的领主们降低高贵的身份,与宿敌四卫拉特达成了和平。那么,这两大政治集团是怎样走到一起的呢?1630年代中后期,伴随着林丹汗的逝世、清朝的建立及绰克图洪台吉的灭亡,急需建立联合政权的历史任务,落在了七和硕喀尔喀兀鲁斯和四卫拉特的领主身上。其后,正如笔者在拙著《大清帝国时期蒙古的政治与社会——以阿拉善和硕特部研究为中心》中的论述,1640年七和硕喀尔喀兀鲁斯与四卫拉特的首领们齐聚扎萨克图汗领地,举行了具有重要历史意义的"喀尔喀—卫拉特盟"。会盟期间,与会领主共同制定《喀尔喀—卫拉特大法典(Mon:qalq-a oyirad-un yeke čaγaǰa)》,并于蒙古世俗社会赋予达赖喇嘛权威,使其扮演相应角色。从那时起,五世达赖喇嘛便在七和硕喀尔喀兀鲁斯及卫拉特众领主的请求与教唆下,开始发挥最高权威者的作用,以至于到1686年为止,这种权力达到巅峰,强有力地影响了七和硕喀尔喀、青海和硕特及准噶尔这三大兀鲁斯的政治社会生活①。

那么,1640—1686年间,七和硕喀尔喀兀鲁斯是怎样与达赖喇嘛联系往来的呢?作为成吉思汗黄金家族直系后裔领主支配的游牧兀鲁斯,七和硕喀尔喀兀鲁斯在遵从达赖喇嘛旨意方面,与卫拉特人建立的准噶尔兀鲁斯有没有区别呢?期间发生的右翼内乱及其后的左右翼之间的争斗中,达赖喇嘛发挥了怎样的作用?反过来说,七和硕喀尔喀兀鲁斯内部的不和与争斗,是否与奉戴达赖喇嘛的权力有关?1640年前七和硕喀尔喀兀鲁斯共有的政治社会体制及其传统,在达赖喇嘛权力的介入下,发生了怎样的变化?旧体制与新权力有没有发生过冲突。若是发生了,他又造成了怎样的一种局面和结果呢?不应将这一时期七和硕喀尔喀兀鲁斯的内政外交,同达赖喇嘛的权力割裂看待,达赖喇嘛的权力介入是当时的七和硕喀尔喀兀鲁斯无法摆脱的现实。但进一步说,也不应将权力看得极端绝对,七和硕喀尔喀兀鲁斯作为蒙古黄金家族支配的政治共同体,其自主性与政治传统是十分牢固的,在接受与否,怎样接受达赖喇嘛的权力方面,七和硕领主们的态度很重要。再是,哲布尊丹巴呼图克图在七和硕内部的权力,与达赖喇嘛的权力之间产生了怎样的关系,冲突与否,一体与否,他究竟代表了谁的利益?需要关注哲布尊丹巴呼图克图的存在。

笔者曾在拙著《大清帝国时期蒙古的政治与社会——以阿拉善和硕特部研究为中心》中,揭示过1640—1680年间,五世达赖喇嘛(1681年以后是摄政桑结嘉措假借五世的名义进行的)颁发给喀

---

① 参见拙著:《大清帝国时期蒙古的政治与社会——以阿拉善和硕特部研究为中心》,复旦大学出版社,2013年,第26—65页。

尔喀及卫拉特领主的部分噶舒克文书,但因研究目的不同,并没有对其全部进行探讨。噶舒克文书是当时的五世达赖喇嘛颁发的,其在当时的蒙古社会有过十分具体的影响力。从噶舒克文书的接纳方、接纳形式、命令的行驶、产生的作用等,可窥探到当时蒙古社会的阶层分布、权力运行、各领主相互间的关系。当时五世达赖喇嘛颁发给七和硕喀尔喀兀鲁斯的噶舒克文书是怎样的,其中具体记载了哪些事情,而这些噶舒克文书在当时的喀尔喀蒙古社会到底发挥过怎样的作用? 探讨这一问题不仅有利于我们更好地理解当时七和硕喀尔喀兀鲁斯社会的内部权力构造及组织关系,还有利于我们更好地理解"喀尔喀—卫拉特联合政权"的存在和运营方式。其后,1691年因噶尔丹的胁迫,七和硕喀尔喀兀鲁斯的领主们纷纷南下服属清朝。作为"喀尔喀—卫拉特联合政权"的重要一员,七和硕是怎样归附清朝的? 准噶尔兀鲁斯与七和硕喀尔喀兀鲁斯左翼之间的根本矛盾是什么? 噶尔丹为何要亲领三万大军进攻同在达赖喇嘛权威下的喀尔喀左翼? 当时拉萨的达赖喇嘛集团在准噶尔与七和硕喀尔喀兀鲁斯之间有过怎样的活动,发挥过怎样的作用呢? 为何会导致出现七和硕归顺清朝的局面?

一方面,七和硕喀尔喀兀鲁斯与新建的清朝,自1635年前后起即有了联系。作为林丹汗去世、漠南蒙古服属清朝后的、仅存的一个独立的蒙古游牧兀鲁斯,七和硕的领主们是怎样看待自己与清朝的关系的呢? 面对已统合漠南蒙古的满洲汗王皇太极,七和硕的领主们采取了怎样的策略与行动? 相反,清朝作为统合满洲、蒙古、汉人的新政权,在与七和硕喀尔喀兀鲁斯往来时,是基于何种政治外交理念行动的呢? 是蒙古政权的政治外交传统,还是中华王朝的理念礼制,或是满洲本身的独特理念,这些需要认真考虑和关注。我们不能仅仅讲究方针政策、战略战术,不能只注重"政局史"的研究,还需了解政治外交局势背后的权力构造、社会文化、宗教信仰及当时的政治人物所坚持的执政理念和行动原理。要充分尊重古代不同民族、不同政权的个性及其政治社会文化传统。七和硕喀尔喀兀鲁斯与清朝之间的外交关系，为何至1655年，经过近20年的风雨才得以确立，这个问题值得深思。另外，双方之间确立的"八扎萨克体制"，到底是怎样的一种体制。在这种体制下，清朝皇帝与七和硕喀尔喀兀鲁斯的八大扎萨克之间是怎样的一种关系，双方怎样往来，有何责任与义务呢？而"八扎萨克体制"与清朝在东亚秉持的"朝贡体制"又有何区别、有何联系呢？这些都需要认真考虑和辨析。历史是复杂的、多元的，里里外外，上上下下，殿内殿外，可能都有一些微妙的立场和活动。再是，达赖喇嘛的权力对七和硕喀尔喀兀鲁斯与清朝的外交关系有何影响的问题。清朝皇帝任命的"八扎萨克"在七和硕内部是否都是实力人物或支系，他们的权威与权力是否需要达赖喇嘛的证明与认可？如果是的话，为了取得达赖喇嘛的认可，以便于与清朝联系，七和硕的领主们是怎样与达赖喇嘛联系的呢？如前所述，我们不可将"喀尔喀—卫拉特联合政权"下的七和硕的政治外交关系，与达赖喇嘛的权力割裂看待，两者之间是有着密切的联系的。在达赖喇嘛与清朝皇帝之间，七和硕的"八扎萨克"怎样活动，形成了怎样的局面，其背后又是怎样的一种现实利益与传统体制的交织攻防，需要细致的考察探讨。

其后，自1691年多伦诺尔会盟至1911年清朝皇帝退位为止，七和硕喀尔喀兀鲁斯作为外藩喀尔喀蒙古，奉戴清朝皇帝权威长达220年之久。推戴满洲爱新觉罗氏出身汗王为其最高统治者的清朝，从其发祥至扩张，受到蒙古方面的诸多影响。但清朝毕竟与元朝不同，不是蒙古人建立的政权，具有自己的满洲特色。那么，清朝统合七和硕喀尔喀兀鲁斯之后，对其采取了哪些统治策略？关键是，这些清朝的统治政策对七和硕原来的传统社会体制及其权力构造，产生了哪些影响？七和硕喀尔喀兀鲁斯的领主对其属民的私有支配没有改变，哲布尊丹巴呼图克图对属下沙毕纳尔的私有统治没有改变，汗王的封号得以保留，这些都已是学术界众所周知的事情，在此毋庸赘述。本书所注重的是，服属清朝前的，七和硕喀尔喀兀鲁斯时代奉戴达赖喇嘛权威的构造,在1691年转而奉戴清朝可汗皇帝的权威后,发生了何种变化?如果已经排除了达赖喇嘛的权威,那么担任七和硕喀尔喀兀鲁斯全体的喇嘛的哲布尊丹巴呼图克图,其世俗政治权力在领主之上是否还存在?如果存在的话,他是怎样在喀尔喀蒙古四部施展的呢?还有原来的七和硕体制,服属清朝形成四部后,各个部内的汗王与王公之间的关系是怎样的?汗王是否仍是领主合议制的首脑,其权利的性质是怎样的?另外,清朝设置副将军也好,设置盟长也好,起初主要都是军事职衔,在清朝皇帝的授权下管理部内军事事务,而这只是七和硕喀尔喀兀鲁斯时代汗王权利的一个方面,此外汗王作为领主合议制下的中心人物,具有召集和统合的权利,这些是否都在延续呢?此外,七和硕喀尔喀兀鲁斯时代制定的法律,在导入清朝的"蒙古律例"后,发生了怎样的变化?不过在此需要明确的是,"蒙古律例"是清朝制定的,是强制性地颁布给喀尔喀四部的,而并非喀尔喀四部全体王公与清朝皇帝召开会盟,共同协商制定,共同发誓遵守的法律,从蒙古朝政的组织原则来说,喀尔喀蒙古王公有权反对或不遵守。这要取决于清朝皇帝在蒙古政治社会中的存在深度,理念上清朝皇帝不可强制去改变领主王公的基本权利。另外,"蒙古律例"是基于漠南蒙古的政治社会体制而定的法律,其保证了领主的基本权利,对属民的私有支配得到尊重和保护,为此喀尔喀蒙古的王公们可接受"蒙古律例"。但"蒙古律例"是在漠南蒙古"一部一旗"的情况下制定的,对喀尔喀四部来说,其约束力是有限的、不足的,"汗部"的共同体制度内怎样施展清朝法的支配,这个需要认真考虑和证实。最为重要的是,清朝虽然颁布了"蒙古律例",却没有人去监督它的执行。作为扎萨克,清朝皇帝任命的王公具有军事管理权,但在平时的旗内生产生活中,怎样处罚与赏赐旗民,怎样执行法的权力,扎萨克王爷需要与其他王公、台吉商议行事。所以我们在强调清朝一方的统治政策及法律支配前,需好好考虑清朝时期的喀尔喀四部社会构成和权力组织形式。空喊权力不行,要看权力的执行与否及其执行程度。而定边左副将军即乌里雅苏台将军一职,作为清朝皇帝钦定的地方军事负责人,具有一定程度的军事管理权,却无权干涉喀尔喀四部内的行政事务。笔者认为,在清朝时期的喀尔喀蒙古四部,与清朝皇帝之间达成的军事合作之外,真切地存在着一个由来于七和硕喀尔喀兀鲁斯体制的、以哲布尊丹巴呼图克图为首的、汗部有效统一的、各个汗及王公间又是紧密联系的、具有强烈的共同体特征的一个体制。在1756年平定准噶尔之后,这一体制最终何时结束,或怎样弱化和无效化,是本书考察的目标。我们不能拘泥于作为军事单位的旗—佐领,也不能拘泥于作为居住和生产组织的鄂托克、巴格,需要考虑人的因素,需要关注政权组织形式、权力分配形式。为此,本书将关注汗王、领主们自七和硕喀尔喀兀鲁斯时代以来沿用下来的吉古呼文书等公文。因为原有体制构造怎样发生变化,在这些公文中是有记载与反应的。而清朝于1783年通过治罪土谢图汗,宣布断绝喀尔喀汗王于部内使用吉古呼文书的事件,可能对喀尔喀蒙古四部体制产生了极其重要的、划时代的影响。

一直以来,学术界主要强调的是清朝时期产生的新元素,比如盟旗制度、乌里雅苏台将军、库伦办事大臣等,而对蒙古社会已有的元素,比如领主制度、会议制度、法律制度,文书制度等具体运营的体制,则知之甚少,缺乏足够的了解。有鉴于此,本书将着重阐明蒙古原有的制度在16—18世纪中的存在及其演变过程,客观还原一个动态发展的蒙古历史。

第四节　史料介绍

以下,介绍说明本书拟要利用的蒙古文、满文、藏文、汉文史料的由来、价值、所藏情况及出版信息。

蒙古文《阿萨拉克其史》(*Asaraүči neretü-yin teüke*)

《阿萨拉克其史》由七和硕喀尔喀兀鲁斯左翼出身的领主善巴

绪 论

于1677年撰写完成。主要记载着蒙古黄金家族从孛端察儿,尤其是自成吉思汗至善巴本人为止的大事记及其系谱。其中对七和硕喀尔喀兀鲁斯领主系谱的记载最为详细,是迄今为止最有价值、最可靠的系谱史料。该书作者善巴的系谱是:格哷森札第三子诺诺和卫征诺颜→第四子图蒙肯昆都伦楚库尔→次子诺门额真(丹津喇嘛)→长子塔斯扎布伊勒登杜尔格齐诺颜→第三子善巴额尔克代青。仅据笔者考证,善巴家族与五世达赖喇嘛关系非常密切,从藏文五世达赖喇嘛传可查知,在1640年至1680年为止的40年时间里,善巴的祖父诺门额真及其家族,几乎每年都携带大量的布施财物前往拉萨朝见达赖喇嘛,商议政教事务。笔者推测,善巴撰写《阿萨拉克其史》可能有两个目的,一个是通过撰写这种历史著作,号召全体七和硕喀尔喀兀鲁斯的领主们团结一致,再一个是为了能使五世达赖喇嘛更好地了解七和硕喀尔喀兀鲁斯领主的内部关系及其出身。按照蒙古政治传统,可汗或具有最高权威的人物,需要掌握伞下各领主王侯的系谱,以备在日常政务及册封爵位时使用。想必1640年以后,喀尔喀与卫拉特的领主们向五世达赖喇嘛报告了自己所持的家族系谱,达赖喇嘛处必有一份蒙古领主们的系谱;或者达赖喇嘛整理各个领主家族的系谱,新编了一个比较详细和可信的蒙古黄金家族及四卫拉特领主的系谱。善巴撰写的《阿萨拉克其史》可能是在达赖喇嘛及善巴家族原有的老系谱上增添新成长的领主姓名,并对原来内容稍微加以修缮而成的。为此,《阿萨拉克其史》是查阅七和硕喀尔喀兀鲁斯领主内部关系的最可靠史料。本书将利用2011年蒙古国立大学、蒙古国家图书馆、蒙古国科学院历史所合作在乌兰巴托出版的蒙古文原件影印版。

蒙古文《大黄史》(*Erten-ü mongɣol-un qad-un ündüsün-ü yeke sir-a tuɣuǰi*)

《大黄史》,其全称确切地应该叫《古代蒙古诸汗根本大黄传记》。蒙古语的"tuɣuǰi"一词,与藏语的"rtogs brjod"有一定联系,是从蒙古语传入藏语,还是从藏语传入蒙古语,尚待考证。藏语的"rtogs brjod",专指世俗人员的传记,僧人的传记则称"Tib：rnam tar, Mon：namtar"。笔者认为,理应将该文献称"传记"才对,不应用"史"一词,但学术界已经习惯用《大黄史》称呼,故本书亦如此称呼。该传记,是在1643—1730年间不断增添内容而成的,绝大部分内容的撰写年代应在1643—1662年间。而且《阿萨拉克其史》的前半部分即原件47b第5行namu gürü为止的内容,与《大黄史》的前半部分即格呼森札及其后裔系谱以外的内容,具有同源或《阿萨拉克其史》参考了《大黄史》的可能。想必五世达赖喇嘛处存放的一份蒙古史书(或传记,或系谱)是这两个文献共同的底本,或者《大黄史》的前半部分就是达赖喇嘛所持的底本。后来1677年善巴撰成《阿萨拉克其史》后,《大黄史》又从《阿萨拉克其史》吸取内容,继续增添人物,最终于1730年代完成。在了解17世纪七和硕喀尔喀兀鲁斯领主及妃子的出身,以及归附清朝后的王公系谱方面,《大黄史》具有较高的史料价值。2011年蒙古国立大学、蒙古国家图书馆、蒙古国科学院历史所合作在乌兰巴托出版的影印版,残缺不全。故本书将利用乌力吉图校勘注释、巴·巴根校订的蒙古文《大黄册(Erten-ü mongɣol-un qad-un ündüsün-ü yeke sir-a tuɣuǰi orosiba)》,民族出版社,1983年版。

蒙古文《宝贝念珠》(*Erdeni-yin erike kemekü teüke bolai*)

本史料与同时代的其他蒙古年代记一样,导入"印度—西藏—蒙古同源说",从共戴玛哈萨玛第汗开始,叙述至道光二十(1840)年,主要是喀尔喀蒙古的历史。其中,除了些许印度和西藏历史之外,主要记述了自成吉思汗以来的蒙古历史,尤其是归附清朝后的喀尔喀蒙古的内部动向。作者是土谢图汗部镇国公巴勒丹多尔济旗下协理台吉噶勒丹(1795—1880),于道光二十一年编撰完成。因噶勒丹在撰写这一著作时,充分引用了扎萨克旗印务处所藏的档案公文,所以该史料在有关清朝时期的喀尔喀蒙古史研究方面,具有很高的利用价值。本书利用由蒙古国学者格日勒巴达拉夫校注的2007年在乌兰巴托影印出版的蒙古文原件。

蒙古文《清内秘书院蒙古文档案汇编》(*čing ulus-un dotoγatu narin bičig-ün yamun-u mongγol dangsa ebkemel-ün emkidgel*)

随着满洲政权的持续发展,1629年(天聪三年)始设文馆,以处理行政文书及翻译蒙汉书籍。其后1636年(崇德元年)建立清朝时,将文馆改为内国史院、内秘书院、内弘文院,统称"内三院",其中内秘书院执掌外交文书的翻译、草拟、誊写等事。清朝入关后,1645年(顺治二年),将内翰林院分入内三院。1658年(顺治十五年),将内三院改为内阁。1661年(顺治十八年),复将内阁改为内三院。1670年(康熙九年),又改内三院为内阁,至此成定制。清内秘书院蒙古文档案,即指在1636年至1670年的时间内,于清朝的内秘书院或内翰林秘书院形成的蒙古文档案,约计2 000余件。主要收录了有关清朝与漠南蒙古各旗、八旗察哈尔、归化城土默特、七和硕喀尔喀兀鲁斯、准噶尔兀鲁斯、青海和硕特兀鲁斯及达赖喇嘛之间往来的文书。还录入了1630年代的七和硕喀尔喀兀鲁斯左右翼与清朝皇帝皇太极之间的往来信件。2003年,内蒙古大学蒙古学研究中心与第一历史档案馆、内蒙古自治区档案馆合作,以《清内秘书院蒙古文档案汇编》之名,由内蒙古人民出版社,将这些档案影印出版。

满蒙文《清内阁蒙古堂档》(*Dayičing gürün-ü dotuγatu yamun-u mongγol bičig-ün ger-ün dangsa*)

本史料是蒙古各大游牧集团,尤其是七和硕喀尔喀兀鲁斯及卫拉特蒙古的领主们及达赖喇嘛、桑杰加措、班禅喇嘛等人物与清朝联系的书信抄本,以及康熙帝颁发的敕书、上谕,理藩院所发行文、抄本等的大汇总。为办理相关事务,入关后的清朝在内阁专门设置了翻译及录制蒙古文书的"蒙古堂(Mon:mongγol bičig-ün ger,Man:monggo bithei ba)",并置侍读学士、侍读、中书等官员。该史料因皆是经过内阁蒙古堂的接收、翻译、上奏、草拟及收录等程序,并于蒙古堂保存了其录副,所以被称为"清内阁蒙古堂档"。其中绝大部分是反映1671年即康熙十年至1722年即康熙六十一年间，清朝与七和硕喀尔喀兀鲁斯、青海和硕特、阿拉善和硕特、准噶尔、达赖喇嘛关系的及记录优待赏赐漠南蒙古王公事例的文书。1671至1680年的文书，全部为蒙古文（含少量托忒文）题本和敕书。自1681起，开始逐渐在蒙古文原件的录副上附加满文翻译，以便皇帝阅览。该史料因真实详细地反映了17—18世纪蒙古各大政治集团及西藏地方政府的动向及其与清朝的关系，故被称为是"研究清朝与内陆亚洲关系的第一级史料"。原件现藏中国第一历史档案馆。2005年12月，中国第一历史档案馆与内蒙古大学蒙古学学院合作编辑后，由内蒙古人民出版社影印出版。

"桦树皮法典"——蒙古国学者呼·丕日烈著：《相关蒙古及中亚地区文化史的两件珍贵文献》([M]Х·ПЭРЛЭЭ：《МОНГОЛ БА ТӨВ АЗИЙН ОРНУУДЫН СОЁЛЫН ТҮҮХЭНД ХОЛБОГДОХ ХОЁР ХОВОР СУРВАЛЖ БИЧИГ》)

1970年，蒙古国学者呼·丕日烈与苏联学者沙伯胡诺夫两人领导的"游牧民古代城址考察队"，在当时蒙古人民共和国布拉罕省达辛奇棱县中心部哈达森托洛盖附近的一座塌陷的塔座里，发现了非常珍贵的桦树皮文书。上面记载着17世纪前后七和硕喀尔喀兀鲁斯领主全体召开会议制定的大法典及其左右翼内部各自制定的小法律，称"桦树皮法典"。内容包括：六和硕法典、额列黑汗与额尔德尼洪台吉两人颁布的法典、水兔年小法典、木龙年法典、铁猪年小法典、水牛年小法典、阳木虎年四和硕小法典、阳木虎年赛罕苏木法典、木虎年秋之法典、木虎年小法典、火龙年小法典、龙年秋之小法典、蛇年苏木沁法典、宗教法典、猴年大法典、土兔年大法典等成文法，十分真实地记录了当时的喀尔喀领主们制定的法律规定。不言而喻，这些成文的大小法典是考察七和硕喀尔喀兀鲁斯政治社会体制及其内部权力构造的极其珍贵的史料，是研究蒙古政治史、社会制度史、法制史不可或缺的宝贝文献。为此1974年，呼·丕日烈先生将自己发现

绪 论

的这些"桦树皮法典"抄写录下,以《相关蒙古及中亚地区文化史的两件珍贵文献》之书名,在乌兰巴托出版发行。其后,蒙古国家图书馆将其中的 70 件桦树皮片影印后,于 2018 年在乌兰巴托以《喀喇博哈巴勒噶逊桦树皮文献》(Qar-a buq-a-yin balɣasun-u üisün degereki bičig)之书名出版发行。经笔者对照勘定,新出的影印件与呼·丕日烈先生书中记录的内容无异。故本书将利用《相关蒙古及中亚地区文化史的两件珍贵文献》这本书中录入的"桦树皮法典"。

《蒙古乌巴锡洪台吉传》(Mongɣol-un ubasi qung tayiǰi-yin tuɣuǰi)

乌巴锡洪台吉是活跃在 17 世纪前半期蒙古历史舞台上的,七和硕喀尔喀兀鲁斯右翼的一位领主,其领地在今蒙古国西北部乌布萨省一带。他自称阿勒坦汗,在全体喀尔喀兀鲁斯中地位高尚,实力可与当时的扎萨克图汗相匹敌,征服并统治过四卫拉特及贝加尔湖周边的柯尔克孜等少数"民族"。同时与沙皇俄国有过密切的往来,曾协助护送沙俄派来的托木斯克哥萨克伊凡·彼特林到过明朝首都北京。1623 年前后,在镇压四卫拉特叛乱的一次军事行动中,乌巴锡洪台吉战败被杀。《蒙古乌巴锡洪台吉传》即是记录此次战争中乌巴锡洪台吉怎样领兵征讨、怎样组织前锋、怎样搜集敌方情报、怎样搜寻敌人、怎样抓获一卫拉特孩童、怎样从其口中审讯敌方信息、怎样被孩童所辱及最终怎样战败被杀经过的一部传记。这是一部考察当时七和硕喀尔喀兀鲁斯,尤其是右翼乌巴锡洪台吉与四卫拉特关系及乌巴锡洪台吉集团内部权力构造的不可多得的史料。本书将利用蒙古国学者达木丁苏荣编《蒙古古代文学一百篇》中的蒙古文本。

蒙古文《喀尔喀—卫拉特大法典》(Qalq-a oyirad-un yeke čaɣaǰa-yin bičig)

《喀尔喀—卫拉特大法典》,亦称《四十万、四万之大法典》(Mon: döčin dörben qoyar-yin yeke čaɣaǰa-yin bičig),是 1640 年在扎萨克图汗领地举行的七和硕喀尔喀兀鲁斯与四卫拉特会盟上,各大领主共同制定的,拥有宪法性质的成文法律典籍。主要包括众领主共同发誓崇奉达赖喇嘛及宗喀巴黄教、喀尔喀与卫拉特共同维护该联合政权的安全与利益、维护领主层的现有权益、保护黄教僧侣权益、携手抵抗共同敌人、提高执政办事官的社会地位、保护牛马牲畜等战略物资及优遇为"朝政与教法"办事的使者等内容。因其涉及政治、军事、宗教、社会制度、法律规范等多个方面，所以是了解17世纪蒙古社会的最重要的文献。也是考察七和硕喀尔喀兀鲁斯政治社会制度，必须要注重的珍贵史料。本书将利用道润梯布氏将1880年由俄国学者高尔斯托斯基摄影的托多蒙古文转写成一般蒙古文后，由宝音乌力吉、包格进行校注的蒙古文版本。

《旧满洲档》（*Ejehe dangse*）

满洲的前身女真曾在金朝时创制过文字，后被蒙古灭国，其地民众接受蒙古领主统治，遂以蒙古文为其书面语文。明朝建立后不久，女真首领为接受明朝皇帝册封，纷纷前往应天及北京朝贡，同时还到明朝边墙内贸易，遂也通晓少许汉语。16世纪末努尔哈赤崛起时，满洲领主之间往来的文书用蒙古文，日常生活中则使用满洲语交流。随着努尔哈赤集团的扩张及其政治地位的提升，急需改变这种状况，以彰显满洲民族特色。1599年，努尔哈赤命担任扎尔固齐的噶盖和拥有巴克什封号的额尔德尼两人，借用蒙古文字母，拼写满洲语言，以此创制了满洲文字。因后来满文有了改进，故将这一时期创制的满文称为"老满文"或"无圈点满文"。现在留下来的《满文原档》中至1636年为止的内容，即是用这种老满文记录的。需要补充的是，努尔哈赤下令创制满文后不久，噶盖即犯罪被处死，实际由额尔德尼巴克什独自制作，并颁行于满洲国内。额尔德尼巴克什创制的满文颁行使用33年后，1632年满洲第二代汗王皇太极，正式下令颁行达海巴克什改进的满文，以使更好地服务满洲政治社会生活。1632年春，皇太极下令颁行"有圈点满文"时，达海早已改进成功，因此这一年不是改进之年，而是颁行之时，改进工作是在此前进行的。但直至1636年为止，仍在使用老满文，从其次年开始，《满文原档》中便没有了老满文的记载,说明新满文从颁行到使用,仍用了5年过渡时间。17世纪前半期,用无圈点或有圈点满文记录的这些"古老档案",在乾隆帝的旨意下,从1775年即乾隆四十五年始,历时3年,由以大学士舒赫德为首的编辑人员,逐字逐句地编成规整的加圈点满文写本,称为"加圈点字档册"。一部留于紫禁城供皇帝御览,一部送至盛京皇宫崇谟阁供奉收藏。1912年,日本记者内藤湖南发现崇谟阁内的这部"加圈点字档册",并将其拍照带回日本,称"满文老档",至此学术界首次发现了这种档册的存在及其价值。其后1930年代,在北京故宫博物院发现了17世纪前半期记录的满文"古老档案",后1940年代末被国民党当局运至台北收藏。现藏台北故宫博物院的这些满文"古老档案",于1969年,被该院以《旧满洲档》之名影印出版。后来2005年又以《满文原档》之名,重新影印出版。本书将利用1969年出版的《旧满洲档》。这些档册,前后近30年,如实地记录了努尔哈赤家族及满洲发展壮大及与周边扈伦四部、蒙古诸兀鲁斯、明朝、朝鲜之间的往来关系。与本书有关的,是记载1630年代初满洲与七和硕喀尔喀兀鲁斯左翼之间外交关系的档案内容。

满文版《亲征平定朔漠方略》(*Beye dailame wargi amargi babe necihiyeme toktobuha bodogon i bithe*)

本史料是记述康熙帝消灭准噶尔之噶尔丹,又使七和硕喀尔喀兀鲁斯服属清朝过程的一部战记。1708年即康熙四十七年由大学士温达等编纂,共48卷。至今有满文、汉文、蒙古文3种文字版本。因清朝编纂该《方略》时,主要依据了满文奏折、题本、上谕等公文,故与汉文版、蒙古文版相比,满文版引用的奏折、上谕等,如实地反映了原件的意思,所以史料价值最高。另外,与上面所提《清内阁蒙古堂档》比较,满文版《朔漠方略》较好地记录了清朝方面的方针政策及当时清朝认识的内陆亚洲形势,为此可与《清内阁蒙古堂档》互为补充。满文版《朔漠方略》内容较详细地反映了1677年即康熙十六年起至1697年即康熙三十六年为止,清朝与七和硕喀尔喀兀鲁斯、准噶尔、青海和硕特、达赖喇嘛之间的关系发展及其方针政策,同时也记录了清朝安置归顺的喀尔喀蒙古,动员围剿噶尔丹等重大军政事件。

康熙朝满文朱批奏折

本史料,是康熙朝时期具有密奏资格的人员,用满文上奏给康熙帝的奏折及康熙帝用满文下达的上谕等的总称,共计有 5 000 余件。时间自 1673 年即康熙十二年起,至 1722 年即康熙六十一年为止。为有效应对发生在清朝西北边疆上的事件,且为了保密,康熙帝与驻屯边境的清朝大臣、官员之间多利用满文奏折来收集情报、交换意见、商定对策。本史料因如实地反映了 17 世纪后半期至 18 世纪初期为止的蒙古、西藏形势及清朝针对当时的形势所实施的具体政策,故对本书而言,是不可或缺的珍贵史料。《康熙朝满文朱批奏折》原件大部分藏在位于北京的第一历史档案馆,少部分收藏于台北故宫博物院。1977 年,台北故宫博物院故宫文献编辑委员会影印出版的《宫中档康熙朝奏折》第八、九辑,即为收藏于台北故宫博物院的康熙朝满文朱批奏折。后第一历史档案馆将以上两部分档案一同编译,并由中国社会科学出版社于 1996 年 7 月,以《康熙朝满文朱批奏折全译》之书名出版。但汉译本在相关蒙古、西藏的名称及正确把握满文原意等方面有所缺陷,故本书将利用满文原件。

雍正朝满文朱批奏折

本史料是雍正朝具有密奏资格的办事人员,用满文上奏给雍正帝的奏折,以及雍正帝用满文下达的上谕等的总称,共计 6 600 余件。时间自 1723 年即雍正元年,至 1735 年即雍正十三年为止。对本书而言,可以说是到目前为止记录雍正时期蒙古、西藏形势及清朝方针政策的最佳史料。原件大部分藏于第一历史档案馆,少部分藏在台北故宫博物院。1977 年,台北故宫文献编辑委员会影印出版的《宫中档雍正朝奏折》第二十八至三十二辑,即为台北故宫博物院所藏雍正朝满文朱批奏折。后第一历史档案馆将以上两部分档案一同编译,于 1998 年 12 月由黄山书社,以《雍正朝满文朱批奏折全译》之书名出版。但汉译本在相关蒙古、西藏的名称及正确把握满文原意等方面有所缺陷,故本书将利用满文原件。

军机处满文录副奏折档

本史料是1730年即雍正八年始,清朝军机处大臣及章京等官员,逐字逐句抄写的满文朱批奏折的副本。这些副本通常会以半月或一个月为一包入档保存,所以又被称为"满文月折包"。在"满文月折包"内,除有满文奏折的抄件外,还有随奏折一同呈进的奏片、行文、口供等的抄件,所以相对于满文朱批奏折,军机处满文录副奏折提供的信息更为全面。众所周知,军机处是在清朝皇帝与各地办事大臣之间传递及草拟文书的秘书机构,主要由皇帝任命的亲信干练人员组成,早期办理的事务比较机密,具有很高的保密性,后来随着奏折的普及,这种特质降低,但仍是皇帝处理政务的首要机构。其中,有关边疆及八旗的事务,主要用满文奏折办理,所以探讨清代蒙古问题,军机处满文录副奏折的价值就变得很高。对本书而言,考察雍正、乾隆时期的清朝政策时,是必不可少的第一手史料。

《乾隆朝满文寄信档译编》

本史料是乾隆时期满文寄信上谕的汇编。其中主要收入了乾隆帝为处理国政事务而给各地驻防将军及钦差大臣、官员等下达的满文上谕。相关喀尔喀蒙古四部的,有乾隆帝下达给驻扎乌里雅苏台地方的定边左副将军及钦差驻扎库伦办事大臣的满文寄信谕旨。从中我们可以清楚地了解到当时的清朝怎样统治喀尔喀蒙古问题的一些琐碎事情。该史料现藏第一历史档案馆,经过国家清史编纂委员会编译后,2011年由岳麓书社影印出版一部分。

藏文《第四世达赖喇嘛传》:大自在观世音菩萨遍知一切云丹嘉措尊贤传记解脱之宝。

第四世达赖喇嘛云丹嘉措生于1589年,系蒙古土默特土门阿勒坦汗孙苏密尔代青洪台吉之子。1603年于藏北热振寺坐床正式成为达赖喇嘛,1616年在拉萨哲蚌寺圆寂。四世达赖喇嘛虽在位时短,然因其出身于成吉思汗黄金家族,故对蒙、藏关系影响深远,对蒙古领主们的黄教信仰及对其教团的保护事业,产生了巨大的推动作用。《四世达赖喇嘛传》由五世达赖喇嘛阿旺罗桑嘉措于1652年开始撰写,1653年完成。本书将利用中国藏学出版社2010年出版的藏文版。同时参考陈庆英、马连龙等译,2006年中国藏学出版社出版的汉译版《一世—四世达赖喇嘛传》中的相关内容。

藏文《阿旺洛桑嘉措传(五世达赖喇嘛传)》(*Ngag dbang blo bzang rgya mtsho'i rnam tar*)

本史料是记录五世达赖喇嘛阿旺洛桑嘉措一生(1617—1682)活动的传记。由五世达赖喇嘛本人,在蒙古有力领主及黄教高僧的劝请下,于1672—1681年间亲自编写完成。除一些宗教仪式及活动外,主要记载了五世达赖喇嘛的家族出身、幼年经历、被选定后坐床登基、绰克图洪台吉势力袭来前后的西藏情形、与固始汗家族的关系、"喀尔喀—卫拉特会盟"后与蒙古众领主之间的往来、对西藏地方政权的治理、赴北京会见顺治帝前后的经过、围绕边境及吴三桂问题与清朝交涉及黄教的发展情况等"朝政与教法"两方面的事务。内容非常具体、详细,切实反映了17世纪中后期蒙古、西藏的政治、社会及宗教情况。其实,历代达赖喇嘛的身边都置有专门记录其日常起居的书记人员,五世达赖喇嘛在编写该传记时充分利用了这种起居档案,为此史料价值颇高。另外,因该传记是作为当时蒙古"朝政与教法"两方面领袖的五世达赖喇嘛亲自撰写的,所以没有受到外部政治势力的干预,可以说切实地反映了蒙古、西藏方面的立场及其内部动向,是了解17世纪中后期蒙古、西藏情形必不可少的史料。该传记强有力地补充了满、蒙、汉文档案文献在这方面的记录不足,不可不说是探讨17世纪蒙古政治社会历史的一部珍贵典籍。该传记原文为藏文,1989年西藏人民出版社以《阿旺洛桑嘉措传》之书名,出版过藏文版。其后陈庆英、马林、马连龙三氏将藏文翻译成汉文,于1997年以《五世达赖喇嘛传》之书名,作为"中国边疆史地资料丛刊——西藏卷"的一部分,由中国藏学出版社出版。2006年,中国藏学出版社又在"雪山中的转生丛书"内,涵盖出版过上述三氏翻译修订的《五世达赖喇嘛传》。本书主要利用1989年出版的藏文版《阿旺洛桑嘉措传》,同时参考2006年中国藏学出版社出版的汉译版《五世达赖喇嘛传》。

藏文《如意宝顶(七世达赖喇嘛传)》(*Dpag bsam rin po che'i snye ma*)

本史料是记录七世达赖喇嘛噶桑嘉措一生主要活动的传记。1759年即乾隆二十四年,由三世章嘉呼图克图若必多吉撰写。除一些宗教活动外,主要记载了1707年即康熙四十六年至1757年即乾隆二十二年间,七世达赖喇嘛与藏区各大寺院、西藏地方政权官员、青海和硕特首领、清朝皇帝及蒙古各大集团首领间的关系往来。著者三世章嘉呼图克图若必多吉,虽长期驻留北京与清朝皇帝有着深厚的交情,但同时与七世达赖喇嘛也交往频繁,关系融洽。该传记详细记载了受青海和硕特右翼领主保护时的噶桑嘉措的情况及进军西藏结束后七世达赖喇嘛与蒙古各大集团,尤其与喀尔喀蒙古四部及卫拉特蒙古领主间的往来。此外还记录了蒙古各大集团首领或其使者拜见七世达赖喇嘛时的具体情况。为此可以说是一部考察蒙古与达赖喇嘛关系的珍贵史料。该传记,其北京版藏文原件现藏塔尔寺,共1115页。1990年西藏人民出版社以《如意宝顶》之书名,出版过藏文版,本书将利用该版。1989年,蒲文成将藏文译成汉文,并由西藏人民出版社以《七世达赖喇嘛传》之书名出版发行。

蒙古国立档案馆所藏满蒙文档案(*Mongγol ulus-un töb arhib-tu qadaγalaγdaju baiγa manǰu Mongγol bičig-ün dangsa*)

蒙古国立档案馆所藏的档案,大部分是有关清朝时期喀尔喀蒙古四部及哲布尊丹巴呼图克图沙毕纳尔事务的档案。有库伦办事大臣衙门、定边左副将军衙门、土谢图汗部盟长处、车臣汗部盟长处、扎萨克图汗部盟长处、赛音诺颜部盟长处、土谢图汗部副将军处、车臣汗部副将军处、扎萨克图汗部副将军处、赛音诺颜部副将军处、管理哲布尊丹巴呼图克图沙毕纳尔之商卓特巴衙门等处的大量满蒙文档案。其中，除了一部分库伦办事大臣衙门及定边左副将军衙门的满文档案外，绝大部分为蒙古文档案。这些档案文件，如实地记载了清朝时期喀尔喀蒙古四部的动向及与清朝的关系，不言而喻是研究清朝时期喀尔喀蒙古四部历史的第一级史料。本书主要利用其中土谢图汗部盟长处及土谢图汗部副将军处，以及库伦办事大臣衙门的满蒙文档案。

第五节 章节构成

第一章拟利用《阿萨喇克其史》、《大黄史》、"六和硕法典"、《蒙古乌巴锡洪台吉传》等史料，探讨16世纪中后期至17世纪前半期的七和硕喀尔喀兀鲁斯的形成过程及兀鲁斯政治社会体制的具体权力构造。第一节：阐明七和硕喀尔喀兀鲁斯的成立，通过揭示格哷森札的出身及其入赘喀尔喀的经过，探讨当时蒙古兀鲁斯的形成过程及在蒙古朝政中的地位。第二节：考察阿巴岱汗时期七和硕喀尔喀兀鲁斯的政治社会体制，并探究该蒙古兀鲁斯内部的基本权力构造。第三节：揭示1596年"猴年大法典"所规定的七和硕喀尔喀兀鲁斯的社会体制。这一时期建立的兀鲁斯体制是七和硕体制最根本、最基础的体制，后来的变化都是在这种体制上发生的，所以是本书探讨的重中之重。第四节：将利用"水兔年小法典""水牛年小法典"等法律典籍，阐明17世纪初期的七和硕喀尔喀兀鲁斯内部各大和硕的一些关系变化。第五节：拟利用《蒙古乌巴锡洪台吉传》，考察17世纪前后的七和硕喀尔喀兀鲁斯领主与其属民之间的关系问题。

第二章将利用《阿萨喇克其史》《宝贝念珠》《蒙古乌巴锡洪台吉传》《喀尔喀—卫拉特大法典》等史料，论述七和硕喀尔喀与四卫拉特之间怎样从宿敌转变成盟友，以至于建立共同朝政的经过。第一节：

通过介绍七和硕喀尔喀兀鲁斯有力领主的事迹,考察七和硕与四卫拉特的战争,对四卫拉特的征服统治及双方走向和平的过程。第二节:阐明七和硕喀尔喀与四卫拉特共同建立新政权的经过,尤其注重探讨双方联合并共同进军消灭绰克图洪台吉的事件。第三节:考察"喀尔喀—卫拉特联合政权"的建立及其历史意义,通过分析参加会盟的七和硕喀尔喀兀鲁斯领主的出身,探讨各大兀鲁斯在此联合政权中的地位问题。

第三章基于《第四世达赖喇嘛传》《阿旺罗桑嘉措传》等藏文史料,考察1640年建立新朝政前七和硕喀尔喀兀鲁斯领主在卫藏的活动情况。第一节:利用达赖喇嘛方面的史料制作表格,以此归纳七和硕喀尔喀兀鲁斯领主在卫藏的活动情况。第二节:分析表格以揭示领主们活动的主要内容及其背后的目的。因该时期的七和硕喀尔喀兀鲁斯领主在卫藏的活动,与1640年喀尔喀、卫拉特领主们共同建立新政权有着密不可分的关系,可以说是其前提整备,所以有必要认真整理及评价该时期的活动。从这种军事外交活动及其关系,我们可以更加清晰地看到七和硕喀尔喀兀鲁斯怎样建设自己政权与宗教的史实。

第四章拟利用藏文《阿旺罗桑嘉措传》,阐明1640年建立新政权后至1682年五世达赖喇嘛圆寂为止,七和硕喀尔喀兀鲁斯领主在卫藏的活动情况。第一节:基于藏文《阿旺罗桑嘉措传》中的记载制作表格,归纳领主们的具体活动情况。第二节:分析表格,阐明领主们活动的主要内容及其背后的目的。这一时期,是蒙古"喀尔喀—卫拉特联合政权"的存在时期,在此秩序下,七和硕喀尔喀兀鲁斯的领主们前去卫藏朝见达赖喇嘛的活动,代表了该政权的运营形式及其具体行政内容。达赖喇嘛的权威怎样渗透进七和硕喀尔喀兀鲁斯,对此七和硕又有何反应,而在喀尔喀左右翼纷争中,达赖喇嘛又是怎样行使权力,七和硕喀尔喀兀鲁斯方面又是怎样接受或应对等问题,在本章中会有详细的论述。

第五章拟利用《清内阁蒙古堂档》中的相关史料，揭示达赖喇嘛权威下的七和硕喀尔喀兀鲁斯体制及哲布尊丹巴呼图克图的成立过程。第一节：通过分析五世达赖喇嘛颁发给七和硕喀尔喀兀鲁斯全体以办理事务的噶舒克文书，考察达赖喇嘛权威怎样渗透进七和硕，七和硕又怎样接受与应对的情况。第二节：通过分析五世达赖喇嘛颁发给七和硕喀尔喀兀鲁斯部分领主以册封称号的噶舒克文书，揭示达赖喇嘛权力怎样介入七和硕体制内部的人事及附带在人事上的权力构造，对此七和硕方面又怎样接受与反应的问题。第三节：通过阐明1640—1686年间七和硕喀尔喀兀鲁斯政治社会体制的变化，探讨哲布尊丹巴呼图克图的成立及其在七和硕喀尔喀兀鲁斯体制中的地位与权利问题。

第六章利用《旧满洲档》《清内秘书院蒙古文档案》等史料，论述1630—1640年代七和硕喀尔喀兀鲁斯与清朝之间的通使关系，以探讨双方试图建立怎样的外交关系的问题。第一节：通过分析1634年林丹汗去世后，七和硕喀尔喀兀鲁斯左翼领主致皇太极的书信，考察当时的喀尔喀领主们怎样理解双方关系，试图建立怎样的外交关系的问题。第二节：通过论述七和硕喀尔喀兀鲁斯与满洲之间最早互派使者的事情，探讨摆在双方外交面前的最重要的课题是什么的问题。第三节：通过分析1640年前七和硕喀尔喀兀鲁斯领主与皇太极之间往来的信件，论述双方为共同迎请达赖喇嘛怎样进行磋商，后来又为何以失败告终，其背后隐藏着怎样的执政外交理念及现实困难的问题。

第七章拟利用《清内阁蒙古堂档》中的相关蒙古文档案，考察七和硕喀尔喀兀鲁斯与清朝之间建立的"八扎萨克体制"问题。第一节：通过分析蒙古文书内容，探讨清朝皇帝任命的八扎萨克在达赖喇嘛权力介入的情况下，于七和硕喀尔喀兀鲁斯内部怎样存在的问题。第二节：通过分析八扎萨克进献给清朝皇帝的贡品、贡额及清朝皇帝赏赐给八扎萨克的赏赐品数额，考察八扎萨克体制的具体运营问题及这种体制对七和硕喀尔喀兀鲁斯内部权力构造的影响。第三节：考察八扎萨克体制下七和硕喀尔喀兀鲁斯与清朝之间围绕逃民等问题进行的交涉，以此探讨这种体制的实质及其处理问题的特点。

第八章拟利用《清内阁蒙古堂档》中的蒙古文档案，考察七和硕喀尔喀兀鲁斯服属清朝的过程及当时清朝的具体政策。第一节：论述1682年康熙帝向七和硕喀尔喀兀鲁斯遣使赏赐的事情，以此探讨这一举措在双方关系上的地位问题。第二节：阐明1686年康熙帝遣使调停喀尔喀左右翼纷争的具体经过，考察康熙帝权力怎样介入到七和硕喀尔喀兀鲁斯内部的问题。第三节：通过考察清朝在喀尔喀编立"旗—佐领"的过程及喀尔喀方面的反应，论述清朝与喀尔喀之间围绕编立扎萨克问题进行的交涉。第四节：通过分析1691年多伦诺尔会盟时康熙帝册封的喀尔喀王公的出身，探讨服属清朝前后的喀尔喀蒙古政治社会体制的变化问题。

第九章将利用《清内阁蒙古堂档》《平定准噶尔方略》《清代新疆满文档案汇编》《钦定外藩蒙古回部王公表传》（以下简称"王公表传"）等满、蒙、汉文史料，以清朝与准噶尔的关系为背景，阐明18世纪前半期清朝对喀尔喀蒙古采取的统治政策及喀尔喀蒙古在清准战争中所发挥的作用。第一节：揭示18世纪初期的清朝西北边疆政策及康熙帝对喀尔喀蒙古实施的策略。第二节：以1729—1739年的清准战争为背景，考察当时的清朝西北边疆政治军事形势及雍正帝对喀尔喀蒙古采取的政策。第三节：论述在历次的清准战争中，喀尔喀蒙古王公所展现的具体军事活动及喀尔喀蒙古在清准关系中的特殊性问题。

第十章利用蒙古国立档案馆所藏满蒙文档案，论述康、雍、乾时期在清朝统治下喀尔喀蒙古四部王公怎样基于原七和硕体制来平衡和处理内部关系的问题。第一节：通过分析清朝皇帝、达赖喇嘛等颁发给喀尔喀蒙古人员的敕书及噶舒克文书，探讨在服属清朝后的喀尔喀四部,达赖喇嘛的权威到底是怎样的一种存在的问题。第二节:翻译介绍1783年即乾隆四十八年为止在喀尔喀蒙古四部使用的吉古呼、塔尔哈等文书的持有情况、由来及其功用。第三节:通过分析喀尔喀四部内颁发的吉古呼文书,探讨喀尔喀四部的王公们于其内部怎样延续七和硕传统,怎样调节相互关系的问题。虽然1691年已服属清朝,然清朝为了利用喀尔喀蒙古的军事力量以抗击宿敌准噶尔,并没有拆散各部及各部之间联合的这种由来于七和硕的政治社会体制,清朝的统治是建立在这种体制之上的。那么,这种体制是怎样维持和变化的呢?本章内容将给出具体答案。

第十一章利用蒙古国立档案馆所藏满、蒙文档案及中国第一历史档案馆所藏满文档案,论述1783年即乾隆四十八年清朝通过治罪土谢图汗车登多尔济等王公,废除喀尔喀汗王等高级领主介入部内其他扎萨克旗,在部内保持统辖权力的旧有体制问题。第一节:通过揭示清朝弹劾喀尔喀汗王等"滥发乌拉执照"事件的经过,探讨当时清朝政策的重点。第二节:阐明清朝处理事件的具体过程,考察清朝怎样废除喀尔喀旧有体制的问题。第三节:通过揭示清朝最终为何只治罪土谢图汗车登多尔济的事情,论述清朝乾隆帝的真实意图及其时代背景。

本书将利用最能反映当时史实的满、蒙、藏、汉文史料,着重阐明16世纪后半期至18世纪晚期七和硕喀尔喀兀鲁斯政治社会体制及这种体制怎样变化、怎样延续,最终又被怎样废除的史实,以此探讨喀尔喀蒙古政治社会体制在清朝统治前后的变化问题。

第一章
16世纪后半期七和硕喀尔喀兀鲁斯的形成及其在17世纪初期的发展

本章将利用《阿萨喇克其史》、《大黄史》、"桦树皮法典"、《蒙古乌巴锡洪台吉传》等史料,阐明七和硕喀尔喀兀鲁斯的成立及其自16世纪中后期至17世纪初期的政治社会体制的发展情况,以此探讨17世纪前后喀尔喀蒙古政治社会体制的构造及其特点。

关于七和硕喀尔喀兀鲁斯(Mon：doloɣan qosiɣu qalq-a ulus)的成立及其在16世纪中后期至17世纪初期的政治社会体制问题,因其复杂性和不明确性,至今国内外学术界很少有人问津。除宝音德力根的一篇有关七和硕喀尔喀领主层与漠南蒙古阿拉坦汗家族之间关系的论文[①]及乌云毕力格在其著作《〈阿萨拉克其史〉研究》前言部分中的简要论述[②]外,还没有专门性的研究问世。此外,日本学者二木博史,最早于1976和1981年分两次将喀尔喀"桦树皮法典"翻译注释成日文[③],后

[①] 参见宝音德力根:《从阿巴岱汗与俺答汗的关系看早期喀尔喀历史的几个问题》,载《内蒙古大学学报》1999年第1期。作者基于土谢图汗等七和硕喀尔喀领主们致康熙帝的信件内容,揭示了七和硕喀尔喀兀鲁斯在其形成与发展过程中,与蒙古右翼三阿勒坦汗家族之间发生的深刻关系。

[②] 请参见乌云毕力格著:《〈阿萨拉克其史〉研究》,中央民族大学出版社,2009年,第3—15页。

[③] 请参见二木博史:《訳注白樺法典(Ⅰ)》,载日本《遊牧社会史探求》,第49册,1976年,第10—19页。及《訳注白樺法典(Ⅱ)》,载日本《モンゴル研究》,第12辑,1981年,第50—63页。

来又写过《关于白桦法典》(白樺法典について)一文,但这些论文并没有专门讨论七和硕喀尔喀兀鲁斯的政治社会体制,而是介绍和强调了"桦树皮法典"在研究喀尔喀蒙古社会问题上的重要性①,研究目的是不同的。

对七和硕喀尔喀兀鲁斯的成立及其政治社会体制的研究,不仅在喀尔喀蒙古历史研究上,在考察喀尔喀蒙古与周边关系及后来喀尔喀蒙古在清朝统治下的社会变迁问题上,都具有极其重要的意义。因七和硕喀尔喀兀鲁斯是基于其内部的政治社会体制与四卫拉特及达赖喇嘛往来,并于1640年建立共同朝政的,故阐明七和硕喀尔喀的政治社会体制的具体面貌,会使我们更加清楚地认识建立"喀尔喀—卫拉特联合政权(Mon: qalq-a oyirad-yin törö)"前后时期喀尔喀方面的真实动向及其原因。同时在与清朝之间的外交关系上,因"八扎萨克体制"也是基于七和硕原有的政治社会体制建立的,所以若不了解七和硕的根本制度及其发展方向,很难正确把握双方的关系。另外,揭示七和硕喀尔喀兀鲁斯的政治社会体制,也有助于考察同一时期蒙古其他兀鲁斯及满洲早期的政治社会体制。

关于"兀鲁斯",很有必要再进行一番解释。蒙古语的"兀鲁斯(Mon: ulus)",在古代具有"民族""民众""邦国"之意。15世纪以后的后达延汗时代,随着蒙古各大土门实力的膨胀及蒙古宗主可汗权威的递减,各大土门都开始自称"兀鲁斯",以强调自身的自主性。但从宗主可汗的角度来看,其仍是一土门而已,是大蒙古兀鲁斯(Mon: yeke mongɤol ulus)即自成吉思汗以来一直延续下来的蒙古朝政的一个组成部分。而且,即使从各大土门——兀鲁斯的立场来看,他们自己也并没有否认自己是大蒙古兀鲁斯一部分的事实,只是不愿接受宗主可汗过分的政治干预。后达延汗时代的蒙古政体,是

---

① 请参见二木博史:《白樺法典について(关于白桦法典)》,载日本《アジア・アフリカ言語文化研究(亚非语言文化研究)》,第21辑,第49—73页。

第一章
16世纪后半期七和硕喀尔喀兀鲁斯的形成及其在17世纪初期的发展

其子嗣领有的各大土门分封的、自治的、联邦的组织形式。大蒙古兀鲁斯下面是各自独立性很强的小兀鲁斯,他们都具有高度的政治、军事、经济、司法、税务和通信机能。

我们将七和硕喀尔喀称为"兀鲁斯"是没有问题的,当时喀尔喀"六和硕法典",第65条也明确提出:"不按照大兀鲁斯旨令而给前去的使者马匹,则罚一九。"[①]如此已将自己的政治共同体命名为"兀鲁斯"了。更何况即使1634年蒙古宗主可汗林丹汗病逝之后,七和硕喀尔喀兀鲁斯的政治社会体制也没有发生些许变化,这也正反映了其具有高度自主性的一面。

第一节 七和硕喀尔喀兀鲁斯的形成

15世纪达延汗时代的喀尔喀土门,是蒙古可汗非常倚重的一个政治军事集团。在15世纪中后期,管理喀尔喀土门事务的,是出身扎赉尔(Mon:Jalayir)和克鲁特(Mon:kerüd,即后来的"克尔古特kergüd")两大集团中称为希克沁(Mon:sigečin)的贵族。"希克沁(Mon:sigečin)"来自"希克齐(Mon:sigeči)"一词,指领主层与其属下游牧集团的上层通婚生下的贵公子,即领主的外甥。那么,这种由希克沁贵族管理的喀尔喀土门,是怎样变成由孛儿只斤氏黄金家族领有的兀鲁斯了呢?关于七和硕喀尔喀兀鲁斯的成立问题,我们首先需了解这一兀鲁斯的领主层孛儿只斤氏黄金家族最近的祖先——格哷森札这位人物。

格哷森札(1513—1549),成吉思汗第十六世孙,蒙古中兴之主达延汗第十一子即末子,母为季迷思肯太后。15世纪后半至16世纪前半,一世英主达延汗接连打败干扰蒙古朝政的非孛儿只斤氏黄金家族出身的成吉思汗臣宰后裔势力,在自己的权威下重新完成统一后,

---

① [蒙]呼·丕日烈著:《相关蒙古及中亚地区文化史的两件珍贵文献》,第21页。

将蒙古本部分为左翼察哈尔、喀尔喀、乌梁罕,右翼土默特、鄂尔多斯、雍谢卜,此六大土门。其后,达延汗为了重建成吉思汗孛儿只斤氏黄金家族的统治地位,将自己的子嗣分到六大土门入赘,以使他们担任各大土门的领主。关于达延汗末子格哷森札在喀尔喀土门担任领主的情况,据蒙古文《阿萨喇克其史》载:起初喀尔喀土门中奇诺孙(Mon: činusun)氏的努都博罗特前往达延汗处,请求可汗派一子担任喀尔喀土门领主。达延汗同意并派去了季迷思肯太后所生的格哷博罗特。努都博罗特领走格哷博罗特后,次年将其送回达延汗身边。理由是:格哷博罗特性情傲慢,狂妄自大,唯恐将来会欺压所领属民,给喀尔喀人带来困苦。随后,努都博罗特返回时,带走了正在玩耍的小格哷森札,并将其认为养子。格哷森札长大后,努都博罗特将乌济业特部蒙库柴之女哈通海嫁给格哷森札,以此喀尔喀土门右翼逐渐奉戴格哷森札为其领主①。由此看来,达延汗子嗣成为喀尔喀土门领主,不能说这是达延汗单方面的,自上而下命令式的政策实施,而是基于达延汗与喀尔喀土门之间的领属关系,喀尔喀方面积极主动地接取达延汗子嗣,并将其奉为领主的。可汗或领主需要尊重属下游牧集团的意见,要协商办事,不是绝对专制,这是蒙古政治非常重要的一个特点。

　　16世纪三四十年代,以蒙古宗主可汗博第汗为首的达延汗子孙们,领兵攻灭居住在肯特山脉附近的乌梁罕土门后,格哷森札领有的喀尔喀右翼逐渐向西迁徙,进入包括乌梁罕土门在内的漠北蒙古中心地带游牧居住②。后来1552年蒙古右翼三土门的阿勒坦汗率兵征讨卫拉特后,格哷森札又进一步向西扩展领地③,逐步占据了东自呼

---

① 参见蒙古国家图书馆所藏,蒙古国立大学、蒙古国家图书馆、蒙古国科学院历史所合作整理,蒙古文《阿萨喇克其史》,乌兰巴托影印版,2011年,第48.b叶,第256页。
② 参见宝音德力根:《从阿巴岱汗与土默特阿勒坦汗的关系探讨喀尔喀早期历史的几个问题》,第78—79页。
③ 参见森川哲雄:《ハルハ・トゥメンとその成立について(关于喀尔喀土门及其成立)》,载日本《东洋学报》第55卷,1972年,第169页。

第一章
16 世纪后半期七和硕喀尔喀兀鲁斯的形成及其在 17 世纪初期的发展

伦贝尔草原,西至杭爱山脉,北起贝加尔湖,南至戈壁的漠北绝大部分地方。格呼森札作为达延汗末子,受到了担任其他土门首领的各位兄长的眷顾,另一方面将祖宗根本之地留给末子或最小的兄弟掌管,这也是自成吉思汗以来蒙古朝政的传统。为此,格呼森札及其子嗣们带领属民在漠北地区安然地发展起来,它的领土范围得到承认,基本没有受到蒙古其他土门的侵扰与打压。

据蒙古文《阿萨喇克其史》载,格呼森札与其哈通海太后共生有六子。长子阿什海达尔罕洪台吉生于1530庚寅年,次子诺颜泰哈坦巴图尔生于1531辛卯年,第三子诺诺和卫征诺颜生于1534甲午年,第四子阿敏都喇勒诺颜生于1536丙申年,第五子塔尔尼生于1540庚子年,第六子德勒登昆都伦生于1542壬寅年①。最后,格呼森札的小太后阿勒泰阿拜于1544甲辰年生第七子萨穆贝玛。

格呼森札去世后,哈通海太后将领有的属民及财产,悉数分给了上述七子:长子阿什海达尔罕洪台吉领有乌呐格特(Mon:üneged)、扎赉尔(Mon:Jalayir)两鄂托克,次子诺颜泰哈坦巴图尔分得博苏特(Mon:besüd)、额勒济根(Mon:elJigen)两鄂托克,第三子诺诺和卫征诺颜领有克尔古特(Mon:kergüd)、郭尔罗斯(Mon:γorlos)两鄂托克,第四子阿敏都喇勒诺颜领有克罗(Mon:qoroqo)、库里耶(Mon:küriy-e)、楚库尔(Mon:čoqoqor)三鄂托克,第五子塔尔尼分得库克亦特(Mon:kükeyid)、哈达斤(Mon:qadakin)两鄂托克,第六子德勒登昆都伦分得唐古特(Mon:tangγud)、萨尔图勒(Mon:sartaγol 即 sartaγul)两鄂托克,而第七子萨穆贝玛只领有了乌梁罕(Mon:uriyangqan)一个鄂托克②。依照蒙古政治传统,末子领有的属民及财产,理应多而厚重才对,但萨穆贝玛只领有了一个鄂托克。想必这是因为,此次的财产分配是由格呼森札的正室哈通海太

---

① 蒙古文《阿萨喇克其史》,第 48.a 叶,第 256 页。
② 蒙古文《阿萨喇克其史》,第 48.a 叶,第 256 页。

后主持的,萨穆贝玛是小太后阿勒泰阿拜所生之子,难免遭受排斥。且于当时,萨穆贝玛年龄幼小,暂时难以驾驭属部,需要母亲及兄长们的援助。此外,根据森川哲雄的论述,在分封给七子的游牧集团中,扎赉尔和克尔古特两鄂托克最为强悍①。将扎赉尔分封给阿什海,而把克尔古特分给诺诺和,足见这两位在当时的格哷森札七子中的重要地位,这种分封客观上为后来形成左右翼奠定了基础。

基于格哷森札以上七子所领有的人员和财产,在漠北的领地上,形成了称为"七和硕喀尔喀"的蒙古兀鲁斯,其中因第五子塔尔尼无后,故有时亦称"六和硕喀尔喀"。刚分封时,格哷森札的嗣子们领有的这些血缘集团的鄂托克,其人口和军事实力都很弱小,当时一两个鄂托克即等于一个和硕。后来随着时间的推移,人口增长,财产丰盈,实力壮大,再基于蒙古的析产传统,一个和硕内出现了几个或多个鄂托克,且其数目不断递增。除了后面要讲的法的支配外,各和硕都是基于格哷森札家族的血缘关系建立的,和硕内部的关系即鄂托克之间的关系,取决于领有鄂托克的领主间的血缘关系。那么,这一由和硕联合而成的兀鲁斯的政治社会体制是怎样的呢? 以下将着重考察它的基本构造及组织关系的演变过程。

第二节　阿巴岱汗后期七和硕喀尔喀兀鲁斯的政治社会体制

以下利用蒙古文"桦树皮法典"中的"六和硕法典"阐明阿巴岱汗后期即16世纪中后期的七和硕喀尔喀兀鲁斯的政治社会体制。这一时期形成的体制,是该兀鲁斯的根本体制,在其后的发展演变中发挥了最基础、最核心的作用,持续的时间也最长。

---

① 森川哲雄:《ハルハ·トゥメンとその成立について(关于喀尔喀土门及其成立)》,第181页。

第一章
16世纪后半期七和硕喀尔喀兀鲁斯的形成及其在17世纪初期的发展

关于"六和硕法典",其第44条记载道:"引导佛经之心瓦齐赉汗皈依佛法的父亲,青卓哩克图达瓦齐达尔罕车臣巴克什,与其争抢乌拉、舒斯者,应取以五为首的牲畜五十。"①这里的"佛经之心瓦齐赉汗(Mon:nom-un Jirüken wačir qaγan)"即指1586年于呼和浩特从三世达赖喇嘛申请到"佛法大瓦齐赉汗(Mon:nom-un yeke wačir qaγan)"封号的阿巴岱汗。据此可推断,"六和硕法典"成立于1586年后不久。当时七和硕喀尔喀兀鲁斯全体领主召开会议,在新的瓦齐赉汗阿巴岱的权威下,制定了这一大法典,以此奠定了七和硕的基本政治社会体制框架。那么,这一时期七和硕喀尔喀兀鲁斯的体制具体是怎样的呢?

(一)七和硕喀尔喀兀鲁斯是法支配下的政治、军事、经济共同体。据"六和硕法典"第17条规定:"去七和硕的逃人,取其整体。去敌人之逃人,取其半。"②意思即,对进入七和硕的逃人,七和硕的某一和硕,没收其全部人员和财产。而对从七和硕叛逃至敌方的逃人,各领主将其瓜分。此处明确规定了七和硕如何处置逃人的法律,显示出这一兀鲁斯政治共同体的对外一致性和外交机能。而对于内部,"六和硕法典"第56条规定:"逃至其他和硕的逃人,每一和硕都要派使者。若不派遣,则罚马两匹。"③即为了解决擅自逃入其他和硕的逃人事件,每个和硕都有责任派遣使者,以共同解决问题。逃人问题是古代蒙古社会很常见的一种现象,逃人即财产,又是战斗力,故各领主、各集团都非常重视。为了从制度上杜绝逃人的出现及解决逃人问题,七和硕共同制定有关逃人的法律,显示出兀鲁斯内部在处理案件时行政、司法的一致性。另外,"六和硕法典"第25条规定:"从六和硕带牲畜出走者,罚一九。"④这显然是在维护七和硕的共同财产即

---

① [蒙]呼·丕日烈著:《相关蒙古及中亚地区文化史的两件珍贵文献》,第18页。
② [蒙]呼·丕日烈著:《相关蒙古及中亚地区文化史的两件珍贵文献》,第16页。
③ [蒙]呼·丕日烈著:《相关蒙古及中亚地区文化史的两件珍贵文献》,第20页。
④ [蒙]呼·丕日烈著:《相关蒙古及中亚地区文化史的两件珍贵文献》,第16页。

兀鲁斯的经济利益,且马匹在军事上也是重要财产,故也可以说是军事利益。还有,"六和硕法典"第 48 条规定:"以单个和硕出征敌人将其吞并,罚取驼十峰、马一百匹。"①意思即,出征攻打敌人时某一和硕不可单独行动,需经与兀鲁斯全体协商共同进退。这在军事方面,显示出七和硕的共同防卫权。从以上的法律规定可知,七和硕喀尔喀兀鲁斯是自主性很强的政治、军事、经济共同体,领主们通过共同制定的法律并宣誓遵守这一法律,来明确对内对外的权利和义务,以此统治其领地及民众,共同维护自己的兀鲁斯政权。

(二) 孛儿只斤氏黄金家族出身的领主是统治阶级。据"六和硕法典"第 14 条载:"若向孛儿只斤〔氏〕申斥,罚五〔九〕。若动手,对闲人的惩治将更加严厉。"②这里的"闲人(Mon:isele)"指当时喀尔喀社会中处于被统治地位的普通民众即属民阶层。该条规定,面对孛儿只斤氏黄金家族的成员,民众不可对其随意申斥或动手击打。意味着黄金家族用法律形式保障了自己在政治社会中的统治地位,迫使六大和硕的全体民众承认和遵守。自成吉思汗以来,"领主—属民统治关系"就在蒙古社会中发挥了主体、根杆、基轴的作用,同时也渗透进蒙古占领的地区,成为那里的主要社会关系。当然,与成吉思汗及达延汗以前的时代相比,七和硕喀尔喀兀鲁斯的"领主—属民统治关系"有其特点,即绝大多数领主都出自格呼森札家族,即使余下的少数领主也是该家族的驸马—塔布囊③。故可说,七和硕喀尔喀兀鲁斯领主层的血缘关系是非常亲近的,具有同一性。这也是七和硕喀尔喀蒙古能够迅速及时地召开会议、制定法律,并能统一行动,维护领主层共同利益的前提所在。

(三) 汗王具有象征性。"六和硕法典"第 20 条规定:"平民攻击

---

① [蒙]呼·丕日烈著:《相关蒙古及中亚地区文化史的两件珍贵文献》,第 19 页。
② [蒙]呼·丕日烈著:《相关蒙古及中亚地区文化史的两件珍贵文献》,第 15 页。
③ [蒙]呼·丕日烈著:《相关蒙古及中亚地区文化史的两件珍贵文献》,第 17 页。"六和硕法典"第 29 条规定:"不给塔布囊舒斯者,罚大畜五头。"

第一章
16世纪后半期七和硕喀尔喀兀鲁斯的形成及其在17世纪初期的发展

和申斥汗及其夫人,杀其身,没收其牲畜。"①该条保障了汗王的人身安全及不可触犯性,维护其权威。起初喀尔喀土门并没有汗王,也不可能出现汗王。格呼森札入赘后,其最高首领的封号是洪台吉。但是到了阿巴岱汗时期,因其英勇作战大败卫拉特人而被全体喀尔喀人奉戴为"赛音汗(Mon：sayin qan)"。阿巴岱经全体喀尔喀蒙古领主、臣官、民众的推戴而称汗,可以说这是基于蒙古一般政治理念而拥有的喀尔喀兀鲁斯的首个汗王称号。汗号的使用,这种政治行为有很大可能是参考了周边诸如土默特等蒙古土门的经验,为了能与其他蒙古土门拥有相等的政治地位,喀尔喀的首领们也导入了这一高贵的称谓。当时的蒙古各大土门,虽然相互间的关系比较和善,但也不是没有排他性的竞争关系。所以,这一时期喀尔喀蒙古首领的汗号,比起对内部的影响,面向外部的作用是主要的。

其后,1586年阿巴岱从第三世达赖喇嘛处申请到了"佛法大瓦齐赉汗(Mon：nom-un yeke wačir qaγan)"的封号,表示他在蒙古一般政治理念之上,又增添了一层基于佛教政治理念的统治合法性,即通过"并持朝政与教法",使自己在蒙古政治中的地位得到了公认,以此向喀尔喀的全体领主和民众传达了汗权的神圣性和权威性。而在此"六和硕法典"中,七和硕的领主们共同商议,用法律形式保障了汗的不可侵犯性。不过,从"六和硕法典"第19条所载"汗相互间争斗,罚取马一百匹,驼十峰"②中可知,当时除了阿巴岱汗之外,还有其他汗王,可能是在指阿什海达尔罕洪台吉家族出身的赉瑚尔汗。这条记载最重要的意义在于它承认并允许在同一兀鲁斯内可以拥有一个或多个汗王,这为以后各大和硕推举各自的汗王奠定了法律基础。同时也表明,从这一时期开始,和硕的自主意识及其独立性有了大的发展,并得到了全体社会的承认,成为一种趋势。在后来的年代里,

---

① [蒙]呼·丕日烈著:《相关蒙古及中亚地区文化史的两件珍贵文献》,第80页。
② [蒙]呼·丕日烈著:《相关蒙古及中亚地区文化史的两件珍贵文献》,第16页。

作为一个或几个家族出身领主之共同首脑（Mon：aqalaγči）的汗王，在七和硕喀尔喀兀鲁斯中曾出现过：诺诺和卫征诺颜家族出身领主们的首脑额列克默尔根汗、土谢图汗、阿什海达尔罕洪台吉、诺颜泰哈坦巴图尔、德勒登昆都伦三个家族出身领主们的首脑赉瑚尔汗、毕希热勒图汗、扎萨克图汗，阿敏都喇勒诺颜家族出身领主及苏尼特、乌珠穆沁等集团领主们的首脑玛哈萨玛第车臣汗等。第七子萨穆贝玛家族出身的洪格尔卓尔呼勒汗。不过在此需要强调的是，直至 1691 年服属清朝为止，虽然存在汗王，但七和硕分立联合的基本构造没有改变，汗王不是专制君主。对领主们而言，汗王是中心，而不是上级。君主受法律约束与否，是区分专制与分权两大体制的重要标准。在这层意思上，七和硕喀尔喀兀鲁斯无疑是分权的、联邦的、领主合议的。

（四）领主层下面存在着功勋阶层——"额尔合坦（Mon：erketen）"。据"六和硕法典"第 22 条载："希克沁、乌尔鲁克、图克齐、布勒格齐、达尔哈特、沙毕纳尔、太师等，此等人若偷盗，少罚二九。"①如前所述，"希克沁（Mon：sigečin）"指领主层与属下游牧集团上层通婚生下的贵公子。在格哷森札担任领主之前，喀尔喀土门是由扎赉尔和克鲁特的"希克齐"管理的。格哷森札在喀尔喀土门树立自己的统治权威，需要与属下游牧集团的上层联姻，即使其后被分封到各大游牧集团的格哷森札的子嗣们，也是通过这种方式取得统治地位的。希克沁往往作为领主属下集团的代表而受到格外重视。"乌尔鲁克（Mon：örlög）"指战时冲锋陷阵建立功勋的将官，"图克齐（Mon：tuγči）"指战斗队列中手持旗帜的人员，"布勒格齐（Mon：büriyeči）"指战斗队列或狩猎、聚会时的号手，"达尔哈特（Mon：darqad）"指因功受到册封而被免除赋役的功勋人员，"沙毕纳尔（Mon：šabinar）"指高僧、寺院等的世俗属民。"太师（Mon：tayiši）"，仅据笔者所知，

---

① [蒙] 呼·丕日烈著：《相关蒙古及中亚地区文化史的两件珍贵文献》，第 16 页。

第一章
16世纪后半期七和硕喀尔喀兀鲁斯的形成及其在17世纪初期的发展

这一封号在1640年前的卫拉特社会中曾广泛存在过,在此可能在指受喀尔喀领主支配而被其优遇的卫拉特领主。"少罚二九",则指以上人等犯罪时可比常人少罚二九牲畜,这意味着他们是七和硕喀尔喀兀鲁斯社会中被优遇的人员,在"六和硕法典"中这些人员被称为"额尔合坦(Mon：erketen)"①即拥有财税豁免权的人。他们的地位、利益和名誉受到法律保护,在政治社会生活中虽算不上领主,但也是社会上流阶级,是七和硕喀尔喀兀鲁斯政权构造的重要的一个环节。

(五)领主通过属下官员来处理属民事务。据"六和硕法典"第60条规定:"为断罪事,以图什默特停泊为由,任何人攻击他,罚一九加驼一峰。"②表明,当时七和硕喀尔喀兀鲁斯内部诉讼案件的审理等事务,是由专门的被称为"图什默特(Mon：tüsimed)"的官员来审理的。这从第61条所载"断罪时,图什默特单独误判,罚以骆驼为首之五〔九〕"③也可知晓。看来当时七和硕喀尔喀兀鲁斯"图什默特"的主要任务是审理诉讼案件,即断事官,是司法权的行驶者。后一条款的制定,限制图什默特的妄为,防止滥用职权假公济私,以此强化了他们的办事效率和公正性。另一方面,"六和硕法典"第62条则严厉规定:"闲人攻击、谩骂办事的图什默特,罚五〔九〕。"五九在当时,即使在其后的很长一段时期,都是喀尔喀社会很重的惩罚条目。从这一法律条目来看,七和硕喀尔喀兀鲁斯的领主们通过制定法律,保护了断事官图什默特行驶司法权力时的人身安全,其背后俨然是领主层维护统治的意志的存在。

(六)属民阶层须向其领主及享有相应权利的人员提供乌拉、舒斯。除了缴纳一般阿勒巴(Mon：alba,贡赋)之外,"六和硕法典"

---

① [蒙]呼・丕日烈著:《相关蒙古及中亚地区文化史的两件珍贵文献》,第23页,"六和硕法典",第74条中记载道:"诺颜、塔布囊等,及几个额尔合坦全体。"
② [蒙]呼・丕日烈著:《相关蒙古及中亚地区文化史的两件珍贵文献》,第21页。
③ [蒙]呼・丕日烈著:《相关蒙古及中亚地区文化史的两件珍贵文献》,第21页。

第 21 条规定:"不向诺颜等提供舒斯者,罚三九大畜。"①此处的"舒斯(Mon: sigüsü)",指属民向自己的领主或享有该权利的人员提供的,供其日常生活及出行时食用的羊只,这也是属民阶层向其领主履行的最基本的义务之一。此外,"六和硕法典"第 38 条规定:"喇嘛、诺颜等有令在身出行时,若不提供乌拉、舒斯,罚五〔九〕。"②此处的"乌拉(Mon: ulaγa)",指属民阶层向自己的领主或享有该权利的人员提供的,供其骑乘的马匹或骆驼。该条规定了属民阶层理应为办理公事的诺颜、喇嘛、官员等公务人员随时提供乌拉、舒斯的义务。关于乌拉、舒斯的法律,在"六和硕法典"中规定很多,表明这一问题对七和硕或对每个和硕来说,都是至关重要的事情。其原因,先以和硕为例,一般领主们的出行、狩猎、行政、会议、兵事及断事官的往来、使者往来、喇嘛出行等,皆以属民阶层提供的乌拉、舒斯做基本保障。若无此两项,和硕的行政难以维持,无法运营。以七和硕为例,"六和硕法典"中规定的所有法律的实施,皆需公务人员的运作执行才能发挥效能。而公务人员的往来、会议、办事等,皆需乌拉、舒斯的支撑。七和硕之间的领主、使者、官员、喇嘛等的出行,若无属民提供的乌拉、舒斯,则难以运转。故"六和硕法典"第 1 条中就有了关于舒斯的规定③,可见其有多么重要。阿勒巴、舒斯、乌拉是七和硕喀尔喀兀鲁斯体制构造、权力运行方面非常重要的基础内容。

综上所述,我们可将阿巴岱汗等领主们共同制定"六和硕法典"时期的七和硕喀尔喀兀鲁斯的政治社会体制归纳为:"领主层的绝大多数出自格咩森札家族的,基于大法典,由六大和硕联合而成的,成为政治、军事、经济共同体的七和硕喀尔喀兀鲁斯——由格咩森札某一嗣子后裔的领主们共同支配的,领主们至少拥有一个首脑的,成为

---

① 〔蒙〕呼·丕日烈著:《相关蒙古及中亚地区文化史的两件珍贵文献》,第 16 页。
② 〔蒙〕呼·丕日烈著:《相关蒙古及中亚地区文化史的两件珍贵文献》,第 18 页。
③ 〔蒙〕呼·丕日烈著:《相关蒙古及中亚地区文化史的两件珍贵文献》,第 14 页。

政治、军事、经济单位的和硕——持有近支血缘关系的领主——属民"。其中,额尔合坦从其字面来理解是一种特权阶层,但因领主往往从特权阶层中选拔官员,故可将他们纳入和硕或兀鲁斯的官员阶层。以上,是七和硕喀尔喀兀鲁斯最初的、最基本的,也是最核心的政治社会体制。

在这一体制中,最高权力归"七和硕领主大会（Mon：doloγan qosiγun-u noyad-un yeke čiγulγan）",即七和硕全体领主或其代表召开会议商讨处理事务或制定共同法律的机构所有。全体领主包括:汗王、洪台吉、诺颜、台吉、塔布囊及领主们的外甥希克沁等。在此,汗王主要以单个或三个家族出身的领主们的首脑（Mon：aqalaγči）的身份来存在,即一个或一个以上和硕的最高代表,而并不是最高统治者。汗王根本上作为一名领主,也在自己的领地上,对自己的直隶属民拥有统治权。

第三节　从1596年"猴年大法典"看七和硕喀尔喀兀鲁斯的政治社会体制

但凡历史事物都是不断变化演进的,随着周边形势及内部事物的发展,七和硕喀尔喀兀鲁斯的政治社会体制相应地也有了调整改变。1596年即蒙古火猴年三月,七和硕喀尔喀兀鲁斯的全体执政诺颜（Mon：Jasaγ bariγsan noyad）齐聚塔喇尼河畔召开大会,在先前"六和硕法典"的基础上,制定了新的具有兀鲁斯宪法性质的"猴年大法典"。关于这部法典的制定年代,史学界存在分歧,大致有两种比较可靠的说法。一种是以呼•丕日烈为代表的1620年说,一种是以宝音德力根、乌云毕力格为代表的1596年说。1674年,呼•丕日烈在其著作即首次公布"桦树皮法典"的《相关蒙古及中亚地区文化史的两件珍贵文献》一书中,提出了1620年的观点。当时,除了《阿萨拉克其史》和《大黄史》之外,没有其他值得参考的文献做补证,故得出这样的结论也是可以理解的。而宝音德力根、乌云毕力格则利用近年公开的《清内阁蒙古堂档》中所存的1685年前后七和硕喀尔喀兀鲁斯的领主们致康熙帝的文书,得出"猴年大法典"中的"猴年"指1596年的结论①。

本人支持1596年一说。其理由如下:

首先,"猴年大法典"中并无持有"土谢图汗"号之人,只有"达尔罕土谢图诺颜"。在"桦树皮法典"所录的"阳木虎年赛罕庙法典",这一1614年新年前后制定的法典的前言部分中,后来的土谢图汗衮布被记为"土谢图洪台吉"②,可知在拥有"汗"号之前,他持有过"洪台吉"封号,这符合常理。而后不久,在另一部1614年秋季制定的"木虎年秋之法典"的"前言"部分中,衮布被称"土谢图汗"③。可知,衮布是在1614年上半年拥有了"土谢图汗"封号。如果1620年制定了"猴年大法典",那么作为额列克默尔根汗家族代表,衮布理应以"土谢图汗"的身份参加会议,因为具有竞争资格的衮布的三个胞弟剌马斯扎布、剌玛塔尔、多尔济的地位始终不及衮布。但是我们发现,"猴年大法典"中并无持有"土谢图汗"号之人,这说明该法典并不是在1620年制定的。另外,是否1608年呢?笔者查阅"桦树皮法典"所录1604年制定的"木龙年法典"的前言部分,发现当时衮布已经有了"洪台吉"封号④,故似可否定1608年的可能性。至此,1596火猴年的说法是值得肯定的。当时,衮布持有"达尔罕土谢图诺颜"封号,"诺颜"的地位要比"洪台吉"低一级,是晋升"洪台吉"的前一爵位。衮布在晋升"洪台吉"前持有"诺颜"封号,这符合蒙古的政治传统。问题是,衮布生于1594年,在1596年召开大会制定大法典时,其只

---

① 参见宝音德力根:《从阿巴岱汗和俺答汗的关系看喀尔喀早期历史的几个问题》,第83—84页。及乌云毕力格著:《〈阿萨拉克其史〉研究》,第8—9页。
② [蒙]呼·丕日烈著:《相关蒙古及中亚地区文化史的两件珍贵文献》,第39页。
③ [蒙]呼·丕日烈著:《相关蒙古及中亚地区文化史的两件珍贵文献》,第42页。
④ [蒙]呼·丕日烈著:《相关蒙古及中亚地区文化史的两件珍贵文献》,第30页。

第一章
16世纪后半期七和硕喀尔喀兀鲁斯的形成及其在17世纪初期的发展

有三岁,这么幼小的孩童能否担任执政诺颜呢?其实,当时领主们出席会议,并不是以与会者的年龄岁数计算的,而是取决于与会者的议政权利(Mon:qobi),这才是关键。衮布虽小,仍有权利代表额列克默尔根汗家族出席会议,岁数不是问题,在母后的"垂帘听政"下,亦可派亲信前去参会。当时,额列克默尔根汗已去世,衮布作为长子代表家族出席会议,因其家族乃是继承了阿巴岱汗号的有力家族,故"达尔罕土谢图诺颜"衮布被排在了第三位①。此外,有人会认为"达尔罕土谢图诺颜"是额列克默尔根汗,对此笔者难以苟同。若是额列克默尔根汗,其必定以"默尔根诺颜"、"默尔根洪台吉"或"默尔根汗"等面目出现,而不是"土谢图诺颜"。其次,从与会者即执政诺颜们的年龄来看。若是1620年召开了大会,执政诺颜哈坦巴图尔即图伯特哈坦巴图尔,因其生于1551年而召开大会时已到了70岁高龄,这显然不符合日理万机的执政诺颜的岁数。而在1596年,图伯特哈坦巴图尔46岁,从当时普遍的早婚、早育的情况来看,正是作为长者引导众领主,维护朝政安定,推进兀鲁斯事业向前发展的最佳时期。

那么,1596年制定的这部"猴年大法典",主要规定了哪些法律条款,其反映了当时七和硕喀尔喀兀鲁斯怎样的政治社会体制呢?以下,将展开论述。

(一)大法典是具有兀鲁斯宪法性质的根本大法。"猴年大法典"第1条明确规定:"此法典,汗将其践踏,罚马一千匹,甲胄一百副,驼一百峰。拥有属民的宰儿只斤人践踏,仍照此罚取。没有属民的宰儿只斤人〔践踏〕,罚三九。塔布囊、希克沁人等践踏,罚甲胄五副,驼五峰,马五十匹。平民践踏,杀其身,没收其财产。"②其中的"汗",指作为一个或一个以上家族出身的领主们的共同首脑(Mon:aqalaγči),即一个或一个以上和硕联合的最高首脑,而非专制的最高

---

① [蒙]呼·丕日烈著:《相关蒙古及中亚地区文化史的两件珍贵文献》,第60页。
② [蒙]呼·丕日烈著:《相关蒙古及中亚地区文化史的两件珍贵文献》,第60页。

统治者。"拥有属民的孛儿只斤人"指拥有属民及一定范围的领地、财产的孛儿只斤氏黄金家族出身的领主。"没有属民的孛儿只斤人"指因种种原因失去属民或没有从父亲那里获得属民的领主,或也有可能在指非格哷森札后裔的成吉思汗黄金家族成员。"塔布囊、希克沁人等"指领主们的驸马和外甥等相当于领主的非孛儿只斤氏黄金家族出身的准领主。"平民(Mon：qaraču)"即指一般属民。以上人等,皆要遵守大法典的规定,若有违背,即行惩罚。从这一条款的规定,我们可了解大法典的最高权威性及其所具有的根本大法的特性。再次证明了当时七和硕喀尔喀兀鲁斯的最高权力机关是"七和硕领主大会",这种会议制定的大法典是全体兀鲁斯人皆要遵守的根本大法,其维护了格哷森札黄金家族领主们的利益和权力。

(二) 建立公共权力机构的人员——七和硕执政长官(Mon：doloɣan qosiɣun-i ǰasaɣ bariɣsan daruɣa 或 doloɣan qosiɣun-i ǰasaɣ bariɣsan tüsimed)。他们联合办公,组成公共权力机关,处理有关兀鲁斯全体的事务。但需要注意的是,在一般情况下,七和硕执政长官同时具有司法权,所以执政长官的联合办公是合行政、司法于一体的。"猴年大法典"的第 1 条规定了大法典的最高权威性之后,随即第 2 条便规定:"以珲津、固始为首的七和硕执政长官,若非三大事,莫要给予乌拉;而三大事上断乌拉、舒斯者,罚大畜三十。"①此处的"珲津""固始",是七和硕的执政官员(Mon：doloɣan qosiɣun-i ǰasaɣ bariɣsan daruɣad)的封号。如下面的论述,通常七和硕执政长官由各大和硕选送,他们都持有和硕领主会议上授予的封号,封号证明了他们的办事能力及各方面的才华及其"委员"身份。"三大事":指针对敌人的战事、相关大人物的事务、审理领主间的纠纷。这是当时七和硕最为紧要、最核心的大事,为此要求七和硕执政官员除此"三大

---

① [蒙]呼·丕日烈著:《相关蒙古及中亚地区文化史的两件珍贵文献》,第 60—61 页。

事"外,不要给乌拉、舒斯,而此"三大事"上绝不可断乌拉、舒斯。接着,"猴年大法典"第 21 条规定"七和硕执政官如下:汗阿海的和硕齐德勒格尔、章京卓巴勒噶、阿巴海茂格昆,哈坦巴图尔的固始珲津固里、宰桑布库尔乌尔鲁布,珲津台吉的产麦托博奇图"①等等,其中"汗阿海""哈坦巴图尔"等指各大和硕的执政诺颜,"和硕齐德力格尔""章京卓巴勒噶"等指各和硕选出的担当七和硕执政长官的人物,此处共有 15 名和硕执政诺颜,30 名左右的代表七和硕共同体利益的执政长官。七和硕执政长官,他们虽然由各大和硕的执政诺颜选送,但代表的是七和硕共同体即兀鲁斯的立场和利益,是在大法典的权威下行使公权力的官员。七和硕执政长官的设置,反映了七和硕喀尔喀兀鲁斯行政和司法上的统一,是其团结一致建立处理公共事务机构的一种表现。所以说,七和硕喀尔喀兀鲁斯虽然各大和硕有很大的自主权,但是持有联合办公的官员,他们的组合是实体的行政和司法机构。

(三) 各大和硕内设置司法人员——和硕执法长官(Mon:qosiɣun-i yoson bariɣsan tüsimed)。"猴年大法典"第 92 条规定:"和硕执法长官互相争斗,动手的罚五〔九〕,口头攻击的罚马。"②据此可知,各大和硕内部亦设置了"执法长官"。从其使用的"法(Mon:yoson)"一词来看,这些"执法长官"不是行政人员,而是司法人员。行政(Mon:Ĵasaɣ bariqu)事务,因各大和硕都有自己的执政诺颜(Mon:Ĵasaɣ bariɣsan noyad),故不需要设置专门的行政长官。但在司法问题上,需要遵守七和硕大法典及各大和硕内部制定的一些法律,所以需要由执法长官审理案件。执法长官是和硕官员,不是兀鲁斯的。

(四) 各大领主下设置司法人员——诺颜的执法长官(Mon:

---

① 〔蒙〕呼·丕日烈著:《相关蒙古及中亚地区文化史的两件珍贵文献》,第 64—65 页。
② 〔蒙〕呼·丕日烈著:《相关蒙古及中亚地区文化史的两件珍贵文献》,第 75 页。

noyad-un yoson bariγsan tüsimed)。据"猴年大法典"第 89 条载:"期间那两个使者的马变得瘦弱,则询问诺颜执法长官后骑乘。"①如此,与和硕相同的是,各领主下也有自己的"执法长官"。"猴年大法典"规定的是七和硕全体和各大和硕的权利与义务,除此之外和硕下面的领主对于属民,也有反映自己意志的一套法规,但是其不可违背大法典。七和硕的大法典和领主的法规,需要领主设置专门人员行使司法,这就是领主的执法长官。如此,法律法规在社会中发挥着根杆的作用,大到兀鲁斯行政,小到领主的鄂托克,都在依法建设、依法行政。而这种鄂托克是领主及其属民、财产、牲畜等共同构建的一种人的组织、一种支配秩序,一个游牧单位、而非地域组织。

（五）基于册封达尔罕制度,建立功勋、功绩的人员受到兀鲁斯全体的优遇。正如笔者在拙著《大清帝国时期蒙古的政治与社会——以阿拉善和硕特部研究为中心》②中的论述,"册封达尔罕（Mon：darqalaqu 或 darqan talbiqu）"是自成吉思汗以来全体蒙古社会共有的优遇制度,后来也导入蒙古统治下的地区。而七和硕喀尔喀兀鲁斯的则更集中,更具有特色,同时很好地反映了蒙古传统的延续。根据"猴年大法典"第 7 条:"救出陷入敌阵的汗,则在七和硕封为达尔罕。"③可知七和硕喀尔喀兀鲁斯的册封达尔罕制度,其行使范围在于七和硕兀鲁斯全体,不是由某一汗王或洪台吉或诺颜,而是以七和硕喀尔喀兀鲁斯全体领主的名义来册封的。这与历来的,例如成吉思汗、达延汗、阿勒坦汗等对麾下有功人员的册封达尔罕有一定区别。这也是七和硕喀尔喀兀鲁斯之所以内部关系牢固的一种体现,表明这一联邦的政体并不是松散的,而是拥有统一的惩罚激励机

---

① ［蒙］呼·丕日烈著:《相关蒙古及中亚地区文化史的两件珍贵文献》,第 74 页。
② 拙著:《大清帝国时期蒙古的政治与社会——以阿拉善和硕特部研究为中心》,第 243 页。
③ ［蒙］呼·丕日烈著:《相关蒙古及中亚地区文化史的两件珍贵文献》,第 61—62 页。

制的。

（六）保护官员们的人身安全,同时约束他们的言行。"猴年大法典"第 18 条规定:"向衙门人员,动手罚三九,辱骂罚一九,多罚驼一峰"①。这里的"衙门(Mon：yamu)人员",指和硕或兀鲁斯办理公共事务的官员。例如：宰桑、舒楞额、珲津、达鲁噶等人物。这一条款,规定不许打骂办事官员,需保护他们的人身安全,维护他们的尊严和地位,以保证他们在七和硕内部畅通无阻地办理公务。另外,"猴年大法典"第 92 条还规定:"和硕的执法官,内部互相争斗动手者,罚五〔九〕；口头攻击,罚马。"②因和硕的事务涉及一般领主的切身利益,所以发生冲突的概率相对较高,怎样把持好自己,做到客观公正,实不容易。在此前提下,尽量保持克制与自律,不仅是朴素的道德要求,也需要法律上的约束,上述条款即在利用法律整顿执法官员的行为。

（七）明确规定了对特权阶级的惩罚。据"猴年大法典"第 59 条载:"希克沁、乌尔鲁克、图克沁、布勒格沁、太师、达尔哈特、科尔沁、锡布沁、沙毕纳尔、侍卫等全体,此辈若行偷盗,法律一视同仁。女的罚十九,男的罚八九。"③可知即使特权阶层,若犯法律,也会受到惩罚,而这在"六和硕法典"中是没有明确规定的。在这一点上,"猴年大法典"是一种进步,或可说是七和硕喀尔喀兀鲁斯社会走向成熟的一种表现。

从以上的探讨可知,到了 1596 年,七和硕喀尔喀兀鲁斯的领主们为了进一步加强联合,协调内部关系,理顺相互间的秩序,制定了七和硕共同遵守的"猴年大法典"。基于该法典,可将当时的七和硕喀尔喀兀鲁斯的政治社会体制归纳如下：七和硕喀尔喀兀鲁斯仍是由格呼森札黄金家族出身的领主作为统治阶级,联合塔布囊、希克齐

---

① ［蒙］呼·丕日烈著：《相关蒙古及中亚地区文化史的两件珍贵文献》,第 64 页。
② ［蒙］呼·丕日烈著：《相关蒙古及中亚地区文化史的两件珍贵文献》,第 75 页。
③ ［蒙］呼·丕日烈著：《相关蒙古及中亚地区文化史的两件珍贵文献》,第 70 页。

等准领主及一部分特权阶级,对一般属民进行统治的蒙古兀鲁斯,这个没有根本变化。七和硕全体领主大会,是七和硕喀尔喀兀鲁斯的最高权力机关;和硕的领主会议,是和硕的最高权力机关;七和硕执政长官联合办公,是七和硕喀尔喀兀鲁斯的最高行政机关;和硕执政长官,是和硕的最高行政者;单个领主,是自己鄂托克的最高行政者;七和硕执政长官联合办公,同时也是七和硕喀尔喀兀鲁斯的最高司法机关;和硕执法长官的联合办公,是和硕的司法机关;诺颜的执法长官,是领主及鄂托克的最高司法官。

第四节 七和硕喀尔喀兀鲁斯政治社会体制在 17 世纪初期的发展

随着社会内部矛盾的演变及各大和硕实力的此消彼长,到了 17 世纪初期,七和硕喀尔喀兀鲁斯的政治社会体制出现了一些大的变化。"桦树皮法典"中,"六和硕法典"和"猴年大法典"以外的小法典,皆是和硕内部或两个和硕之间,或两个以上的和硕一起制定的法律。但是很明显,几个和硕一起制定的法律中,没有统一的行政机构,所以谈不上政治社会共同体。在此,利用"水兔年小法典""水牛年小法典"等法律典籍,阐明 17 世纪初期七和硕喀尔喀兀鲁斯内部各大和硕的一些组织关系变化。

"水兔年小法典"是水兔年即 1603 年格哷森札第三子诺诺和卫征诺颜家族出身的领主一起召开会议制定的法典,旨在增订和补充有关处理这一和硕内部的一些案件、事项的条款。该法典反映了和硕内部的秩序及领主、官员、喇嘛等的行为规范。

"水牛年小法典"是水牛年即 1613 年于瓦齐赉赛音汗阿巴岱的主寺前,左翼四和硕的领主们召开大会制定的法典。虽内容只有七条,但反映了非常重要的一些情况。

(一)在法的支配下,各大和硕构建、理顺内部秩序。从"额列黑

第一章
16 世纪后半期七和硕喀尔喀兀鲁斯的形成及其在 17 世纪初期的发展

汗与额尔德尼洪台吉二人所颁布的法典""水兔年小法典""木龙年法典"及"水牛年法典"等法律的前言部分可知,七和硕喀尔喀兀鲁斯的每个和硕,除了领主们在血缘上相近之外,都是通过召开会议制定法律来巩固和维系相互间利益与关系的,法律是政治社会生活的根本。"水兔年小法典"的前言部分记载道:"以昆都伦楚库尔诺颜为首的乌勒济图台吉、代青台吉、绰克图台吉、车臣台吉、朝台吉、土谢图洪台吉、剌玛斯扎布阿拜、拉布塔尔阿拜、多尔济阿拜,此等大小诺颜,于水兔年五月十五日,在波尔克后面的波拉克乌苏,撰小法典。"①在此,昆都伦楚库尔诺颜指格呼森札第三子诺诺和卫征诺颜的第四子图蒙肯昆都伦楚库尔,当时他是诺诺和卫征诺颜家族中尚健在的最长者。乌勒济图台吉指诺诺和卫征诺颜长子阿巴岱瓦齐赉赛音汗的长子萨布古泰乌勒济图洪台吉,当时他还是位台吉,尚未得到洪台吉封号,他代表了阿巴岱汗长子一系。代青台吉指诺诺和卫征诺颜次子阿布瑚默尔根诺颜长子昂噶海默尔根诺颜次子苏努代青台吉,他代表了阿布瑚默尔根诺颜家族。绰克图台吉指诺诺和卫征诺颜第四子巴喀赉和硕齐诺颜的独子图蒙肯绰克图洪台吉,当时他尚未得到洪台吉封号,不过作为巴喀赉的独生子,有资格代表本家族参加此次会议。车臣台吉指图蒙肯昆都伦楚库尔的长子卓特巴车臣诺颜,当时尚未得到诺颜封号,仍以台吉冠名。朝台吉出身尚且不明。除此之外,剩下的土谢图洪台吉、剌玛斯扎布阿拜、剌布塔尔阿拜、多尔济阿拜,都是额列克默尔根汗年轻的四个儿子,即后来的衮布土谢图汗、剌玛斯扎布代青诺颜、剌布塔尔火落赤达尔罕洪台吉及多尔济杜尔格齐诺颜,从他们四位共同参加会议的情况来看,当时额列克默尔根汗家族势力已经在诺诺和卫征诺颜家族中占据优势。参加此次会议的领主,皆是格呼森札第三子诺诺和卫征诺颜家族即其四个儿子的后代的代表,他们通过召开会议,制定共同遵守的法律,以此加强自己和

---

① [蒙]呼·丕日烈著:《相关蒙古及中亚地区文化史的两件珍贵文献》,第 27 页。

硕内部的关系,理顺秩序,处理事务。据"水兔年法典"第1条载:"不与鄂托克全体协商而分离游牧者,由和硕的两位使者前去收拢,每人骑两匹马回来。"①这里的"鄂托克"指由诺诺和卫征诺颜家族出身的某位领主及其属民共同构成的鄂托克。"分离游牧"指鄂托克下的某些人员,在不与鄂托克全体协商的情况下,擅自到他处游牧的事情。发现这种事情,法律规定派遣两位和硕的使者,前去收拢分离人员。这是和硕权力渗透鄂托克的一个反映,可知这一时期的各大和硕内部,通过制定法律来约束和管理鄂托克。这是1603年的事情。

（二）左翼四和硕、右翼三和硕体制开始形成。根据1613年制定的"水牛年小法典"、1614年制定的"木虎年四和硕小法典"及1616年制定的"火龙年小法典"的记载,到了这一时期,七和硕喀尔喀兀鲁斯社会中出现了"四和硕（Mon：dürben qosiɣu）"代表性的领主共同召开会议,制定法律,协商事务的情况②,显然这是在指左翼四和硕。可知七和硕喀尔喀兀鲁斯的左右翼,在同一个"翼"内也是通过制定法律,决定权利和义务,以此来协调关系,达成和维护其联合的。左右翼的出现,是各大和硕实力增长的结果,是一种内部变化,并没有诋毁七和硕兀鲁斯的联合体制。

（三）七和硕的重组。更为重要的是,17世纪初期的七和硕已不再是由格哷森札的七个儿子的集团组成的七和硕,而是基于实力,根据法律,经过吞并、没收、改编、重组后形成的新的七和硕。除了格哷森札的第五子塔尔尼无后外,第六子德勒登昆都伦和第七子萨穆贝玛的子孙,被纳入长子阿什海达尔罕洪台吉子孙们的伞下,其独立受到影响。同时,阿什海达尔罕洪台吉家族内部分出新的两大和硕,第三子诺诺和卫征诺颜家族分出新的三个和硕,第四子阿敏都喇勒诺颜家族自己维持一个和硕,以此形成了新的七和硕。左翼:1. 格哷

---

① ［蒙］呼·丕日烈著:《相关蒙古及中亚地区文化史的两件珍贵文献》,第27页。
② ［蒙］呼·丕日烈著:《相关蒙古及中亚地区文化史的两件珍贵文献》,第33页、第38页、第46页。

第一章
16世纪后半期七和硕喀尔喀兀鲁斯的形成及其在17世纪初期的发展

森札第三子诺诺和卫征诺颜的长子阿巴岱汗的后裔,即后来清朝皇帝册封八扎萨克时以土谢图汗家族为首的一个和硕。2. 诺诺和卫征诺颜次子阿布瑚默尔根诺颜的子孙,即后来册封八扎萨克时以默尔根诺颜家族为首的一个和硕。3. 诺诺和卫征诺颜第四子图蒙肯昆都伦楚库尔的后裔,即后来册封八扎萨克时以诺门额真—丹津喇嘛家族为首的一个和硕。4. 格呼森札第四子阿敏都喇勒诺颜次子莫洛贝玛后裔,即后来册封八扎萨克时以车臣汗家族为首的一个和硕。右翼:5. 格呼森札长子阿什海达尔罕洪台吉长子巴延达喇洪台吉的后裔,即后来册封八扎萨克时以毕希热勒图汗家族为首的一个和硕。6. 阿什海达尔罕洪台吉次子图门达喇代青瑚图古尔的子孙,即后来册封八扎萨克时以罗布藏台吉家族为首的一个和硕。7. 格呼森札次子诺颜泰哈坦巴图尔的子孙,即后来册封八扎萨克时以车臣济农、昆都伦托音家族为首的一个和硕。

以上新形成的七和硕,虽与早期基于分封形成的七和硕有别,但其组织原则和办事传统没有根本性的改变,新和硕的领主层仍是血缘近亲,他们都基于法律来维护共同利益,协调相互关系,原有的七和硕框架得到尊重,仍在法的支配下维持着联合体制。

第五节　七和硕喀尔喀兀鲁斯领主与其属民之间的协商制度

在此,我们还需考虑的是,17世纪前后的七和硕喀尔喀兀鲁斯领主与其属民之间的关系问题。先行研究,包括本人以前的研究,对蒙古领主支配属民,形成"领主—属民统治关系"及其存在形式,都给予了一定的论述[1]。但进一步的说,任何统治都是双向的,是权利和

---

[1] 弗拉基米尔佐夫著,刘荣俊译:《蒙古社会制度史》(征求意见稿),中国社会科学院民族研究所社会历史室内蒙组,1978年。及拙文:《清朝时期蒙古阿拉善和硕特部扎萨克王爷的属众统治》,载《清史研究》2013年第1期。

义务并行的,蒙古领主具有统治属民的权利,同时他也有保护属民生命财产安全及赡养的义务;属民接受领主统治并向领主提供赋役,同时他们也相应地参与一些政治军事协商会议,而不是单向地只接受权力统治。换句话说,一个领主的鄂托克,是领主及其属民共同构建和维护的。鄂托克财产的一部分,是领主、小领主及其属民共同的财产,存在着一个公家平台。不能忽略在每一鄂托克中,与领主权利同时存在的各爱玛客、敖木库等血缘集团具有的权利。领主的统治,必须得到被统治者的接纳和认可,不然就没有了合法性。而事实上,七和硕喀尔喀兀鲁斯的领主们,确实也碰到了这种问题。所以"水兔年法典"第1条便规定:"不与鄂托克全体协商而分离游牧者,由和硕的两位使者前去收拢,每人骑两匹马回来。"通过制定法律,构建全体协商体制来保持鄂托克的一体性。关于鄂托克内部的这种全体协商体制,史料上给予我们证据的,还有"蒙古乌巴锡洪台吉传"。该史料一开始便记载道:

> 蒙古乌巴锡洪台吉与山中黑虎乌梁罕赛音玛济克二人,自杭爱〔山〕哈拉布拉克,为征讨外敌四卫拉特,八万军队启程前来。斜着翻越乌克尔岭,八万军队行至碧绿的哈拉布鲁克后,向四卫拉特游牧地派去四队侦察兵。因没发现〔四卫拉特人〕,故蒙古乌巴锡洪台吉与赛音、玛固、敦达三〔阶层〕举行会议。面对以乌梁罕赛音玛济克为首的众臣僚,乌巴锡洪台吉发布命令道:年轻人,请听着!四卫拉特的情况,不就是对来到他游牧地的敌人,犹如善走长途的马儿和看家的犬狗般稀疏零散而不能使人找到吗?传话给四卫拉特后再返回,如何?年轻人啊,此乃我之想法。若赞成,我等返回。若反对,我等前进,等语。作为乌巴锡洪台吉该命令的答复,山中黑虎乌梁罕赛音玛济克向前挪动,对乌巴锡洪台吉言道:即使诺颜之令正确,然蒙古乌巴锡及乌梁罕马季克二人自杭爱〔山〕哈拉布拉克,为前去比试外敌四卫拉特而派军前来的这件事,外人和亲戚远近的都已听闻。今倘

第一章
16世纪后半期七和硕喀尔喀兀鲁斯的形成及其在17世纪初期的发展

若只见其家畜影子逃回,子孙会代代听见恶名啊,诺颜!等语。蒙古的赛音、玛固、敦达三〔阶层〕赞成此事后,乌巴锡洪台吉颁布了命令。①

在这段史料中,蒙古乌巴锡洪台吉即七和硕喀尔喀兀鲁斯右翼硕垒赛音乌巴锡洪台吉,他是格呼森札长子阿什海达尔罕洪台吉次子图门达喇代青瑚图古尔的长子,又称"阿勒坦汗一世"。乌梁罕赛音玛济克指七和硕喀尔喀兀鲁斯右翼的钦达罕赛音玛济克卓哩克图,他是格呼森札末子萨穆贝玛的第四子。因萨穆贝玛领有了乌梁罕鄂托克,故其嗣子也被称"乌梁罕赛音玛济克"。这篇史料记述了1623火猪年,乌巴锡洪台吉在同属右翼的乌梁罕赛音玛济克的协助下,率领八万军队自杭爱山哈拉布拉克出发,前去攻打四卫拉特时的情景。乌巴锡洪台吉的军队先派去四队侦察兵查看敌人情况,却没有找到四卫拉特的营地,旋即召集赛音、玛固、敦达三阶层的兵民举行会议,以协商接下来怎么办的事情。这里的"赛音(Mon:sayin,好)""玛固(Mon:maγu,恶),或称阿达克(Mon:adaq,下级的、底层的、最后的)""敦达(Mon:dumda,中间的)",指当时七和硕喀尔喀兀鲁斯社会属民中的三个阶层。据《蒙古—卫拉特法典》的解释:"赛音珲(Mon:sayin kümün,好人)"是属民中最高阶层的人士,绝大部分的"赛音珲"都拥有家畜财产及奴仆。一部分"赛音珲"还担任官职,属于上层。而一部分"赛音珲"虽没有官职,然仍是富裕的牧主。"赛音珲"一般包括官员、达尔罕等特权人士及富人等,他们虽然剥削比其地位低下的"敦达珲(Mon:dumda kümün,中人)"和"玛固珲(Mon:maγu kümün,恶人)",但仍向其领主提供赋役②。而"敦达

---

① [蒙]策·达木丁苏荣编:《蒙古古代文学一百篇》,内蒙古人民出版社,2008年,第2册,第610页。
② 参见宝音乌力吉、包格校注:蒙古文《蒙古—卫拉特法典》,内蒙古人民出版社,2000年,第109页。

珲"一般指没有高级公职的中层属民。他们有一定数量的牲畜财产,但绝大多数的"敦达珲"不像"赛音珲"那样拥有奴仆,也需要向其领主提供各种赋役。"敦达珲"主要在战场上组成前锋、甲兵等军团,是军队的主体力量,故而他们有"甲士"的称谓[①]。最下层的"玛固珲"或称"阿达克珲",顾名思义,是属民中最下层的民众,他们相对贫穷,只留有养家糊口的少量牲畜,却仍向其领主提供赋役[②]。

这种赛音、玛固、敦达三个阶层的划分,最初似与领主的征税制度有关,后来逐渐发展成一同商议鄂托克事务的制度。以上三阶层人士,虽然社会地位高低不同、贫富差距不均,但都是领主的属民,他们与其领主一同构建起了鄂托克。从乌巴锡洪台吉在战场上与由来于各领主属民的战士全体召开会议,协商事务的情况来看,属民阶级也有一定的参政权利,而且决议必须要在属民大多数赞成的情况下才能通过。在"继续前进还是返回"的问题上,参加会议的战士全体赞成了乌梁罕赛音玛济克提出的意见后,乌巴锡洪台吉才颁布了命令。这表明出身领主的军队指挥官乌巴锡洪台吉不是完全基于个人意志来决定事务的,而是要通过"领主属民全体大会"的表决,等表决通过后,领主才下达命令去执行,所以领主的意志也就变成全体鄂托克的意志。这是当时七和硕喀尔喀兀鲁斯派出的军事集团,在处理重大决策时的一次生动写照,反映了蒙古社会基层的一种协商制度。

综上所述,可将16世纪中后期至17世纪中前期为止的七和硕喀尔喀兀鲁斯的政治社会体制归纳如下:

一. 七和硕喀尔喀兀鲁斯是法支配下的政治、军事、经济共同体,行政上有一定程度的联合统一。兀鲁斯的最高权力机关是七和硕领主大会,即使汗王也不能违反这一会议的决定。而在军事上,七和硕

[①] 参见宝音乌力吉、包格校注:《蒙古—卫拉特法典》,第91页。
[②] 参见宝音乌力吉、包格校注:《蒙古—卫拉特法典》,第92页。

也是个整体，军队出征等行动要协同，不能单独行动，需经与其他和硕商议。在行政司法事务上，七和硕设置公共执政长官，他们联合办公成立公共权力机构，处理事关全体兀鲁斯召集会议、乌拉、舒斯的差派，诉讼案件的审理等事务。

二. 法律无孔不入，在政治社会生活中发挥着基础作用。七和硕是在大法典的精神下达成联合的。各大和硕在立法、司法、行政上，都要基于大法典来设置人员处理事务。另外，和硕内部与和硕之间也在制定共同遵守的法律，以此达成小范围的联合。

三. 作为七和硕喀尔喀兀鲁斯最大最重要的政治、军事、行政单位的和硕，拥有一定的自主权利。实力强大的单个和硕或几个和硕往往推举一位汗王来担任领主们的首脑，但这一汗王即使在和硕内也并不是最高统治者的存在，在法精神的指引下，在法律规定的约束下，其需要通过和硕领主大会才能做决定，汗王不是专制君主，而是和硕领主的中心人物。且汗王即位需经七和硕全体领主大会的合议承认，不能违反大法典的规定。另外，和硕拥有自己的执政诺颜和执法长官，处理和硕内外的事务及审理内部纠纷案件。

四. 和硕内部的政治、军事、经济单位是领主们各自支配的鄂托克。这种鄂托克是领主及其属民、财产、牲畜等共同构建的一种人的组织，一种支配秩序，一个游牧单位，而非地域组织。鄂托克之间没有细致划分的界限，只有达成共识的漠然的游牧领域。基于蒙古"领主—属民统治关系"，属民居住在自己领主的周围，形成了一个又一个鄂托克。随着人口的增长，鄂托克的数目会呈现递增趋势，实力也在此消彼长。鄂托克具有一定的人事任免权，领主通过自己属下官员管理鄂托克的属民，并从属民那里征收赋役。鄂托克的领主必须服从和硕和兀鲁斯的决定，要谨遵大法典及和硕的法律。

五. 在鄂托克内，领主的权力也并不是绝对的。在大的政治军事活动中，领主也需要服从领主与其属下共同召开的协商会议的决议。这种领主与属民之间的协商制度，是17世纪前后七和硕喀尔喀兀鲁斯鄂托克内部的一种制度，属民中赛音、玛固、敦达三阶层的存在，证明了这一点，他们的划分又与个人财产和税收有关。

如此，16世纪中后期至17世纪前半期的七和硕喀尔喀兀鲁斯，是在领主间的血缘关系和大法典、各种小法典等成文法基础上建立起来的一个联邦的、合议的、领主制的蒙古兀鲁斯。经过发展，在这一兀鲁斯体制中，最主要的政治力量是各大和硕，他们后来具有了单独与外界开展关系及军事交战的权利；最主要的政治关系是各大和硕及其领主间的关系，怎样处理好这一关系，成为17时期中后期喀尔喀领主们最主要的政治行为，也是形成左右翼的前提；最主要的社会关系是领主与属民之间的统治关系，这是蒙古社会的根本，具有普遍性。最高权力在于全体领主大会，而不在于汗王，汗王是首脑，而非专制君主；基层属民亦具有政治协商的权利，这是鄂托克的领主维持和发展自我力量的制度保障。

这种政治社会体制的建立不是凭空而来的，它是自成吉思汗以来蒙古游牧社会的领主会议和法制传统长期发展的结果，也是七和硕喀尔喀兀鲁斯的领主们因出自同一家族而相互尊重权利，又希望达成稳固的联合体制而构建的一种政治意志的反映。学术界应该充分尊重这种"法律约束领主权力"的蒙古历史发展特点。不过这种基于血缘和法律的兀鲁斯体制，可惜也没能发展到能够克服内乱的程度。接下来，面对各大和硕实力的消长及周边形势的变化，七和硕喀尔喀兀鲁斯的政治社会体制怎样发挥它的机能，做出怎样的反应，哪些地方得到发展，又有哪些补充和变化等，请关注本书的以下内容。

第二章
17世纪前半期七和硕喀尔喀兀鲁斯与四卫拉特的联合

本章中,首先利用蒙古年代记梳理16世纪中后期至17世纪前半期七和硕喀尔喀兀鲁斯与四卫拉特的关系,其后再基于《清内阁蒙古堂档》及沙皇俄国方面的史料,揭示七和硕喀尔喀兀鲁斯与四卫拉特于1640年建立"喀尔喀—卫拉特联合政权"前后的动向,以此探讨当时的七和硕喀尔喀兀鲁斯的内部形势及其外交策略。

正如笔者在拙著《大清帝国时期蒙古的政治与社会——以阿拉善和硕特部研究为中心》中的探讨,1640年于喀尔喀蒙古扎萨克图汗领地,七和硕喀尔喀兀鲁斯与四卫拉特的代表共同举行会盟,通过向五世达赖喇嘛的替身代表叩首、宣誓、制定法典等方式,于蒙古社会赋予达赖喇嘛权威,建立了新的蒙古政权[①]。直至1750年代为止,"喀尔喀—卫拉特联合政权(Mon:qalq-a oyirad-un törö, Tib: khal kha o rod gzhung)"时代形成的政治秩序、制定的法典及其政教文化传统,对其后蒙古、西藏及清朝的历史,都产生过重要的影响。

那么,作为"喀尔喀—卫拉特联合政权"中最重要一员的七和硕喀尔喀兀鲁斯,是怎样与四卫拉特达成联合的呢? 1640年之前,双

[①] 参见拙著:《大清帝国时期蒙古的政治与社会——以阿拉善和硕特部研究为中心》,第26—38页。

方有过怎样的关系,为何走向联合,其中有过怎样的历史经纬?而1640年当时,双方又为何要建立共同朝政,为什么要奉戴达赖喇嘛?这些是我们必须要面对和揭示的历史关键问题。若不能阐明以上问题,1640年至1755年间的内陆亚洲形势及基于这种形势制定的清朝方针政策,以及七和硕喀尔喀兀鲁斯的政治社会制度及其变化就难以解释清楚。

有鉴于此,本章将利用蒙古文《阿萨拉克其史》《大黄史》等文献及近年影印出版的被誉为了解17—18世纪内陆亚洲关系第一级史料的《清内阁蒙古堂档》,以及沙皇俄国的使者记录的笔记史料,阐明七和硕喀尔喀兀鲁斯与四卫拉特从宿敌走向联合的历史过程。

第一节 七和硕喀尔喀兀鲁斯对四卫拉特的战争与和平

在笔者看来,卫拉特(Mon:oyirad),由来于蒙古语的亲近者(Mon:oir-a arad)一词,而不是林木中的百姓(Mon:oi-yinirged)。从蒙古方面来看,他们是在语言、习俗、服饰,乃至血缘上,亲近自己的,以此与克烈、乃蛮等外族有别的集团。

自1368年元顺帝妥欢帖睦尔汗北归以来,蒙古本部和西边的卫拉特一直是蒙古政权的两大基石,如同一棵树的两个枝叉,没有本质上的对立和分裂。双方矛盾的关键在于,拥有强大军事实力的卫拉特领主们,在14—15世纪蒙古宗主可汗统治权力下降时,以辅佐之名"挟天子以令诸侯",欺压过出身成吉思汗家族的蒙古可汗和其他领主,并在也先太师时代,曾有过一度篡夺汗位的出轨行径。不过在此不得不强调的是,在绝大部分时间里,卫拉特的领主们还是在奉戴和辅佐蒙古可汗,而没有从其权威下脱离另立政权。只因这一时期,卫拉特领主们比较强悍,且经常骚扰成吉思汗家族出身的领主,故在

第二章
17世纪前半期七和硕喀尔喀兀鲁斯与四卫拉特的联合

蒙古社会中留下了"掠去羊只财产的卫拉特（Mon：qoni abuγsan oyirad）"的恶名。所以，蒙古中兴之主达延汗掌握政权之后，集中所有蒙古领主的军事力量，一同攻打卫拉特，削弱了他们的实力及在蒙古朝政中的地位。嗣后16世纪，领有各大土门的达延汗子孙，又联合起来连续进攻卫拉特，不断向西扩大统治范围，以至额尔齐斯河流域。后当察哈尔、土默特等土门的统治中心迁移至漠南后，喀尔喀土门的领主们，必然地担负起了与西边卫拉特打交道的历史使命。

笔者下面将通过阐述七和硕喀尔喀兀鲁斯阿什海达尔罕洪台吉、诺诺和卫征诺颜、阿巴岱汗、赉瑚尔汗、硕垒乌巴锡洪台吉等领主们的事迹，揭示16世纪中期至17世纪20年代的七和硕喀尔喀兀鲁斯与卫拉特之间所进行的战争、统治及走向联合的过程。

阿什海达尔罕洪台吉（Mon：asiqai darqan qung tayiǰi），格哷森札长子，生于1530年，最初的领地似在杭爱山脉一带，距离其统治中心最为遥远。从格哷森札亡故于克鲁伦河之博隆地方的事情[①]可看出，当时的喀尔喀兀鲁斯的政治中心即在该河流域。阿什海达尔罕洪台吉的领地在杭爱山脉，印证了当时的喀尔喀兀鲁斯仍在坚持自成吉思汗时代以来的长子远征开拓新领地的蒙古传统。阿什海达尔罕洪台吉的王后，是扎赉尔乌拉查齐明安（Mon：ǰalair-un ulčači mingγan）之女阿勒塔坎车臣哈屯（Mon：altaqan čečen qatun）。从入赘喀尔喀土门最强悍、最中心的游牧集团扎赉尔的情况也可知，他在格哷森札诸子中实力最强大。扎赉尔也是格哷森札的封号"扎赉尔洪台吉"的出处，足见其父对阿什海达尔罕洪台吉的期待。阿什海达尔罕洪台吉奋勇活跃的16世纪中期，正是喀尔喀土门响应土默特土门阿勒坦汗及鄂尔多斯土门呼图克图彻臣洪台吉等蒙古右翼有力首领的号召，渐次进攻卫拉特各集团，不断从其手中夺取杭爱山一带地方的年代。作为格哷森札的长子，阿什海继承父亲的"洪台吉"封号，领受喀尔喀诸

---

① 参见蒙古文《阿萨喇克其史》，第256页。

游牧集团中最有力的扎赉尔,逐步向西扩展了喀尔喀兀鲁斯的游牧地。

诺诺和卫征诺颜(Mon：nonoqu üiJeng noyan),格呼森札第三子,生于 1534 年,与其长兄阿什海达尔罕洪台吉只差 4 岁,可见两兄弟的活跃期基本相同。于阿什海倾尽全力征伐卫拉特之时,想必弟诺诺和也在一同冲锋陷阵。诺诺和所持的"卫征诺颜"封号中的"卫征",一般具有近侍、近人之意,这如实地反映了诺诺和经常作为兄长阿什海的亲密战友来活动的情形。再者,阿什海的达尔罕洪台吉封号继承自其父亲,这表明他是格呼森札亡故后七和硕喀尔喀兀鲁斯的头号人物。而诺诺和是"诺颜",地位比阿什海的"洪台吉"要低,反映了在当时的喀尔喀兀鲁斯中,阿什海达尔罕洪台吉的影响力高于诺诺和卫征诺颜的事实。尽管如此,作为同胞兄弟,诺诺和卫征诺颜与阿什海达尔罕洪台吉一同,属于喀尔喀兀鲁斯的第二代领导人。诺诺和卫征诺颜的王后,是额成肯卓哩克图哈屯(Mon：ečengken joriɤtu qatun)。起初分封时,诺诺和卫征诺颜领有了克尔古特、郭尔罗斯两大游牧集团,居住在杭爱山以东,鄂尔浑河、图拉河交汇处,即先前蒙古帝国首都喀喇和林一带。

阿巴岱瓦齐赉赛音汗(Mon：abadai wačir sayin qan),诺诺和卫征诺颜长子,生于 1554 年,属于七和硕喀尔喀兀鲁斯的第三代领导人。1580 年代,阿巴岱率领喀尔喀军队击败卫拉特后,被七和硕喀尔喀全体领主及民众推戴为"赛音汗(Mon：sayin qan)"。1586 年,阿巴岱亲自前往呼和浩特,面见第三世达赖喇嘛索南嘉措,申请到"佛法大瓦齐汗(Mon：nom-un yeke wacir qan)"封号,该号与"赛音汗"号合并,称为"瓦齐赉赛音汗"。当时,受土默特土门阿勒坦汗事迹的影响,"瓦齐赉赛音汗"成为喀尔喀兀鲁斯基于蒙古"朝政与教法二道"理念拥有的最早的汗王封号,这意味着从此他们将担负起保护和发展黄教的责任。自 1585 年始,阿巴岱就在自己的领地上修建了著名的黄教寺庙"额尔德尼召(Mon：erdeni Juu)",这在当时成为全体喀尔喀兀鲁斯民众的根本信仰大寺①。其后,1587年阿巴岱率领七和硕喀尔喀军队,在阿尔泰山和杭爱山中间的库博克尔地方再次彻底打败卫拉特联军,随即进一步征服其全体民众。从此直至1620年代中期为止,喀尔喀的领主们时好时坏地统治卫拉特将近40年之久。这一时期,卫拉特蒙古四大游牧集团在社会体制及宗教信仰上受到七和硕喀尔喀兀鲁斯强有力的影响。因卫拉特人实际已成为喀尔喀兀鲁斯的臣民,故阿巴岱汗十分积极地向卫拉特社会导入了黄教。据《清内阁蒙古堂档》所录蒙古文档案记载:阿巴岱汗"将喀尔喀与卫拉特二者,以教法之光点亮。"②表明喀尔喀兀鲁斯统治卫拉特时期,阿巴岱汗就像对待自己的直系臣民喀尔喀人一样,向卫拉特社会导入了黄教。如此,通过阿巴岱汗的军事征服及黄教传播,七和硕喀尔喀兀鲁斯与其统治下的四卫拉特,不仅在政治理念、社会制度上日趋相近,在其领主和民众的精神世界,也出现了统一的基础。1588年阿巴岱汗去世,随即在卫拉特发生暴动,但很快就被喀尔喀军队所镇压,并开始由其右翼领主进行直接统治。

赉瑚尔汗(Mon：layiqur qan),阿什海达尔罕洪台吉长子巴延达喇洪台吉次子,生于1562年,属于七和硕喀尔喀兀鲁斯第四代首领。1580年代初,通过会盟被以阿巴岱汗为首的七和硕喀尔喀兀鲁斯全体领主推戴为汗。这是阿什海家族的第一个汗号,此前只以洪台吉称呼,在阿巴岱汗已持有汗号的前提下,七和硕领主们再推举赉瑚尔为汗,这再次反映了七和硕之间是合议的、联邦的共同体的一面。另一方面,喀尔喀领主们推戴赉瑚尔为汗,也可能与卫拉特有关。因地理及历史原因,右翼阿什海达尔罕洪台吉家族与卫拉特的

---

① [清]噶勒丹著,[蒙]格日勒巴达喇夫校:蒙古文《宝贝念珠》,乌兰巴托,2007年,第548页,影印第f.130.a页。
② 中国第一历史档案馆、内蒙古大学蒙古学学院编:《清内阁蒙古堂档》,内蒙古人民出版社,2005年,第6册,蒙古文第18—28页,满文第182—199页,"喀尔喀瓦齐赉土谢图汗奏文"。此文,在蒙古堂译成满文后,于康熙二十六年正月八日,由大学士觉罗拉都虎、明珠等上奏康熙帝。

关系最为紧密,将赉瑚尔推举为汗,可在与卫拉特的关系上使事务更有利于向喀尔喀兀鲁斯的方向发展。

硕垒赛音乌巴锡洪台吉(Mon：šoloi sayin ubasi qung tayiǰi),阿什海达尔罕洪台吉次子图门达喇代青瑚图古尔长子,生于1556年,属于七和硕喀尔喀兀鲁斯第四代首领。赛音乌巴锡洪台吉封号,应是在七和硕喀尔喀兀鲁斯全体领主的会盟上授予的。此外,他还称"阿勒坦汗(Mon：altan qan)",这可能是从统治卫拉特人的需要出发而自封的。据1616年末前去乌巴锡洪台吉——阿勒坦汗领地的沙皇俄国使者的报告,当时他的汗帐在乌布苏淖尔边的呼海山地方①,实力强盛,领地广大。乌巴锡洪台吉除了统治自己的喀尔喀和乌梁罕属民外,居住在伊聂谢河、鄂布河上游的柯尔克孜、萨颜、乌梁罕、马茨及贝加尔湖周边的布里亚特、蒙达尔、奥尔奇克、土鲁曼、捷列古尔等集团,以及额尔齐斯河中上游的四卫拉特,也都向他缴纳贡赋②。可见,当时七和硕喀尔喀兀鲁斯将统治卫拉特等西北部族群的任务,交给了硕垒赛音乌巴锡洪台吉。另据沙俄使者1616年末的报告,他——阿勒坛汗力主向卫拉特人传授本国文字即蒙古字,并引导他们信仰他本人所信仰的宗教即黄教③。这一记载为我们了解卫拉特社会接受黄教,提供了非常重要的线索和信息。学术界一直认为,卫

---

① 苏联科学院远东研究所编、厦门大学外文系译、黑龙江大学俄语系校:《十七世纪俄中关系》,商务印书馆,1978年,第1卷第1册第7号文件,"1616年12月15日,军役人员瓦·丘缅涅茨和伊·彼·捷库季耶夫关于到阿勒坛汗那里出使的情况在托木斯克官署的问答词",第58—63页。

② 《十七世纪俄中关系》,第1卷第1册第5号文件,"1616年10月20日至12月29日间,托博尔斯克军政长官伊·谢·库拉金就军役人员托米拉·彼得罗夫和伊·库尼津往访卡尔梅克人及遇见中国使臣的情况呈外务衙门的报告摘要",第54—56页。及第7号文件,"1616年12月15日,军役人员瓦·丘缅涅茨和伊·彼·捷库季耶夫关于到阿勒坛汗那里出使的情况在托木斯克官署的问答词",第58—63页。以及第13号文件,"1617年2月3日,托博尔斯克官署接待蒙古阿勒坛汗的使臣斯卡扬·麦尔根及其同僚的记录摘要——使臣们提供的关于邻国的情况",第73—75页。

③ 参见《十七世纪俄中关系》,第1卷第1册第8号文件,"1616年12月29日至31日之间,军役人员托米拉·彼得罗夫和伊·库尼津就其卡尔梅克地区之行及在彼处会晤中国使者等事在外务衙门的答问词摘要",第63—66页。

拉特人接受黄教是其内部在拜巴噶斯等首领们的共同倡议下,主动打开通往西藏的道路,同时向拉萨送去少年子弟学习经典的形式导入的①。但现在看来,除了阿巴岱汗的初步引导之外,硕垒乌巴锡洪台吉在统治卫拉特期间向其社会传播黄教的影响非常巨大,这种越过领主阶层,直至社会底层的普及性极强的传教活动,有力推动了黄教在卫拉特社会的发展和升级。据《札雅班第达传(Mon:rabjimba zaya bandida-yin tuɣuǰi saran-u gerel kemekü orosibai)》记载,札雅班第达作为替代拜巴噶斯子前往西藏学习经典的少年,从卫拉特游牧地出发到达青海的时间,是在龙年即1616年②。而俄方史料所记乌巴锡洪台吉向卫拉特人传授黄教的事情,也发生在1616年及稍前一段时期。所以有很大可能,四卫拉特首领决定派遣少年到西藏学习佛教经典的创举,是受到了他们的统治者乌巴锡洪台吉的影响,或是在其直接劝导下进行的。在此不得不说,后来1640年喀尔喀与卫拉特两大集团握手言和,联合建立政权的众多原因中,黄教的作用很大。而乌巴锡洪台吉向卫拉特社会普及黄教的工作,想必奠定了基础。此外,1618—1619年间乌巴锡洪台吉还援助沙俄使者通过喀尔喀和土默特兀鲁斯的领地前往明朝首都北京,并与沙俄保持着平等友好的关系。为了征讨时常反叛的卫拉特人,硕垒乌巴锡洪台吉还请求沙皇给他带来制造火绳枪和火药的工匠③。最后事与愿违,这位实力雄厚、异常活跃的洪台吉,战死在了镇压四卫拉特叛乱的战事中。著名的《蒙古乌巴锡洪台吉传(Mon:mongɣol-un ubasi qung tayiǰi-yin tuɣuǰi)》,详细记述了硕垒乌巴锡洪台吉带领喀尔喀蒙古

---

① 卫拉特蒙古简史编写组:《卫拉特蒙古简史》,新疆人民出版社,1992年,第59—60页。
② 拉德那博哈德拉著、西诺尔布校注:蒙古文《札雅班第达传》,内蒙古人民出版社,1990年,第49—50页。
③ 《十七世纪俄中关系》,第1卷第1册第25号文件,"1619年5月16日以前,蒙古阿勒坦皇帝就派遣使者以及托木斯克军役人员伊凡·彼特林及其同伴从中国归来等事致米哈伊尔·费奥多罗维奇皇帝的国书",第98—100页。

兵前去征讨四卫拉特而最终战死沙场的事件。据载：1623火猪年，乌巴锡洪台吉在喀尔喀右翼领主乌梁罕赛音玛济克的协助下，率八万军队自杭爱山哈拉布拉克出发，前去攻打四卫拉特。但终因情报不明及战术指挥失当，而在今哈萨克斯坦境内的塔尔巴哈台山南麓，阿拉湖一带，被对方五万军队所包围打败，其自身也被卫拉特的赛音色尔腾济杀死①。但是卫拉特方面也考虑到会被七和硕喀尔喀兀鲁斯报复而没有向东进兵。

硕垒乌巴锡洪台吉之死，是七和硕喀尔喀兀鲁斯与四卫拉特握手言和的重要转折点。不久1624年，卫拉特的首领们采纳赛音伊萨勒拜侍卫所设之计，在驼箱中暗藏勇士，活捉了硕垒乌巴锡洪台吉子巴特玛额尔德尼洪台吉。以此为契机，七和硕喀尔喀兀鲁斯与四卫拉特达成和平协议，双方始握手言和。笔者认为，双方讲和具有历史的必然性。从七和硕喀尔喀兀鲁斯的角度出发，一个叛乱无常、强烈反抗喀尔喀领主统治的卫拉特，已是一种累赘，让其恢复自主，再基于"朝政与教法二道"传统加强联合，仍可增强蒙古的力量。一方面，从卫拉特的立场来看，双方历史上长期拥有过一个共同的政权，为了正统彼此争斗两百多年也并没有看到好的结果。更何况自身与七和硕喀尔喀兀鲁斯的力量悬殊，绝不能彻底打垮喀尔喀左右翼全体的联合进攻，选择和平符合自身利益。另外，还有一根本原因，即黄教在双方社会中的传播。阿巴岱汗，尤其是硕垒乌巴锡洪台吉在卫拉特社会导入并普及的黄教，以及与卫藏之间的往来交通的开辟，使喀尔喀、卫拉特的领主和民众拥有了共同的宗教信仰及基于黄教的共同的政治和社会制度。在忽必烈可汗所创，蒙古右翼三土门恢复的"朝政与教法二道"理念下达成联合，实现和平的社会基础，当时已经形成。现实条件具备，意识理论也已成熟，在这种前提下，水到渠成，达成和平是件很容易的事情。

---

① ［蒙］策・达木丁苏荣编：《蒙古古代文学一百篇》，第2册，第610—619页。

第二章
17世纪前半期七和硕喀尔喀兀鲁斯与四卫拉特的联合

第二节 七和硕喀尔喀兀鲁斯与四卫拉特建立新政权的经过

笔者下面通过阐述七和硕喀尔喀兀鲁斯领主——赛音巴特玛额尔德尼洪台吉、素班第扎萨克图汗、土谢图汗及绰克图洪台吉等人的事迹,揭示1624年至1640年为止喀尔喀与卫拉特共同建立新朝政的经过。

赛音巴特玛额尔德尼洪台吉(Mon:sayin badma erdeni qung tayiǰi),是硕垒乌巴锡洪台吉第四子,别名温布额尔德尼洪台吉,即阿勒坦汗二世,七和硕喀尔喀兀鲁斯第五代首领。据沙皇俄国使者的记述,1631年前后,巴特玛额尔德尼洪台吉曾在克姆奇克河与乌布萨淖尔之间游牧①。克姆奇克河是今俄罗斯联邦伊聂谢河上游的支流,流经萨颜岭南麓地方。乌布萨淖尔湖即今蒙古国乌布萨淖尔,在该国西北部的乌布萨省境内。硕垒乌巴锡洪台吉在征讨卫拉特的战役中阵亡后,作为其父汗位和事业的继承人,巴特玛额尔德尼洪台吉随即在土谢图汗等七和硕喀尔喀兀鲁斯领主们的协助下,前去讨伐过卫拉特蒙古,并获得了胜利。但翌年即1624年被四卫拉特设计捕获,其后双方经过谈判,达成了和平。据沙俄使者的记述,1629年稍前,巴特玛额尔德尼洪台吉从漠南蒙古逃来的难民口中,听到林丹汗已占领土默特、鄂尔多斯、雍谢卜右翼三土门,并进一步准备进攻喀尔喀的消息②。接着,1635年之前又传来被称作努尔哈钦国的满

---

① 《十七世纪俄中关系》,第1卷第1册第37号文件,"1631年11月2日,在托木斯克接见蒙古阿勒坦汗使臣巴克士伊加尔·巴伊ற耶夫的记录摘要",第140—141页。
② 《十七世纪俄中关系》,第1卷第1册第34号文件,"1629年迟于3月1日,克拉斯诺亚尔斯克哥萨克尼·霍赫里亚科夫和阿尼卡·安德列耶夫前往吉尔吉斯王公伊舍伊处的旅差报告摘要",第136—137页。或《清内阁蒙古堂档》,第9册,蒙古文第152页,满文第151页,"喀尔喀雍谢卜阿尔斯兰台吉奏文"。文中明确说明了右翼三土门崩溃时,雍谢卜的达赖诺颜向北投奔扎萨克图汗的事情。但是满文将蒙古文中的右翼三土门,翻译成了右翼三旗。

洲的情报,当时沙俄使者听到了"努尔哈钦国的酋长是阿勒坦皇帝的仇人"①的情况。可知,当时发生在漠南蒙古的一系列事件,通过战争难民的迁移流动,在不断地传到七和硕喀尔喀领主们的耳中,且努尔哈赤所领的满洲被认为是巴特玛额尔德尼洪台吉的敌人。为了做好战争准备,1639年稍前,巴特玛额尔德尼洪台吉致信俄罗斯沙皇:"如果我们敌人的军队前来进攻我们,希望您大君主下令从西伯利亚调出一些军队支援我,并希望您的那些军队能在托木斯克城整装待发,一旦有人进攻我们,我们便派自己的使臣前往托木斯克城向您的军队求援。"②如此,巴特玛额尔德尼洪台吉试图从沙皇借兵来抗击满洲军队的进攻。此外,1630年代,巴特玛额尔德尼洪台吉还要求沙俄方面准许他的商队通过俄罗斯的土地前往奥斯曼帝国、耶路撒冷、基齐尔巴什和印度等地③,试图以此打开因清朝控制漠南蒙古,不许七和硕喀尔喀兀鲁斯与明朝贸易所带来的经济困难局面。另一方面,巴特玛额尔德尼洪台吉与以固始汗为首的四卫拉特首领及达赖喇嘛保持着往来。

额尔德尼扎萨克图汗(Mon: erdeni ǰasaγtu qan),即素班第扎萨克图汗,赍瑚尔汗长子,第一代扎萨克图汗,属七和硕喀尔喀兀鲁斯第五代领导人。在1596年举行的塔喇尼河会盟上被七和硕全体领主推戴为"博克多扎萨克图汗(Mon: boγda jasaγtu qan)"。1624年与卫拉特达成和平后,素班第扎萨克图汗领导的喀尔喀右翼进一步与卫拉特各集团拉近了关系。这除了双方的和平协定及宗教信仰一

---

① 《十七世纪俄中关系》,第1卷第1册第45号文件,"1637年10月27日,沙皇米哈伊尔·费奥多罗维奇接见蒙古使臣时的谈话记录摘要",第154—155页。虽然这是1637年10月27日的记录,但在此之前的1635年11月29日之前蒙古阿勒坦汗使者达尔罕康津就已经到达了莫斯科。参见第41号文件,"1635年11月29日,在外务衙门接见蒙古使臣达尔罕康津一行的谈话记录摘要",第145页。
② 《十七世纪俄中关系》,第1卷第1册第47号文件,"1639年3月10日或11日,蒙古阿勒坦汗致沙皇米哈伊尔·费奥多罗维奇的文书",第156—159页。
③ 《十七世纪俄中关系》,第1卷第1册第49号文件,"1639年迟于4月8日,军役贵族瓦·斯塔尔科夫使团到蒙古阿勒坦汗处的出使报告摘要",第160—161页。

致外,可能与扎萨克图汗试图通过卫拉特与中亚的伊斯兰世界通商有关。如前所述,巴特玛额尔德尼洪台吉的使者曾对沙皇提出过请求,试图通过沙皇俄国前往奥斯曼、萨菲、莫卧儿等帝国领地进行贸易。有很大可能,当时的扎萨克图汗也正在努力寻求与中亚伊斯兰帝国间的直接贸易。因在当时的漠南蒙古,林丹汗攻取右翼三土门,接着清朝又统合了整个漠南蒙古,影响或可以说直接截断了七和硕喀尔喀兀鲁斯与明朝的贸易。故在此形势下,七和硕不得不寻找新的贸易途径。当时,四卫拉特的军事实力虽谈不上后来噶尔丹时代那般强大,但已牢牢控制了天山北麓及以西一些地方,且土尔扈特已迁移到伏尔加河流域居住,这样与伊斯兰世界达成贸易,成为很大可能。与四卫拉特拉近关系,乘此之便,七和硕喀尔喀的商人可以通过其领地到达伊斯坦布尔、耶路撒冷、德里等地,伊斯兰商人也可通过卫拉特地方到喀尔喀领主的营帐进行贸易。所以,扎萨克图汗素班第很重视与卫拉特的关系。他是"喀尔喀—卫拉特会盟"的主要召集人,想必是在他的提议下七和硕喀尔喀兀鲁斯才决定与四卫拉特建立新的联合政权。但是,这种与卫拉特的亲密关系,也影响了素班第与新兴的清朝皇帝——皇太极之间的关系。因清朝兼并漠南蒙古后实行的对七和硕喀尔喀兀鲁斯与明朝间边境贸易的禁止,以及对七和硕喀尔喀的军事威胁,迫使素班第扎萨克图汗基于与四卫拉特的亲密关系,对清朝采取了强硬的政策。关于此,达力扎布和乌云毕力格两位都有过论述,在此不再赘述。素班第扎萨克图汗在位时期,是七和硕喀尔喀兀鲁斯内外形势发生巨大变化的时期,他引导七和硕的领主们,坚定地维护七和硕喀尔喀兀鲁斯的利益和蒙古"朝政与教法二道"传统,促成了与四卫拉特联合建立新政权的事业。

  土谢图汗(Mon:tüsiyetü qan),名衮布,额列克默尔根汗长子,生于1594年,于1614年即位土谢图汗,亦属七和硕喀尔喀兀鲁斯第五代首领。关于衮布土谢图汗,有两件事值得阐述。一是协助巴特玛额尔德尼洪台吉,为硕垒乌巴锡洪台吉报仇。1623年硕垒乌巴锡洪台吉在征讨卫拉特人的战事中阵亡后,基于七和硕大法典精神,衮布率领喀尔喀左翼军队,积极支援巴特玛额尔德尼洪台吉,打败了卫拉特军队①。二是第二年卫拉特人设计捕获巴特玛额尔德尼洪台吉,卫拉特与喀尔喀达成和平,停止战争时,以衮布为首的左翼领主,给予了支持。据笔者推测,喀尔喀左翼可能没有出席与卫拉特的媾和会议,不过基于七和硕大法典精神,只有在七和硕全体达成一致的前提下,才能与四卫拉特讲和,故左翼的同意对这一协议的签订,非常有必要。然而现实上,左翼远离卫拉特游牧地,平时接触机会少,又因历史上长期的敌对关系,致使喀尔喀左翼很难在短期内消除对卫拉特的不信和敌意。相对于与卫拉特拉近关系的右翼素班第扎萨克图汗,以衮布土谢图汗和车臣汗为首的左翼领主们,于1634年致信皇太极,早早开启了与满洲—清朝的外交关系。直至1640年召开"喀尔喀—卫拉特会盟"稍前为止,左翼与清朝间曾有过多次通使关系,双方还准备共同派遣使者至拉萨迎请达赖喇嘛。衮布所领导的喀尔喀左翼基于蒙古"朝政与教法二道"政治理念,与皇太极建立了通使关系,但并没有因此打开与明朝间的边境贸易。不仅如此,皇太极还在送给扎萨克图汗素班第的信中,对整个七和硕喀尔喀兀鲁斯发出了军事威胁。至此,衮布等左翼领主们不得不响应右翼扎萨克图汗的号召,与四卫拉特建立新的蒙古政权,同时发展面向西方的政治和商贸关系。

绰克图洪台吉(Mon: čoγtu qung tayiji),诺诺和卫征诺颜第五子巴咯赉和硕齐诺颜的独生子,号图蒙肯绰克图洪台吉,生于1581年,1614年晋升洪台吉,从其活跃的时代来看,应属于七和硕喀尔喀兀鲁斯的第五代首领。绰克图洪台吉虽与土谢图汗衮布等左翼第五代首领生活在同一时代,然其辈分高一级,衮布应称呼他叔叔才对。

---

① 《十七世纪俄中关系》,第1卷第1册第49号文件,"1639年迟于4月8日,军役贵族瓦·斯塔尔科夫使团到蒙古阿勒坛汗处的出使报告摘要",第160—161页。

第二章
17世纪前半期七和硕喀尔喀兀鲁斯与四卫拉特的联合

此外,从后来的发展情况来看,诺诺和卫征诺颜家族中,阿巴岱汗的家系成为土谢图汗的和硕,阿布瑚默尔根诺颜的家系形成了默尔根诺颜的和硕,图蒙肯昆都伦楚库尔的家系成为诺门额真—丹津喇嘛的和硕。照此推算,绰克图洪台吉可以自成一和硕,表明他是喀尔喀左翼实力非常强大的一位首领。从喀尔喀"桦树皮律令"的"猴年大法典""水兔年小法典""阳木虎年赛音苏木法典""木虎年秋之法典""木虎年小法典""火龙年小法典"等的前言部分可发现,不管是在七和硕的,还是在左翼四和硕的会盟上,绰克图洪台吉都在参加会议,并制定法典。可想而知,他是七和硕喀尔喀一名非常重要的执政诺颜,地位颇高。但就是这样一名位高权重的首领,于1634年前后,从七和硕喀尔喀兀鲁斯出走。关于其出走原因,现在学术界最有力的论断是因抢夺自漠南投奔漠北的逃民而与其他领主发生了争执。但问题是,如本书第一章所述,七和硕喀尔喀兀鲁斯内部,就分配逃民一事,都有相应的法律规定,而不至于发生你死我活的争斗,即使发生内斗,七和硕的执政长官亦会给出裁断,所以认为争夺逃民不是绰克图洪台吉出走的主要原因。就绰克图洪台吉出走后被消灭的原因,《清内阁蒙古堂档》中的"喀尔喀乌梁罕额尔克卫征诺颜奏文"记载道:"先前四十和四双方,欲要出征绰克图。原因是,作恶于教法和政权,并杀害了亲族阿海代青。达成一致出征时,蒙古未出动,而卫拉特来征讨时,以我叔父等诺颜、宾图诺颜托音、代青和硕齐、卓哩克图洪台吉为首,此伊勒登洪台吉曾亲自前往,施益于教法和政权。"[①]这里的"四十",指七和硕喀尔喀兀鲁斯,"四"则指四卫拉特,"绰克图"为绰克图洪台吉。可知,七和硕喀尔喀兀鲁斯与四卫拉特是因绰克图洪台吉"作恶于教法和朝政"而才征讨他的。这里的"教法"指当时的喀尔喀、卫拉特社会共同信仰的黄教。"朝政"指七和硕喀尔喀

---

① 《清内阁蒙古堂档》,第6册,蒙古文第62页,满文第262页。该奏文,于康熙二十六年二月二十四日,由理藩院员外郎三保住送至内阁票签处,是日侍读学士拜理、拜达理等翻译成满文后,二十六日由大学士拉都珲、明珠等上奏康熙帝。

兀鲁斯政权，而非1640年建立的"喀尔喀—卫拉特联合政权"，但当时七和硕喀尔喀与四卫拉特之间，已有了非常紧密的和平往来关系，日趋走向联合，为此才能达成一致共同出兵攻打绰克图洪台吉。由此推算，"作恶于教法和朝政"指绰克图洪台吉对黄教和七和硕喀尔喀兀鲁斯，以及对喀尔喀与卫拉特之间的和平，进行了反对或攻击。那么为何绰克图洪台吉会抗拒全体七和硕喀尔喀兀鲁斯呢？当时七和硕内没有发生彼此反目的大事件。在此笔者想到了喀尔喀与卫拉特的媾和问题。与卫拉特的媾和，是喀尔喀右翼主动，左翼牵强默认，以此七和硕意见一致而达成的和平。另外，喀尔喀与卫拉特达成和平的理论前提是基于蒙古"朝政与教法二道"传统上的对达赖喇嘛的推崇。对此，与蒙古宗主可汗林丹汗关系密切的绰克图洪台吉，可能表示了反对，故与七和硕全体发生了严重的对立。这从他后来处死去拉萨的右翼阿海代青，打压达赖喇嘛的声威，而后被固始汗等卫拉特领主和少数喀尔喀领主率兵联合剿灭的事情上也可看出。与长期敌对的卫拉特媾和，又在现实中推崇达赖喇嘛的权威，这种变化对富有蒙古文采的绰克图洪台吉来说，可能一下子难以接受。为此独自离开七和硕，响应林丹汗的号召，率部南下进占青海。

第三节 "喀尔喀—卫拉特联合政权"的建立及其意义

如上所述，在打倒绰克图洪台吉势力前后，七和硕喀尔喀兀鲁斯与四卫拉特之间就已经日趋走向联合。不久，历史的重要一刻既已到来。1640年秋，七和硕喀尔喀与四卫拉特的众首领，齐聚扎萨克图汗领地，召开了著名的"喀尔喀—卫拉特会盟"。关于此次参加会盟的各方首领，"喀尔喀—卫拉特大法典（Mon: qalq-a oyirad-un yeke čaɣaǰa）"记载道：

第二章
17世纪前半期七和硕喀尔喀兀鲁斯与四卫拉特的联合

沙济亚托音父温萨仁波切及昂济呼毕曼珠舍利、阿穆巴悉第曼珠舍利三呼图克图之明前,在被称为巴图尔铁龙年(1640)之秋仲月初五吉日,以额尔德尼扎萨克图汗为首,土谢图汗、乌巴锡达赖诺颜、达赖洪、洪诺颜、车臣诺颜、代青洪台吉、伊勒登诺颜、默尔根诺颜、额尔德尼洪台吉、太平洪台吉、腾格里托音、阿尤锡哈丹巴图尔、额尔德尼巴图尔洪台吉、昆都伦乌巴锡、固始诺门汗、鄂尔勒克、舒库尔代青、伊勒登、代青和硕齐、鄂齐尔图台吉、默尔根代青、楚库尔、车臣台吉、默德齐太师、博额伊勒登、默尔根诺颜、达木林,四十与四万俩之领主,始撰"大法典"。但凡何人破坏此大朝,杀戮攻取大爱玛克、兀鲁斯,则蒙古、卫拉特两者合同,放其本人逃走,其余全部没收之。①

这是"喀尔喀—卫拉特大法典"序言所记参加"喀尔喀—卫拉特会盟"的各大领主名单。其中七和硕喀尔喀兀鲁斯的首领是:额尔德尼扎萨克图汗、土谢图汗、乌巴锡达赖诺颜、达赖洪、洪诺颜、车臣诺颜、代青洪台吉、伊勒登诺颜、默尔根诺颜、额尔德尼洪台吉、太平洪台吉、腾格里托音、阿尤锡哈丹巴图尔。以上这十三位首领中,额尔德尼扎萨克图汗素班第的系谱为:阿什海达尔罕洪台吉→长子巴延达喇洪台吉→次子赉瑚尔汗→长子素班第扎萨克图汗,他是右翼首领,乃至对整个七和硕具有重要影响力的人物。土谢图汗的系谱是:诺诺和卫征诺颜→长子阿巴岱汗→次子额列克默尔根汗→长子衮布土谢图汗,是左翼传统首领。乌巴锡达赖诺颜的系谱:诺诺和卫征诺颜→次子阿布瑚默尔根诺颜→次子喇瑚里达赖诺颜,属左翼。达赖洪的系谱:阿敏都喇勒诺颜→次子莫洛贝玛→独子硕垒达赖车臣汗→第十子达赖洪台吉,属左翼。洪诺颜的系谱:萨穆贝玛→长

---

① 宝音乌力吉、包格校注:蒙古文《蒙古—卫拉特法典》,内蒙古人民出版社,2000年,第16页。

子洪格尔卓尔呼勒汗→第三子珠日克洪诺颜，属右翼。车臣诺颜即为萨穆贝玛第四子钦达罕赛音玛济克卓哩克图，属右翼。代青洪台吉的系谱：诺诺和卫征诺颜→次子阿布瑚默尔根诺颜→长子昂噶海默尔根诺颜→次子苏努代青洪台吉，属左翼。伊勒登诺颜的系谱：诺诺和卫征诺颜→第四子图蒙肯昆都伦楚库尔→次子根都斯扎布额尔德尼卫征诺颜即诺门额真（丹津喇嘛）→长子伊勒登杜尔格齐诺颜，属左翼。默尔根诺颜即为诺诺和卫征诺颜次子阿布瑚默尔根诺颜的长子昂噶海默尔根诺颜，属左翼。当时他与次子苏努一同参加了会盟，可见这一家族具有雄厚的实力，也具有代表性。额尔德尼洪台吉的系谱：阿什海达尔罕洪台吉→次子图门达喇代青瑚图古尔→长子硕垒赛音乌巴锡洪台吉→第四子赛音巴特玛洪台吉即温布额尔德尼洪台吉，属右翼。太平洪台吉的系谱：阿什海达尔罕洪台吉→长子巴延达喇洪台吉→次子赉瑚尔汗→次子乌班第达尔玛舍利→次子诺木齐太平洪台吉，属右翼。腾格里托音的系谱：诺颜泰哈坦巴图尔→独子图伯特哈坦巴图尔→长子崆奎车臣济农→次子车里斯扎布赛音阿海代青→独子腾格里托音齐旺多尔济（察罕巴尔），属右翼。阿尤锡哈丹巴图尔的系谱：诺颜泰哈坦巴图尔→独子图伯特哈坦巴图尔→次子赛音巴特玛哈坦巴图尔→次子本塔尔哈坦巴图尔，属右翼。

从上可知，土谢图汗、乌巴锡达赖诺颜、达赖洪、代青洪台吉、伊勒登诺颜、默尔根诺颜此六位是左翼的代表。余下的扎萨克图汗、洪诺颜、车臣诺颜、额尔德尼洪台吉、太平洪台吉、腾格里托音、阿尤锡哈坦巴图尔这七位是右翼代表。右翼的人数比左翼多出一人。

而从格哷森札七子的家族来看这些代表。扎萨克图汗、额尔德尼洪台吉、太平洪台吉三人代表了长子阿什海达尔罕洪台吉家族。腾格里托音、阿尤锡哈坦巴图尔两人代表了次子诺颜泰哈坦巴图尔家族。土谢图汗、乌巴锡达赖诺颜、代青洪台吉、伊勒登诺颜、默尔根诺颜五人代表了第三子诺诺和卫征诺颜家族。达赖洪一人代表了第四子阿敏都喇勒诺颜家族。洪诺颜、车臣诺颜两人代表了第七子萨穆贝玛家族。在此看不见第六子德勒登昆都伦家族的代表，想必这一家族当时已被纳入阿什海达尔罕洪台吉家族领主的伞下，失去了独立性。

　　从参加此次会盟的喀尔喀兀鲁斯代表的出身，可看出当时七和硕内部的权力构造。诺诺和卫征诺颜家族拥有最强的实力，其中阿巴岱汗家系的土谢图汗自成一和硕，阿布瑚默尔根家系的乌巴锡达赖诺颜一和硕，默尔根诺颜和代青洪台吉形成一和硕，伊勒登诺颜代表图蒙肯昆都伦楚库尔家系形成另一和硕。而第四子阿敏都喇勒诺颜家族全体才形成一和硕，派出了达赖洪一个代表。以上是左翼五和硕及其代表。同时在右翼，虽然阿什海达尔罕洪台吉家族，因汗王出自该家族而具有相对较高的威望，但他代表不了右翼全体，在右翼中只能算作一大势力。在这一大势力内部，素班第家系自成一和硕，达尔玛舍利家系形成一和硕，硕垒乌巴锡洪台吉家系形成一和硕即阿勒坦汗国，分出了三个和硕。此外，第二子诺颜泰哈坦巴图尔家族分成两个和硕，分别派出了腔奎车臣济农家系的腾格里托音和赛音巴特玛哈坦巴图尔家系的阿尤锡哈坦巴图尔。剩下的乌梁罕的领主们即萨穆贝玛的子孙，也分成两和硕，分别由钦达罕赛音玛济克和洪诺颜代表。

　　所以说，当时的七和硕喀尔喀兀鲁斯分成左右翼，实际上拥有左翼5和硕、右翼7和硕共12个和硕，即12个政治集团。若基于格呼森札七子七和硕的传统原理划分的话，仍可分为六大和硕，但又因第六子德勒登昆都伦的和硕已被代表，所以实际上只能说有5大和硕。即由扎萨克图汗、额尔德尼洪台吉、太平洪台吉三人代表的阿什海达尔罕洪台吉家族的和硕。由腾格里托音、阿尤锡哈坦巴图尔代表的诺颜泰哈坦巴图尔家族的和硕。由土谢图汗、乌巴锡达赖诺颜、伊勒登诺颜、默尔根诺颜代表的诺诺和卫征诺颜家族的和硕。由达赖洪代表的阿敏都喇勒诺颜家族的和硕。及由洪诺颜和车臣诺颜来代表的萨穆贝玛家族的和硕。

七和硕喀尔喀兀鲁斯以上五大和硕的 12 个政治集团,与卫拉特蒙古的青海和硕特、准噶尔、土尔扈特、杜尔伯特、伊犁和硕特此 5 大兀鲁斯(和硕)的 15 位首领即 15 个政治集团联合起来,共 27 个集团一同建立了"喀尔喀—卫拉特联合政权"。并制定共同的法律,维护了这一新秩序。

同时,正如笔者在拙著《大清帝国时期蒙古的政治与社会——以阿拉善和硕特部研究为中心》中的论述,"喀尔喀—卫拉特会盟"上众领主一致叩头五世达赖喇嘛的替身代表,于蒙古社会赋予了达赖喇嘛最高权威。

法国著名历史学家马克·布洛赫在其著作《封建社会》第 28 章"传统权力:王国和帝国"中论述道:"在民众心目中,王权的神圣性质不仅表现在拥有控制教会权的抽象概念上,而且还表现在有关一般意义上的王权和各种个别君主政权的整套传说和迷信上。"[①]在 1640 年"喀尔喀—卫拉特会盟"上被蒙古领主们奉戴的五世达赖喇嘛,此后陆续编织、架构佛教经典中的佛、菩萨、天王等以汗王、领主形象下凡统治世间的统治思想。当然,对于此事,蒙古的领主和黄教僧侣们,是积极配合和愿意去相信的,因为这有利于蒙古新政权的稳定和发展。所以也就出现了蒙古文献中的"印度、西藏、蒙古王统相续论"。

以上从七和硕喀尔喀兀鲁斯的立场,阐述了 16—17 世纪的喀尔喀与卫拉特从战争走向统治,从统治走向分离,从分离走向和平,从和平走向联合的经过。

起初,虽然七和硕喀尔喀兀鲁斯以征伐四卫拉特为其历史使命,

[①] 马克·布洛赫著,李增红、侯树栋、张绪山译,张绪山校:《封建社会》下卷,商务印书馆,2004 年,第 614 页。

第二章
17世纪前半期七和硕喀尔喀兀鲁斯与四卫拉特的联合

但在忽必烈可汗所立,蒙古右翼三土门恢复的"朝政与教法二道"传统的影响下,阿巴岱汗及硕垒乌巴锡洪台吉等喀尔喀首领在统治卫拉特期间,对其领主及社会基层传播黄教的事业,最终奠定了这两者走向联合的政治社会基础。另外,林丹汗的军事威胁和其后相继而来的满洲—清朝的威逼利诱,也使喀尔喀左翼不得不认真考虑尊重右翼的意见以与卫拉特联合的事情。而绰克图洪台吉虽然不愿接受这种联合而从七和硕叛逃,但通过征讨绰克图洪台吉,喀尔喀与卫拉特更加走在了一起。加上卫拉特蒙古通往拉萨之间的道路的开辟,使得双方的首领为了共同的政治取向、宗教信仰和经济利益,最终联合在了一起。

"喀尔喀—卫拉特联合政权"的建立,不仅在当时的内陆亚洲因重新创立了蒙古的政权而有效抵挡住了沙皇俄国的侵蚀。在蒙古内部,也因此政权的运营而带来了政治社会制度、文化、宗教等方面的巨大变化。而且,在政治上,这一政权的影响一直存续到准噶尔灭亡为止的1750年代。另在社会体制的大体构造上,其作用也延续了很长时间。后来喀尔喀、青海和硕特、准噶尔及西藏地方与清朝的关系,多多少少,都受到这一蒙古政权的影响。

此外从清史的角度来说,应在此"喀尔喀—卫拉特联合政权"大背景下探讨1640—1756年间的西北边疆历史,这样才能捉住其主要发展脉络。

第三章
1640 年前七和硕喀尔喀兀鲁斯领主在卫藏的活动

自蒙古右翼三土门阿勒坦汗在青海接见黄教高僧索南嘉措,授予其"达赖喇嘛"封号,尤其是1586年阿巴岱汗南下呼和浩特,会见第三世达赖喇嘛,请到"佛法大瓦齐赉汗(Mon：nom-un yeke wacir qagan)"封号后,七和硕喀尔喀兀鲁斯出身的佛教徒便开始零星地前往西藏修习佛法。但是有规模的且有历史意义的活动,还是从第四世达赖喇嘛云丹嘉措时代开始。那么,从17世纪初的第四世达赖喇嘛时代,到1640年召开喀尔喀、卫拉特会盟,奉戴五世达赖喇嘛为止,七和硕喀尔喀兀鲁斯的领主们在卫藏是怎样活动的,有哪些重要人物去了卫藏,发生了哪些历史性事件呢?

本章将利用藏文四世达赖喇嘛传、藏文五世达赖喇嘛传及满、蒙文《清内阁蒙古堂档》等史料,以整个蒙古高原与青藏高原的政治形势为背景,阐述七和硕喀尔喀兀鲁斯领主在卫藏的活动情况,以此探讨当时的蒙古各大集团,尤其是七和硕喀尔喀兀鲁斯与卫藏地方及达赖喇嘛之间的关系问题。

第三章
1640年前七和硕喀尔喀兀鲁斯领主在卫藏的活动

第一节 1640年前七和硕喀尔喀兀鲁斯领主在卫藏的活动情况表

以下,利用五世达赖喇嘛撰写的藏文四世达赖喇嘛传及五世达赖喇嘛传,阐明1640年之前在卫藏地方活动的七和硕喀尔喀兀鲁斯领主们的情况。

【表一】 1640年前七和硕喀尔喀兀鲁斯领主在卫藏的活动情况表

时 间	主 要 人 物	具体活动情况
火龙年(1616)十二月十五日	第四世达赖喇嘛云丹嘉措	在拉萨哲蚌寺圆寂。①
火蛇年(1617)秋末	楚库尔	喀尔喀领主楚库尔和土默特台吉罗卜藏丹津一同,将四世达赖喇嘛的心、舌、眼,分别请回家乡。楚库尔还开始建造供奉四世达赖喇嘛灵骨的宝塔,后因卫藏地方战乱,中途停工。②
铁羊年(1631)秋冬	以阿海代青为首的近千名喀尔喀人,默尔根诺颜率领的三百名卫拉特人,护送	在甘丹颇章,按照蒙古人的习俗,举行盛大宴会,熬茶斋僧,并向五世达赖喇嘛呈献上万件礼品。喀尔喀和卫拉特蒙古的两位首领邀请达赖喇

---

① 五世达赖喇嘛阿旺洛桑嘉措著:藏文四世达赖喇嘛传《观世音菩萨遍知一切云丹嘉措贝桑布之传记——怀念被称为"已解脱的珍宝"〔的他〕》,中国藏学出版社,2010年版藏文《第一世至第四世达赖喇嘛传》,第715页(汉译请参见五世达赖喇嘛阿旺洛桑嘉措著,陈庆英、马连龙等译:《一世—四世达赖喇嘛传》,四世达赖喇嘛传,中国藏学出版社,2006年,第318页)。

② 藏文四世达赖喇嘛传《观世音菩萨遍知一切云丹嘉措贝桑布之传记——怀念被称为"已解脱的珍宝"〔的他〕》,第716页(汉译请参见《一世—四世达赖喇嘛传》,四世达赖喇嘛传,第319页)。

续表

时间	主要人物	具体活动情况
铁羊年(1631)秋冬	卓尼达尔罕曲杰的以拉尊穷瓦和古茹洪台吉为首的三百多名土默特人	嘛到蒙古地方。①
水猴年(1632)上半年	喀尔喀蒙古人	喀尔喀蒙古人击败霍尔上部和雅弥格如,藏巴汗准备召集卫藏军队进行抵抗,并请求班禅仁波切前往蒙古人中调节争端。经班禅仁波切和达赖喇嘛协敖的调节后蒙古人返回。②
火鸡年(1633)三月底	喀尔喀蒙古六十余人	香空阿瓦带领的霍尔迈达的军队在止贡地方与喀尔喀蒙古六十余人相遇,夜战中香空阿瓦被杀,霍尔人对蒙古骑兵十分恐惧。达赖喇嘛的协敖前去调停,霍尔人向蒙古人缴纳马百匹、牛五百头,羊上千只,仍未达成协议。③
木狗年(1634)七八月间	绰克图洪台吉子阿尔斯兰	诱骗阿海代青,自相残杀。④
木猪年(1635)秋季	阿尔斯兰	阿尔斯兰带领一万人的军队到达藏北达木地方,一举击破蒙古雍谢卜四部。⑤

① 五世达赖喇嘛阿旺洛桑嘉措著:藏文五世达赖喇嘛传《阿旺洛桑嘉措传》,西藏人民出版社,1989年,上,班禅仁波切到蒙古人中间调解和缔约,第131—132页[汉译请参见五世达赖喇嘛阿旺洛桑嘉措著,陈庆英、马连龙、马林译:《五世达赖喇嘛传》(上),中国藏学出版社,2006年,上,班禅大师前往蒙古人中调解、缔约,第87页]。
② 藏文五世达赖喇嘛传《阿旺洛桑嘉措传》,上,班禅仁波切到蒙古人中间调解和缔约,第135页(汉译请参见《五世达赖喇嘛传》,上,班禅大师前往蒙古人中调节、缔约,第89页)。
③ 参见藏文五世达赖喇嘛传《阿旺洛桑嘉措传》,上,王前去齐奇克塔拉的情形,第143—144页(汉译请参见《五世达赖喇嘛传》,上,杰梅朵塘之行,第95—96页)。
④ 藏文五世达赖喇嘛传《阿旺洛桑嘉措传》,上,喀尔喀绰克图子阿尔斯兰的一万军队和卫拉特固始诺颜先后到达拉萨,第154页(汉译请参见《五世达赖喇嘛传》,上,喀尔喀却图汗之子阿尔斯兰率万人、卫拉特部固始汗前后到达拉萨,第101页)。
⑤ 藏文五世达赖喇嘛传《阿旺洛桑嘉措传》,上,喀尔喀绰克图子阿尔斯兰的一万军队和卫拉特固始诺颜先后到达拉萨,第158页(汉译请参见《五世达赖喇嘛传》,上,喀尔喀却图汗之子阿尔斯兰率万人、卫拉特部固始汗前后到达拉萨,第103页)。

第三章
1640 年前七和硕喀尔喀兀鲁斯领主在卫藏的活动

续表

时　间	主　要　人　物	具　体　活　动　情　况
木猪年(1635) 十月	阿尔斯兰	达赖喇嘛与喀尔喀蒙古人互派使者,建立了较深的关系。①
木猪年(1635) 十月	绰克图洪台吉	绰克图洪台吉派伦布台吉,送给卫藏各教派多数喇嘛不少的礼品。②
木猪年(1635) 冬末	阿尔斯兰	阿尔斯兰所率蒙古军的右翼开往止贡,左翼抵达后藏北部。阿尔斯兰台吉本人的军队直趋羊卓雍湖,掀起了大战乱。藏巴汗一度准备放弃日喀则和江孜远逃。③
火鼠年(1636) 新年	阿尔斯兰	阿尔斯兰写信要求达赖喇嘛去拉萨,他自己来到噶丹康萨宫,下令谁都不许叩拜达赖喇嘛,但次日会见达赖喇嘛时,自己却先磕头礼拜,并请求加持。④
火鼠年(1636) 六月	阿尔斯兰	藏巴汗令达赖喇嘛等派人前往蒙古人中进行谈判,以期达成协议。后来达赖喇嘛派人调解,喀尔喀蒙古人与藏巴汗政府达成了协议。⑤

---

① 藏文五世达赖喇嘛传《阿旺洛桑嘉措传》,上,喀尔喀绰克图子阿尔斯兰的一万军队和卫拉特固始诺颜先后到达拉萨,第 159 页(汉译请参见《五世达赖喇嘛传》,上,喀尔喀却图汗之子阿尔斯兰率万人、卫拉特部固始汗前后到达拉萨,第 103 页)。

② 藏文五世达赖喇嘛传《阿旺洛桑嘉措传》,上,喀尔喀绰克图子阿尔斯兰的一万军队和卫拉特固始诺颜先后到达拉萨,第 160 页(汉译请参见《五世达赖喇嘛传》,上,喀尔喀却图汗之子阿尔斯兰率万人、卫拉特部固始汗前后到达拉萨,第 104 页)。

③ 藏文五世达赖喇嘛传《阿旺洛桑嘉措传》,上,喀尔喀绰克图子阿尔斯兰的一万军队和卫拉特固始诺颜先后到达拉萨,第 160 页(汉译请参见《五世达赖喇嘛传》,上,喀尔喀却图汗之子阿尔斯兰率万人、卫拉特部固始汗前后到达拉萨,第 104 页)。

④ 藏文五世达赖喇嘛传《阿旺洛桑嘉措传》,上,喀尔喀绰克图子阿尔斯兰的一万军队和卫拉特固始诺颜先后到达拉萨,第 161 页(汉译请参见《五世达赖喇嘛传》,上,喀尔喀却图汗之子阿尔斯兰率万人、卫拉特部固始汗前后到达拉萨,第 104 页)。

⑤ 藏文五世达赖喇嘛传《阿旺洛桑嘉措传》,上,喀尔喀绰克图子阿尔斯兰的一万军队和卫拉特固始诺颜先后到达拉萨,第 162 页(汉译请参见《五世达赖喇嘛传》,上,喀尔喀却图汗之子阿尔斯兰率万人、卫拉特部固始汗前后到达拉萨,第 105 页)。

续表

时　间	主要人物	具体活动情况
火牛年(1637)六月	绰克图洪台吉及阿尔斯兰	卫拉特固始诺颜在巴图尔洪台吉的协助下，率一万军队于1637年正月到达青海湖畔，一举歼灭了绰克图洪台吉三万军队。而阿尔斯兰因"不遵父命"，在伦布台吉和夏马尔（红帽派）拉姆津巴二人的告发下，于1636年被绰克图洪台吉派人处死。当时阿尔斯兰台吉正征讨完白利土司。①

第二节　1640年前七和硕喀尔喀兀鲁斯领主在卫藏的活动情况

以下分析"表一"。

在此，首先需要说明的是，第四世达赖喇嘛云丹嘉措转生于蒙古右翼阿勒坦汗家族的事情，对其后蒙古各大兀鲁斯的领主们崇奉达赖喇嘛，以至于后来喀尔喀、卫拉特的首领们奉戴五世达赖喇嘛，都产生了极其重要的影响。五世达赖喇嘛阿旺罗桑嘉措曾在其所著的《四世达赖喇嘛传》中明确写道：

> 夏布戎仁波切与法王八思巴心续相通，而阿勒坦汗是大皇帝薛禅可汗的转生。由于福田施主在当时大发善愿之法力，作为使佛法在蒙古地方传播开来的缘起，又因誓愿之力，使达赖喇嘛转生于成吉思汗的王族中，掌握政教相结合的权力，成为引导

---

① 藏文五世达赖喇嘛传《阿旺洛桑嘉措传》，上，喀尔喀绰克图子阿尔斯兰的一万军队和卫拉特固始诺颜先后到达拉萨，第168—169页（汉译请参见《五世达赖喇嘛传》，上，喀尔喀却图汗之子阿尔斯兰率万人、卫拉特部固始汗前后到达拉萨，第108页）。

第三章
1640年前七和硕喀尔喀兀鲁斯领主在卫藏的活动

> 有缘众生走上大乘善道的吉祥怙主,这正是达赖喇嘛的不可改易的金刚遗言。(中略)像雪域西藏这样的地方,最初也难以仅用佛法进行教化,必须依靠政治的方法,这在蒙古也是同样的,因此达赖喇嘛会在蒙古王族中降生。早在前辈达赖喇嘛时期,蒙古人对大宗喀巴的教法产生了虔诚的信仰,在与佛法结下善缘的基础上,他们(蒙古人)说过后一世达赖喇嘛将在我们蒙古人中诞生的话。①

五世达赖喇嘛在1652水龙年六月开始撰写《四世达赖喇嘛传》时,其已经被蒙古方面推戴为能在"喀尔喀—卫拉特联合政权"中并持"朝政与教法"的"圣人"。而在卫藏地方,他也已成为并持"朝政与教法"的首领。上述史料中记述的五世达赖喇嘛的言语,充分表达了他本人对蒙古和卫藏地区政治与宗教关系的态度,即只有"掌握政教相结合的权力",才能更好地教化众生。另一方面,蒙古人对政教结合的权力持有怎样的认识呢?对此五世达赖喇嘛有着清楚的了解。早在三世达赖喇嘛时期,蒙古人就对达赖喇嘛能够掌握一定世俗政治权力有了想法和准备,是故热切期待三世达赖喇嘛能够转生蒙古黄金家族,以便掌握蒙古及卫藏的部分世俗权力。而云丹嘉措的问世及顺利登上达赖喇嘛宝座的事情,着实符合了蒙古人的这种政治理想和意志。后来藏巴汗逐步掌控卫藏,四世达赖喇嘛的个人权威受到威胁时,青海多伦土默特首领火落赤的两个儿子多次带领属下蒙古军队到西藏,保护第四世达赖喇嘛,而与藏巴汗及其他势力对决②。从火落赤军队要攻打藏巴汗这位手中握有政治权力的汗王

---

① 藏文四世达赖喇嘛传《观世音菩萨遍知一切云丹嘉措贝桑布之传记——怀念被称为"已解脱的珍宝"〔的他〕》,第640—641页(汉译请参见《一世—四世达赖喇嘛传》,四世达赖喇嘛传,第261页)。
② 藏文四世达赖喇嘛传《观世音菩萨遍知一切云丹嘉措贝桑布之传记——怀念被称为"已解脱的珍宝"〔的他〕》,第714页(汉译请参见《一世—四世达赖喇嘛传》,四世达赖喇嘛传,第317页)。

级人物及其他一切势力的事情可察知,火落赤的军队进入西藏,不单是为了保护四世达赖喇嘛及黄帽派的安全,其有鲜明的政治目的,有很大可能是为了拥立四世达赖喇嘛担任卫藏地方的政教领袖。云丹嘉措出身蒙古黄金家族,他身上除了达赖喇嘛的身份之外,本来还是一位蒙古领主,其完全可以拥有属于自己的一片领地及属民,只要机会允许,随时可以掌握世俗政治权力。然问题是,四世达赖喇嘛本人却没有这种世俗欲望,他仍将自己定位为是一个持有慈悲为怀精神的格鲁派宗教领袖,并不希望因为他的政治权利问题而发生战争。为此五世达赖喇嘛在《四世达赖喇嘛传》中如实地记述道:达赖喇嘛云丹嘉措活着的时候,"西藏没有发生外族军队进行破坏的战事。这也是他的一件最大功绩。"[1]即使如此,四世达赖喇嘛云丹嘉措转生于蒙古黄金家族的事情本身,就对当时的形势产生了重要影响。

但是四世达赖喇嘛的在位时间并不长久,1616 年 28 岁即圆寂。听到这种噩耗,七和硕喀尔喀兀鲁斯领主楚库尔即图蒙肯昆都伦楚库尔亲自前往拉萨,除迎请四世达赖喇嘛的遗物回喀尔喀蒙古外,还准备在拉萨建造四世的灵骨宝塔,以纪念这位蒙古黄金家族出身的达赖喇嘛。图蒙肯昆都伦楚库尔,是格呼森札第三子诺诺和卫征诺颜的第四子,生于 1561 年,是著名的阿巴岱赛音汗的弟弟。如前章所述,阿巴岱于 1586 年到呼和浩特面见第三世达赖喇嘛索南嘉措,请到"佛法大瓦齐赉汗"封号之后,便开始积极建造佛教寺院,迎请高僧大德讲习佛法,十分虔诚地于喀尔喀蒙古社会导入了黄教。除此之外,他还向统治下的卫拉特蒙古社会传播佛教,致使喀尔喀与卫拉特成为信奉宗喀巴黄教的重要地区。这种事业,也使阿巴岱家族在整个喀尔喀蒙古七和硕领主的诸多派系中,拥有了高尚的地位和相

---

[1] 藏文四世达赖喇嘛传《观世音菩萨遍知一切云丹嘉措贝桑布之传记——怀念被称为"已解脱的珍宝"〔他的〕》,第 714 页(汉译请参见《一世—四世达赖喇嘛传》,四世达赖喇嘛传,第 317 页)。

第三章
1640年前七和硕喀尔喀兀鲁斯领主在卫藏的活动

应的号召力。17世纪前后时期,是蒙古"朝政与教法二道传统"逐渐深入喀尔喀社会,再通过喀尔喀领主们的积极宣传,转而进入卫拉特蒙古人当中的一个十分重要的历史时期。为了扶持佛法以提高自己在蒙古政治中的地位,各蒙古领主都在力主传播和弘扬黄教。图蒙肯昆都伦楚库尔出现在西藏,他是作为阿巴岱汗的亲弟,代表喀尔喀蒙古众领主出席四世达赖喇嘛葬礼的,可以说他就是七和硕喀尔喀兀鲁斯派出的代表。当时卫拉特人在喀尔喀右翼的统治之下,无疑图蒙肯昆都伦楚库尔也代表了他们。四世达赖喇嘛是1616年末圆寂的,而图蒙肯昆都伦楚库尔于1617年秋末出现在了拉萨,可知四世达赖喇嘛圆寂后,属下僧众立即向蒙古各地发去了通知。那么为何《四世达赖喇嘛》传中没有记载蒙古其他土门的领主诺颜或其使者们前来拉萨祭奠的事情呢?除了土默特台吉罗卜藏丹津和叫作图巴济农、太宗洪台吉的两位蒙古首领[①]外,没有见到其他代表的身影。是后来的五世达赖喇嘛没有写入四世达赖喇嘛传记,还是真的没有派人参加呢?有待解明。

四世达赖喇嘛圆寂后,青海多伦土默特领主拉尊(Mon: toyin)穷瓦和古茹洪台吉率领的蒙古军队在藏北驻扎,屡屡对卫藏的反黄教势力进行武力威胁,给藏巴汗造成巨大压力。因四世是蒙古黄金家族出身的达赖喇嘛,所以担心四世又要在蒙古转世的藏巴汗,立即下令禁止寻找其转世灵童,试图以此切断与蒙古争端的根源。但此事更加惹怒了两位蒙古领主,1617—1622年间,蒙古军队与藏巴汗的军队,围绕四世达赖喇嘛的转世及黄教寺院的存废问题,于拉萨周边发生了几次战斗。最终在班禅喇嘛等的调停下,双方达成和解,藏巴汗做出妥协,承认达赖喇嘛的转世,并返还了一些卫藏黄教寺院的财产。但直到被固始汗攻灭为止,藏巴汗对蒙古军队在藏北的出现,

---

[①] 藏文四世达赖喇嘛传《观世音菩萨遍知一切云丹嘉措贝桑布之传记——怀念被称为"已解脱的珍宝"〔的他〕》,第716页(汉译请参见《一世—四世达赖喇嘛传》),四世达赖喇嘛传,第319页。

一直感到不安①。一方面,多伦土默特军队也通过这次战争,了解到卫藏一时难以武力征服,所以面对事实,1623年拉尊穷瓦和古茹洪台吉极力寻求将四世达赖喇嘛的转世灵童即后来的五世达赖喇嘛迎请至蒙古人占据的青海地方居住②。

1624年前后,七和硕喀尔喀兀鲁斯右翼与卫拉特蒙古议和,结束了双方常年的敌对状态,成为其后两大集团联合发展的开端,同时也为他们南下卫藏,创造了条件。

如"表一"所示,1631年七和硕喀尔喀兀鲁斯右翼领主阿海代青,突然出现在了卫藏地方。阿海代青的系谱是:格哷森札次子诺颜泰哈坦巴图尔→独子图伯特哈坦巴图尔→长子崆奎色臣济农→次子车里斯扎布赛音阿海代青,当在喀尔喀右翼扎萨克图汗伞下。此次他带领的人员近千名,这在喀尔喀蒙古领主去往卫藏的历史上尚属首次,其后也很少有这样大的规模。有意思的是,阿海代青是与卫拉特蒙古的默尔根诺颜率领的300名卫拉特人一同前往的,这意味着此次是喀尔喀右翼与卫拉特双方共同组织的,有计划的进藏行动。除此之外,与他们同行的还有拉尊穷瓦和古茹洪台吉为首的300多名多伦土默特蒙古人。如前所述,拉尊穷瓦和古茹洪台吉两人,一直是率领青海多伦土默特蒙古军队前去卫藏保护达赖喇嘛,打击藏巴汗,决定将五世达赖喇嘛迎至青海等蒙古地方的人物。他们与喀尔喀、卫拉特的领主们一同出现在卫藏,意味着他们二人未能完成的意志和事业,接下来由喀尔喀和卫拉特的领主们完成。这从阿海代青等呈献礼品和布施之后,强烈邀请五世达赖喇嘛到蒙古的话语及其后一直骚扰和攻打藏北霍尔部落,以及到止贡地方进行军事活动的情况也可看得出来。细究当时的蒙古领主在卫藏的活动,可推断他

---

① 藏文五世达赖喇嘛传《阿旺洛桑嘉措传》,上,再去几次艾日果曲宗做善事,第128页(汉译请参见《五世达赖喇嘛传》,上,重游艾日果曲宗、广谋利生事业,第84页)。
② 藏文五世达赖喇嘛传《阿旺洛桑嘉措传》,上,为隐居而前去艾日果曲宗等地,第60页(汉译请参见《五世达赖喇嘛传》,上,隐居在艾日果曲宗,第48页)。

第三章
1640年前七和硕喀尔喀兀鲁斯领主在卫藏的活动

们有两种目的：一是计划将五世达赖喇嘛迎请至蒙古进行供奉。二是如果迎请不行，就使用武力征服卫藏，提高五世达赖喇嘛和黄教在卫藏的政治社会地位，并保证达赖喇嘛的安全。当然，在进行真正的武力征服前，需做一些试探性的军事行动。这在多伦土默特的拉尊穷瓦和古茹洪台吉，喀尔喀的阿海代青及后来的固始汗事迹中很是明显。不管怎样，以上这些蒙古领主虽然没有大规模征服卫藏，但都在思考着怎样保护和供奉五世达赖喇嘛的问题，他们信仰黄教，期待能够通过与达赖喇嘛的关系提高自己在蒙古政治中的地位。但接下来出现的绰克图洪台吉势力，就有点背道而驰了。

1634年夏，绰克图洪台吉长子阿尔斯兰台吉率领蒙古军队出现在青藏高原，随即诱杀了阿海代青。其原因想必有以下几点：首先，阿海代青崇敬达赖喇嘛，而绰克图洪台吉则反之。其次，阿海代青是七和硕喀尔喀兀鲁斯右翼领主，与卫拉特的关系密切，绰克图洪台吉是左翼领主，与卫拉特没有亲密接触。绰克图洪台吉的系谱是：格呼森札第三子诺诺和卫征诺颜→第五子巴咯赉和硕齐诺颜→独子图蒙肯绰克图洪台吉。作为曾经讨伐卫拉特而被推戴为全体喀尔喀七和硕汗王的阿巴岱汗的近族，绰克图洪台吉家族与卫拉特的关系想必很难在短时间内进步到亲善友好。如前所述，阿海代青的此次进藏，是与卫拉特方面达成一致的前提下进行的，左翼出身的绰克图洪台吉对此会是心怀不满。最后，阿海代青崇奉五世达赖喇嘛的礼仪规范及态度，可能超出了高傲的成吉思汗黄金家族直系后裔绰克图洪台吉可接受的范围。毕竟阿海代青是喀尔喀蒙古众领主中第一次有规模地率兵进藏的人物，在怎样会见达赖喇嘛的礼仪和布施数额上，一时难以断定标准。七和硕喀尔喀兀鲁斯也并非蒙古右翼三土门，标准也不见得是统一的。想必因以上缘由，阿海代青招致绰克图洪台吉及其子阿尔斯兰台吉的愤恨，故被杀害。这在七和硕喀尔喀兀鲁斯的历史上，是个影响非常恶劣的事件，也是难以理解的一件事。作为成吉思汗黄金家族的领主，又有相当文采的绰克图洪台吉，杀害自己同族兄弟,俨然使人难以相信。这是喀尔喀蒙古领主层内部发生的首次骨肉相残事件,想必对七和硕的其他领主,造成了巨大冲击,是个十分恶劣的开端,其后的喀尔喀右翼内乱和左右翼纷争,不能说没受到这次事件的反面影响。

其后 1635 年秋,阿尔斯兰率军进抵藏北草原,无情地吞灭了迁入那里的原蒙古右翼雍谢卜四台吉。旋即,阿尔斯兰便开始了征服卫藏的军事行动。关于阿尔斯兰的行动方针,藏文五世达赖喇嘛传记载道:

> 夏马尔(红帽派)拉布津巴与其父子达成的协议,藏巴汗和政府照协议去做,拉萨由撒旦巴掌握,热振由巴绒巴管控,对萨迦等派的平民置之不理,给予格鲁派无名的地位,准备做噶玛巴和主巴两派的施主。①

在此,绰克图洪台吉父子与卫藏红帽派高僧达成的协议内容如下:第一,要求藏巴汗及其政府遵从协议条款,去执行相关任务。第二,拉萨和热振这两大战略要地,分别由撒旦巴和巴绒巴掌管。现在尚不知这两位是绰克图洪台吉方面的人物,还是红帽派的僧人,至少这两位有一定的名望和能力,被期望能够完成控制两地的重任。再是,对藏地佛教的各个派别,给予不同的处置。其中,对萨迦派及其寺院属民置之不理,可能这一派别在当时至少不会造成什么危害。而最为重要的是对黄帽格鲁派的态度:"给予无名的地位"。在此我们需要认真考虑"无名"这一词,笔者认为这完全是考虑到格鲁派与蒙古的关系而做出的措施。自蒙古右翼阿勒坦汗确立了出身格鲁派的达赖喇嘛的导师地位,第四世达赖喇嘛又转世在蒙古黄金家族以

---

① 参见藏文五世达赖喇嘛传《阿旺洛桑嘉措传》,上,喀尔喀绰克图子阿尔斯兰的一万军队和卫拉特固始诺颜先后到达拉萨,第 158 页(汉译请参见《五世达赖喇嘛传》,上,喀尔喀却图汗之子阿尔斯兰率万人、卫拉特部固始汗前后到达拉萨,第 103 页)。

第三章
1640年前七和硕喀尔喀兀鲁斯领主在卫藏的活动

来,格鲁派在蒙古各大兀鲁斯中,地位逐渐提高,普及速度变得很快。绰克图洪台吉担心达赖喇嘛的地位过高,尤其是达赖喇嘛的权威一旦被喀尔喀蒙古社会承认和接纳,那么七和硕喀尔喀兀鲁斯的自主性及领主们的传统权力将会受到制约。所以绰克图洪台吉计划将格鲁派置于"无名"的地位,以此减低达赖喇嘛的名望,切断蒙古社会对达赖喇嘛的过度推崇。在这一行动方针中,绰克图洪台吉并没有计划要消灭格鲁派,而是要降低它的地位,为此准备做噶玛巴和主巴两派的施主,通过扶持这两派来抵消格鲁派的名声及其势力发展。

基于以上的行动方针,绰克图洪台吉父子与包括格鲁派在内的藏地各大教派都保持了友好的往来关系。从"表一"内容即可知,绰克图洪台吉父子与达赖喇嘛之间,使者往来频繁,且绰克图洪台吉还给卫藏各教派为数不少的礼物。

另外,从当时阿尔斯兰在卫藏的军事活动来看,也丝毫看不出他是为消灭格鲁派而才进行战争,更像是一种征服战争。例如:阿尔斯兰的进军路线是右翼开往止贡,左翼抵达后藏北部,中路的主力部队直趋羊卓雍湖。从其左、中、右三路进军,且羊卓雍湖在卫地山南地方,需要越过雅鲁藏布江才能到达,以及其后又去进攻康区白利土司的情况来看,这完全像是一场征服战争,已经超出了一般宗教战争的范畴和性质。从五世达赖喇嘛使用的"掀起了大战乱"的语言,我们可知阿尔斯兰发动的这场战争的规模。对当时阿尔斯兰军队的行为,就连作为盟友的藏巴汗,也"一度准备放弃日喀则和江孜远逃"。如果是打算消灭格鲁派的话,阿尔斯兰理应与藏巴汗结成军事同盟,一同协调行动,但事实截然相反,藏巴汗不仅不是盟友,反而成了阿尔斯兰军队的主要攻击对象。此外,从阿尔斯兰起初下令不准叩拜达赖喇嘛,其后自己违令先拜的情况来看,他是一位很功利的现实主义将领,试图与达赖喇嘛建立更加密切的关系来推进他的军事征服事业。但阿尔斯兰叩拜达赖喇嘛的行为,违反了其父绰克图洪台吉要使格鲁派置于"无名"地位的主体方针,反而提高了达赖喇嘛的名望。作为军队前线指挥官的阿尔斯兰基于现实做出的"改变",与身在青海大后方的父亲绰克图洪台吉颁布的行动方针之间产生的矛盾,应是阿尔斯兰被其父亲问责处置的主要原因。从绰克图洪台吉的角度来看问题,他很担心逐渐增大的达赖喇嘛权力对七和硕喀尔喀兀鲁斯传统政治社会体制的影响,故而执杀叩拜达赖喇嘛的阿海代青,还令自己的长子阿尔斯兰领兵前去征服卫藏地方,置格鲁派于"无名"地位,以此切断喀尔喀蒙古社会对达赖喇嘛的过度推崇。为实现这一目的,不惜治罪自己的爱子。

一方面,阿尔斯兰在卫藏的军事行动,客观上为其后固始汗的征服事业奠定了基础。不能否认,从阿尔斯兰的军事行动中,固始汗等卫拉特首领观察到了卫藏军事力量的虚实,遂而产生了发起行动的念头。阿尔斯兰的军事行动,打击卫藏地区的各大势力,实际上为固始汗的征服活动铲除了障碍。另外,虽然藏文五世达赖喇嘛传明确记述了阿尔斯兰怎样被其父亲绰克图洪台吉"正法"的事情,但丝毫没有记载留在卫藏地方或白利土司辖地一带的阿尔斯兰部下及其他残余人员的去向。一万人的部队是怎么消失的呢?史料并无记载,至今仍是个谜。仅据笔者推测,这些喀尔喀蒙古军人后来想必被固始汗招抚,成为其军队的先锋,向导协助进藏,所以固始汗才能在短短三年内完成其征服事业。

1637年正月,固始汗率部南下,在准噶尔巴图尔洪台吉及扎萨克图汗伞下领主们的协助下,成功歼灭了绰克图洪台吉在青海的势力。那么,固始汗为何要出兵呢?《五世达赖喇嘛传》中并无五世派人至卫拉特蒙古,请求固始汗等人派兵消灭绰克图洪台吉的记载。在现实上,这件事情也是很难办到的,当时绰克图洪台吉已经占领了整个青海,达赖喇嘛的使者穿越青海到天山北麓固始汗游牧地的可能性很小。何况,当时五世达赖喇嘛与固始汗等卫拉特蒙古首领们的关系还远未达到邀请对方出兵消灭一蒙古正统领主的地步。后来的一些藏文文献上说固始汗是应达赖喇嘛方面的

第三章
1640年前七和硕喀尔喀兀鲁斯领主在卫藏的活动

邀请才出兵青海的,这有可能是固始汗征服卫藏,推戴达赖喇嘛,保护和隆兴黄教之后,为了强调达赖喇嘛与固始汗的亲密关系及固始汗的统治合法性而才制造的一种舆论或说法。其实,消灭绰克图洪台吉是出于当时蒙古内部的形势做出的。据《清内阁蒙古堂档》,第6册,蒙古文第54—56页,满文250—254页,"喀尔喀默尔根济农奏文"载:

> 图伯特哈坦巴图尔长子崆奎车臣济农。济农长子车臣楚库尔、楚库尔阿海二人前去召地叩见班禅、达赖喇嘛之明时,楚库尔于途中因病去世。与楚库尔之子一同,阿海叩见完返回之际,绰克图与七和硕相战逃走,杀害阿海并进攻时,十臣下携回了幼小的两多尔济。为了问罪绰克图,以固始汗、巴图尔洪台吉为首的众诺颜,与蒙古的两冰图一同出征,将其吞并。

可知,讨伐绰克图洪台吉,是以固始汗和巴图尔洪台吉为首的卫拉特领主及以两冰图为代表的喀尔喀军队一同进行的军事行动。那么,为何七和硕喀尔喀兀鲁斯中只有两冰图出征,而其他领主没有亲往前线呢?想必这与喀尔喀内部的血缘关系的远近有关。即使绰克图洪台吉被认定为是七和硕的"叛逃者",但在喀尔喀蒙古领主面前,尤其对左翼土谢图汗和车臣汗等领主而言,他终究是同一黄金家族的兄弟。发生一些小规模冲突而逃走,不至于将其追究到底。但对固始汗、巴图尔洪台吉等卫拉特领主来说,他们不是喀尔喀蒙古黄金家族的领主,不是格哷森札的后代,血缘上没有直接关系,所以可在"保护黄教、保护达赖喇嘛"的口号下,将绰克图洪台吉彻底消灭。"蒙古的两冰图",应为喀尔喀蒙古右翼扎萨克图汗伞下的格哷森札长子阿什海达尔罕洪台吉→次子图门达喇代青瑚图古尔→次子明海哈剌呼剌→长子昂噶海扎萨克图哈剌呼剌→第三子喇嘛泰冰图,和格哷森札第六子德勒登昆都伦→长子奥巴博克诺颜→独子喀喇固图诺颜→长子巴勒布冰图①。他们及其家族在扎萨克图汗权威下的众多集团中的地位不是很高，无法与素班第扎萨克图汗和巴特玛额尔德尼洪台吉即温布额尔德尼洪台吉的家族相比，自己独自展开军事行动的可能性很低，显然是受到了以素班第扎萨克图汗为首的喀尔喀蒙古右翼领主会议的指派。那么，为何扎萨克图汗素班第联合卫拉特蒙古的首领去消灭同一七和硕喀尔喀兀鲁斯的原领主绰克图洪台吉呢？其理由应为：一因阿海代青是右翼领主，作为盟主的扎萨克图汗有必要为其麾下领主的被害而展开报复性、讨伐性的军事行动。二因右翼扎萨克图汗部自1624年与卫拉特议和以来，双方一直保持着友好关系。而这种关系是基于蒙古"朝政与教法二道传统"，在"崇奉黄教，尊重达赖喇嘛"的名义下结成的。如果只推崇喀尔喀黄金家族的血缘神圣性和最高权威性，那么喀尔喀和卫拉特很难达成和平，不能够建立联合关系。基于喀尔喀蒙古和卫拉特蒙古之间的和平协定精神，扎萨克图汗有义务出兵攻打"诋毁黄教"的绰克图洪台吉。如此，讨伐并消灭绰克图洪台吉，是当时四卫拉特与喀尔喀蒙古右翼共同组织的行动。这一行动，为不久到来的1640年的"喀尔喀—卫拉特会盟"打下了实质性的基础。

旋即，消灭了绰克图洪台吉后，固始汗受到阿尔斯兰军事活动的启发和影响，尽力征服卫藏和康区，并将卫藏地方作为领地，全部献给五世达赖喇嘛，实现了蒙古领主自四世达赖喇嘛时代以来一直探索和寻求的目标。一方面，保护和隆兴黄教，巩固了五世达赖喇嘛在西藏各方势力中的最高地位的固始汗，在蒙古政治中的地位大大增加，毫无悬念地达到了与出身成吉思汗黄金家族的七和硕喀尔喀兀鲁斯领主平起平坐的地步。

从以上的分析探讨，本章得出以下结论。

---

① 蒙古文《阿萨喇克其史》，第47.b—66.a叶，第255—274页。

第三章
1640年前七和硕喀尔喀兀鲁斯领主在卫藏的活动

首先,从第四世达赖喇嘛到1640年为止,具体应该说到1642年为止,信奉黄教的蒙古首领们一直在摸索怎样将达赖喇嘛置于蒙古人的直接保护下的问题。为此青海多伦土默特、七和硕喀尔喀兀鲁斯及四卫拉特的领主们前仆后继地率军前往卫藏,与反黄教、反达赖喇嘛的势力进行斗争,并逐渐有了进一步征服卫藏的冲动。这些都是在蒙古"朝政与教法二道"传统下进行的。蒙古领主在卫藏的活动,与其在蒙古政治中的地位有直接关系。很多进藏的蒙古领主,都是作为他所在的那个集团的代表来开展活动的。对其个人而言,出于对政治权利的渴望及自身地位的提升,不辞辛劳,前去卫藏活动,摸索出了蒙古与卫藏黄教集团之间进一步合作的可能。黄教在蒙古的传播和在卫藏的扩展,是在这种蒙古领主们的意志下完成的,不可抵消蒙古的主体性作用。

其次,七和硕喀尔喀兀鲁斯左翼绰克图洪台吉及其子阿尔斯兰台吉在卫藏的军事活动,其目的不是为了消灭格鲁派、消灭达赖喇嘛,而是要将其置于"无名"的地位,以此切断格鲁派、达赖喇嘛在蒙古的影响力。而且阿尔斯兰的军事行动具有征服战争的性质,远远超出了宗教战争的范围。虽然绰克图洪台吉的事业在蒙古的内部纷争中失败了,但客观上为接下来固始汗的军事征服打下了基础。1639年,固始汗的征服为何从白利土司那里开始,这与阿尔斯兰的活动不无关系。

再者,不得不思考这一时期,即七和硕喀尔喀兀鲁斯与四卫拉特达成和平之后,怎样与卫藏黄教上层,主要是怎样与达赖喇嘛建立关系的背景和制度问题。1624年喀尔喀与卫拉特两大蒙古集团间的议和,为双方在卫藏的行动拉开了序幕,奠定了前提基础。因双方的议和是在"崇奉黄教、尊重达赖喇嘛"这一义理上达成的,故在这一层意思上他们是阿勒坦汗所创蒙古新政治的忠实履行者。但喀尔喀与卫拉特的行动,也有他们的时代和自身特色。怎样与达赖喇嘛见面,使用什么样的礼仪,座次怎么排定,选择哪一寺庙为自己的主要布施对象,布施多少物品,从哪条路线进藏,等等,都需制定和遵守。所以 1640 年前喀尔喀蒙古右翼与卫拉特蒙古部分领主前去卫藏活动,在这种礼仪与制度方面,想必也开创了初步的局面,这些为 1640 年会盟建立新政权打下了基础和进一步发展的可能性。

最后,我们也从七和硕喀尔喀兀鲁斯右翼与四卫拉特联合进兵消灭绰克图洪台吉势力的事件可以看出,七和硕喀尔喀兀鲁斯的左右翼之间,从这一时期开始,就有了一些分歧和矛盾的苗头。首先,出身左翼的绰克图洪台吉从七和硕逃出来之后,马上杀害了右翼的阿海代青,在七和硕历史上首次挑起"残杀骨肉"的事件。而对此事件,当右翼与卫拉特联军进兵消灭绰克图洪台吉时,左翼土谢图汗等没有派军事代表,没有一致行动。从这些行为,我们看不出 1596 年七和硕喀尔喀兀鲁斯全体领主共同制定的"猴年大法典"的精神得到贯彻的一面,相反受到了损害和违背。可感知到七和硕喀尔喀兀鲁斯的一体性在降低,左右翼之间的距离在拉大,隐约看到了右翼与卫拉特连成一体,左翼以中心自居的局面。想必这些都成为 17 世纪中后期七和硕喀尔喀兀鲁斯政治社会体制发展的历史性前提。

第四章
1640年后七和硕喀尔喀兀鲁斯领主在卫藏的活动

如前章所述,1640年秋,七和硕喀尔喀兀鲁斯与四卫拉特的代表们共同召开会盟,建立了"喀尔喀—卫拉特联合政权"。这一蒙古政权最重要的一个特点即领主们一致同意推崇达赖喇嘛,于蒙古社会承认了达赖喇嘛的世俗权威。基于此次会盟,"喀尔喀—卫拉特联合政权"下诸兀鲁斯与达赖喇嘛之间的关系也变得非常紧密。1640年后这一联合政权下各大兀鲁斯的首领纷纷遣使或亲自前往拉萨拜见了五世达赖喇嘛。那么,其中七和硕喀尔喀兀鲁斯的具体情况是怎样的呢?

因这是一个庄严的政治问题,故不能将蒙古领主们在西藏的活动单纯理解为宗教信仰,而应该视为一种重要的政治社会生活。通过考察前往西藏的七和硕喀尔喀兀鲁斯领主的身世,可以推测他们内部的一些事务,而达赖喇嘛的态度及接待方式,也会给我们提供一种立场和态度。从杭爱山脉到拉萨河谷,约有两千五百公里的距离,在此漫长的高原道路上,这一时代的喀尔喀蒙古人,从没有停止前进的脚步。那么,他们的行动目的到底是什么呢?

本章利用藏文五世达赖喇嘛传等史料,主要阐明1640—1680年间七和硕喀尔喀兀鲁斯领主在拉萨等地会见五世达赖喇嘛的详细情形及其背后与发生在漠北蒙古地方的事件之间的关系。

第一节 1640年至1680年间七和硕喀尔喀兀鲁斯领主与达赖喇嘛往来关系表

【表二】 1640年至1681年间七和硕喀尔喀兀鲁斯领主及其代表在卫藏的活动情况表

时　间	人　物	具体活动情况
铁蛇年(1641)六月	喀尔喀、卫拉特客人	大批地陆续到拉萨。以喀尔喀车臣诺门汗为领队的右翼和左翼的僧徒,在哲蚌寺大会上连续十五天大放布施。车臣乌巴锡返回时,为了"喀尔喀—卫拉特联合政权"的安定,向僧俗众人发布了告示。①
水马年(1642)正月	多尔济汗王的代表	在大蒙古包内招待达赖喇嘛,给予礼品,接着陈述了达赖喇嘛前来蒙古地方的需要。②
水马年(1642)三、四月间	难以数计的蒙藏人士	聚集在日喀则桑珠孜大厅,参加固始汗将卫藏十三万户献给五世达赖喇嘛的仪式。③
水马年(1642)六月	土谢图汗和车臣汗的代表	从拉萨返回喀尔喀蒙古。④ 达赖喇嘛向嘉木扬活佛发去书信。

---

① 藏文五世达赖喇嘛传《阿旺洛桑嘉措传》,上,卫藏水马年之乱,第207—208、210页(汉译请参见《五世达赖喇嘛传》,上,卫藏水马年之乱,第131、133页)。
② 藏文五世达赖喇嘛传《阿旺洛桑嘉措传》,上,前往藏地,第212页(汉译请参见《五世达赖喇嘛传》,上,前往后藏的情形,第135页)。
③ 藏文五世达赖喇嘛传《阿旺洛桑嘉措传》,上,前往藏地,第216—217页(汉译请参见《五世达赖喇嘛传》,上,前往后藏的情形,第137页)。
④ 藏文五世达赖喇嘛传《阿旺洛桑嘉措传》,上,工布之乱,第228页(汉译请参见《五世达赖喇嘛传》,上,工布之乱,第145页)。

第四章 1640年后七和硕喀尔喀兀鲁斯领主在卫藏的活动

续表

时间	人物	具体活动情况
水马年(1642)六月	右翼温布额尔德尼洪台吉	当时噶尔巴师徒计划在前藏、后藏和工布三个地方发动大规模叛乱,额尔德尼洪台吉就是为了噶尔巴和蒙古之间的战争前来的。随后,固始汗率军去平定工布的叛乱。以温布额尔德尼洪台吉的弟弟达延诺颜为首的三百多骑兵与固始汗大王妃手下阿勒达尔和硕齐的军队会合,前往后藏平定叛乱。①
水羊年(1643)新年	右翼温布额尔德尼洪台吉	温布额尔德尼洪台吉与固始汗之间产生不和,五世达赖喇嘛担心此事不仅损害和割裂旧有关系,而且对"喀尔喀—卫拉特联合政权"的威胁也大起来。为此,达赖喇嘛给固始汗和温布额尔德尼洪台吉传授随许法,使两者立誓和好。②
水羊年(1643)正月	右翼温布额尔德尼洪台吉	以洪台吉为首的客人向达赖喇嘛献成千上万的礼品。洪台吉陈述了喀尔喀全体的要求:请达赖喇嘛到蒙古地方来。还请求在二道方面给予指导,达赖喇嘛满足了他的这一要求,并送他们回故乡。③

① 藏文五世达赖喇嘛传《阿旺洛桑嘉措传》,上,工布之乱,第230—231页(汉译请参见《五世达赖喇嘛传》,上,工布之乱,第146—147页)。

② 藏文五世达赖喇嘛传《阿旺洛桑嘉措传》,上,撰写《杜鹃之歌》(西藏王臣记)及前往沃噶、萨当,第235页(汉译请参见《五世达赖喇嘛传》,上,撰写《西藏王臣记》,巡礼沃噶、萨当等地,第149页)。

③ 藏文五世达赖喇嘛传《阿旺洛桑嘉措传》,上,撰写《杜鹃之歌》(西藏王臣记)及前往沃噶、萨当,第236—237页(汉译请参见《五世达赖喇嘛传》,上,撰写《西藏王臣记》,巡礼沃噶、萨当等地,第150页)。

续表

时间	人物	具体活动情况
木猴年(1644)秋冬	左翼诺门额真等客人	在拉萨连续二十多天发放布施。①
土鼠年(1648)三月	扎萨克图汗和额尔德尼洪台吉的代表	来到拉萨。②
铁虎年(1650)十二月	土谢图汗子嘉木扬活佛等	因嘉木扬活佛是达赖喇嘛的内人嘉木扬曲杰的转世,故受到大经堂僧队的骑马迎接。他也赏赐了大量的物品,连续十多天发放布施。③
铁兔年(1651)四月	嘉木扬活佛及喀尔喀以巴图尔洪台吉为首的官员	达赖喇嘛向他们传授灌顶法。④
铁兔年(1651)十月二十四日	诺门额真	于泽当地方与达赖喇嘛相遇,并在邬宗孜的僧众大会上与持教法王固始汗并排对坐。⑤
水龙年(1652)七月二十日	右翼温布额尔德尼洪台吉的弟弟伊勒登诺颜	在青海博罗冲科克地方,向前往北京的达赖喇嘛奉献高级绸缎、银两及马匹。其前,喀尔喀的宰桑乌巴锡又布施了一百匹马、骆驼及绸缎。⑥

① 藏文五世达赖喇嘛传《阿旺洛桑嘉措传》,上,净化布达拉宫地基及迎请八思巴罗追嘉赞像至佛殿,第251页(汉译请参见《五世达赖喇嘛传》,上,为修建布达拉宫举行净地仪式、迎请世自在观音像到佛殿净堂,第158页)。

② 藏文五世达赖喇嘛传《阿旺洛桑嘉措传》,上,修建布达拉宫各佛殿的佛座与壁画,第285页(汉译请参见《五世达赖喇嘛传》,上,建造布达拉宫各佛殿的佛像与壁画,第177页)。

③ 藏文五世达赖喇嘛传《阿旺洛桑嘉措传》,上,收到皇帝邀请而准备前往汉地,第309—310页(汉译请参见《五世达赖喇嘛传》,上,接受皇帝邀请、准备进京陛见,第191页)。

④ 藏文五世达赖喇嘛传《阿旺洛桑嘉措传》,上,收到皇帝邀请而准备前往汉地,第312页(汉译请参见《五世达赖喇嘛传》,上,接受皇帝邀请、准备进京陛见,第193页)。

⑤ 藏文五世达赖喇嘛传《阿旺洛桑嘉措传》,上,前去南方各地,第328、330页(汉译请参见《五世达赖喇嘛传》,上,巡礼南方各大圣地,第202—203页)。

⑥ 藏文五世达赖喇嘛传《阿旺洛桑嘉措传》,上,转动马头前往北京及沿途的情况,第367—368页(汉译请参见《五世达赖喇嘛传》,上,动身前往北京及在路途情形,第224页)。

第四章
1640 年后七和硕喀尔喀兀鲁斯领主在卫藏的活动

续表

时　　间	人　　物	具体活动情况
水龙年(1652)十一月	左翼汗王及王族的使者	被派往北京向清朝皇帝进呈奏表并进行贸易的他们,在漠南蒙古库克乌苏地方,拜见了达赖喇嘛。①
水蛇年(1653)三月初一日	嘉木扬活佛、土谢图汗和诺门额真的使者	在布尔噶苏台地方,喀尔喀领主们的使者携嘉木扬活佛和汗王的问安信及诺门额真的信件、礼品等,拜见了返藏途中的达赖喇嘛。②
木马年(1654)十月二十六日	阿海代青之子察罕	达赖喇嘛在哲蚌寺向其传授了长寿怙主随许法。③
木羊年(1655)五月	额尔克阿海	达赖喇嘛传授长寿灌顶法和六臂观音遂许除障法。④
火猴年(1656)十月	左翼领主诺门额真和右翼腾格里托音等	到达拉萨,达赖喇嘛传授诺门额真长寿灌顶法。⑤
土狗年(1658)八月	左翼额尔德尼洪台吉的使者和右翼多尔济冰图	向达赖喇嘛送去额尔德尼洪台吉的回向礼,并献礼品。多尔济冰图献礼品,受长寿灌顶法和随许法。⑥

---

① 藏文五世达赖喇嘛传《阿旺洛桑嘉措传》,上,转动马头前往北京及沿途的情况,第 390 页(汉译请参见《五世达赖喇嘛传》,上,动身前往北京及在路途情形,第 235 页)。
② 藏文五世达赖喇嘛传《阿旺洛桑嘉措传》,上,会见文殊大皇帝及在汉地驻留时的情况,第 406—407 页(汉译请参见《五世达赖喇嘛传》,上,会见文殊大皇帝及在汉地的情形,第 248 页)。
③ 藏文五世达赖喇嘛传《阿旺洛桑嘉措传》,上,固始持教法王升天及祭奠,第 461 页(汉译请参见《五世达赖喇嘛传》,上,固始汗去世及其超荐法事,第 280 页)。
④ 藏文五世达赖喇嘛传《阿旺洛桑嘉措传》,上,固始持教法王升天及祭奠,第 479 页(汉译请参见《五世达赖喇嘛传》,上,固始汗去世及其超荐法事,第 288 页)。
⑤ 藏文五世达赖喇嘛传《阿旺洛桑嘉措传》,上,尼藏纠纷及军队出征南方,第 500—501 页(汉译请参见《五世达赖喇嘛传》,上,尼藏纠纷和大军出征南方,第 300—301 页)。
⑥ 参见藏文五世达赖喇嘛传《阿旺洛桑嘉措传》,上,第巴索南热丹升天及祭奠,第 526 页(汉译请参见《五世达赖喇嘛传》,上,第巴索南热丹的超度法事,第 315 页)。

续表

时　　间	人　　物	具体活动情况
土狗年(1658)十一月	达尔罕诺颜	会见达赖喇嘛,并受沙弥戒。①
土猪年(1659)二月十五日	达延诺颜和达孜台吉等	达赖喇嘛传授了随许法和长寿灌顶法等。②
铁鼠年(1660)十二月十七日	以嘉木扬活佛、夏尔康诺门汗、土谢图汗和诺门额真为首的喀尔喀左翼领主的使者们	来到拉萨,向达赖喇嘛敬献了蒙古绸缎、金、银。③
铁牛年(1661)七月二十三日	昆都伦杜尔格齐	达赖喇嘛传授了长寿灌顶法和各种随许法。④
铁牛年(1661)九月初一日	喀尔喀王族的达尔玛舍利和达尔玛噶雅等五百人	两位首领向达赖喇嘛敬献了绸缎、金、银、茶、布等千份礼物。⑤
水虎年(1662)九月十二日	嘉木扬活佛的使者	抵达拉萨,达赖喇嘛向他们传授了不动佛随许法。⑥

---

　　① 参见藏文五世达赖喇嘛传《阿旺洛桑嘉措传》,上,第巴索南热丹升天及祭奠,第529页(汉译请参见《五世达赖喇嘛传》,上,第巴索南热丹的超度法事,第316页)。
　　② 参见藏文五世达赖喇嘛传《阿旺洛桑嘉措传》,上,第巴索南热丹升天及祭奠,第534页(汉译请参见《五世达赖喇嘛传》,上,第巴索南热丹的超度法事,第319页)。
　　③ 参见藏文五世达赖喇嘛传《阿旺洛桑嘉措传》,上,国王赤烈嘉措即位,第597—598页(汉译请参见《五世达赖喇嘛传》,上,第巴赤烈嘉措就职,第354页)。
　　④ 参见藏文五世达赖喇嘛传《阿旺洛桑嘉措传》,上,新制大昭寺觉卧佛像的头饰及建立永久供奉卫藏圣地的制度,第612页(汉译请参见《五世达赖喇嘛传》,上,为大昭寺觉卧佛像新制头饰及给卫藏各寺庙颁赐土地属民,第361—362页)。
　　⑤ 参见藏文五世达赖喇嘛传《阿旺洛桑嘉措传》,上,新制大昭寺觉卧佛像的头饰及建立永久供奉卫藏圣地的制度,第615页(汉译请参见《五世达赖喇嘛传》,上,为大昭寺觉卧佛像新制头饰及给卫藏各寺庙颁赐土地属民,第363页)。
　　⑥ 参见藏文五世达赖喇嘛传《阿旺洛桑嘉措传》,上,建造哲蚌寺喜庆墙壁画和密咒殿凸出部分及带领军队前赴工布期间在本地制作祈愿战争胜利的供物等,第648页(汉译请参见《五世达赖喇嘛传》,上,在哲蚌寺新造壁画和佛像以及征讨工布时举行祈愿胜利的法事,第381页)。

续表

时　间	人　物	具体活动情况
水虎年（1662）九月二十一日	默尔根曲杰和格楚玛干巴	喀尔喀右翼毕希热勒图汗在东科尔活佛的寺院暴亡后，其弟不与喀尔喀七和硕商议，不合理地擅自做了主。为报告赛音洪台吉对朝政所做的事情，东科尔活佛派诺门额真来到青海后返回。将往事和领主们返回家乡的情节，默尔根曲杰和格楚玛干巴施主福田二人为积善根而来到拉萨。①
水虎年（1662）十月九日	默尔根曲杰及其王妃	向达赖喇嘛呈献了以绸缎、茶叶、银两为主的大批礼物。②
木蛇年（1665）十一月九日	诺木齐阿海及其弟扎什伦布寺吉康喇嘛的转世活佛	十一月九日，诺木齐阿海向达赖喇嘛进献千份礼品。③ 十一日，达赖喇嘛向其传授了长寿灌顶等法。④ 其后十一月底到十二月初，达赖喇嘛招待这些人。⑤

---

① 参见藏文五世达赖喇嘛传《阿旺洛桑嘉措传》，上，建造哲蚌寺喜庆墙壁画和密咒殿凸出部分及带领军队前赴工布期间在本地制作祈愿战争胜利的供物等，第 649 页（汉译请参见《五世达赖喇嘛传》，上，在哲蚌寺新造壁画和佛像以及征讨工布时举行祈愿胜利的法事，第 381 页）。

② 参见藏文五世达赖喇嘛传《阿旺洛桑嘉措传》，上，建造哲蚌寺喜庆墙壁画和密咒殿凸出部分及带领军队前赴工布期间在本地制作祈愿战争胜利的供物等，第 650 页（汉译请参见《五世达赖喇嘛传》，上，在哲蚌寺新造壁画和佛像以及征讨工布时举行祈愿胜利的法事，第 382 页）。

③ 参见藏文五世达赖喇嘛传《阿旺洛桑嘉措传》，中，为教法和朝政的安定举行法事及为在家里家外的人增添善业，第 11 页（汉译请参见《五世达赖喇嘛传》，上，为政教的安乐举行仪轨、为家居和远行者增益善业，第 425 页）。

④ 参见藏文五世达赖喇嘛传《阿旺洛桑嘉措传》，中，为教法和朝政的安定举行法事及为在家里家外的人增添善业，第 12 页（汉译请参见《五世达赖喇嘛传》，上，为政教的安乐举行仪轨、为家居和远行者增益善业，第 426 页）。

⑤ 参见藏文五世达赖喇嘛传《阿旺洛桑嘉措传》，中，为教法和朝政的安定举行法事及为在家里家外的人增添善业，第 14 页（汉译请参见《五世达赖喇嘛传》，上，为政教的安乐举行仪轨、为家居和远行者增益善业，第 427 页）。

续表

时　间	人　物	具体活动情况
土猴年(1668)十二月二十四日	默尔根曲杰、两位沙弥尼、三位台吉、六位宰桑、衮布达尔罕额木齐等	会见达赖喇嘛,为其各自领主的善根敬献礼品。①
土鸡年(1669)新年	汉地、喀尔喀、卫拉特、西藏各地的勇士	以上各地总数超过三千人的勇士们在布达拉宫大殿举行新年宴会。②
土鸡年(1669)二月初一日	诺门额真的两位沙弥尼、代青和硕齐和诺木齐阿海	向达赖喇嘛敬献茶叶、衣服、绸缎、银器、马蹄银、皮张、奇香、奇兽及马鞍等千份礼物,并为领主们的善根协助建造《药师佛经》中的八大如来银像。③
土鸡年(1669)四月四、五日	喀尔喀的首领和夫人,以及诸位法主	达赖喇嘛为他们举行隆重的宴会以送行。④
土鸡年(1669)十一月初五日	诺门额真、德钦台吉父子及两位王妃等	会见达赖喇嘛,额尔克台吉敬献绸缎礼品。⑤

---

①　参见藏文五世达赖喇嘛传《阿旺洛桑嘉措传》,中,重修札阁迦尼的支出账目及为第巴银塔装藏和新建色拉、哲蚌两寺供物的情况,第136—137页(汉译请参见《五世达赖喇嘛传》,下,重修札阁迦尼的支出账目,为第巴银塔装藏和新造色拉、哲蚌两寺内供品和供物的情况,第16—17页)。

②　参见藏文五世达赖喇嘛传《阿旺洛桑嘉措传》,中,重修札阁迦尼的支出账目及为第巴银塔装藏和新建色拉、哲蚌两寺供物的情况,第138页(汉译请参见《五世达赖喇嘛传》,下,重修札阁迦尼的支出账目,为第巴银塔装藏和新造色拉、哲蚌两寺内供品和供物的情况,第17页)。

③　参见藏文五世达赖喇嘛传《阿旺洛桑嘉措传》,中,重修札阁迦尼的支出账目及为第巴银塔装藏和新建色拉、哲蚌两寺供物的情况,第140页(汉译请参见《五世达赖喇嘛传》,下,重修札阁迦尼的支出账目,为第巴银塔装藏和新造色拉、哲蚌两寺内供品和供物的情况,第18页)。

④　参见藏文五世达赖喇嘛传《阿旺洛桑嘉措传》,中,重修札阁迦尼的支出账目及为第巴银塔装藏和新建色拉、哲蚌两寺供物的情况,第143页(汉译请参见《五世达赖喇嘛传》,下,重修札阁迦尼的支出账目,为第巴银塔装藏和新造色拉、哲蚌两寺内供品和供物的情况,第20页)。

⑤　参见藏文五世达赖喇嘛传《阿旺洛桑嘉措传》,中,任命却本罗布藏图多布为第悉和举行经忏法事的情况等,第171页(汉译请参见《五世达赖喇嘛传》,下,任命却本洛桑图多为第悉和举行经忏法事的情况,第35页)。

第四章　1640年后七和硕喀尔喀兀鲁斯领主在卫藏的活动

续表

时　间	人　物	具体活动情况
铁狗年(1670)十一月十八日	左翼嘉木扬活佛、诺门汗、土谢图汗、西第什哩等人委派的使者100名	为迎请《甘珠尔经》而来到拉萨,向达赖喇嘛敬献绸缎等礼品,并发放布施。①
铁猪年(1671)六月初五日	诺门额真子孙的代表等	受到达赖喇嘛的设宴招待。②
水鼠年(1672)六月十八日	噶勒丹哈坦巴图尔的代表	为强巴活佛的逝世,请求做回向法事。③
水鼠年(1672)十月二十二日	喀尔喀六大和硕的代表	以嘉木扬活佛、土谢图汗为首的喀尔喀各大领主全体派人至拉萨,向达赖喇嘛送去书信和礼品,代表们还详细转达了各自领主的口信。其后同月二十九日,达赖喇嘛向使者们传授观音菩萨及其侍从的随许法,并分赠礼物,捎去回信和口信,打发使者们回去。④
水鼠年(1672)十一月二十二日	著名的阿海代青之子察罕巴尔,以及昆都伦楚库尔的夫人索诺木嘉勒默	著名的阿海代青的公子察罕巴尔,向达赖喇嘛赠送了绸缎、银及茶叶等礼品。昆都伦楚库尔的夫人索诺木嘉勒默,向达赖喇嘛赠送了金银茶桶、铜盘、绸缎、茶叶、布匹等上百种礼品。⑤

---

① 参见藏文五世达赖喇嘛传《阿旺洛桑嘉措传》,中,新造拉萨大昭寺内部佛像及修缮金顶,第200—201页(汉译请参见《五世达赖喇嘛传》,下,在拉萨大昭寺新建内供佛像及修缮金顶,第50页)。

② 参见藏文五世达赖喇嘛传《阿旺洛桑嘉措传》,中,丹增达赖汗继任汗王位及修缮小昭寺的情况,第215页(汉译请参见《五世达赖喇嘛传》,下,丹增达赖汗继任藏王和小昭寺的培修情况,第58页)。

③ 参见藏文五世达赖喇嘛传《阿旺洛桑嘉措传》,中,新写坐垫文书,第286页(汉译请参见《五世达赖喇嘛传》,下,新写座次文书,第91页)。

④ 参见藏文五世达赖喇嘛传《阿旺洛桑嘉措传》,中,新写坐垫文书,第306页(汉译请参见《五世达赖喇嘛传》,下,新写座次文书,第100页)。

⑤ 参见藏文五世达赖喇嘛传《阿旺洛桑嘉措传》,中,新写坐垫文书,第309页(汉译请参见《五世达赖喇嘛传》,下,新写座次文书,第102页)。

续表

时间	人物	具体活动情况
水牛年(1673)新年	太平洪台吉、卓特巴伊勒登、察罕巴尔等喀尔喀和卫拉特八大集团的首领及其属下七十五人,以及他们各自的夫人、宰桑等,还有派来奉献新年礼物的代表等	众人齐聚布达拉宫,参加达赖喇嘛筹办的新年宴会。①
水牛年(1673)正月二十九日	太平洪台吉、卓特巴伊勒登	太平洪台吉、卓特巴伊勒登向达赖喇嘛敬献银锭、酥油茶桶、高足托盘、绸缎、茶叶、布匹、骆驼、骡子、黄金曼荼罗、长号角及台碗等礼物。②
水牛年(1673)二月十八日	太平洪台吉、察罕巴尔、乌克日台吉等	达赖喇嘛向他们传授了戒律,并给太平洪台吉取法名"拉尊阿旺丹增"。③
水牛年(1673)六月初四日	拉尊阿旺丹增即太平洪台吉和卓特巴伊勒登等	要求达赖喇嘛派一名辅佐蒙古朝政与教法事务的喇嘛,达赖喇嘛遂派德珠堪布罗布藏达尔扎前往。④
水牛年(1673)十月初十日	左翼达尔罕洪台吉	向达赖喇嘛赠送了黄金、白银及绸缎等大批礼物。⑤

---

① 参见藏文五世达赖喇嘛传《阿旺洛桑嘉措传》,中,新写坐垫文书,第313—314页(汉译请参见《五世达赖喇嘛传》,下,新写座次文书,第104页)。

② 参见藏文五世达赖喇嘛传《阿旺洛桑嘉措传》,中,新写坐垫文书,第319页(汉译请参见《五世达赖喇嘛传》,下,新写座次文书,第106—107页)。

③ 参见藏文五世达赖喇嘛传《阿旺洛桑嘉措传》,中,新写坐垫文书,第323页(汉译请参见《五世达赖喇嘛传》,下,新写座次文书,第109页)。

④ 参见藏文五世达赖喇嘛传《阿旺洛桑嘉措传》,中,彩绘小昭寺的佛像和壁画及在各大寺院举行经忏法事,第342页(汉译请参见《五世达赖喇嘛传》,下,彩绘小昭寺的佛像和壁画、在各大寺院举行经忏法事,第119页)。

⑤ 参见藏文五世达赖喇嘛传《阿旺洛桑嘉措传》,中,大加信赖地会见夏玛尔(红帽派)活佛等远客的情形,第362页(汉译请参见《五世达赖喇嘛传》,下,郑重会晤红帽活佛等远客的情形,第129页)。

第四章 1640年后七和硕喀尔喀兀鲁斯领主在卫藏的活动

续表

时　间	人　物	具体活动情况
水牛年(1673)十月十三日	左翼杜尔格齐喇嘛诺门汗、锡拉布达尔罕喇嘛及其宰桑等	杜尔格齐喇嘛诺门汗、锡拉布达尔罕喇嘛等人向达赖喇嘛赠送回向礼品,宰桑格楚勒等人赠送汉地和蒙古所产的贵重器皿。①
水牛年(1673)十月十三日	热振堪苏	为了"喀尔喀—卫拉特联合政权"的事务,达赖喇嘛向热振堪苏授予"锡热图诺门汗"封号,并将其派往喀尔喀蒙古。②
水牛年(1673)十一月初十日	达尔罕托音之子、诺木齐洪台吉、阿尔斯兰托里等的属下人员	前去拉萨会见达赖喇嘛,并各自赠送了以汉地货物为主的大批礼品。③
水牛年(1673)十一月十一日	土谢图汗代表	到达拉萨,会见了达赖喇嘛。④
水牛年(1673)十二月二十七日	土谢图汗及其王妃、王子台吉、塔布囊、宰桑、喇嘛僧徒等大批客人	来至拉萨会见达赖喇嘛,广泛谈论了朝政与教法二道方面的许多问题。其后,土谢图汗又与青海和硕特的丹津达赖汗举行了会晤。⑤

　　① 参见藏文五世达赖喇嘛传《阿旺洛桑嘉措传》,中,大加信赖地会见夏马尔(红帽派)活佛等远客的情形,第362—363页(汉译请参见《五世达赖喇嘛传》,下,郑重会晤红帽活佛等远客的情形,第129页)。
　　② 参见藏文五世达赖喇嘛传《阿旺洛桑嘉措传》,中,大加信赖地会见夏马尔(红帽派)活佛等远客的情形,第363—364页(汉译请参见《五世达赖喇嘛传》,下,郑重会晤红帽活佛等远客的情形,第129页)。
　　③ 参见藏文五世达赖喇嘛传《阿旺洛桑嘉措传》,中,大加信赖地会见夏马尔(红帽派)活佛等远客的情形,第368页(汉译请参见《五世达赖喇嘛传》,下,郑重会晤红帽活佛等远客的情形,第131—132页)。
　　④ 参见藏文五世达赖喇嘛传《阿旺洛桑嘉措传》,中,大加信赖地会见夏马尔(红帽派)活佛等远客的情形,第368页(汉译请参见《五世达赖喇嘛传》,下,郑重会晤红帽活佛等远客的情形,第132页)。
　　⑤ 参见藏文五世达赖喇嘛传《阿旺洛桑嘉措传》,中,大加信赖地会见夏马尔(红帽派)活佛等远客的情形,第376—378页(汉译请参见《五世达赖喇嘛传》,下,郑重会晤红帽活佛等远客的情形,第135—136页)。

续表

时间	人物	具体活动情况
木虎年(1674)正月初一日	喀尔喀和卫拉特领主大员	参加达赖喇嘛在布达拉宫筹办的新年宴会。①
木虎年(1674)正月十四日	土谢图汗	首先土谢图汗邀请五世达赖喇嘛去大昭寺,但五世以身体不适为由,没有前往。于是,在布达拉宫大厅,向达赖喇嘛赠送了哈达、内外衣物、金银、茶叶及马匹等上万件礼品。②
木虎年(1674)正月初四、初十、十五日	土谢图汗及其母妃、王妃、王子、大臣、仆从等	达赖喇嘛向他们传授了无量寿长寿灌顶法、大悲观音菩萨随许法、无量寿九尊灌顶法、长寿怙主的四种灌顶加持法等。③
木虎年(1674)五月初二日	土谢图汗	向达赖喇嘛馈赠大批礼品,并向僧众大放布施,在经院中为达赖喇嘛举行祈寿仪轨。其后达赖喇嘛向土谢图汗授予"具有信仰力的土谢图汗"封号,向王子赐予"班智达额尔德尼台吉"封号,给土谢图汗王妃授予"布纳巴拉钟根"封号。④

---

① 参见藏文五世达赖喇嘛传《阿旺洛桑嘉措传》,中,大加信赖地会见夏马尔(红帽派)活佛等远客的情形,第378页(汉译请参见《五世达赖喇嘛传》,下,郑重会晤红帽活佛等远客的情形,第136页)。

② 参见藏文五世达赖喇嘛传《阿旺洛桑嘉措传》,中,大加信赖地会见夏马尔(红帽派)活佛等远客的情形,第379页(汉译请参见《五世达赖喇嘛传》,下,郑重会晤红帽活佛等远客的情形,第137页)。

③ 参见藏文五世达赖喇嘛传《阿旺洛桑嘉措传》,中,大加信赖地会见夏马尔(红帽派)活佛等远客的情形,第382—384页(汉译请参见《五世达赖喇嘛传》,下,郑重会晤红帽活佛等远客的情形,第138—139页)。

④ 参见藏文五世达赖喇嘛传《阿旺洛桑嘉措传》,中,大加信赖地会见夏马尔(红帽派)活佛等远客的情形,第393—394页(汉译请参见《五世达赖喇嘛传》,下,郑重会晤红帽活佛等远客的情形,第144—145页)。

第四章
1640年后七和硕喀尔喀兀鲁斯领主在卫藏的活动

续表

时　　间	人　　物	具体活动情况
木虎年(1674)五月初八日	土谢图汗	在未启程返回喀尔喀前,达赖喇嘛每天都会见土谢图汗。是日,向土谢图汗传授了八支近住戒。①
木虎年(1674)五月十一日	土谢图汗和青海和硕特的丹津达赖汗、达赖巴图尔洪台吉	达赖喇嘛向他们传授消除一切障碍的六臂依怙随许法,使他们盟誓和好。②
木虎年(1674)五月十二日	土谢图汗等	达赖喇嘛的执政第巴用酒肉热情招待喀尔喀和卫拉特的全体客人。③ 是日,喀尔喀土谢图汗为了二道的取舍和内部根源问题,来朝见达赖喇嘛。并呈奏了需要扩大汉、蒙间朝政与教法范围的理由。其后,汗王带着眷属朝家乡而去。④
木虎年(1674)八月初九日	右翼乌梁罕的塔尔巴乌巴锡及卓哩克图洪台吉等	会见达赖喇嘛,赠送大批礼品。⑤ 是月二十五日,达赖喇嘛设宴招待了塔尔巴乌巴锡等人。⑥

---

① 参见藏文五世达赖喇嘛传《阿旺洛桑嘉措传》,中,大加信赖地会见夏马尔(红帽派)活佛等远客的情形,第396页(汉译请参见《五世达赖喇嘛传》,下,郑重会晤红帽活佛等远客的情形,第146页)。

② 参见藏文五世达赖喇嘛传《阿旺洛桑嘉措传》,中,大加信赖地会见夏马尔(红帽派)活佛等远客的情形,第396页(汉译请参见《五世达赖喇嘛传》,下,郑重会晤红帽活佛等远客的情形,第146页)。

③ 参见藏文五世达赖喇嘛传《阿旺洛桑嘉措传》,中,大加信赖地会见夏马尔(红帽派)活佛等远客的情形,第397页(汉译请参见《五世达赖喇嘛传》,下,郑重会晤红帽活佛等远客的情形,第146页)。

④ 参见藏文五世达赖喇嘛传《阿旺洛桑嘉措传》,中,大加信赖地会见夏马尔(红帽派)活佛等远客的情形,第398—399页(汉译请参见《五世达赖喇嘛传》,下,郑重会晤红帽活佛等远客的情形,第147页)。

⑤ 参见藏文五世达赖喇嘛传《阿旺洛桑嘉措传》,中,大加信赖地会见夏马尔(红帽派)活佛等远客的情形,第415—416页(汉译请参见《五世达赖喇嘛传》,下,郑重会晤红帽活佛等远客的情形,第155页)。

⑥ 参见藏文五世达赖喇嘛传《阿旺洛桑嘉措传》,中,大加信赖地会见夏马尔(红帽派)活佛等远客的情形,第417页(汉译请参见《五世达赖喇嘛传》,下,郑重会晤红帽活佛等远客的情形,第156页)。

续表

时　　间	人　　物	具体活动情况
木虎年(1674)十月二十日	右翼卓特巴伊勒登和诺木齐洪台吉代表宰桑格隆等	受到达赖喇嘛的设宴招待。①
木虎年(1674)十一月十四日	乌梁罕冰图代青兄弟及其随从等	向达赖喇嘛赠送了以金、银、茶叶及绸缎为主的大批物品。②
木兔年(1675)十一月初一日	阿拉布坦洪台吉的妃子和儿子等	阿拉布坦洪台吉在途中病逝,其王妃达乞玛、儿子额尔克台吉及其臣民等,向达赖喇嘛呈献金、银、茶叶及绸缎等上千件礼品。③
火龙年(1676)正月二十日	昆都伦杜尔格齐等的代表共约300余人	达赖喇嘛在布达拉宫大厅举行隆重的宴会,盛情招待喀尔喀昆都伦杜尔格齐、代青和硕齐、艾布根、车臣汗、达赖洪台吉、噶尔丹达吉、土尔扈特策凌等人的代表约300余人。喀尔喀和卫拉特的汗王及各大首领的礼品不计其数,丰富至极。④
火龙年(1676)四月初二日起	喀尔喀车臣济农、萨迥默尔根台吉等四人的使者	喀尔喀车臣济农、萨迥默尔根台吉等四人的使者拜见了达赖喇嘛。⑤

---

① 参见藏文五世达赖喇嘛传《阿旺洛桑嘉措传》,中,大加信赖地会见夏马尔(红帽派)活佛等远客的情形,第425页(汉译请参见《五世达赖喇嘛传》,下,郑重会晤红帽活佛等远客的情形,第159页)。
② 参见藏文五世达赖喇嘛传《阿旺洛桑嘉措传》,中,大加信赖地会见夏马尔(红帽派)活佛等远客的情形,第428页(汉译请参见《五世达赖喇嘛传》,下,郑重会晤红帽活佛等远客的情形,第161页)。
③ 参见藏文五世达赖喇嘛传《阿旺洛桑嘉措传》,中,扎仓聂尔巴(管家)罗布藏金巴即第悉位,第519页(汉译请参见《五世达赖喇嘛传》,下,关于扎仓执事罗桑金巴继任第悉的情况,第207页)。
④ 参见藏文五世达赖喇嘛传《阿旺洛桑嘉措传》,中,扎仓聂尔巴(管家)罗布藏金巴即第悉位,第529—530页(汉译请参见《五世达赖喇嘛传》,下,关于扎仓执事罗桑金巴继任第悉的情况,第211页)。
⑤ 参见藏文五世达赖喇嘛传《阿旺洛桑嘉措传》,下,不分派别地供养各寺庙及给家里家外的僧俗人等灌顶、持戒和传法,第12页(汉译请参见《五世达赖喇嘛传》,下,供养各派僧伽及为僧俗徒众灌顶、传法、受戒的情形,第219页)。

第四章
1640 年后七和硕喀尔喀兀鲁斯领主在卫藏的活动

续表

时 间	人 物	具体活动情况
火龙年(1676) 六月六日	扎萨克图汗等的使者	达赖喇嘛为喀尔喀扎萨克图汗、拉尊阿旺丹增即太平洪台吉、卓特巴伊勒登等人的使者送行。①
火龙年(1676) 七月十三日	土谢图汗	向达赖喇嘛送去布施。②
火龙年(1676) 十月一日	鲁本诺门汗、诺门额真的格楚勒玛、伊勒登诺颜、王妃索诺木卓玛母子及其臣民	喀尔喀鲁本诺门汗、诺门额真的格楚勒玛、伊勒登诺颜、王妃索诺木卓玛母子及臣民等,向达赖喇嘛呈献与上述同样的上万件礼物。③
火龙年(1676) 十一月二十四日	嘉木扬活佛和土谢图汗等的使者	喀尔喀嘉木扬活佛的使者旺布扎勒森和丹津、土谢图多尔济汗的使者扎西纳木扎勒和博耶布谷朗、喀尔喀七和硕的公共使者及台吉西第什哩、巴图尔台吉、车臣阿海、默尔根洪台吉、钦达玛尼托音、额尔克伊勒登、额尔克阿海、青喀洪台吉、乌梁罕冰图代青、土谢和硕齐、达瓦扎巴、温都尔噶布楚、杜尔格齐等领主们的使者,向达赖喇嘛呈献了各自首领交付的汉地和蒙古的以各种金、银、茶叶、绸缎为主的礼物和书信,达赖喇嘛一一接受了。④

① 参见藏文五世达赖喇嘛传《阿旺洛桑嘉措传》,下,不分派别地供养各寺庙及给家里家外的僧俗人等灌顶、持戒和传法,第 20—21 页(汉译请参见《五世达赖喇嘛传》,下,供养各派僧伽及为僧俗徒众灌顶、传法、受戒的情形,第 223 页)。

② 参见藏文五世达赖喇嘛传《阿旺洛桑嘉措传》,下,不分派别地供养各寺庙及给家里家外的僧俗人等灌顶、持戒和传法,第 32 页(汉译请参见《五世达赖喇嘛传》,下,供养各派僧伽及为僧俗徒众灌顶、传法、受戒的情形,第 228 页)。

③ 参见藏文五世达赖喇嘛传《阿旺洛桑嘉措传》,下,不分派别地供养各寺庙及给家里家外的僧俗人等灌顶、持戒和传法,第 39—40 页(汉译请参见《五世达赖喇嘛传》,下,供养各派僧伽及为僧俗徒众灌顶、传法、受戒的情形,第 232 页)。

④ 参见藏文五世达赖喇嘛传《阿旺洛桑嘉措传》,下,不分派别地供养各寺庙及给家里家外的僧俗人等灌顶、持戒和传法,第 46—47 页(汉译请参见《五世达赖喇嘛传》,下,供养各派僧伽及为僧俗徒众灌顶、传法、受戒的情形,第 236 页)。

续表

时　　间	人　　物	具体活动情况
火蛇年(1677)新年	喀尔喀和卫拉特的各位首领和主要的送新年贺礼者	与达赖喇嘛一同参加了新年喜宴。①
火蛇年(1677)正月十六日	诺门额真的格楚勒玛、伊勒登诺颜等	达赖喇嘛给喀尔喀诺门额真的格楚勒玛、伊勒登诺颜、达赖巴图尔、卫征阿海、布纳达拉、默尔根阿海、诺门汗曲杰等人做了教导,赠给他们吉祥结、佛像、衣物、红白水晶、氆氇等物品,满足了他们提出的请派给喇嘛、医生、尼泊尔工匠、画师的要求,并为他们送行。②
火蛇年(1677)十月初二日	喀尔喀诺门额真的诺颜呼图克图等人	达赖喇嘛宴请了喀尔喀诺门额真的诺颜呼图克图、额尔克代青、默尔根绰尔济、卫拉特的索诺木洪台吉及其夫人等很多喀尔喀和卫拉特的使者。③
土羊年(1679)七月二十五日	达尔玛舍利洪台吉代表等	达赖喇嘛接受了喀尔喀巴尔诺颜的信使、达尔玛舍利洪台吉的代表、阿玉巴尔的代表等人带来的书信及随函礼品。④

①　参见藏文五世达赖喇嘛传《阿旺洛桑嘉措传》,下,不分派别地供养各寺庙及给家里家外的僧俗人等灌顶、持戒和传法,第49页(汉译请参见《五世达赖喇嘛传》,下,供养各派僧伽及为僧俗徒众灌顶、传法、受戒的情形,第237页)。

②　参见藏文五世达赖喇嘛传《阿旺洛桑嘉措传》,下,不分派别地供养各寺庙及给家里家外的僧俗人等灌顶、持戒和传法,第50页(汉译请参见《五世达赖喇嘛传》,下,供养各派僧伽及为僧俗徒众灌顶、传法、受戒的情形,第238页)。

③　参见藏文五世达赖喇嘛传《阿旺洛桑嘉措传》,下,新建聂拉木格培林寺及眼睛和腿部患重病的情形,第95页(汉译请参见《五世达赖喇嘛传》,下,新建聂拉木格培林寺、眼睛和腿部患重病的情形,第261页)。

④　参见藏文五世达赖喇嘛传《阿旺洛桑嘉措传》,下,桑杰嘉措就任第悉职位的制度及圆满完成就职典礼的情形,第274页(汉译请参见《五世达赖喇嘛传》,下,桑杰嘉措担任第悉的情形,第350—351页)。

第四章 1640年后七和硕喀尔喀兀鲁斯领主在卫藏的活动

续表

时　　间	人　物	具体活动情况
土羊年(1679)九月二十四日	卓特巴伊勒登之子拉尊阿旺丹津	达赖喇嘛授予拉尊阿旺丹津"额尔德尼伊拉古克三呼图克图"封号，同时颁给印信、神物、全套衣服、氆氇及箱子等大批礼物。①
铁猴年(1680)十二月初三日	嘉木扬活佛等的代表	达赖喇嘛接受了喀尔喀嘉木扬活佛的代表毕力克图达尔罕囊素、什第巴图尔洪台吉的代表罗布藏曲培、班智达沙布戎的代表额尔德尼达尔罕额木齐、达尔罕洪台吉的代表达尔罕囊素、默尔根洪台吉的宰桑囊素、额尔德尼诺颜呼图克图的管家布穆杰、诺门额真的侄子、代青楚库尔的阿玉乞、车臣洪台吉的喇嘛、额尔德尼诺木齐的诺木齐班第、代青巴图尔的默尔根绰尔济等代表们所呈的书信及大批随函礼品，并听取了他们带来的口信。②
铁鸡年(1681)七月十一日	扎萨克图汗、达赖洪台吉等的信使	达赖喇嘛会见了噶尔丹博硕克图汗及喀尔喀扎萨克图汗、达赖洪台吉、车臣济农、冰图代青、代青楚库尔、土尔扈特阿玉锡等的信使。③

---

① 参见藏文五世达赖喇嘛传《阿旺洛桑嘉措传》，下，桑杰嘉措就任第悉职位的制度及圆满完成就职典礼的情形，第285页(汉译请参见《五世达赖喇嘛传》，下，桑杰嘉措担任第悉的情形，第356页)。

② 参见藏文五世达赖喇嘛传《阿旺洛桑嘉措传》，下，新建噶丹德庆寺及册封朝政、官家、寺院有功者的情形，第396页(汉译请参见《五世达赖喇嘛传》，下，关于兴建噶丹德庆寺的情形，第416页)。

③ 参见藏文五世达赖喇嘛传《阿旺洛桑嘉措传》，下，新建拉孜曲德寺、噶丹都迥寺、措那噶丹卓敦林寺等许多寺院及改宗的情形，第444页(汉译请参见《五世达赖喇嘛传》，下，拉孜曲德寺、噶丹都迥寺、措那噶丹卓敦林寺等许多寺院兴建和改宗的情形，第441页)。

续表

时间	人物	具体活动情况
铁鸡年(1681)八月十七日	太平洪台吉、达尔玛舍利洪台吉等的代表	达赖喇嘛会见了太平洪台吉的喇嘛绰尔济拉姆津巴、卫拉特哈坦诺颜的喇嘛、太平洪台吉、达尔玛舍利洪台吉、额尔德尼伊拉古克三呼图克图、阿海台吉、额尔克诺颜、额尔德尼洪台吉等人的代表。①

第二节 1640年至1680年间七和硕喀尔喀兀鲁斯领主与达赖喇嘛的关系

以下通过分析"表二"内容,详细揭示当时的七和硕喀尔喀兀鲁斯与达赖喇嘛的关系。

首先,1641铁蛇年六月,喀尔喀和卫拉特的代表们大批到达拉萨,其中以车臣诺门汗为首的七和硕喀尔喀兀鲁斯左右翼的僧徒们,向哲蚌寺这一达赖喇嘛的根本寺庙的僧徒们发放了布施。仅据该传记载,这是1640年秋建立"喀尔喀—卫拉特联合政权"后,蒙古首领们向拉萨派去的第一个使团,藏文达赖喇嘛传中将他们记述为"客人"。从"大批"这样的字句来看,可能每一兀鲁斯或和硕的重要首领都派出了使者。在返回蒙古本土之前,车臣乌巴锡为了"喀尔喀—卫拉特联合政权"的安定,还向拉萨的僧俗众人发布了告示。虽然五世达赖喇嘛传中没有明确说明具体的告示内容,但这很显然是在宣示"喀尔喀—卫拉特联合政权"的建立及与拉萨的今后关系,因为该政

---

① 参见藏文五世达赖喇嘛传《阿旺洛桑嘉措传》,下,新建拉孜曲德寺、噶丹都迥寺、措那噶丹卓敦林寺等许多寺院及改宗的情形,第449页(汉译请参见《五世达赖喇嘛传》,下,拉孜曲德寺、噶丹都迥寺、措那噶丹卓敦林寺等许多寺院兴建和改宗的情形,第443页)。

第四章
1640年后七和硕喀尔喀兀鲁斯领主在卫藏的活动

权的建立，与黄教及其领袖达赖喇嘛是分不开的。基于蒙古"朝政与教法二道"传统建立的"喀尔喀—卫拉特联合政权"，其汗王、洪台吉、诺颜、台吉等只有扶持教法即宗喀巴所立黄教才可称得上是合格的领袖、领主，其统治属民的合法性及在蒙古朝政中的地位才能够受到认可和尊重。故领主们纷纷遣使拉萨，表明了自己的存在和今后的意愿——"喀尔喀—卫拉特联合政权"的安定。理所当然地，使者们也向达赖喇嘛报告了"喀尔喀—卫拉特联合政权"的建立情形及今后请求达赖喇嘛予以支持等内容。诚如笔者在《大清帝国时期蒙古的政治与社会——以阿拉善和硕特部研究为中心》中论述的那样，在1640年的"喀尔喀—卫拉特会盟"上，与会的各大首领通过集体向达赖喇嘛的代理人瓦赤喇怛喇嘛嘛卓尼曲杰金巴达吉扣头，表示承认和推崇达赖喇嘛的权威。通过推崇达赖喇嘛的权威和在达赖喇嘛的仲裁下处理兀鲁斯或和硕的公共事务，以此喀尔喀与卫拉特的首领们达到了联合。

"喀尔喀—卫拉特联合政权"既有历史的必然性，也有其时代性。作为历史的必然，再兴于阿勒坦汗、传播于阿巴岱汗、迅速推进和普及于四世达赖喇嘛时期的蒙古"朝政与教法二道"传统，在1624年喀尔喀与卫拉特之间达成和平的时候，达到了此蒙古两大集团社会皆认可的程度。即使是反对达赖喇嘛权威的绰克图洪台吉也正是因为能深深理解"朝政与教法二道"会冲击黄金家族出身的喀尔喀蒙古的中心领导地位而才决意要使格鲁派处于"无名"地位的。但对右翼扎萨克图汗伞下的领主们来说，若想与近邻的卫拉特首领们达成和平，只有积极推崇"朝政与教法二道"才能得到卫拉特方面的合作。因为非黄金家族出身的卫拉特领主们近四百年来一直努力追寻与黄金家族的蒙古本部领主达成政治上的平等，所以卫拉特方面对黄教和达赖喇嘛的推崇尤为强烈，这一情况一直延续到1755年准噶尔兀鲁斯灭亡为止。而作为其时代性，北面沙皇俄罗斯的进逼，东面满洲—清朝的威胁，蒙古宗主林丹汗的病逝，蒙古与卫藏地方之间畅通无阻的往来局面的形成,这些都为喀尔喀和卫拉特首领们考虑建立"喀尔喀—卫拉特联合政权"奠定了前提基础。此外,如第二章所述,在与卫拉特的合作方面采取保守态度的喀尔喀左翼,起初努力和清朝基于"朝政与教法二道"达成友好,但事与愿违,清朝方面的武力威慑动摇了他们对清朝的信心,为保持独立自主,左翼也响应右翼扎萨克图汗的号召,与卫拉特首领们共同建立了新政权。但不得不说,喀尔喀左翼与卫拉特的关系似乎一直处于暗中较量和彼此暧昧的状态。

派遣大批使者之后,便是各位领主独自遣使达赖喇嘛。1642水马年正月,土谢图汗的使者到达拉萨,在蒙古包中招待达赖喇嘛,并阐述了达赖喇嘛前往蒙古的必要性。将达赖喇嘛从藏地邀请到蒙古地方,这恰恰反映了土谢图汗作为喀尔喀左翼最有力首领,对能够发挥仲裁作用的达赖喇嘛的一种态度。但当时固始汗的军队正倾其全力征服藏地,需要达赖喇嘛住留在拉萨协助。不久是年春,固始汗召唤达赖喇嘛到日喀则桑珠孜大厅,在蒙藏人士共同参加的大会上,将卫藏十三万户及其地方献给了达赖喇嘛。众多蒙藏人士中的"藏人",显然在指卫藏地方的人士,固始汗令他们参加大会,意在使他们承认和拥护达赖喇嘛于卫藏地方的世俗领袖地位,宣示了达赖喇嘛"统治"的开始。而参会的"蒙古人",想必是卫拉特、喀尔喀首领们的代表及固始汗的属下将兵,这体现了以固始汗为首的"喀尔喀—卫拉特联合政权"的首领们在保护和扶持"教法"方面所做的功绩,同时提高了固始汗在该政权中的地位。另一方面也向各位蒙古首领宣示了卫藏已成为达赖喇嘛领地而具有不可侵犯性的事实,以此防止各位首领对卫藏地方的侵扰和图谋不轨。

1642水马年六月,喀尔喀土谢图汗和车臣汗的代表返回了蒙古。他们可能是受固始汗的邀请,为了参加达赖喇嘛的登基仪式而来卫藏的。另外从他们返回之际达赖喇嘛向嘉木扬活佛捎去书信的情况来看,土谢图汗的代表也向达赖喇嘛反映了嘉木扬活佛即著名的第一世哲布尊丹巴呼图克图的事情。可能因是传说哲布尊丹巴呼

第四章
1640年后七和硕喀尔喀兀鲁斯领主在卫藏的活动

图克图的前第十一辈是宗喀巴弟子——曾建立哲蚌寺的嘉木扬曲杰,故达赖喇嘛将其称为喀尔喀的"嘉木扬活佛"。

而与土谢图汗和车臣汗的代表离开拉萨的同时,喀尔喀右翼的温布额尔德尼洪台吉即巴特玛额尔德尼洪台吉来到了卫藏,其目的是为了平定藏地的叛乱。当时在前藏、后藏和工布地方,发生了反对固始汗和达赖喇嘛统治的叛乱,温布额尔德尼洪台吉来到拉萨后即遣自己的胞弟达延诺颜率300多骑兵协助固始汗平定后藏的叛乱。从这一情况来看,征服卫藏并将其献给达赖喇嘛,并不是固始汗集团单方面的行动,而是包括温布额尔德尼洪台吉在内的喀尔喀、卫拉特全体蒙古首领们的共同愿望和意志。虽然喀尔喀首领们没有参加固始汗征服卫藏的军事行动,但在镇压叛乱时主动派去了军队。不过固始汗并不领情,因当时传言温布额尔德尼洪台吉与噶玛巴派之间有书信往来而固始汗对其产生怀疑,双方关系发展到动武的程度。五世达赖喇嘛担心此事不仅损害和割裂两者间原有的关系,且对"喀尔喀—卫拉特联合政权"也会产生不好的影响而于1643水羊年正月召集固始汗和温布额尔德尼洪台吉二人,使他们立誓和好。对此,藏文五世达赖喇嘛传中在直接使用"喀尔喀—卫拉特政权(Tib:khal kha o rod kyai gzhung)"字样,可知当时的五世达赖喇嘛很清楚自己所应做的事情及其意义。最后,温布额尔德尼洪台吉在水羊年正月返回领地前向达赖喇嘛敬献成千上万的礼品,同时请求在"朝政与教法两方面"给予指导,以使其更好地统治属民,提高作为一名蒙古首领的执政能力。

1644木猴年秋冬之际,喀尔喀左翼诺门额真前来拉萨,连续发放了二十多天的布施。此诺门额真,原称根杜斯扎布额尔德尼卫征诺颜,是格呼森札第三子诺诺和卫征诺颜的第四子图蒙肯昆都伦楚库尔的次子。如前所述,图蒙肯昆都伦楚库尔作为七和硕喀尔喀兀鲁斯的代表,曾于四世达赖喇嘛圆寂后的1617年前往卫藏办理过葬礼,所以与卫藏格鲁派及达赖喇嘛的关系相对密切。特殊的家族出身,使诺门额真在世俗领主的封号上又请求到了"诺门额真"这一与教法有关的封号,但这并不说明他已完全出家,世俗政治权利也没有因此发生质的改变。从"表二"内容可知,诺门额真经常往来于卫藏和喀尔喀蒙古两地之间,是位非常活跃的外事活动家。

继诺门额真之后,在藏文五世达赖喇嘛传中便很少出现喀尔喀领主前来拉萨朝见达赖喇嘛的记载。这可能与1646年前后七和硕喀尔喀兀鲁斯与清朝之间围绕漠南蒙古苏尼特部腾机思叛逃事件而引起的冲突有关。在清朝大军逼近的情况下,喀尔喀蒙古领主们很难派遣使者或亲自前往卫藏。等其形势稳定下来后,1648土鼠年三月,扎萨克图汗和温布额尔德尼洪台吉的代表到了拉萨,想必是为了报告七和硕喀尔喀兀鲁斯与清朝的这一军事冲突及其善后事务而去的。

1649土牛年,14岁的嘉木扬活佛即后来的一世哲布尊丹巴呼图克图从喀尔喀蒙古土谢图汗本部出发前往卫藏地方。但他并没有先去朝见达赖喇嘛,而是到后藏班禅喇嘛处请受沙弥戒后,才于1650铁虎年十二月到达拉萨拜会了五世达赖喇嘛。因是建立哲蚌寺的嘉木扬曲杰的转世,故受到了哲蚌寺僧队的高规格接待,他也赏赐了大量物品和布施。1651铁兔年四月,达赖喇嘛向嘉木扬活佛和巴图尔洪台吉传授了灌顶法。但藏文五世达赖喇嘛中没有记述达赖喇嘛授予嘉木扬活佛"哲布尊丹巴呼图克图"封号的内容,可见五世达赖喇嘛在撰写自己的传记时,并没有逐一采用起居史料,而是进行了筛选,这也是对五世达赖喇嘛授予蒙古领主的封号及其授予时间等暂时无法进行详细认证的一个缺憾,只能利用该传记所载的这些有限的事例。一方面,查阅《清内阁蒙古堂档》中的相关记载可知,在很多场合,达赖喇嘛只有通过哲布尊丹巴呼图克图才能展开其权力。这是七和硕喀尔喀兀鲁斯与四卫拉特在接受达赖喇嘛权力时的一个巨大区别所在。在卫拉特蒙古,作为首领的汗王或洪台吉,通过与达赖喇嘛之间的直接交涉来接受其权力。而在七和硕喀尔喀兀鲁斯,达

第四章
1640年后七和硕喀尔喀兀鲁斯领主在卫藏的活动

赖喇嘛的权力只到哲布尊丹巴呼图克图一层,具体来说只到哲布尊丹巴呼图克图参加的七和硕领主大会层面,而没有到各大和硕及鄂托克层面。兀鲁斯下面的事务,须经哲布尊丹巴呼图克图与以三汗为首的众领主协商后才能作出裁决,这也是大法典的精神持续在起作用的一个证明。不过即使在卫拉特蒙古,达赖喇嘛首先也要尊重请求者——各大首领的申请后,在尽量不破坏各个兀鲁斯及其下层集团原有秩序的前提下施展权力的。若无请求,达赖喇嘛也不可擅自下达命令于各集团首领。蒙古社会推戴达赖喇嘛的前提是,其权力不能破坏蒙古各大兀鲁斯,或各大和硕内部的统治秩序和自主性。并立的、联合的大兀鲁斯、大和硕仍是这一时期蒙古政权最重要的特色和环节。而在兀鲁斯之上,喀尔喀蒙古拥立了哲布尊丹巴呼图克图。

1651铁兔年十月,喀尔喀诺门额真又一次出现在了卫藏,在泽当地方偶然遇见了达赖喇嘛,他可能是与嘉木扬活佛即哲布尊丹巴呼图克图一同前来卫藏后留下的。需要注意的是,在邬宗孜的僧众大会上,这位喀尔喀的诺门额真在与固始汗并排对坐,即平起平坐。这在讲究身份、爵位、辈分和实力、秩序的古代蒙古社会,真实地反映了喀尔喀左翼领主对固始汗等卫拉特首领作出的反应,即喀尔喀左翼的领主们仍持有黄金家族至上意识,或有可能诺门额真因是图蒙肯昆都伦楚库尔的次子而自认为其家族对黄教的贡献比固始汗要多要早的缘故。此处不应将诺门额真看作是一名黄教僧侣,他实际身份仍是一位拥有广大领地、属民和较高政治地位的喀尔喀领主。从系谱可知,诺门额真子孙繁盛,且封号也很尊贵。

1652水龙年这一年,达赖喇嘛动身前往北京会见清朝顺治皇帝。是年七月,达赖喇嘛前往北京的队伍行进至青海博罗冲科克地方时,温布额尔德尼洪台吉的胞弟伊勒登诺颜及宰桑乌巴锡等,分别向达赖喇嘛进献了绸缎、银两、马匹和骆驼。当时伊勒登诺颜等喀尔喀右翼的领主可能在西宁周边与清朝进行着贸易,为此礼品中有了江浙或四川出产的绸缎,和银两。在现有的文献中,这是喀尔喀领主向达赖喇嘛进献绸缎和银两的第一次明确记录,此前皆以马匹、骆驼等蒙古地方出产的方物为主。如前所述,1648年后七和硕喀尔喀兀鲁斯与清朝的关系逐渐改善,清朝允许喀尔喀在"进九白年贡"的前提下进行双边贸易,显然这也改变了喀尔喀方面献给达赖喇嘛的礼物的种类。

同在水龙年十一月,当达赖喇嘛的队伍行进至张家口西北面,漠南蒙古库克乌苏地方时,喀尔喀左翼的汗王及其王族成员,可能是土谢图汗及其麾下领主们的代表,前来拜见了达赖喇嘛。但这些代表不是专程来拜会达赖喇嘛的,而是一次偶遇,其主要目的是前去北京向清朝顺治帝呈递表文,进行贸易。1646年漠南蒙古"腾机思叛乱"之际,喀尔喀方面积极支援腾机思,土谢图汗部、车臣汗部的军队与前来讨伐腾机思的清朝豫亲王多铎统领的清军大战于占其布拉克地方,受到一定打击。与此前后,土谢图汗部的额尔克楚库尔还率兵掠夺了漠南蒙古巴林部的人畜。从1647年开始,围绕与清朝之间发生的这些事件,七和硕喀尔喀兀鲁斯的首领们积极向清朝遣使,表示友好并谢罪。于是,清朝要求喀尔喀方面将腾机思捕获送来,并返还巴林部的人畜,在此前提下允许喀尔喀首领向清朝皇帝"朝贡(Man:alban jafambi, Mon:alban bariqu)"并贸易。

1653水蛇年三月,当在北京对清朝的态度感到失望而急忙返回拉萨的五世达赖喇嘛的队伍行进至位于呼和浩特和张家口之间的布尔噶苏台河时,喀尔喀哲布尊丹巴呼图克图、土谢图汗和诺门额真的使者们前来拜见了达赖喇嘛。这次不是途中偶遇,其目的就是为了拜见达赖喇嘛。但使者们与达赖喇嘛之间商议了何事,就不得而知了。

1654木马年十月,七和硕喀尔喀兀鲁斯右翼阿海代青之子察罕前去拉萨,拜见了达赖喇嘛。此察罕,全名为察罕巴尔,又称齐旺多尔济,后出家为僧,取名腾格里托音,他是喀尔喀右翼有力家族阿海

第四章
1640年后七和硕喀尔喀兀鲁斯领主在卫藏的活动

代青的独生子。想必就在此次进藏拜见达赖喇嘛期间,他申请取得法名,成为托音。但一方面作为领主,其仍具有参政议政的权利和管理属民的义务。以此完成"并持朝政与教法"的任务。

1655木羊年五月,喀尔喀领主额尔克阿海前去拉萨拜见了达赖喇嘛。仅据《阿萨拉克其史》的记载,在16—17世纪末期的七和硕喀尔喀兀鲁斯领主中,具有"额尔克阿海"名号的人共有14位。分别是1. 格哷森札第四子阿敏都喇勒诺颜→次子莫洛贝玛→独子硕垒达赖车臣汗→长子嘛察哩伊勒登土谢图→长子拉德纳默尔根洪台吉→次子额尔克阿海。2. 硕垒达赖车臣汗→第三子察巴里额尔德尼乌巴锡→次子喀喇毕拉锡额尔德尼代青→独子额尔克阿海。3. 硕垒达赖车臣汗→第四子巴布车臣汗→第三子诺尔布车臣汗→第三子额尔克阿海。4. 硕垒达赖车臣汗→第五子本巴达尔罕洪台吉→次子额尔克阿海。5. 格哷森札第三子诺诺和卫征诺颜→长子阿巴岱赛音汗→次子额列克默尔根汗→长子衮布土谢图汗→次子西第什哩巴图尔洪台吉→长子阿拉布坦额尔克阿海。6. 额列克默尔根汗→第三子拉巴塔尔霍洛齐达尔罕洪台吉即钦达玛尼达尔罕托音→次子诺木齐洪台吉→长子察克巴额尔克阿海。7. 诺诺和卫征诺颜→次子阿布瑚默尔根诺颜→长子昂噶海默尔根诺颜→长子巴特玛什默尔根楚库尔→独子额尔克阿海。8. 阿布瑚默尔根诺颜→次子喇瑚里达赖诺颜→第五子萨喇齐达赖代青→次子诺尔布额尔克阿海。9. 诺诺和卫征诺颜→第四子图蒙肯昆都伦楚库尔→第九子巴图尔额尔德尼诺木齐→毕齐格堆额尔克阿海。10. 图蒙肯昆都伦楚库尔→第十子萨尔察达延洪台吉→长子色特尔额尔德尼代青和硕齐→长子巴乞巴达尔额尔克阿海。11. 图蒙肯昆都伦楚库尔→第十三子衮布昆都伦代青杜尔格齐→第三子都噶尔扎布额尔克阿海。12. 图蒙肯昆都伦楚库尔→长子卓特巴车臣诺颜→第四子班本默尔根楚库尔→长子纳玛斯扎布默尔根楚库尔→独子额尔克阿海。13. 卓特巴车臣诺颜→第八子车臣代青和硕齐→第四子托多额尔克阿海。14. 卓特巴车臣诺颜→长子塔尔巴车臣诺颜→第四子诺木齐台吉→第三子阿喇斯巴额尔克阿海。笔者认为,其中最有可能的人物是:硕垒达赖车臣汗→第五子本巴达尔罕洪台吉→次子额尔克阿海,和诺诺和卫征诺颜→次子阿布瑚默尔根诺颜→长子昂噶海默尔根诺颜→长子巴特玛什默尔根楚库尔→独子额尔克阿海。至少应是这14位领主中的一个,并身负朝政任务。

1656火猴年十月,七和硕喀尔喀兀鲁斯左翼诺门额真和右翼腾格里托音再次来到了拉萨。这两位虽然一位来自左翼,一位出身右翼,但有着共同的特点,即二者都是从普通领主转变成黄教僧侣的,身兼两职。切实反映了当时的蒙古社会接受黄教的一个侧面,即从普通领主转变成出家僧人,而其属民财产照旧不动的历史情况。这是非常重要的一个特点,如前所述,蒙古领主们的推动和扶持,是黄教普及和蓬勃发展的最重要因素。但值得怀疑的是,为何左翼的诺门额真在和右翼的腾格里托音一起行动呢?从本书的论述内容可知,在绝大多数情况下,喀尔喀领主们前去拉萨,皆与自己出身及血缘相近的领主同行,即使不是最近的,也往往与同一和硕的领主前往。但此次是左翼和右翼在同行,这是为何呢?此事想必与喀尔喀右翼的内乱有关。就在此1650年代后期,格哷森札长子阿什海达尔罕洪台吉家族的诺尔布毕希热勒图汗(前代扎萨克图汗素班第之第三子)和温布额尔德尼洪台吉,举兵袭击了同为右翼的格哷森札次子诺颜泰哈坦巴图尔孙赛音巴特玛哈坦巴图尔领有的额勒济根鄂托克。破败的额勒济根鄂托克的领主们率领属民逃入左翼和硕,受到土谢图汗等首领的接纳。诺门额真和腾格里托音想必是为了这一事件而寻求达赖喇嘛出面干预调停的。

1658土狗年八月,左翼额尔德尼洪台吉的使者和右翼多尔济冰图本人来到拉萨。关于左翼额尔德尼洪台吉,当时左翼土谢图汗部和车臣汗部中有两位额尔德尼洪台吉,一位是格哷森札第四子阿敏都喇勒诺颜→次子莫洛贝玛→独子硕垒达赖车臣汗→第八子唐古特

第四章
1640年后七和硕喀尔喀兀鲁斯领主在卫藏的活动

额尔德尼洪台吉。另一位是硕垒达赖车臣汗的第十一子博第扎布额尔德尼洪台吉。应为其中一位。据五世达赖喇嘛传记载,这一年额尔德尼洪台吉逝世,其使者来拉萨主要是向达赖喇嘛呈送回向礼,并为其继承者请求封号。而右翼多尔济冰图,指格哷森札第七子萨穆贝玛→第五子特姆特黑绰克图诺颜→次子多尔吉冰图诺颜。他本人到拉萨向达赖喇嘛赠送大量礼品,并受到灌顶,同时他从达赖喇嘛处请受封号的可能性也很大,通过请受封号来提高自己的地位,以免被强势的阿什海达尔罕洪台吉家族的领主们所吞并或欺压。

同年十一月,达尔罕诺颜来到拉萨,从达赖喇嘛处受到沙弥戒。此达尔罕诺颜是,格哷森札→长子阿什海达尔罕洪台吉→次子图门达喇代青瑚图古尔→第三子乌班第达尔罕巴图尔→第五子托音达尔罕诺颜。根据《阿萨拉克其史》的记载,他没有子嗣,想必是从达赖喇嘛请受沙弥戒的前后时间内,彻底放弃了世俗生活。

1659土猪年二月,右翼温布额尔德尼洪台吉的胞弟达延诺颜即岱诺颜,和达孜台吉来到拉萨,从达赖喇嘛处请受到了灌顶。同时,想必他们也向达赖喇嘛带去了温布额尔德尼洪台吉家族领主的信函和礼品。因为这一时期温布额尔德尼洪台吉正在吞并额勒济根鄂托克,需要在达赖喇嘛面前说明理由,以期达赖喇嘛的理解和关照。

1660铁鼠年十二月,哲布尊丹巴呼图克图、夏尔康诺门汗、土谢图汗和诺门额真的使者来到拉萨,向达赖喇嘛进献了绸缎、金、银等礼物。其中的土谢图汗,是新上任不久的土谢图汗察珲多尔济,前代土谢图汗衮布于1655年前后去世,察珲多尔济是衮布的长子。夏尔康诺门汗,在《阿萨拉克其史》等蒙古文献中没有相应的记载,想必是出身左翼的一位托音喇嘛。而此时的哲布尊丹巴呼图克图,则与以前大不一样。如前所述,自1659年起,右翼的领主们开始承认哲布尊丹巴呼图克图的权威。当时,七和硕喀尔喀兀鲁斯右翼内部,素班第扎萨克图汗家族、硕垒赛音乌巴锡洪台吉家族、崆奎车臣济农家族、赛音巴特玛哈坦巴图尔家族之间发生分裂与争斗，严重分化了右翼的实力。与此同时，左翼土谢图汗部正倾全力支持哲布尊丹巴呼图克图上台。同时左翼的诺门额真经常往来于卫藏和喀尔喀之间，期望赢得达赖喇嘛的支持。即使土谢图汗和哲布尊丹巴呼图克图本人，也常派使者去拉萨，向达赖喇嘛进献礼品。想必此次遣使也与哲布尊丹巴呼图克图权力的巩固有关。而从礼品的种类来看，很显然这是1648年后，尤其是1655年清朝分立"八扎萨克"，规定七和硕喀尔喀兀鲁斯与清朝之间的地位，以此两者之间的友好关系和贸易能够顺利进行后，喀尔喀方面敬献达赖喇嘛的礼物种类发生改变的结果。在与清朝达成的"八扎萨克体制"下，喀尔喀的领主们对皇帝"进九白年贡"的同时，还向清朝出售大量马、驼、皮张，以购买金、银、丝绸、布匹、铁器及日用品。与清朝的贸易，也增强了喀尔喀与达赖喇嘛间的关系。从此往后，喀尔喀领主献给达赖喇嘛的礼品，皆以金、银、丝绸、茶叶和布匹为主。这些左翼的汗王、高僧等派使者前去拉萨，拜见达赖喇嘛，大量献礼，以期达赖喇嘛关照自己一方。这是此一时段，喀尔喀左翼遣使达赖喇嘛的主要原因及其特点。

1661铁牛年七月，昆都伦杜尔格齐从达赖喇嘛处请受到灌顶。此昆都伦杜尔格齐，是格哷森札第三子诺诺和卫征诺颜→第四子图蒙肯昆都伦楚库尔→第十三子即末子衮布昆都伦代青杜尔格齐。

同年九月，以达尔玛舍利和达尔玛噶雅为首的500名喀尔喀蒙古人前去拉萨，向达赖喇嘛进献了金、银、绸缎、茶叶、布匹等千份礼物。此达尔玛舍利，是格哷森札长子阿什海达尔罕洪台吉→长子巴延达喇洪台吉→次子赍瑚尔汗→次子乌班第达尔玛舍利，或其第三子卓特巴达尔玛舍利洪台吉。但从藏文五世赖喇嘛传中特意使用"王族"这一词的情况来看，乌班第达尔玛舍利的可能性较大，因为他的亲生哥哥既是素班第扎萨克图汗。而另一位达尔玛噶雅就不得而知了，《阿萨拉克其史》中并无记载，不过应为乌班第达尔玛舍利的近

第四章
1640年后七和硕喀尔喀兀鲁斯领主在卫藏的活动

族。这次他们二人率领500人的队伍,进献千份礼物来见达赖喇嘛,可能与当时右翼内部的斗争有关。如前所述,当时,素班第扎萨克图汗家族、硕垒赛音乌巴锡洪台吉家族、崆奎车臣济农家族、赛音巴特玛哈坦巴图尔家族之间正在发生激烈的斗争。作为前素班第扎萨克图汗的胞弟,诺尔布毕希热勒图汗的叔叔,达尔玛舍利通过增进与达赖喇嘛之间的关系来使达赖喇嘛在右翼内部的斗争中支持乌班第达尔玛舍利一方。

1662水虎年九月,哲布尊丹巴呼图克图的使者抵达拉萨拜见了达赖喇嘛。同时,东科尔活佛派遣的诺门额真的使者默尔根曲杰和格楚玛干巴到达拉萨,向达赖喇嘛报告了喀尔喀右翼内部发生的动乱。如前所述,喀尔喀右翼内,素班第扎萨克图汗家族、硕垒赛音乌巴锡洪台吉家族、崆奎车臣济农家族、赛音巴特玛哈坦巴图尔家族之间发生分裂与斗争。作为其延续,1660年前后,诺尔布毕希热勒图汗死后,其胞弟衮布扎克冰图浩塔拉(扎萨克图汗素班第之第四子),在没有受到七和硕喀尔喀兀鲁斯全体领主的同意下,自己擅自继承汗位,故而受到温布额尔德尼洪台吉子,新即位的第三代阿勒坦汗亦林臣赛音洪台吉即罗卜藏台吉(温布额尔德尼洪台吉长子,或称"罗卜藏诺颜")的反对。1662年亦林臣赛音洪台吉领兵执沙了浩塔拉汗,同时掠夺了斡勒呼努特鄂托克。藏文五世达赖喇嘛传所载"喀尔喀右翼毕希热勒图汗(诺尔布)在东科尔活佛的寺院暴亡后,其弟不与喀尔喀七和硕商议,不合理地擅自做了主。为报告赛音洪台吉对朝政所做的事情,东科尔活佛派诺门额真来到青海而返回",即在指此事。可知,当时发生在七和硕喀尔喀兀鲁斯的大事与拉萨的达赖喇嘛有着密不可分的关联,两者互动不断,蒙古的情报第一时间在传到达赖喇嘛处。达赖喇嘛的权力也在蒙古方面的请求下,介入到了蒙古内部的事务中。此后三年,喀尔喀蒙古并没有大的领主前去拉萨拜见达赖喇嘛,可能此时围绕右翼的内乱及与左翼土谢图汗等首领间的交涉,达赖喇嘛派使者正在进行调停,但僧侣们的往来没有间断。

　　同年十月,默尔根曲杰及其王妃向达赖喇嘛进献了以绸缎、茶叶和银两为主的大批礼物。此默尔根曲杰为何人,尚待考证。但从其与诺门额真的关系来看,应为喀尔喀左翼和硕的一位领主。

　　1665 木蛇年十一月,喀尔喀诺木齐阿海出现在拉萨,向达赖喇嘛进献千份礼物之后,请受到灌顶。当时,称诺木齐阿海的领主共有4位。分别是:1. 格呀森札→第三子诺诺和卫征诺颜→次子阿布瑚默尔根诺颜→长子昂噶海默尔根诺颜→次子苏努代青洪台吉→第三子伊沙尔诺木齐阿海。2. 阿布瑚默尔根诺颜→次子喇瑚里达赖诺颜→第六子根敦固噜默尔根台吉→第三子诺木齐阿海。3. 诺诺和卫征诺颜第四子图蒙肯昆都伦楚库尔→次子根都斯扎布额尔德尼卫征诺颜即诺门额真→长子伊勒登杜尔格齐→长子图巴扎布额尔德尼伊勒登诺颜→次子诺木齐阿海。4. 图蒙肯昆都伦楚库尔→第六子察斯扎布昆都伦乌巴锡→长子扎木扬代青和硕齐→第五子诺木齐阿海。其中,伊沙尔诺木齐阿海的胞弟是诺颜呼图克图(苏努代青洪台吉第七子),达赖喇嘛说诺木齐阿海的弟弟是扎什伦布寺吉康喇嘛的转世活佛,可知此诺木齐阿海是昂噶海默尔根诺颜家族的伊沙尔诺木齐阿海,属七和硕喀尔喀兀鲁斯左翼默尔根诺颜的和硕。

　　1668 土猴年十二月,以默尔根曲杰为首的喀尔喀首领们的使者出现在拉萨,为各自领主的善根,向达赖喇嘛敬献礼品。

　　1669 土鸡年新年,来自喀尔喀、卫拉特、藏地和汉地的代表,齐聚布达拉宫大殿,与达赖喇嘛共同庆祝新年。笔者尚没有找到1640年至1669年为止,喀尔喀与卫拉特的领主们是否每年都派使者前去拉萨与达赖喇嘛共度新年的记录,但至少从这一年开始,在布达拉宫举办的每年的新年聚会中,都有喀尔喀和卫拉特各大首领的使者的身影。我们可将此现象与清朝的外藩蒙古王公于每年元旦前去北京,与清朝皇帝共同庆祝新年的情景相对比。被漠南蒙古各集团领主和满洲宗室王公共同推戴为可汗的清朝皇帝,与同样被喀尔喀、卫

第四章
1640年后七和硕喀尔喀兀鲁斯领主在卫藏的活动

拉特的众领主所奉戴的达赖喇嘛,在延续蒙古传统朝政的风俗和礼仪方面,具有了共通性。而在此1669年新年,喀尔喀和卫拉特蒙古各大领主的代表齐聚布达拉宫与达赖喇嘛共度新年一事,从一个侧面也反映了喀尔喀、卫拉特蒙古领主们与达赖喇嘛间关系的紧密性进一步加强,蒙古方面更加需要达赖喇嘛介入的事实。在此必须要指出的是,在"喀尔喀—卫拉特联合政权"下,蒙古各大兀鲁斯或大和硕的领主与达赖喇嘛的关系,不是一下子走到亲密程度的,蒙古方面若无需要,很少请求达赖喇嘛介入来处理问题,而到了两大兀鲁斯或两大和硕之间矛盾不可收拾,其内部无法调和的时候,即需要达赖喇嘛介入来处理问题,以使矛盾双方或多方达到和平友好。1650年代后半期开始的喀尔喀右翼内部的动乱及其导致的与左翼和硕之间的纷争,迫使喀尔喀首领们要求达赖喇嘛的介入,这是由当时的"喀尔喀—卫拉特联合政权"构造性的体制决定的,即达赖喇嘛是该体制内具有最高仲裁权的"圣人"。

同年二月,诺门额真的两位格楚勒玛即其哈屯王妃、代青和硕齐和诺木齐阿海等,向达赖喇嘛敬献了茶叶、衣服、绸缎、银器、马蹄银、皮张、马鞍等千份礼物。其中的代青和硕齐,是诺门额真的第三子代青和硕齐。而诺木齐阿海,指诺门额真的长子伊勒登杜尔格齐→长子图巴扎布额尔德尼伊勒登诺颜→次子诺木齐阿海。可知此次在拉萨拜见达赖喇嘛的皆是诺门额真家族的人士。

是年四月,喀尔喀领主和夫人,以及诸位法主等离开拉萨返回蒙古本土时,达赖喇嘛举行隆重的宴会送行。这些喀尔喀领主,可能就是参加新年宴会的那些喀尔喀人,与达赖喇嘛一同欢度新年后,俟草青天气变暖后离开了拉萨。这是蒙古领主前去拉萨的一个特点,即春夏时节从本土出发去藏地,在拉萨布施、熬茶、会见达赖喇嘛、请受灌顶、取得封号,度过冬天后,于第二年春夏返回蒙古地方。如此,人员与马驼就不会因天气寒冷而受冻难行。但如果是领主们的使者,那情况就不一样,他们办完事既要及时返回,以期尽快报告事务。

是年十一月,诺门额真与德钦台吉父子等会见了达赖喇嘛。另从额尔克台吉敬献绸缎礼品的情况来看,这位德钦台吉可能就是诺门额真的次子绰珊伊勒都齐,因为额尔克台吉是绰珊伊勒都齐的第四子丹巴额尔克台吉,他们父子跟随诺门额真一同会见了达赖喇嘛。他们与上述二月份会见达赖喇嘛的诺门额真家族的代青和硕齐等一同去了卫藏。

1670 铁狗年十一月,喀尔喀左翼哲布尊丹巴呼图克图、诺门汗、土谢图汗、西第什哩等下约 100 名迎请《甘珠尔经》的使者到达拉萨,向达赖喇嘛敬献绸缎等礼品,并向寺院发放布施。这里的土谢图汗,是前代汗王衮布的长子察珲多尔济,西第什哩是衮布的次子西第什哩巴图尔洪台吉,哲布尊丹巴呼图克图是衮布土谢图汗的第三子。所以推测这位诺门汗,即是衮布土谢图汗的胞弟钦达玛尼达尔罕托音(额列克默尔根汗的第三子),其原为拉巴塔尔霍洛齐达尔罕洪台吉,后出家为僧,改称钦达玛尼达尔罕托音。这次使团皆由前代土谢图汗衮布家族的领主构成。

1671 铁猪年六月,诺门额真子孙的代表到达拉萨,拜见了达赖喇嘛。很有可能这时诺门额真已逝世,其子孙的代表们是为了向达赖喇嘛送达诺门额真的回向礼而去拉萨的,这从其后五世达赖喇嘛传的记载中再也没有出现诺门额真本人前去拉萨的事情也可看知。

1672 水鼠年六月,噶勒丹哈坦巴图尔的代表到达拉萨,向达赖喇嘛报告强巴活佛圆寂的消息,并请求做回向法事。此噶勒丹哈坦巴图尔的系谱:格呼森札→次子诺颜泰哈坦巴图尔→独子图伯特哈坦巴图尔→次子赛音巴特玛哈坦巴图尔→次子本塔尔哈坦巴图尔→独子噶勒丹哈坦巴图尔。是前述额勒济根鄂托克的领主。故,此处的强巴活佛很有可能就是赛音巴特玛哈坦巴图尔第十子迈达里呼图克图。当时噶勒丹哈坦巴图尔可能在担任这一家族出身领主的首

第四章
1640年后七和硕喀尔喀兀鲁斯领主在卫藏的活动

领,为此派遣使者为其叔父迈达里呼图克图做回向法事。

是年十月,以哲布尊丹巴呼图克图、土谢图汗为首的喀尔喀六大和硕的代表来到拉萨,向达赖喇嘛送达了书信和礼品,代表们还详细转达了各自首领的口信。这是一次不同于以往的遣使,此前皆以各自血缘亲近的领主组团遣使,而此次是七和硕喀尔喀兀鲁斯六大和硕共同派代表会见达赖喇嘛。如前所述,因格哷森札第五子塔尔尼没有子嗣,其属民被格哷森札其他子嗣的后裔所领有,故实际上只有六大和硕而如此称呼。后这也变成一种习惯性的说法,以统称由格哷森札诸子诸孙继承领有的全体七和硕喀尔喀兀鲁斯。喀尔喀最初的13个鄂托克,通过格哷森札诸子的分封及对子孙的财产分配,以及各鄂托克人口的自然增长,到了1670年代当时,想必已发展成众多的鄂托克,并由血缘关系亲近的领主所析产领有,但兀鲁斯下六大和硕联合的基本体制没有变,在大的军事外交活动中,仍以和硕为单位在行动。这些和硕的首领们共同派遣使团到达赖喇嘛处,想必这是在哲布尊丹巴呼图克图的号召下达成的。当时除了哲布尊丹巴呼图克图,没有哪一位高僧或首领,能够统合全体七和硕喀尔喀兀鲁斯。先前实力最盛的右翼几个和硕,因内斗而变得四分五裂。左翼车臣汗实力不足。土谢图汗虽军事力量和人员、物产皆强盛,但名望不及哲布尊丹巴呼图克图,且七和硕喀尔喀兀鲁斯自阿巴岱汗后就再没有形成单个汗王统领全体的政治体制,土谢图汗需遵守喀尔喀的这一法定的政治体制传统,尊重其他和硕的权利,这也是为何土谢图汗家族强烈支持哲布尊丹巴呼图克图以扩大家族影响,使其成为七和硕喀尔喀兀鲁斯领袖的前提所在。这次以哲布尊丹巴呼图克图、土谢图汗为首的喀尔喀六大和硕首领遣使达赖喇嘛,想必是因为右翼的内乱及与左翼的战争有关。如前所述,1662年,亦林臣赛音洪台吉执沙扎萨克图汗浩塔拉后,1664年土谢图汗察珲多尔济率领左翼军队,与从右翼逃出来的硿奎车臣济农家族的阿海代青和素班第扎萨克图汗家族的达尔玛舍利(即前述于1661年率500人去见达赖喇嘛的达尔玛舍利)联合,攻打亦林臣赛音洪台吉,并将其败走至喀尔喀最西北与准噶尔毗邻的边界即今俄罗斯联邦图瓦共和国一带,战争期间土谢图汗还掳获了众多亦林臣赛音洪台吉麾下领主的属民。之后,以土谢图汗为首的喀尔喀左右翼首领召开会盟,按照七和硕的传统,共立诺尔布毕希热勒图汗长子旺舒克为默尔根汗。

1666年前后,准噶尔的僧格洪台吉出兵,逮捕了亦林臣赛音洪台吉及其妻孥家属。僧格的此次军事行动,可能是在达赖喇嘛的授意下进行的,若不然向来与温布额尔德尼洪台吉家族亲近的准噶尔,不会出兵攻打亦林臣赛音洪台吉。且1666年旺舒克默尔根汗亡故后,僧格又扶持旺舒克的胞弟成衮(即诺尔布毕希热勒图汗次子辰奔)即位为"扎萨克图车臣汗"。这是准噶尔方面第一次干涉七和硕喀尔喀兀鲁斯的内部事务,其背景俨然是达赖喇嘛的存在,想必是在达赖喇嘛的授意下,僧格干预喀尔喀事务,试图尽快使其安定。不然一者准噶尔不会擅自干涉,两者喀尔喀右翼方面也不允许、不接受。成衮扎萨克图汗即位后,积极要求左翼归还从1650年代中后期至1660年代中期为止的右翼内乱中自行逃入或强行掳掠至左翼的右翼领主及其属民,对此土谢图汗等左翼首领予以拒绝,并表示不承认"扎萨克图车臣汗"的即位合法性,因为他没有通过七和硕喀尔喀兀鲁斯全体领主大会上台,而是受到外部准噶尔的支持。这俨然是不合法的,不符合七和硕喀尔喀兀鲁斯的政治体制传统。于此,哲布尊丹巴呼图克图和土谢图汗等左翼首领的立场是合理的、合法的、讲得通的,是在维护七和硕大法典的精神,贯彻着兀鲁斯的政治传统。然而关键是,五世达赖喇嘛集团在支持违反七和硕传统的喀尔喀右翼,达赖喇嘛的权力干预与七和硕的传统之间发生了矛盾。所以此次1672年遣使达赖喇嘛,可能就是为了强调七和硕的体制传统,基于这种传统去解决围绕属民返还问题而引起的喀尔喀左右翼之间的矛盾。所以领主们都很谨慎,在呈递书信的同时也捎去了口信,以表达各自的意见。

第四章
1640年后七和硕喀尔喀兀鲁斯领主在卫藏的活动

1672水鼠年十一月,著名的阿海代青的公子察罕巴尔及昆都伦楚库尔的夫人索诺木嘉勒默等到达拉萨,向达赖喇嘛进献了绸缎、金银器、茶叶、布匹等上百种礼品。如前所述,这里的察罕巴尔指阿海代青的独生子腾格里托音齐旺多尔济。当时,图伯特哈坦巴图尔的次子赛音巴特玛哈坦巴图尔家族领有的额勒济根鄂托克,被亦林臣赛音洪台吉所破,其属众大都逃入左翼和硕,事后以土谢图汗为首的左翼领主们并没有返还额勒济根鄂托克的属众。所以作为同族,察罕巴尔此次前来达赖喇嘛处,想必是诉说情由,请求达赖喇嘛给予解决。而昆都伦楚库尔,很有可能是崆奎车臣济农长子车琳楚库尔,或其子孙。

1673水牛年新年,以太平洪台吉、卓特巴伊勒登、察罕巴尔为首的喀尔喀领主和卫拉特领主及其属下共计75人,参加了达赖喇嘛方面筹办的新年宴会。这是喀尔喀、卫拉特领主或其代表齐聚布达拉宫,与达赖喇嘛共同欢度新年的又一记载。其中,太平洪台吉是右翼赉瑚尔汗之子,素班第扎萨克图汗胞弟乌班第达尔玛舍利的次子诺木齐太平洪台吉。卓特巴伊勒登则是太平洪台吉的三弟卓特巴达尔玛舍利洪台吉。察罕巴尔,如前所述是阿海代青的儿子。这三位都是七和硕喀尔喀兀鲁斯右翼的领主,与卫拉特领主们一同参加达赖喇嘛筹办的新年宴会,表明在达赖喇嘛的权威下,此时的右翼领主们接受了准噶尔僧格洪台吉协助即位的成衮扎萨克图汗。一方面,喀尔喀右翼领主参加达赖喇嘛的新年宴会,试图以此拉近与达赖喇嘛的关系,以在与左翼之间的属民返还问题上,推进事务向己方有利的方向发展。为此,正月二十九日,太平洪台吉、卓特巴伊勒登二人向达赖喇嘛进献了银锭、酥油茶桶、高足托盘、绸缎、茶叶、布匹、骆驼、骡子、黄金曼荼罗、长号角、台碗等珍贵礼物。

是年二月,太平洪台吉还从达赖喇嘛处请受到法名"拉尊阿旺丹增",其中"拉尊"相当于蒙古语的"托音",指从领主家族出家的僧人。

六月,太平洪台吉与卓特巴伊勒登请求达赖喇嘛派一名喇嘛代表到喀尔喀,以辅佐蒙古的朝政与教法事务。这是右翼领主们,在哲布尊丹巴呼图克图和左翼土谢图汗的强大影响力面前,为了维护右翼领主们的利益而不得不寻求达赖喇嘛的结果,试图借助达赖喇嘛的权力,在返还右翼属民方面,给左翼领主们压力,以期事务向有利于右翼的方向发展。同年十月,达赖喇嘛册封热振堪苏为锡热图诺门汗,派其前往喀尔喀蒙古解决纠纷。

但同年十二月,土谢图汗亲自带领王妃、王子及属下台吉、塔布囊、宰桑、喇嘛等大批人员来到拉萨,面见达赖喇嘛,广泛讨论了朝政与教法二道方面的很多问题。这是土谢图汗察珲多尔济,在为解决喀尔喀左右翼之间围绕返还右翼属民问题而展开的交涉与对抗的背景下,前去拉萨拜见达赖喇嘛的。"广泛讨论了朝政与教法二道方面的很多问题",即在指今后土谢图汗如何把握和解决喀尔喀内部的纷争及其连带的与准噶尔的关系,以及怎样在喀尔喀或其他地方扶持和弘扬教法的事务。土谢图汗会见达赖喇嘛,面谈"朝政与教法"事务,又一次证明了达赖喇嘛在当时的包括喀尔喀、准噶尔在内的所有"喀尔喀—卫拉特联合政权"下的大兀鲁斯所拥有的权利。土谢图汗通过会见达赖喇嘛,以此在喀尔喀内部的纠纷中增强自己的威信,试图在与右翼的交涉中取得优势。

如"表二"所示,关于土谢图汗及其家族、幕僚在拉萨的活动情况,据藏文五世达赖喇嘛的记述,1674 木虎年正月,土谢图汗与在拉萨的喀尔喀、卫拉特领主们共同参加了达赖喇嘛举办的新年宴会。显然,当时准噶尔及青海和硕特的部分领主也在拉萨,土谢图汗与彼等一同出席活动,不仅显示了"喀尔喀—卫拉特联合政权"体制的存在,同时也深刻表明了喀尔喀左翼对这一体制的承认及参与,宣示了喀尔喀左翼是以其中一员来存在的事实。土谢图汗家族作为阿巴岱汗的嫡系子孙,在喀尔喀内部理所当然地具有崇高的地位和实力,但其难以驾驭七和硕喀尔喀兀鲁斯全体,更无法统合包括准噶尔在内的卫拉特蒙古集团。为了维持蒙古的朝政与教法传统,再为了抵御

第四章
1640年后七和硕喀尔喀兀鲁斯领主在卫藏的活动

清朝等外部力量的侵扰,即使是土谢图汗家族,也作出相应的让步,与全体喀尔喀、卫拉特蒙古领主一同奉戴了达赖喇嘛。在这一层意思上,达赖喇嘛举办的新年宴会是个总汇,是统合众多蒙古领主的会盟,是"喀尔喀—卫拉特联合政权"兴盛的一种象征。

同在正月十四日,土谢图汗邀请达赖喇嘛到大昭寺去,以便在那里赠送达赖喇嘛一些礼物。当时达赖喇嘛在布达拉宫,而不在大昭寺,土谢图汗招呼达赖喇嘛到大昭寺,这是土谢图汗对达赖喇嘛权威的一次挑战,反映了土谢图汗作为阿巴岱汗的后代,仍具有崇高自尊心的一面。当时土谢图汗可能参考了阿勒坦汗召请三世达赖喇嘛到青海仰华寺以授予封号的例子。但老练的五世达赖喇嘛以身体不适为由,并没有去大昭寺,反而土谢图汗不得不来到布达拉宫,向五世进献了金、银、茶叶、马匹、衣物、等上万件礼品。其背后,俨然是土谢图汗当时需要达赖喇嘛的权力,为达到目的,不得不委曲求全。

此外,在整个木虎年正月,达赖喇嘛向土谢图汗进行了三次灌顶。其后土谢图汗可能去后藏会见了班禅喇嘛,也有可能在整个藏地的黄教寺院进行布施,直到五月二日才重新出现在了拉萨。这一天,土谢图汗向达赖喇嘛馈赠大批礼品,同时向布达拉宫的僧众发放布施,再次表示了自己扶持"朝政与教法"的一面,以此请求五世达赖喇嘛授予自己封号。于是,达赖喇嘛满足这一请求,赐他"具有信仰力的土谢图汗(Mon: süǰüg küčün tegüsügsen tüsiyetü qaγan)"的封号。这次五世达赖喇嘛授予的封号中,没有"瓦齐赉(Mon: wačirai)"字样。"瓦齐赉(Mon: wačirai)"是三世达赖喇嘛赐给阿巴岱汗的封号。土谢图汗察珲多尔济为了显示"土谢图汗"的权威,在三世达赖喇嘛的封号上添加五世授予的封号才称为"具有信仰力的瓦齐赉土谢图汗(Mon: süǰüg küčün tegüsügsen wačirai tüsiyetü qaγan)"。这次的封号请求,对土谢图汗来说具有十分重要的意义。我们知道,土谢图汗家族的祖先,英勇的阿巴岱汗最初的汗号是"赛

141

音汗",是由喀尔喀全体推戴的,表明阿巴岱汗的权威波及整个七和硕喀尔喀兀鲁斯。其后,阿巴岱汗到呼和浩特会见三世达赖喇嘛,请求到"佛法大瓦齐赉汗"的封号,以此在喀尔喀和卫拉特社会扶持和弘扬黄教,受到他们的爱戴和称赞。其后,土谢图汗家族的"额列克默尔根汗",他的汗号想必是由土谢图汗和硕的领主们推戴的,即使汗号是由七和硕喀尔喀兀鲁斯全体领主共同推戴的,但在实际上"额列克默尔根汗"也并没有统领全体喀尔喀,他的权力只限于其和硕内部。其后,"额列克默尔根汗"的儿子衮布即位,号称"土谢图汗"。这是该家族第一次以"土谢图"为汗号,时衮布的威望不及右翼的额尔德尼扎萨克图汗素班第,故使用"土谢图"以辅佐之,其汗王权力也只限在内部使用。但到了衮布的儿子察珲多尔济的时代,四分五裂、内部矛盾重重的七和硕喀尔喀兀鲁斯急需他做出判断,从五世达赖喇嘛取得封号,以便扩大影响,引领全体七和硕喀尔喀兀鲁斯。这是土谢图汗察珲多尔济在只用自身实力难以压倒右翼及其背后的准噶尔的情况下,通过从五世达赖喇嘛请受到封号来提高自己威望,以此压制右翼的判断基础上做出的决定。

是年五月十一日,达赖喇嘛召集土谢图汗和青海和硕特的丹津达赖汗、达赖巴图尔洪台吉三人,给他们传授消除障碍的随许法,使他们发誓和好。这充分反映了当时的达赖喇嘛在喀尔喀、卫拉特联合政权中,以仲裁者来存在的事实。土谢图汗在其和硕之上,丹津达赖汗和达赖巴图尔洪台吉在其青海和硕特的兀鲁斯之上,具有相应高度的权威和权力,但双方的权力都不可以在对方的管辖范围内实行。且外事关系也需要一种平台,一种标准,一种理念作为支撑。虽然制定了解决彼此争端的《喀尔喀—卫拉特法典》,但只有法典是不够的,现实上的朝政运营,需要一位能够公平对待任何一方的权威人物的存在。为此,喀尔喀与卫拉特的领主们巧妙地推戴达赖喇嘛,于蒙古社会赋予达赖喇嘛权力,在其权威下,达到了统合。不管五世达赖喇嘛采取怎样的措施,或世俗的,或宗教的,其出发点和结果是为

第四章
1640年后七和硕喀尔喀兀鲁斯领主在卫藏的活动

了发挥好自己仲裁者的作用,这才是重要的。

五月十二日,土谢图汗在卫藏地方驻留了近半年后,准备返回喀尔喀。在返回家乡的这一天,土谢图汗受到西藏地方政府摄政第巴的款待,以作欢送仪式。其后,土谢图汗与达赖喇嘛进行了会面。关于会见时谈论的内容,藏文五世达赖喇嘛转中记述道:"喀尔喀汗为了二道的取舍和内部的根源问题而来朝见,并呈奏了需要扩大汉、蒙间朝政与教法范围的理由。其后,汗王带着眷属朝家乡而去,时马蹄卷起的尘土遮蔽了天空"。此处的"喀尔喀汗"即指土谢图汗,"二道"指朝政与教法二道,"取舍"指如何施展权力的范围和方法。土谢图汗从达赖喇嘛询问朝政与教法二道,切实反映了达赖喇嘛通过自身的口谕向属下兀鲁斯的汗王传达指示的一种权力介入方式。对土谢图汗来说,达赖喇嘛既是"老师",也是"圣人",其"圣人"的权威,是以"老师"的教导,传达到蒙古政治社会生活中的。而"呈奏了需要扩大汉、蒙间朝政与教法范围的理由",反映了当时的七和硕喀尔喀兀鲁斯左翼,准备与清朝积极发展外交关系的政治取向。从土谢图汗的报告形式,我们也看出了七和硕喀尔喀兀鲁斯在达赖喇嘛面前所具有的政治自主性,即只阐述其"理由"或"意义",而实际上做与不做,由喀尔喀首领自己做主,只是向达赖喇嘛传达了这种取向而已。而对达赖喇嘛的态度,达赖喇嘛传中没有任何记载。从当时的政治体制来看,达赖喇嘛只能默许或表示理解,在喀尔喀方面没有请求的前提下,不可擅自干预。

同年八月,喀尔喀右翼乌梁罕塔尔巴乌巴锡、卓哩克图洪台吉等领主会见达赖喇嘛,赠送了大批礼品。此处的乌梁罕塔尔巴乌巴锡,可能在指格呼森札→第七子萨穆贝玛→长子洪格尔卓尔瑚勒汗→长子博勒贝肯诺木齐→长子多尔济达赖乌巴锡。而卓哩克图洪台吉,指萨穆贝玛→第四子钦达罕赛音玛济克卓哩克图→长子茂卓哩克图洪台吉。同年十月,七和硕喀尔喀兀鲁斯右翼的卓特巴伊勒登和诺木齐洪台吉的代表宰桑格隆等来到拉萨,受到达赖喇嘛的招待。十一月，乌梁罕冰图代青兄弟及其随从等来到拉萨，向达赖喇嘛赠送了金、银、茶叶、绸缎等大批礼物。此乌梁罕冰图代青兄弟，指格呼森札→第七子萨穆贝玛→第五子特木特克绰克图诺颜→次子多尔济冰图诺颜→第三子色特尔冰图代青。其兄弟四人，即多尔济冰图诺颜长子班第萨代青和硕齐，次子色仁达西额尔克代青，第四子固噜默尔根台吉。

一年后的1675木兔年十一月初一日，阿拉布坦洪台吉的妃子及其子来到拉萨，向达赖喇嘛进献金、银、茶叶、绸缎等上千件礼品。此阿拉布坦洪台吉，指萨穆贝玛→第四子钦达罕赛音玛济克卓哩克图→第五子多尔济阿拉布坦洪台吉，是右翼乌梁罕的领主。他本人在去卫藏的途中病逝，而其妃、子等继续行进至拉萨，会见了达赖喇嘛。可知，这一时段右翼乌梁罕的领主们前往拉萨的次数较多，可能与右翼内部的一些事件有关。

1676火龙年正月，达赖喇嘛设宴招待了喀尔喀昆都伦杜尔格齐及青海和硕特、准噶尔、土尔扈特的代表300人，他们献给达赖喇嘛的礼品不计其数，丰富至极。此昆都伦杜尔格齐，是格呼森札→第三子诺诺和卫征诺颜→第四子图蒙肯昆都伦楚库尔→第十三子即末子衮布昆都伦代青杜尔格齐。

同年四月，喀尔喀车臣济农、萨迥默尔根台吉等四人的使者拜见了达赖喇嘛。此处车臣济农的系谱是：格呼森札→次子诺颜泰哈坦巴图尔→独子图伯特哈坦巴图尔→长子崆奎车臣济农→第四子巴噶仁阿海→长子萨玛第济农。萨迥默尔根台吉应为崆奎车臣济农第六子衮楚克默尔根台吉，或其次子贡格默尔根台吉。他们派使者拜见达赖喇嘛，其家族或其大鄂托克内部可能发生了某些纠纷，需要禀报达赖喇嘛，以寻求解决。

是年六月，右翼扎萨克图汗、太平洪台吉、卓特巴伊勒登等人的使者受到达赖喇嘛的送行。当时的扎萨克图汗，是在准噶尔的僧格洪台吉的支持下即位的成衮。

第四章
1640年后七和硕喀尔喀兀鲁斯领主在卫藏的活动

其后七月,土谢图汗派去布施达赖喇嘛的使者到达拉萨,会见了达赖喇嘛。

是年十月,图蒙肯昆都伦楚库尔家族的已故诺门额真的王妃、伊勒登诺颜及其王妃等会见达赖喇嘛,呈献了上万件礼物。此处的伊勒登诺颜,指诺门额真的长孙图巴扎布额尔德尼伊勒登诺颜。可知这次主要以诺门额真家族的领主及其王妃为主。

十一月,哲布尊丹巴呼图克图、土谢图汗、台吉西第什哩、巴图尔台吉、车臣阿海、默尔根洪台吉、钦达玛尼托音、额尔克伊勒登、额尔克阿海、青喀洪台吉、乌梁罕冰图代青、杜尔格齐等领主及七和硕喀尔喀兀鲁斯的公共使者到达拉萨,向达赖喇嘛进献了以各种金、银、茶叶、绸缎为主的礼品及书信。这是一次不同寻常的使团。其中,除了哲布尊丹巴呼图克图和土谢图汗外,台吉西第什哩指土谢图汗察珲多尔济的胞弟巴图尔洪台吉。巴图尔台吉,应指格哷森札→第六子德勒登昆都伦→次子准图泰巴图尔→第三子巴图尔台吉。车臣阿海,指格哷森札→长子阿什海达尔罕洪台吉→长子巴延达喇洪台吉→次子赉瑚尔汗→长子素班第扎萨克图汗→第七子塔沙尔车臣阿海。默尔根洪台吉,指格哷森札→第三子诺诺和卫征诺颜→次子阿布瑚默尔根诺颜→长子昂噶海默尔根诺颜→次子苏努代青洪台吉→次子默尔根洪台吉固噜什喜。当时钦达玛尼托音有三位,一位是格哷森札→长子阿什海达尔罕洪台吉→次子图门达喇代青瑚图古尔→长子硕垒赛音乌巴锡洪台吉→长子钦达玛尼托音。另一位是格哷森札→第三子诺诺和卫征诺颜→长子阿巴岱赛音汗→次子额列克默尔根汗→第三子拉巴塔尔达尔罕洪台吉即钦达玛尼达尔罕托音。再一位是,格哷森札→第四子阿敏都喇勒诺颜→次子莫洛贝玛→独子硕垒达赖车臣汗→次子喇布里额尔克台吉→独子宰桑洪台吉即钦达玛尼宰桑托音。额尔克伊勒登身份不明。额尔克阿海,如前所述共有14位,故难以判定。青喀洪台吉应指格哷森札→第三子诺诺和卫征诺颜→长子阿巴岱赛音汗→次子额列克默尔根汗→第四子多尔济杜尔格齐诺颜→独子青洪台吉。乌梁罕冰图代青指前述色特尔冰图代青,是格哷森札第七子萨穆贝玛的后裔。杜尔格齐是格哷森札→次子诺颜泰哈坦巴图尔→独子图伯特哈坦巴图尔→次子赛音巴特玛哈坦巴图尔→第十子即末子杜尔格齐。如此,这次使团中包括了七和硕喀尔喀兀鲁斯即实际上的六大和硕所有首领的代表,另外还有公共的代表。但达赖喇嘛仍将哲布尊丹巴呼图克图和土谢图汗代表的名字排在了使团的最前列,这也从一个侧面表明了在当时的七和硕喀尔喀兀鲁斯,哲布尊丹巴呼图克图与土谢图汗仍具有巨大影响力的事实。这次使团,想必仍与左右翼之间围绕右翼属民的返还问题有关。随即于1677年,土谢图汗等左翼领主承认了成衮扎萨克图汗的合法性,这与达赖喇嘛的干预不能说没有关系。

1677火蛇年新年,按照惯例,喀尔喀与卫拉特的部分领主及各位领主送新年贺礼的代表,参加了达赖喇嘛举行的新年宴会。同是正月十六日,诺门额真的王妃及子孙代表等返回喀尔喀故乡时,达赖喇嘛给予教导,赠给礼品,并亲自送行,还满足了他们派喇嘛、医生及工匠、画师前往喀尔喀蒙古的请求。是年十月,诺门额真的诺颜呼图克图等人出现在拉萨,受到达赖喇嘛的宴请。

1679土羊年七月,喀尔喀的巴尔诺颜及达尔玛舍利洪台吉等的代表到达拉萨,向达赖喇嘛呈递了各自领主的信函。巴尔诺颜即指前述察罕巴尔诺颜。而达尔玛舍利洪台吉,指格哷森札→长子阿什海达尔罕洪台吉→长子巴延达喇洪台吉→次子赉瑚尔汗→次子乌班第达尔玛舍利→第三子卓特巴达尔玛舍利洪台吉。

同年九月,达赖喇嘛向太平洪台吉即拉尊阿旺丹津,授予"额尔德尼伊拉古克三呼图克图"的封号及相应的印章、神物及衣服等物。

1680铁猴年十二月,喀尔喀哲布尊丹巴呼图克图、西第巴图尔洪台吉、达尔罕洪台吉、默尔根洪台吉、诺门额真的侄子、代青楚库尔、车臣洪台吉、额尔德尼诺木齐、代青巴图尔等领主及一些高僧的代表抵达拉萨,向达赖喇嘛带去了各自领主的书信、礼品及口信。其

第四章
1640年后七和硕喀尔喀兀鲁斯领主在卫藏的活动

中,西第巴图尔洪台吉是土谢图汗察珲多尔济的二弟。达尔罕洪台吉是土谢图汗衮布的三弟拉巴塔尔达尔罕洪台吉即钦达玛尼托音。代青楚库尔指图蒙肯昆都伦楚库尔长子卓特巴车臣诺颜第三子车门楚库尔长子本塔尔代青楚库尔。车臣洪台吉可能是图蒙肯昆都伦楚库尔第十子萨尔察达延洪台吉,又名达延车臣台吉。而额尔德尼诺木齐指图蒙肯昆都伦楚库尔第九子巴图尔额尔德尼诺木齐。代青巴图尔指图蒙肯昆都伦楚库尔长子卓特巴车臣诺颜第五子绰斯扎布代青巴图尔。可知,此次遣使的领主皆为左翼土谢图汗家族和赛音诺颜图蒙肯昆都伦楚库尔家族的领主。他们不仅向达赖喇嘛呈递信函,还捎去了口信。口信的作用与书信不同,不经过文书处理人员的手,可直接当面传给达赖喇嘛。且从使者的名字亦可看出,他们多为喇嘛,精通藏语,能与达赖喇嘛直接交谈。这种当面的传达与交谈,避免了消息情报的外漏,以使达赖喇嘛在处理事务时不被对立的喀尔喀右翼及准噶尔所干扰。另外,传达口信也增进了土谢图汗和硕的领主们与达赖喇嘛的私人关系。如此,通过这次的遣使,喀尔喀左翼土谢图汗和硕的领主们试图在与右翼及其背后的准噶尔的较量中,尽可能地争取到达赖喇嘛的支持,以提高自身在全体七和硕喀尔喀兀鲁斯中的优势地位。但是随后1682年,五世达赖喇嘛圆寂,摄政桑杰嘉措秘不发丧,桑杰嘉措与准噶尔汗王噶尔丹之间的友情及噶尔丹征服回部等地并将其贡赋全部作为布施献给达赖喇嘛的种种利益,使后五世达赖喇嘛时代的西藏地方政府不得不在喀尔喀左右翼之间的较量中倾向于后者,这也是土谢图汗等左翼首领不得不选择与清朝康熙帝接近的重要原因。

1681铁鸡年七月,喀尔喀右翼扎萨克图汗、准噶尔汗王噶尔丹、青海和硕特首领达赖巴图尔洪台吉及土尔扈特汗王阿玉锡等首领的使者,会见了五世达赖喇嘛。从这种情况可看出,当时扎萨克图汗衮已经与卫拉特各大乌鲁斯结成了亲密关系。通过拉近与卫拉特的关系,扎萨克图汗试图在"喀尔喀—卫拉特联合政权"中取得即位合法性并增强实力,以抵御左翼土谢图汗等首领的压力。即位合法性被左翼领主承认之后,对属部的保护与管理即提上了日程,接下来扎萨克图汗可于法理上从土谢图汗处找回原在扎萨克图汗权威下的领主及其属民。另一方面,实力已远不如前的扎萨克图汗,为求保全自己,在拥有巨大影响力的土谢图汗面前,不得不选择与卫拉特蒙古拉近关系。

同年八月,达赖喇嘛又会见了七和硕喀尔喀兀鲁斯右翼的太平洪台吉、达尔玛舍利洪台吉、额尔德尼伊拉古克三呼图克图、阿海台吉、额尔克诺颜及额尔德尼洪台吉等的代表,这也是五世达赖喇嘛圆寂前最后一次接见喀尔喀蒙古代表。其中,太平洪台吉指乌班第达尔玛舍利的次子诺木齐太平洪台吉。达尔玛舍利洪台吉为乌班第达尔玛舍利的第三子卓特巴达尔玛舍利洪台吉。两人同属素班第扎萨克图汗家族。而额尔德尼伊拉古克三呼图克图,可能是左翼图蒙肯昆都伦楚库尔第十一子桑噶尔扎伊勒登和硕齐第三子伊拉古克三呼图克图。阿海台吉,指格呼森札→次子诺颜泰哈坦巴图尔家族→独子图伯特哈坦巴图尔→长子崆奎车臣济农→次子车里斯扎布赛音阿海代青→独子腾格里托音→第三子班第阿海台吉。额尔克诺颜,可能是崆奎车臣济农第七子额尔克卓哩克图或其子嗣。额尔德尼洪台吉则指崆奎车臣济农第八子诺尔布额尔德尼洪台吉。可知,此次遣使皆为右翼领主,而且是以素班第扎萨克图汗家族和崆奎车臣济农家族为主。他们的主张可能与扎萨克图汗成衮还有些差距。他们既不是发动政变的硕垒乌巴锡洪台吉家族的,也不是被吞并的赛音巴特玛哈坦巴图尔家族的。在喀尔喀右翼的内讧中,属于中间势力。因此他们的立场不左不右,既不想被土谢图汗统治,也不想过分投靠准噶尔,最大目的在于尽量保存喀尔喀右翼的传统体制。

以上,主要整理了 1640—1680 年间七和硕喀尔喀兀鲁斯领主在卫藏地方的活动情况及与达赖喇嘛的关系。通过分析和探讨,得出

第四章
1640年后七和硕喀尔喀兀鲁斯领主在卫藏的活动

结论如下。

七和硕喀尔喀兀鲁斯和四卫拉特的首领,在1640年秋建立"喀尔喀—卫拉特联合政权"后不久,即向拉萨派出使团,向五世达赖喇嘛报告了政权建立的情况,同时也向拉萨僧俗民众传达了这一事实,以求明白地确立这一联合政权与拉萨黄教之间的关系。其后,各大领主及其使者,每年都频繁地往来于蒙古和拉萨之间,以办理政教事务。

然而,七和硕喀尔喀兀鲁斯与五世达赖喇嘛之间的关系,其左右翼一开始就是有差距的,右翼因与卫拉特蒙古关系较近而与达赖喇嘛的关系也比较亲近,故在后来的喀尔喀左右翼纷争中,达赖喇嘛比较袒护右翼。而左翼以土谢图汗为首的领主们,比较重视基于大法典的七和硕喀尔喀兀鲁斯的传统政治社会体制,注重维护七和硕的一体性和传统办事方针,故在与达赖喇嘛的关系方面,表现得不那么积极。

自1640年至1650年为止,除了七和硕喀尔喀兀鲁斯右翼温布额尔德尼洪台吉和左翼图蒙肯昆都伦楚库尔家族之外,左翼土谢图汗家族,尤其是车臣汗家族的领主们与达赖喇嘛的关系并不是太密切。但是1650年前后,土谢图汗家族出身的嘉木扬活佛前去卫藏,从达赖喇嘛处获得哲布尊丹巴呼图克图封号后,土谢图汗家族与达赖喇嘛的关系也变得紧密起来。这里隐含着土谢图汗家族利用达赖喇嘛的权威进一步提高哲布尊丹巴呼图克图在七和硕喀尔喀兀鲁斯中的地位的意图。但不久1650年后半,喀尔喀右翼的亦林臣赛音洪台吉联合毕希热勒图汗诺尔布,攻打赛音巴特玛哈坦巴图尔所领的额勒济根鄂托克,开启了右翼内乱的序幕。基于"喀尔喀—卫拉特联合政权"体制和"喀尔喀—卫拉特法典"的精神,在此战乱中,喀尔喀左右翼请求达赖喇嘛给予调停。于是,达赖喇嘛指示准噶尔首领僧格逮捕亦林钦,并拥立成衮为扎萨克图汗。这一干预,导致喀尔喀左翼与右翼的进一步分裂,以及左翼与准噶尔的对峙。在左右翼的纷争期间,喀尔喀领主们不断遣使达赖喇嘛,以期达到事物向自己有利的方向发展。但是,拥立哲布尊丹巴呼图克图,试图在七和硕喀尔喀兀鲁斯全体中扩大权威的土谢图汗家族,与为尽量保持自身实力而不得不和准噶尔等卫拉特兀鲁斯拉近关系的右翼的矛盾,在后五世达赖喇嘛时代桑杰嘉措的偏袒操作下,最终导致大规模的战争。其结果,七和硕喀尔喀兀鲁斯的左翼不得不选择投靠清朝。作为内部矛盾,这是非常重要的原因。

第五章
17 世纪中后期达赖喇嘛权威下的七和硕喀尔喀兀鲁斯政治社会体制

如前章所述，1640年七和硕喀尔喀兀鲁斯与四卫拉特的领主们共同奉戴了五世达赖喇嘛的权威，其后领主们纷纷前往拉萨，除了朝拜和请受封号于达赖喇嘛之外，还请求出面仲裁七和硕内部的纷争与矛盾。对此，五世达赖喇嘛出于自己在"喀尔喀—卫拉特联合政权"中的地位，对七和硕的内部纠纷进行了调解。那么，其调节过程具体是怎样进行的？达赖喇嘛下达的旨令在七和硕喀尔喀兀鲁斯具有怎样的权威，七和硕的领主们又是通过怎样的方式接受达赖喇嘛旨令的呢？而在奉戴达赖喇嘛的权威过程中，七和硕喀尔喀兀鲁斯的社会体制又发生了怎样的变化？以上这些问题，是探讨"喀尔喀—卫拉特联合政权"时期，七和硕喀尔喀兀鲁斯政治社会体制及其后变化的非常重要的课题。若不阐明这些问题，七和硕喀尔喀兀鲁斯与青海和硕特、准噶尔等卫拉特兀鲁斯及清朝之间的关系就很难解释清楚。即使做出了解释，也是不够的，不深入的。

有鉴于此，本章中将利用《清内阁蒙古堂档》中的相关蒙古文史料，揭示1640—1686年间达赖喇嘛权威怎样影响七和硕喀尔喀兀鲁斯政治社会体制的问题。

第一节　五世达赖喇嘛颁发给七和硕喀尔喀兀鲁斯的办理事务的噶舒克文书

正如笔者在《大清帝国时期蒙古的政治与社会——以阿拉善和硕特部研究为中心》中阐明的那样，蒙古语的噶舒克，来自藏语的噶书（Tib：bka' shog）一词，具有命令、公文等意。17 世纪的西藏地方政府及之前的帕竹、萨迦等政权的第悉、国师、本钦等首领，于其统治的辖地内，仿照大元可汗的旨令格式，发布命令，行使统治权。

而 17 世纪达赖喇嘛颁发给"喀尔喀—卫拉特联合政权"下诸位蒙古领主的噶舒克文书，是五世达赖喇嘛仿照蒙古可汗诏书（Mon：Ĵiɣuqu bičig）来颁发的，其具有办理事务和册封领主的两种内容，因其沿袭了蒙古朝政传统，故被喀尔喀、卫拉特社会迅速而广泛地接受。

在此，考察五世达赖喇嘛为办理事务而向七和硕喀尔喀兀鲁斯全体领主颁发的噶舒克文书。首先介绍《清内阁蒙古堂档》，第 2 册，蒙古文第 150—152 页，"喀尔喀额尔德尼济农奏文"中引用的达赖喇嘛颁发的噶舒克文书。其具体内容如下：

A. 奉阿勒坦汗于大蒙古广域称之曰瓦赤喇怛喇达赖喇嘛之旨令。B. 致东方世界众生，尤其是以汗为首之七和硕喀尔喀大小诺颜及其兀鲁斯民众全体。C. 本人右翼车臣济农，乃末子之后。车臣卓哩克图，乃长子之后。虽是如此，因有罪于祖父，故祖父与右翼大扎萨克图汗为首之七和硕喀尔喀、呼图克图等全体商议：尔虽是末子，然与父相好，等语。以此将济农封号、职务授与我父。其后，喀尔喀与女真（Mon：Ĵürčid）商议朝政，喀尔喀汗及执政四大诺颜等献给曼珠舍利上可汗马匹、骆驼的回赏，每年皆由我等受取，并无争议。然此车臣卓哩克图，却密谋

第五章
17世纪中后期达赖喇嘛权威下的七和硕喀尔喀兀鲁斯政治社会体制

妄奏可汗,没有将封号、赏品给我。特此而来,等语。兹不管长子、末子之后裔,考虑以前的是非功过,若彼所言属实,上述全体,应商议返还其封号及回赏。D. 如此行事,勿要致错。照此行事者,加护也。晓谕之文告。E. 火龙年四月初。F. 书于布达拉宫。①

这件文书,是1679年即康熙十八年,七和硕喀尔喀兀鲁斯右翼额尔德尼济农为了向清朝证明自身才是持有"车臣济农"封号的真正人物而上奏康熙帝的证明书信。内容是五世达赖喇嘛于1676年颁发给全体七和硕喀尔喀兀鲁斯领主的旨令文书。笔者将此达赖喇嘛的文书内容,分为ABCDEF此6部分进行分析。A部分是发令者与权限赋予者。在此,发令者是五世达赖喇嘛,而其权限赋予者是阿勒坦汗。因有了阿勒坦汗所授的权威——"于大蒙古广域称之曰瓦赤喇怛喇达赖喇嘛",达赖喇嘛才能够发挥其权力,表明达赖喇嘛的权力最初由来于阿勒坦汗。这进一步认证了笔者的前述论断,即1640年"喀尔喀—卫拉特会盟"上五世达赖喇嘛能够被推戴的前提即达赖喇嘛曾是被阿勒坦汗册封过的"瓦赤喇怛喇",相比于五世达赖喇嘛本人,阿勒坦汗在蒙古历史上的权威发挥了更为重要的作用。此外,五世达赖喇嘛是阿勒坦汗曾孙四世达赖喇嘛云丹嘉措的转世,在身份关系上也具备了担任"圣人"的资格。在此,五世达赖喇嘛基于1578年由阿勒坦汗授予,1640年由蒙古喀尔喀、卫拉特全体领主承认的权威下达旨令,意在令接受方执行。B部分即是接受旨令方。此文中主要指以土谢图汗、车臣汗、扎萨克图汗为首的七和硕喀尔喀兀鲁斯领主及其属民全体。在此,达赖喇嘛在使用"以汗为首之七和硕喀尔喀"的词句,而并没有说"×××汗部(Mon: qaγan-i aimaγ)",这说明当时的喀尔喀"三汗"是七和硕的三个有汗王封号的代表,而

---

① 此文书于康熙十八年十一月初七日由理藩院员外郎班第送至内阁蒙古堂,是日侍读学士拉巴克、主事巴兰等将蒙古文翻译成满文后,初八日由大学士索额图、觉罗拉都珲、明珠等上奏给了康熙帝。

不是"×××汗部"的最高领导。当时的喀尔喀蒙古,仍是七和硕喀尔喀兀鲁斯体制,而非三汗部体制,这是非常明确的。C部分是旨令内容。在此主要记述:喀尔喀右翼领主车臣济农至达赖喇嘛处,状告了其近族车臣卓哩克图没有将车臣济农应得的封号及赏品交给其人的案件。为此,达赖喇嘛向七和硕全体领主颁旨,要求他们判断诉讼人的诉求后,做出公正的裁决,按理返还。D部分是威慑言语。要求"如此行事,勿要致错",并表示对如此行事的人给予加护。E部分是发令日期:1676火龙年四月初。F部分是发令地点:达赖喇嘛的宫殿——布达拉宫。

如第四章所述,1676年喀尔喀车臣济农、萨逈默尔根台吉等四人的使者拜见了达赖喇嘛,藏文五世达赖喇嘛传中所记的车臣济农,正是此次向康熙帝呈奏文书的额尔德尼济农——萨玛第济农。他是格呼森札次子诺颜泰哈坦巴图尔后裔崆奎车臣济农第四子巴噶仁阿海的长子。他的使者到达拉萨拜见达赖喇嘛的日子,恰好与上揭文书即达赖喇嘛颁给七和硕喀尔喀全体领主的文书一致,意思即达赖喇嘛接见车臣济农的使者,知道情况后,马上做出了答复。而上揭史料中的车臣卓哩克图,指崆奎车臣济农长子车琳楚库尔的第三子多尔济卓哩克图济农。若以上述额尔德尼济农的奏文为准,1655年七和硕喀尔喀兀鲁斯与清朝和好,订立"八扎萨克"后,作为八位具有"朝贡贸易"资格的领主之一的"车臣济农"的封号和赏品,一直由崆奎车臣济农的第四子巴噶仁阿海家族收受。后不知何时,崆奎车臣济农长子系的多尔济卓哩克图济农,从清朝皇帝那里获得了领取封号和赏品的权利,抢夺了额尔德尼济农萨玛第的利益。为此不甘沉默的萨玛第遣使五世达赖喇嘛,要求给予公平的裁断。可能在遣使达赖喇嘛之前,崆奎车臣济农家族内部也有过相应的诉讼,但没有成功,故不得不与其他三位领主一起向达赖喇嘛遣去使者,以求最终解决。对此,达赖喇嘛颁旨全体七和硕领主,要求他们公平合理地解决这一问题,将"车臣济农"封号及相应的权益,从多尔济卓哩克图济农

第五章
17世纪中后期达赖喇嘛权威下的七和硕喀尔喀兀鲁斯政治社会体制

处返还给额尔德尼济农萨玛第。可见达赖喇嘛的旨令,只停留在以三位汗王为首的七和硕喀尔喀兀鲁斯层面即七和硕全体领主的大会盟上,而没有穿过这一层到达各大和硕层面。这是达赖喇嘛与七和硕喀尔喀兀鲁斯关系中最主要、最关键的问题。从上述文书内容可知,达赖喇嘛作为仲裁者,认真履行自己的职责,就蒙古领主们反应的问题,及时给予回复,颁旨七和硕,要求他们给予公平处理。但是达赖喇嘛的权力并没有越过七和硕喀尔喀兀鲁斯的最高权力层——七和硕全体领主大会盟。其旨令的执行方式是达赖喇嘛颁旨,以三汗为首的全体领主召开会盟作出商议决定,其后基于这一决定,各大和硕的执政领主们去办理。至于执行达赖喇嘛的旨令与否,其决定权还在于七和硕全体领主的会盟上。即使在这一次,七和硕喀尔喀兀鲁斯并没有按照达赖喇嘛的该项旨令执行,而只有扎萨克图汗成衮特立独行,尊重达赖喇嘛的旨令,将"车臣济农"号转给了额尔德尼济农萨玛第[①]。扎萨克图汗成衮的单独行动,显然违反了七和硕大法典的规定和精神。不过,成衮本身也是由准噶尔首领僧格洪台吉所立的汗王,而不是在七和硕喀尔喀兀鲁斯全体领主会盟上推举的,所以其本身的汗位就有问题,何谈伞下"车臣济农"封号的转移问题。但很明显,准噶尔僧格洪台吉的后面是五世达赖喇嘛的存在,所以七和硕喀尔喀的领主们很难以七和硕的制度去办理事务。如前所述,这是喀尔喀内乱非常重要的一个原因,即七和硕的传统与达赖喇嘛的旨令相违背时怎样行动的问题。不过想必在多数场合,七和硕领主大会盟还是平稳地贯彻了达赖喇嘛的旨令,相应地做出了事务处理,因为这关系到全体"喀尔喀—卫拉特联合政权"的法制和政治秩

[①] 参见《清内阁蒙古堂档》,第3册,蒙古文第141—145,满文第341—348页,"喀尔喀多尔济车臣济农奏文"。虽名为"多尔济车臣济农奏文",其实是包括额尔德尼台吉、车臣台吉、代青和硕齐、察罕巴尔即腾格里托音、额尔克阿海等8位领主为首的腔奎车臣济农家族全体领主共同致康熙帝的文书。此文书于康熙二十一年十一月十三日,由笔贴士布颜送至内阁蒙古堂后,即日译成满文,由大学士觉罗拉都珲、明珠等上奏康熙帝。但需要注意的是,其满文翻译有误,没能完全反映原文之意,抵消了政治用语的含义。

序问题。若不执行,卫拉特方面会因不满而做出相应的周旋和军事行动。这从后来噶尔丹问罪哲布尊丹巴呼图克图及土谢图汗,大举入侵喀尔喀左翼的情况可看得出来。

而从《清内阁蒙古堂档》,第3册,蒙古文第139—141页,满文第349—351页,"喀尔喀哲布尊丹巴呼图克图所奏一文",笔者找到了七和硕喀尔喀兀鲁斯围绕"车臣济农"封号及相关一些问题进行的纠纷,其中隐含着达赖喇嘛与七和硕喀尔喀兀鲁斯的微妙关系。该文书的具体内容如下:

> 愿吉祥。哲布尊丹巴呼图克图、扎勒康孜巴呼图克图、麦达理呼图克图及喇嘛额尔德尼的使者锡热图诺门汗、诺门额真、萨尔图勒诺门额真为首之呼必勒罕、喇嘛等前,以瓦齐赉土谢图汗、车臣汗为首之七和硕诺颜,于阳木龙(甲辰,1664)年秋,在塔米尔河,照古昔之传统制度,秉公办理,给毕希热勒图查克拉瓦尔第汗长子旺舒克默尔根台吉,授予了汗号。当时将此多尔济车臣济农,仍照古昔之传统制度,封为济农。自那以来,除利益于朝政与教法外,无闪失过错。因是由全体按礼所立的多尔济车臣济农,故为了不挑拨离间,消除误会,已授予文书和印章。①

从其内容可知,哲布尊丹巴呼图克图呈奏康熙帝的这件文书,是哲布尊丹巴呼图克图应康熙帝的要求,将"车臣济农"封号及相应权利为何转给多尔济卓哩克图济农而做出的说明,时间是在1682年。如前所述,1679年清朝收到了额尔德尼济农的书信,其后可能向喀尔喀首领们致信询问过相关事情,因持有"车臣济农"封号的人物,是清朝皇帝任命的八扎萨克之一,故康熙帝有权过问其真伪缘由。对

---

① 此文书于康熙二十一年十一月十三日,由笔贴士布颜送至内阁蒙古堂后,即日译成满文,由大学士觉罗拉都辉、明珠等上奏康熙帝。但其满文翻译有误,没能完全反映原文之意,抵消了政治用语的含义。

第五章
17世纪中后期达赖喇嘛权威下的七和硕喀尔喀兀鲁斯政治社会体制

此,哲布尊丹巴呼图克图和多尔济卓哩克图济农都致书康熙帝,阐释了自己的理由。以上是哲布尊丹巴呼图克图的解释。文书中的"哲布尊丹巴呼图克图、扎勒康孜巴呼图克图、麦达理呼图克图"是当时七和硕喀尔喀兀鲁斯的三大高僧,其中哲布尊丹巴呼图克图的地位和身份比较特别。而"锡热图诺门汗"是达赖喇嘛派到七和硕的使者,可见在重大会盟时达赖喇嘛按照喀尔喀方面的请求在派自己的使者,这也是一项义务。诺门额真即根杜斯扎布额尔德尼卫征诺颜,格呀森札第三子诺诺和卫征诺颜的第四子图蒙肯昆都伦楚库尔的次子。萨尔图勒诺门额真是右翼出身的领主高僧,他的系谱是:格呀森札第六子德勒登昆都伦→次子准图泰巴图尔→第五子乌锡延伊勒登即丹巴托音诺门额真。瓦齐赉土谢图汗即衮布,车臣汗即巴布车臣汗。据以上文书反映,1664年七和硕喀尔喀兀鲁斯的全体领主和高僧,齐聚塔米尔河畔召开会盟,共同推举旺舒克为喀尔喀右翼的默尔根汗,同时将多尔济卓哩克图济农册封为"车臣济农"。在此需要注意的是,"照古昔之传统制度(Mon:erten-ü uγ yoso-bar)"一词在此文书中出现了两次,表明以哲布尊丹巴呼图克图为首的七和硕喀尔喀兀鲁斯的大多数领主,都是按照"古昔之传统"即七和硕喀尔喀兀鲁斯大法典所定的制度在行事。且更为重要的是,五世达赖喇嘛的使者锡热图诺门汗也在场。这说明达赖喇嘛的旨令和意见,只有在尊重七和硕喀尔喀兀鲁斯传统制度的基础上才能生效和发挥作用,其旨令的颁发本身也是在尊重这一传统的前提下进行的。那么问题是,为何达赖喇嘛在知道七和硕喀尔喀兀鲁斯已经册封多尔济卓哩克图济农为"车臣济农"的前提下,又要求七和硕给予相应的处理呢?关于此,我们需要考虑前述达赖喇嘛1676年旨令的关键部分,即"兹不管长子、末子之后裔,考虑以前的是非功过,若他所言属实,上述全体,应商议返还其封号及回赏"。这是达赖喇嘛要求以汗王为首的七和硕的领主们去做的事情,即命令部分。但看其"考虑以前的是非功过"及"商议返还"等内容,可知达赖喇嘛并没有命令返还封号,而是七和硕商议着办,至于怎么办,并没有给出明确结论。对此,具有高度自主权力的七和硕喀尔喀兀鲁斯作出最终决定,不予返还。根据上揭哲布尊丹巴呼图克图文书的内容,七和硕没有给予返还的理由是:多尔济卓哩克图济农"是由全体按礼所立的",意思即他才是全体七和硕的领主们基于"礼"——七和硕的传统制度和大法典的精神册封的,"故为了不挑拨离间,消除误会",仍授予多尔济卓哩克图济农封文及印章。

另外,在自1650年代末期开始的七和硕喀尔喀兀鲁斯的内乱中,达赖喇嘛的旨令一直在发挥作用。关于此,《清内阁蒙古堂档》,第4册,蒙古文第261—265页,"瓦齐赉土谢图汗告知理藩院大臣的文书"记载道:

〔将左右翼之争〕以达赖喇嘛旨令及哲布尊丹巴呼图克图旨令治理。今亦仍在治理,故才治理得那般好。虽非我等依仗威势索取,然为返还自行投奔而来的一些民众之事,一直在呈奏达赖喇嘛之明,故思我等没有致错。①

这是土谢图汗察珲多尔济,于1685即康熙二十四年为向清朝解释七和硕喀尔喀兀鲁斯内部纠纷的情况而致理藩院的文书。其中"以达赖喇嘛旨令及哲布尊丹巴呼图克图旨令治理"一语,反映了为解决内部纠纷,七和硕喀尔喀兀鲁斯一直按照达赖喇嘛和哲布尊丹巴呼图克图的旨令在处理事务的事实。而哲布尊丹巴呼图克图是在左翼土谢图汗家族的支持下,利用达赖喇嘛的权威,于七和硕喀尔喀兀鲁斯全体之上,担任首脑的。如果说五世达赖喇嘛是"喀尔喀—卫拉特联合政权"奉戴的,那么哲布尊丹巴呼图克图就是七和硕喀尔喀

---

① 此文书为康熙二十四年三月十九日,由理藩院员外郎阿颜泰送至内阁蒙古堂,是日侍读学士乌兰泰、拜理译成满文后,由大学士觉罗拉都珲、明珠等上奏康熙帝。

第五章
17世纪中后期达赖喇嘛权威下的七和硕喀尔喀兀鲁斯政治社会体制

兀鲁斯奉戴的领袖。于此,我们需要理解当时蒙古的这种层次性的、联合的、复合型的政治社会体制结构。基于这种政治社会体制,土谢图汗因"一直在呈奏达赖喇嘛之明",故不认为自己有什么错误之举,意思即土谢图汗等的行为,是以当时的政治社会秩序为前提的,所以他本人认为自己是正确的。从此可知,在七和硕喀尔喀的内乱期间,基于喀尔喀方面的报告和请求,达赖喇嘛一直在调停。显然达赖喇嘛的旨令是通过噶舒克文书下达的,另外就是派遣使者进行当面处理。但因七和硕喀尔喀具有较高的自主权,故达赖喇嘛的调停,也不一定每每都顺利。如据《清内阁蒙古堂档》,第4册,蒙古文第267—270页,"巴苏特诺颜等之奏文"载:"遵达赖喇嘛之旨,令扎尔布鼐召集会盟,然没有成功。"①如此,对于七和硕喀尔喀兀鲁斯来说,达赖喇嘛如同一棵参天大树的树荫,虽具有强大的权威,然领主们从维护自身权益出发,当风暴雨来临时窜入这一树荫下遮挡,而风暴雨过后即甩开树荫,各行其是。另外,如前所述,七和硕大法典的存在,也会抵消达赖喇嘛的权威。这篇"巴苏特诺颜等之奏文"中言道:"依七和硕法典,右翼崩溃投靠左翼,左翼崩溃投靠右翼,是故我等投靠了哲布尊丹巴及赛音汗。"可知当时的七和硕喀尔喀兀鲁斯内,大法典仍然在发挥主要效力。

最后,是有关达赖喇嘛权力及其办理事务的噶舒克文书在七和硕内部处理领属问题时的效力问题。据《清内阁蒙古堂档》,第4册,蒙古文第347—348页,满文第460—462页,"喀尔喀额尔德尼扎萨克图汗奏文"载:

(前略)珍奇大主子明鉴。额尔德尼扎萨克图汗所奏之事:先前四诺颜拜见主子之明,被立为扎萨克时,此额勒济根曾入左

---

① 此文书于康熙二十四年四月初九日,由理藩院员外郎巴雅思瑚朗送至内阁蒙古堂,是日侍读学士乌兰泰、拜理译成满文后,十日由大学士觉罗拉都珲、明珠等上奏康熙帝。

翼旗分。上奏达赖喇嘛完好移入右翼后,我父车臣汗,正欲上奏主子之明,并将此卫征哈坦巴图尔编为扎萨克时去世了。今仍奏请主子,选为扎萨克。明鉴,明鉴。为彼等之事,使者口头有些话要上奏。文书之礼品:两匹马。①

这是扎萨克图汗成衮为请求清朝将卫征哈坦巴图尔任命为扎萨克而于1686年呈奏康熙帝的文书。其中的"四诺颜",指1655年初设"八扎萨克"时的右翼毕希热勒图汗、罗卜藏诺颜、车臣济农、昆都伦托音此四扎萨克。"额勒济根"指由格哷森札次子诺颜泰哈坦巴图尔次子巴特玛哈坦巴图尔领有的游牧集团,上述四扎萨克中的昆都伦托音即为巴特玛哈坦巴图尔的第四子。卫征哈坦巴图尔,应为巴特玛哈坦巴图尔次子本塔尔哈坦巴图尔的长子噶勒丹哈坦巴图尔。除此之外,在巴特玛哈坦巴图尔家族,另有一持哈坦巴图尔封号者,即第八子车琳衮布哈坦巴图尔及其长子额尔德尼哈坦巴图尔桑吉衮占,他于1691年前后归附清朝,被康熙帝册封为扎萨克台吉②。而噶勒丹哈坦巴图尔因投靠了准噶尔而没有得到清朝的册封③。车臣汗,即成衮的父亲诺尔布毕希热勒图汗。据该文书内容反映,起初巴特玛哈坦巴图尔家族领有的额勒济根鄂托克在左翼,后经诺尔布毕希热勒图汗上奏达赖喇嘛而才移入右翼。可知,达赖喇嘛的权力在喀尔喀左右翼的仲裁或调解上,还是有着非常实效的作用。在七和硕内部很难做出决定时,需要达赖喇嘛做出仲裁,是这一时期七和硕处理内外问题的一个重要形式。此外,1650年后期诺尔布毕希热勒图

---

① 此文书于康熙二十五年二月二十一日,由理藩院尚书阿喇尼、侍郎拉巴克、员外郎阿尔毕特怙送至内阁票签处,是日侍读学士乌兰泰、拜理译成满文后,于二月二十五日上奏康熙帝。

② 参见[清]祁韵士等纂、包文汉等整理:《钦定外藩蒙古回部王公表传(以下简称"王公表传")》,内蒙古大学出版社,1990年,卷64,传48,扎萨克辅国公衮占列传。

③ 参见《清内阁蒙古堂档》,第8册,蒙古文第450—451页,满文第449—450页,"喀尔喀额尔德尼哈坦巴图尔奏文"。

第五章
17世纪中后期达赖喇嘛权威下的七和硕喀尔喀兀鲁斯政治社会体制

汗与赛音巴特玛洪台吉合力攻打额勒济根鄂托克,可能就因为其原在左翼。但在此1686年时段扎萨克图汗成衮上奏康熙帝要求立卫征哈坦巴图尔为扎萨克,这想必与他们之间的个人干系有关。

如此,达赖喇嘛颁旨七和硕喀尔喀兀鲁斯时,是在尊重七和硕的传统和内部关系的基础上进行的,而不是擅自做出决断的。且达赖喇嘛的旨令,往往是在喀尔喀领主做出请求的前提下进行。一方面,七和硕喀尔喀兀鲁斯基于大法典,拥有相对完善的政治社会制度,基于这种权力构造,其有时不执行、不接受达赖喇嘛的旨令,也是一种机能。但基于"喀尔喀—卫拉特联合政权"的秩序,七和硕也不能轻视达赖喇嘛的意见,这样容易与准噶尔等卫拉特兀鲁斯产生嫌隙和冲突。这是17世纪中后期七和硕难以做出统一决断的一个重要原因。

第二节　五世达赖喇嘛颁发给七和硕喀尔喀兀鲁斯的册封领主的噶舒克文书

除了上述办理事务的噶舒克文书外,达赖喇嘛的噶舒克文书还有另一种重要用途,那就是册封蒙古领主。以下,列举六件档案史料来分析达赖喇嘛为赏赐某位领主而给七和硕喀尔喀兀鲁斯的噶舒克文书。

史料一:《清内阁蒙古堂档》,第3册,蒙古文第421页,满文第532—533页,"喀尔喀博硕克图昆都伦诺颜奏文":

> A. 达赖喇嘛瓦赤喇怛喇,B. 致曼珠舍利之呼毕勒罕及以喀尔喀右左翼汗为首之诺颜、大臣等。C. 此昆都伦,其上辈敬重教法与朝政,并大作善事,故依照蒙古大好制度,至其自身家人,亦按相应道理行事。D. 土马年正月。E. 书于大官殿布达拉。[①]

---

① 此文书于康熙二十二年七月二十七日,由理藩院员外郎沙克赍送至内阁蒙古堂,是日侍读学士拜理、主事蒙格图等译成满文后,于是月二十九日,由大学士拉都珲、明珠等上奏康熙帝。

此文书,是 1683 年喀尔喀博硕克图昆都伦诺颜即左翼诺诺和卫征诺颜第四子图蒙肯昆都伦楚库尔第十三子,也是末子衮布昆都伦代青杜尔格齐,为证明自己的身份地位而致康熙帝的奏文。其中完全引用了达赖喇嘛为了优遇昆都伦诺颜而于 1678 年正月颁发给七和硕喀尔喀兀鲁斯全体领主的文书内容。A 部分为发令者,即五世达赖喇嘛。B 部分接受旨令方,是以喀尔喀左右翼汗为首的全体领主。C 部分是旨令内容。因昆都伦诺颜的父辈曾对"喀尔喀—卫拉特联合政权"及黄教做过贡献,故要求七和硕全体领主"依照蒙古大好制度"进行优遇。D 部分是颁布日期:1678 土马年正月。E 部分是发令地点:大宫殿布达拉。可见,此册封噶舒克文书的结构,与前述办理事务的噶舒克文书相比,只缺少一"威慑言语"部分,其他俱在。其实,这种册封噶舒克文书的原文理应也有"威慑言语"部分,只因上揭史料是喀尔喀领主上奏康熙帝的文书,故没有写入而已。另外,该文书的 A 部分,只有"发令者",而缺少"权限赋予者",同样这也是考虑到清朝的意见而省略的。由此看来,达赖喇嘛的册封噶舒克文书与办理事务的噶舒克文书一样,具有相同的书写结构,只其内容有别而已。

史料二:《清内阁蒙古堂档》,第 1 册,蒙古文第 544 页,"喀尔喀扎萨克图汗奏文":

> 拖欠巳年年贡之理由。奉上达赖喇嘛谕旨印文,令我即汗位,等语。如此到来。故于哲布尊丹巴之明前,全体七和硕召开会盟,将我立为汗。其后回到家中正欲送去时,遇到一些碍事。因此两年之贡一同交上。送年贡者:齐呼拉宰桑。①

---

① 此文书于康熙十七年五月初八日,由理藩院尚书阿穆瑚郎送到内阁蒙古堂,是日侍读学士喇巴克译成满文后,初九日由内阁大学士索额图、觉罗拉都珲、明珠等上奏康熙帝。

第五章
17世纪中后期达赖喇嘛权威下的七和硕喀尔喀兀鲁斯政治社会体制

这是1678年,七和硕喀尔喀兀鲁斯右翼扎萨克图汗成衮上奏康熙帝的有关年贡事务的文书。从这一文书可知,1677年按照达赖喇嘛的旨令,七和硕喀尔喀兀鲁斯全体领主召开会盟,立成衮为扎萨克图汗,实际上是承认了成衮的汗位合法性。如第四章所述,1666年旺舒克默尔根汗去世后,准噶尔的僧格洪台吉扶持旺舒克胞弟成衮,使其即位为扎萨克图车臣汗。本来七和硕推戴汗王是由其内部,审核家族出身、对七和硕政教事业所建的功绩、人品等因素进行的,但成衮违反这一制度传统,在准噶尔首领的扶持下成为汗王。因成衮并非按照大法典精神,没有基于七和硕全体领主大会上台,故没有合法性,所以土谢图汗等领主们一直没有给予承认。但至此1677年,遵照达赖喇嘛的旨令,七和硕全体领主召开会盟,还是承认了成衮的汗位。如第四章所述,期间围绕这一问题,喀尔喀左翼与达赖喇嘛之间曾有过多次交涉。所以说,七和硕喀尔喀兀鲁斯接受达赖喇嘛权力,不是完全照办的,而是基于自身情况,综合考虑和交涉后执行的,相互商议妥协成为必要的机制。

史料三:《清内阁蒙古堂档》,第2册,满文第342—343页,"喀尔喀额尔德尼伊拉古克三拉姆津巴呼图克图奏文":

> 愿吉祥。无比功德力下,以青天般神圣成吉思汗的文字表记保证呈上。天子汗主睿鉴,额尔德尼伊拉古克三拉姆津巴呼图克图奏文。所奏之事:亥年前往西地,于寺庙学堂居住了八年。奉上达赖喇嘛之旨,令四十、四、七和硕俱扶持敬重,为此授予我仁慈敕书及金印章。将此事呈奏,乘此之便,奏请降旨仁慈。①

---

① 此文书于康熙二十年十一月初五日,由理藩院员外郎博洛送至内阁蒙古堂,是日由侍读学士乌兰泰、主事蒙格图译成满文后,十一月初八日,由大学士拉都珲、明珠等上奏康熙帝。

这件文书,是喀尔喀额尔德尼伊拉古克三拉姆津巴呼图克图为了证明自己的身份地位,于1681年呈奏康熙帝的文书。从"以青天般神圣成吉思汗的文字表记保证呈上"来看,原件为蒙古文,但已缺失,现在只能利用其满文翻译。喀尔喀额尔德尼伊拉古克三拉姆津巴呼图克图,即第四章所述右翼诺木齐太平洪台吉——拉尊阿旺丹津。他于1679年秋,被五世达赖喇嘛册封为"额尔德尼伊拉古克三呼图克图"。从藏文五世达赖喇嘛传的记载可知,其人经常前往拉萨拜见达赖喇嘛,呈献大量礼品,原来他这是为了从达赖喇嘛取得封号。其最早出现在五世达赖喇嘛传的时间,是在1673年。不过从上揭史料可知,他本人于亥年即1671年既已去卫藏,修行八年后于1679年获得呼图克图封号。可见在当时的七和硕喀尔喀兀鲁斯,若有领主欲成高级僧侣,除修行外,还需达赖喇嘛的册封,这样才可被整个"喀尔喀—卫拉特联合政权"社会所承认。这从"四十、四、七和硕俱扶持敬重"的言语可看得出来。

史料四:《清内阁蒙古堂档》,第3册,蒙古文第162—163页,满文第366—367页,"喀尔喀昆都伦楚库尔诺颜奏文":

> 圣上睿鉴,上奏文书。给昆都伦的达赖喇嘛仁爱之旨,令以哲布尊丹巴呼图克图及七和硕两汗为首的全体仁爱我本人。遵此旨令,众人施加仁爱,立为一扎萨克。圣上乃全体之主,故奏众人仁爱之情由,以请圣上仁爱我。为此献上九白年贡及作为礼物的二十匹马。我使者的首领是宾图格楚勒、杜拉尔宰桑二人。①

这是喀尔喀昆都伦楚库尔诺颜为了证明自己的扎萨克地位,请

---

① 此文书于康熙二十一年十一月十六日,由理藩院郎中满丕送至内阁蒙古堂,是日侍读学士拜理、主事蒙格图译成满文后,十一月十九日,由大学士觉罗拉都珲、明珠等上奏康熙帝。

第五章
17世纪中后期达赖喇嘛权威下的七和硕喀尔喀兀鲁斯政治社会体制

求康熙帝给予相应承认,而于1682年呈奏康熙帝的文书。其中反映了达赖喇嘛为优遇昆都伦,令以哲布尊丹巴呼图克图及土谢图汗、扎萨克图汗为首的全体七和硕领主授予相应封号及职位,对此七和硕任命昆都伦为扎萨克的史实。从此可知,虽然清朝与七和硕喀尔喀兀鲁斯之间设置了八扎萨克,然其任命与继承,是由七和硕遵照达赖喇嘛的旨令来进行的,而不是清朝。但是,只有在清朝皇帝承认之后,才可与清朝进行往来。从处理"喀尔喀昆都伦楚库尔诺颜奏文"后清朝做出的决定"在换给喀尔喀信顺额尔克代青诺颜敕书时,照原敕书誊写"①可知,这位昆都伦楚库尔诺颜就是喀尔喀左翼诺诺和卫征诺颜第四子图蒙肯昆都伦楚库尔次子丹津喇嘛的孙子宾巴额尔克代青。他承袭了清朝皇帝授予其家族的"信顺额尔克代青诺颜"的封号,代表丹津喇嘛家族领主与清朝往来,进行贸易。

史料五:《清内阁蒙古堂档》,第3册,蒙古文第418页,满文第527—528页,"喀尔喀博硕克图昆都伦诺颜奏文":

> 遵一切信赖之根本,无比有恩的咸主瓦赤喇怛喇达赖喇嘛之旨,以超度者多罗那他之名赐福称为哲布尊丹巴者,向北方广域之众,尤其是喀尔喀汗及民众全体宣布:奉上信赖之旨,此赛音诺颜末子达赖楚库尔利益朝政与教法,故为给予敬重与赏赐,特授博硕克图昆都伦封号,并相应给其使者乌拉等物,以示尊重,应一生给予尊重。为此发布宣告文。铁鸡(1681)年霍尔九月初吉日,书于瓦齐赉赛音汗大寺附近。②

这是前述"史料一"中出现的喀尔喀博硕克图昆都伦诺颜即左翼

---

① 《清内阁蒙古堂档》,第3册,蒙古文第165页。
② 此文书于康熙二十二年七月二十七日,由理藩院员外郎沙克赉送至内阁蒙古堂,是日侍读学士拜理、主事蒙格图译成满文后,七月二十九日,由大学士拉都珲、明珠等上奏康熙帝。

诺诺和卫征诺颜第四子图蒙肯昆都伦楚库尔末子衮布昆都伦代青杜尔格齐,为证明自己的身份地位,于1683年呈奏康熙帝的蒙古文书。其引用的是哲布尊丹巴呼图克图遵照达赖喇嘛的旨意,册封衮布昆都伦代青杜尔格齐——达赖楚库尔为博硕克图昆都伦,同时给其使者乌拉的册封噶舒克文书。这是对前述"史料一"中达赖喇嘛为了优遇衮布昆都伦代青杜尔格齐而于1678年正月颁发给七和硕喀尔喀兀鲁斯全体领主的文书做出的回应,或者说是一种执行。"史料一"中达赖喇嘛只要求七和硕给予相应的优遇,并没有提及授予怎样的封号及相应的优遇措施。而在此文中,哲布尊丹巴呼图克图遵照达赖喇嘛的旨意,施行了具体的优遇。可知,真正的优遇措施,是由七和硕喀尔喀兀鲁斯进行的,尤其是由哲布尊丹巴呼图克图这位兀鲁斯的首脑级人物进行,可见哲布尊丹巴呼图克图的"朝政与教法"权威不可小觑。

史料六:《清内阁蒙古堂档》,第7册,蒙古文第568—569页,满文第566—567页,"喀尔喀车臣汗哈屯及子乌默克奏文":

> 愿吉祥。呈奏博克多可汗。自前以来,教法与朝政安定时,我祖父车臣汗去世后,博克多可汗明鉴,达赖喇嘛和呼图克图颁旨两汗,让我父即汗位,其又已去世,凡事俱已呈奏。然目前两汗交恶,故还未收到奏文之回复。汗之哈屯、乌默克、大小诺颜呈奏。①

这是喀尔喀左翼第四代车臣汗——伊勒登阿拉布坦车臣汗的哈屯及其子乌默克即后来的第五代索诺木多尔济车臣汗,为请求清朝册封新的车臣汗号,而于1688年上奏康熙帝的文书。其中的"自前以来",指1640年以来。"我祖父车臣汗"指第三代诺尔布车臣汗,其

---

① 此文书于康熙二十七年十一月十八日上奏康熙帝。

第五章
17世纪中后期达赖喇嘛权威下的七和硕喀尔喀兀鲁斯政治社会体制

于1687年去世,翌年伊勒登阿拉布坦车臣汗亦亡故。"两汗"指土谢图汗和扎萨克图汗。此文书内容表明,1640年后七和硕喀尔喀兀鲁斯在册封汗王时,需要有达赖喇嘛的旨令及噶舒克文书。其过程与上述"史料五"中册封博硕克图昆都伦诺颜时的情况是一样的。首先,达赖喇嘛接到喀尔喀方面推举的某位候补领主的系谱身份及对朝政与教法做出的功绩等后,给以哲布尊丹巴呼图克图及土谢图汗、扎萨克图汗为首的七和硕全体领主下达旨意,要求给予相应的优遇。其后,哲布尊丹巴呼图克图等再经周全考虑,进行具体的册封和优遇。但在此1688年时段,车臣汗的哈屯和子嗣在请求康熙帝给予册封汗位,其理由是当时七和硕喀尔喀兀鲁斯左右翼之间,土谢图汗和扎萨克图汗正在争斗,意思即难以举行会盟达成一致进行册封。哈屯及其子乌默克请求康熙帝册封汗号,以此更好地约束被噶尔丹军队打散的伞下领主及民众。接到该文书后,康熙帝于是年即1688年册封乌默克为车臣汗。这是七和硕喀尔喀兀鲁斯首次从清朝皇帝取得的汗号,结束了此前一直由全体七和硕领主遵从达赖喇嘛旨意进行册封的传统,标志着新的一个时代即七和硕喀尔喀兀鲁斯真正服属清朝的开始。对这种康熙帝的册封,七和硕按照传统有权不予承认,但随着噶尔丹战争的延续,七和硕绝大多数领主相继服属清朝,奉戴起康熙帝的权威,故没有了不予承认的前提。从这一角度来看,七和硕的上层环节及体制发生了一些改变,即七和硕在册封汗王、领主时,不再请求达赖喇嘛的旨令及其颁发的噶舒克文书了。

第三节 1640—1686年间七和硕喀尔喀兀鲁斯政治社会体制的变化

"喀尔喀—卫拉特联合政权"时即1640—1686年间,七和硕喀尔喀兀鲁斯的政治社会体制的变化可以说有两方面。一是,达赖喇嘛的仲裁和册封权力,因七和硕的请求而介入到该蒙古兀鲁斯的政治社会生活中。另一个是,在左翼的推动下,借助达赖喇嘛的权威,七和硕喀尔喀兀鲁斯推戴哲布尊丹巴呼图克图为其总体的首脑。关于这两个变化,上面已经有过论述。在此仅据《清内阁蒙古堂档》,第4册,蒙古文第370—377页,满文第495—504页,"哲布尊丹巴呼图克图奏事文",再次考察达赖喇嘛和哲布尊丹巴呼图克图在七和硕喀尔喀兀鲁斯的地位及其权力行使问题。

  上曼珠舍利人主,泰平扶助之大可汗旁,以上之名受福之瑜伽谨奏。我自小以来奉戴瓦赤喇怛喇圣喇嘛旨令及上之名声,自身亦以施加利益之心,于此地扶持教法宝典,处理汗等之争端,并消除众生之苦难,尽力而为矣。今此事亦是。赛音台吉逮捕右翼之汗,俘获其属民时,左翼之汗、诺颜等与右翼其他诺颜一同问罪兴兵。先是右翼之汗与额尔德尼台吉攻破额勒济根,为治理事,圣慈悲达赖喇嘛使者拉萨拉姆津巴及噶布楚才丹二人曾前来。与他们一道,本地的呼毕勒罕及喇嘛等亲自前往治理时,我等见过派到右翼的侍卫及扎尔固齐。虽以治理之言治理,然赛音台吉没有同意,因此破裂。后将扎萨克图汗子侄的属民、额勒济根及以左翼乌梁罕为首的属民、牲畜等,尽量返还完结。余下的,至今仍在会盟时或平时,给予了断。为几件事,慈悲达赖喇嘛瓦赤喇怛喇在其谕旨中,再三教导我仍照前一样利益教法与朝政。此外,上于戌年赞赏我之前的所作所为,并教导了今后之事,因思其正确而心悦,呈言今后仍会勤勉于事务。一方面,听说右翼扎萨克图汗曾遣其子呈奏了事务,想必他在诉说以达赖喇嘛瓦赤喇怛喇使者及文书治理教导全体人众之情由,以及我等的作为,还有里里外外对彼等是否做过好坏等几个事情,将此颠倒黑白呈奏罢了。其他的不晓得。为此,担心万一生事奈何而静观矣。今为此事,上派遣吹忠格隆、扎尔固齐及笔贴士等持来上之谕旨,因喀尔喀内相交恶,为仁慈众生,致书慈悲

第五章
17世纪中后期达赖喇嘛权威下的七和硕喀尔喀兀鲁斯政治社会体制

达赖喇嘛。后达赖喇嘛颁旨"将使者噶勒丹锡热克图绰尔济从乌鲁木齐遣至库仁伯勒齐尔召开会盟,尔到那里治理为好"等语。如前所奏,我虽尽力治理,然有成功,亦有失败,各种各样,某些无法治理者只能如此。我施权治理之道是:不管哪个国家,一般皆有古昔所定之和平法律,以此方可安宁。尤其奉信赖圣达赖喇嘛谕旨:照古昔蒙古之好制度及法律办事,等语。这已不是一两回了,我自身亦认为那是对的。照此喀尔喀自古以来既有的法律规定,办理最公正之事,如此教导汗、诺颜及图什默特等人进行治理。将此呈奏。再,达赖喇嘛使者扎尔布鼐多尔济旺舒克前来召开会盟时,我向会盟者阐述了自己的意见。兹将其文书,一并上奏。先前所办的此些事务,是非如何,若降旨给予分辨,今后将量力而行。若我之治理正确,颁降此事正确照此办理的简明谕旨,如此则我亦会愉悦,思今后不仅有利于扶持政治,且甚易于治理,以使和好。因仁慈归附者,故无知妄奏。将事情睿鉴,好为辨明,则尽自己最大之力办理,即使无力,也要呈奏事务。途中人多事多,唯恐碰到文书,故使者口头详奏。奏文之礼:吉祥哈达。于夏之仲月初三日呈上。①

这件文书,是七和硕喀尔喀兀鲁斯的首脑哲布尊丹巴呼图克图,为了向康熙帝解释喀尔喀内部纷争的发展经纬及为表达己方意见,而于1686年呈奏康熙帝的文书。在这件奏文中,哲布尊丹巴呼图克图认真阐述了自己对喀尔喀内部纷争的发展及达赖喇嘛仲裁经过的看法,以及七和硕喀尔喀兀鲁斯是通过传统法律来解决争端的情由。其中,"我自小以来奉戴瓦赤喇怛喇圣喇嘛旨令及上之名声,自

---

① 此文书与哲布尊丹巴呼图克图呈奏康熙帝的另一件文书,即达赖喇嘛使者扎尔布鼐多尔济旺舒克前来喀尔喀召开会盟时哲布尊丹巴呼图克图向与会者发表的文书一起,于康熙二十五年六月初二日,分别由侍读学士拉巴克和员外郎巴图赉翻译后,于六月初三日上奏康熙帝。

身亦以施加利益之心,于此地扶持教法宝典,处理汗等之争端,并消除众生之苦难,尽力而为矣"这句话,充分说明了哲布尊丹巴呼图克图在七和硕喀尔喀兀鲁斯的存在意义。"自小以来奉戴瓦赤喇怛喇圣喇嘛旨令",表明哲布尊丹巴呼图克图是按照达赖喇嘛的旨令在办事,其权力由来于达赖喇嘛,反映了达赖喇嘛在哲布尊丹巴呼图克图掌管七和硕喀尔喀"朝政与教法"事务时的最高权威问题,这从哲布尊丹巴呼图克图所言"慈悲达赖喇嘛瓦赤喇怛喇在其谕旨中,再三教导我仍照前一样利益教法与朝政"的情况也能看得出来。

根据道光年间喀尔喀蒙古土谢图汗部达赖公旗协理台吉噶勒丹所著蒙古文年代记《宝贝念珠》的记载,第一世哲布尊丹巴呼图克图,1635年诞生于土谢图汗衮布多尔济家中。1639年在锡热图察罕诺尔地方被喀尔喀全体拥戴为"葛根"即藏语的"zhu gu"活佛而坐床。1647年建立西库伦寺院。1649年前往卫藏。1650年从班禅喇嘛处受沙弥戒,是年被达赖喇嘛授予"哲布尊丹巴呼图克图"封号。1651年返回喀尔喀后,仿照哲蚌寺七扎仓,建立相关寺院机制,大力弘扬黄教[①]。虽然不得不说哲布尊丹巴呼图克图的尊贵地位是以土谢图汗为首的喀尔喀左翼首领积极推进的结果,但在制度框架上,达赖喇嘛的支持起到了关键作用。这从一世哲布尊丹巴呼图克图从拉萨返回蒙古时,带来了瓦赤喇怛喇念珠、无数经典和巴克什、商卓特巴、格斯贵等寺院管理者及近50名藏人僧侣的情况也可看得出来。而达赖喇嘛授予的"哲布尊丹巴呼图克图",也决定了他在七和硕喀尔喀兀鲁斯社会中的高级地位。自此开始,哲布尊丹巴呼图克图在全体喀尔喀七和硕中的威望迅速提高。1657年于额尔德尼召地方,七和硕喀尔喀兀鲁斯全体领主召开大会,向哲布尊丹巴呼图克图进献丹舒克,称颂大赞词,同时全体僧俗民众听取其诵经[②]。这

---

① 参见[清]噶勒丹著,[蒙]格日勒巴达拉夫整理:蒙古文《宝贝念珠》,乌兰巴托,2007年,第558—566页。

② 参见蒙古文《宝贝念珠》,第574页。

第五章
17 世纪中后期达赖喇嘛权威下的七和硕喀尔喀兀鲁斯政治社会体制

意味着从此以后哲布尊丹巴呼图克图的权威波及整个七和硕喀尔喀，其首领、民众要尊重他的旨令，宣告了哲布尊丹巴呼图克图统治体制的开始。1659 年于乌力吉图淖尔地方，以右翼温布额尔德尼洪台吉子亦林臣赛音洪台吉的胞弟扎拉康杂呼图克图为首的七和硕领主、喇嘛及僧俗民众共同迎请哲布尊丹巴呼图克图，听其诵经时，哲布尊丹巴呼图克图开始向右翼的领主和喇嘛们授予封号①。这是哲布尊丹巴呼图克图的权威首次波及右翼时的情形，意味着右翼领主今后也开始奉戴哲布尊丹巴呼图克图的权威。很显然，在其背后，达赖喇嘛发挥着巨大作用。

而上揭文书中的"于此地扶持教法宝典，处理汗等之争端，并消除众生之苦难，尽力而为"，即在说明哲布尊丹巴呼图克图的主要职责。"教法"方面扶持宝典，"朝政"方面处理汗等之争端，以此消除众生之苦难。明确揭示了哲布尊丹巴呼图克图不光是一位黄教高僧，同时还是解决汗王、领主间矛盾纠纷的仲裁者式的存在。接着，哲布尊丹巴呼图克图说明了喀尔喀右翼内乱的发展经纬及其后达赖喇嘛派使者与哲布尊丹巴呼图克图等七和硕的首领们共同进行治理的过程。

文书中的"戌年"，指 1682 壬戌年即康熙二十一年，当时康熙帝派遣亲信侍卫及台吉等使者，向以八扎萨克为主的七和硕喀尔喀兀鲁斯的首领们进行了赏赐。其后，七和硕的首领们纷纷遣使清朝，与康熙帝拉近了关系。哲布尊丹巴呼图克图此次呈文康熙帝，也可看作是这种"拉近关系"外交的一种后续。面对康熙帝与达赖喇嘛共同遣使召开库仁伯勒齐尔会盟解决由喀尔喀内部纷争所引发的属民返还问题，哲布尊丹巴呼图克图表示：应"照此喀尔喀自古以来既有的法律规定，办理最公正之事，"即表示强调七和硕喀尔喀大法典的存在及效力，潜在之意即不应过分遵从达赖喇嘛或康熙帝的旨意，应主

---

① 参见蒙古文《宝贝念珠》，第 574 页。

要尊重七和硕喀尔喀兀鲁斯的传统制度和法律。还说达赖喇嘛亦经常颁旨:"照古昔蒙古之好制度及法律办事",意思即达赖喇嘛也承认这种办事方针和传统。哲布尊丹巴呼图克图该文书中的言语,真实地反映了达赖喇嘛的权力在介入七和硕喀尔喀兀鲁斯时,是以尊重七和硕的原有政治社会体制和法律为前提,以此解决事务的事实。

所以,虽然哲布尊丹巴呼图克图是借助达赖喇嘛的权威担任七和硕首脑的,但在现实上,他还是一直坚持基于七和硕的传统制度和法律办理事务,没有主张单以达赖喇嘛的旨令解决纠纷。这并不是在说哲布尊丹巴呼图克图不崇敬达赖喇嘛,而在反映当时的"喀尔喀—卫拉特联合政权"中,蒙古方面请求达赖喇嘛的权力介入时,是以达赖喇嘛尊重其原有政治社会体制的前提下进行的事实。这是一种构造性的体制问题,达赖喇嘛的权力不能无视和撇开蒙古原有的政治社会制度进行干预。不久,在噶尔丹的军事进攻下,1691年七和硕喀尔喀兀鲁斯的领主们各自带领属民投靠清朝康熙帝时,可能也是因有哲布尊丹巴呼图克图的以上文书主张而康熙帝才没有完全消除七和硕基于大法典精神办理事务的这种传统政治社会体制。在不妨碍清朝"旗—佐领制度"的前提下,康熙帝还是大体保留了喀尔喀蒙古原有的基本体制构造。

如此,以达赖喇嘛为背景,哲布尊丹巴呼图克图成为七和硕喀尔喀兀鲁斯的首脑,而七和硕的政治社会体制,也变成"哲布尊丹巴呼图克图——以扎萨克图汗、土谢图汗、车臣汗为首的七和硕全体领主——统辖各大和硕的诺颜、洪台吉等——一般鄂托克的领主——阿拉特属民"的统治体制。这不是偶然的,在此我们会发现,上述七和硕喀尔喀兀鲁斯的政治社会体制,恰好需要哲布尊丹巴呼图克图这样的首脑人物。七和硕内虽有汗王,然只能管辖自己的和硕,其权力不能越界管理其他和硕,更不用说全体。而"执政诺颜",只协商裁断七和硕的一般公共事务,不能以首脑身份行使统辖权。此外,虽有"七和硕执政官员",然其不是领主,只是官员,没有最高决定权。哲

第五章
17世纪中后期达赖喇嘛权威下的七和硕喀尔喀兀鲁斯政治社会体制

布尊丹巴呼图克图的成立和抬头,是基于这种体制的,这种体制构造需要他作为首脑来统合及裁决事务。

通过以上探讨,本章得出以下结论。

首先,达赖喇嘛以噶舒克文书的形式颁旨给七和硕喀尔喀兀鲁斯时,是在尊重七和硕的传统体制和内部关系的基础上进行的,而不是擅自做出决定干预的。且达赖喇嘛的旨令往往是在喀尔喀方面做出请求的前提下进行,有时还要多次协商。

第二,在利用噶舒克文书册封七和硕喀尔喀兀鲁斯的某为首领时,首先达赖喇嘛得到喀尔喀方面推举的某位候补的系谱身份、对朝政与教法做出的功绩等后,给以哲布尊丹巴呼图克图及土谢图汗、扎萨克图汗为首的全体七和硕领主们下达旨意,要求给予优遇。其后,哲布尊丹巴呼图克图等再认真周全考虑,进行具体的册封和优遇。

第三,在五世达赖喇嘛的支持下,哲布尊丹巴呼图克图成为七和硕喀尔喀的首脑级人物,再因七和硕喀尔喀兀鲁斯需要达赖喇嘛的认可与裁断,故达赖喇嘛的权威通过哲布尊丹巴呼图克图进一步渗透进喀尔喀蒙古社会,形成了"达赖喇嘛——哲布尊丹巴呼图克图——以扎萨克图汗、土谢图汗、车臣汗为首的七和硕全体领主——统辖各大和硕的诺颜、洪台吉等——一般鄂托克领主——阿拉特属民"的统治体制。这是服属清朝前最主要的变化。

综上所述,因1640年起奉戴达赖喇嘛权威时,七和硕喀尔喀兀鲁斯是以自身的体制为基础的,所以达赖喇嘛的权力介入喀尔喀蒙古时,需要尊重这种传统体制。但是,又因七和硕社会全体已经承认了达赖喇嘛的权威,所以也有义务遵从达赖喇嘛的旨令。如前所述,七和硕喀尔喀兀鲁斯是个联邦的、合议的、领主制的体制构造,虽然有共同制定的大法典,但从17世纪初期开始,各大和硕的自主性增强,内部析出的鄂托克愈加增多,不仅兀鲁斯全体的联合体制受到了挑战,就连和硕的统一性也都面临危机。各大汗王首领之间,是平等的关系,而不是统辖关系,一旦发生矛盾纷争,难以集中做出裁断。所以,左翼领主极力支持哲布尊丹巴呼图克图,以达赖喇嘛为权力背景,将其推举为能够统合全体七和硕喀尔喀兀鲁斯领主的首脑,在其权威下达成新的统一,接受其权力裁决内部纠纷,处理全体兀鲁斯的事务。如果说,"火猴年大法典"是17世纪前后时期七和硕喀尔喀兀鲁斯的六大和硕能够统合的法律基础,那么哲布尊丹巴呼图克图的成立,就是17世纪中后期七和硕喀尔喀兀鲁斯的众多鄂托克在行政上能够统合的人事机制。以哲布尊丹巴呼图克图为首的七和硕喀尔喀兀鲁斯,又能自主性地接受达赖喇嘛的权力,又能维护七和硕的根本利益,在"喀尔喀—卫拉特联合政权"下,保证了七和硕的统一性和基本政治社会体制。这是以左翼土谢图汗为代表的七和硕领主,在维护传统体制问题上做出的能动的、智慧的表现,同时也显示出左翼领主们的"喀尔喀中心主义"思想及其雄厚的政治实力。

第六章
17世纪中前期七和硕喀尔喀兀鲁斯与清朝的通使关系

本章将利用17世纪前期即清朝天聪、崇德年间的满、蒙文史料，阐明1636年建立大清国前后至1640年举行"喀尔喀—卫拉特会盟"为止，七和硕喀尔喀兀鲁斯与清朝的外交关系。

关于这一时期的七和硕喀尔喀兀鲁斯与清朝的关系，齐木德道尔吉、达力扎布和乌云毕力格等学者都有过论述①。并利用《旧满洲档》《清内秘书院蒙古文档案》等第一手满、蒙文档案，阐明过喀尔喀左右翼与清朝皇帝皇太极之间的往来关系，以及基于双方无法调和的矛盾，扎萨克图汗力主催促，最终达成"喀尔喀—卫拉特会盟"的事实。其中，达力扎布还利用明朝的档案史料，揭示了1636年前后喀尔喀蒙古在明朝杀虎口的贸易情况。

因有以上研究，本章拟从七和硕喀尔喀兀鲁斯全体的视角，尊重蒙古和满洲的传统政治外交思想，以当时的东北亚大变革为背景，在1634年林丹汗去世至1640年举行"喀尔喀—卫拉特会盟"的时间段内，着重探讨七和硕在与满洲—清朝往来时所表现出的态度及其

---

① 参见齐木德道尔吉：《外喀尔喀车臣汗硕垒的两封信及其流传》，载《内蒙古大学学报（哲学社会科学版）》1994年第4期，第1—16页。达力扎布：《1640年喀尔喀—卫拉特会盟的召集人及地点》，载《民族研究》2008年第4期，第73—81页。乌云毕力格：《清太宗与喀尔喀右翼扎萨克图汗素班第的文书往来》，载《西域研究》2008年第2期，第1—8页。

关心的问题重点,并从左右翼对待满洲—清朝的差异中,考察七和硕内部的体制变迁。

第一节 七和硕喀尔喀兀鲁斯与满洲—清朝的最早接触

1634年即天聪八年,蒙古宗主林丹汗于青海、甘肃交界处的西喇塔拉病故。当时,林丹汗的几位哈屯及属下众多宰桑等,管辖民众,滞留在黄河西岸沿明朝长城一线至青海的地方,观察东边满洲、南面明朝及北方喀尔喀的形势,以对自己的去向做最后的决定。

于是,得到这一情报的满洲汗王皇太极,于天聪八年五月十一日,向林丹汗属下大臣及宰桑等,发去招抚文书,要求他们归附自己。接到这一招抚文书后,林丹汗的哈屯及宰桑等,纷纷率众投向了皇太极[①]。其中,最后归附皇太极的林丹汗部下,是克什克腾集团的领主索诺木侍卫台吉,其正式归附是在1635年即天聪九年六月。从其封号可知,索诺木侍卫台吉曾是林丹汗的侍卫,是林丹汗临终前最具信赖的心腹,与察哈尔兀鲁斯的其他宰桑相比,他归附得最晚[②]。这位索诺木侍卫台吉,牵引出了七和硕喀尔喀兀鲁斯与满洲外交的头绪。

1620年代末即天聪初年,原林丹汗麾下的苏尼特、乌珠穆沁、浩齐特及阿巴嘎、阿巴哈纳尔等集团,主动投靠了七和硕喀尔喀兀鲁斯左翼的硕垒达赖济农,不久即推举硕垒为"共戴玛哈萨玛第车臣汗"。1634年前后,此"共戴玛哈萨玛第车臣汗"的使者给索诺木侍卫台吉一封信,要求其转交给林丹汗的太后、太子及其大臣等。与此同时,车臣汗还与土谢图汗、车臣济农等七和硕喀尔喀兀鲁斯的左翼

[①] 参见拙稿:《八旗察哈尔的编立及其与清朝可汗间的关系》,载《中国边疆民族研究》第9辑,2015年,第72—80页。

[②] 参见拙稿:《关于清初克什克腾扎萨克旗的建立》,载《历史地理》第34辑,2017年,第125—132页。

首领一起,给索诺木台吉另一封信,令其遇见满洲汗王皇太极时交给他①。此蒙古文书信,在《旧满洲档》,第9册,第4291—4292页,天聪九年五月二十七日条中,记载如下:

> 愿吉祥。玛哈萨玛第车臣汗、土谢图汗及车臣济农为首之大小诺颜,呈文水滨六十三姓之主车臣汗。呈文之事:担当汗王之人,需玉〔玺〕大朝政及世人传颂的好名声,故请求比谁都要隆兴朝政与教法之名声。六土门之主,未能统辖我等。彼虽未能,然汗之近族非我等莫属,故玉〔玺〕大朝政,由我等存之。若思此大朝,望彼此遣使问安,往来不绝。如此行事,则获圣人血统而生为权力汗王之功绩,在于我等矣,等语。如此进言。使者之名噶尔玛吹巴勒车臣班第达。②

分析这封书信可知:首先,这是一封以车臣汗和土谢图汗为首的七和硕喀尔喀兀鲁斯左翼领主致满洲汗王皇太极的书信。其中,将皇太极称为"水滨六十三姓之主",而没有使用"满洲国(Mon∶manJu ulus)"、"女真国(Mon∶Jürčin ulus)"等称呼。"水滨六十三姓",非常含糊,到底是满洲、女真,还是蒙古,并不具体。当时皇太极已经统合了漠南蒙古的大部,其直属的两黄旗下也有众多蒙古人。一种可能是,因无法区分皇太极属下的满洲和蒙古,所以才使用了以氏族为题的称谓。而最主要的是,当时并不以"民族"来区分,注重的是秉持的朝政理念及制度是否符合蒙古朝政传统。我们知道,当年林丹汗曾称呼努尔哈赤为"水滨三万女真之主",那时努尔哈赤刚立国不久,属下蒙古并不多,所以林丹汗直接使用了"女真"一词。而到了皇太

---

① 参见《旧满洲档》,第9册,第4288页,天聪九年五月二十七日条。
② 关于此文书以及以下车臣汗致林丹汗太后、太子等的文书,齐木德道尔吉有过探讨,请参见齐木德道尔吉:《外喀尔喀车臣汗硕磊的两封信及其流传》。

极时代,因大体统合了漠南蒙古诸多集团,故需要新的名号,新的朝政称谓,新的制度设计。其次,在正文中,七和硕喀尔喀兀鲁斯左翼的领主们教导皇太极说:"担当汗王之人,需玉〔玺〕大朝政及世人传颂的好名声",意思即若想担任一位合格的蒙古汗王,不仅要持有玉玺朝政,还需远扬四海、众人赞颂的名声。所以接下来便规劝皇太极"比谁都要隆兴朝政与教法之名声",潜在之意即若要做个合法的汗王,就需比任何满蒙领主都要尽量多地扶持和隆兴"朝政与教法"。接着,七和硕左翼的领主们说道:"六土门之主,未能统辖我等。彼虽未能,然汗之近族非我等莫属,故玉〔玺〕大朝政,由我等存之。若思此大朝,望彼此遣使问安,往来不绝",意思即蒙古六土门之主林丹汗没有把持好朝政,但因七和硕喀尔喀兀鲁斯的领主们是林丹汗的近族,所以蒙古朝政的正统在七和硕喀尔喀兀鲁斯这边,由他们延续和护持。皇太极若是尊重蒙古的这一"大朝",要求互相遣使问安,友好而行。最后,七和硕喀尔喀兀鲁斯左翼的领主们,以"如此行事,则获圣人血统而生为权力汗王之功绩,在于我等矣"为词,表达了平等往来是一位合格的汗王该办的事,希望在平等的基础上通使的意愿。

　　需要注意的是:这封书信是在蒙古宗主林丹汗病故,大蒙古兀鲁斯朝政结束,漠南蒙古已被满洲汗王皇太极统合,但新的国家政体还未建立的背景下发去的。当时满洲所持有的国体和理念,七和硕喀尔喀兀鲁斯并不详知,为此才称皇太极为"水滨六十三姓之主"。另从上述内容亦可知,七和硕喀尔喀兀鲁斯左翼领主们以六土门蒙古的朝政由其来存续为由,不甚认可皇太极的地位。但喀尔喀蒙古领主们并没有显示敌意,而是规劝皇太极,如果想担任一位合格的汗王,需要隆兴教法,即扶持宗喀巴黄教,以此延续蒙古"朝政与教法二道"政治传统,则方可成为真正的、合法的、众人认可的汗王。在朝政设计和价值观上,对皇太极施加压力的本意在于,希望双方在平等的基础上建立外交关系。

　　以上书信中虽写有使者名,但这位使者并没有亲自接见皇太极,而是将这封信委与索诺木侍卫台吉,让其转交给了皇太极。可知七

第六章
17世纪中前期七和硕喀尔喀兀鲁斯与清朝的通使关系

和硕喀尔喀兀鲁斯左翼领主们的使者曾一度到过漠南蒙古。关于此,车臣汗致林丹汗太后、太子等的一封信内容,给我们一些信息。其在《旧满洲档》,第9册,第4292—4293页,天聪九年五月二十七日条中,记载如下:

> 愿吉祥。共戴玛哈萨玛第车臣汗之旨令。致太后、额尔克扣肯、哲勒蔑达尔罕诺颜为首之几位宰桑等:先前尔曾协助逮捕洪诺颜,尊重自身言语办事而行。后因朝政无端错乱,故与尔未能相互往来。我等各自清白、毫无仇怨。可汗已升天堂。听到尔等全体即来之消息,已设秋卡伦等待。汗王之近族,庶民尔等之主子,请毫无顾虑的前来,如同衬衣和袍子。太后属我哈屯之妹。倘若想去他处,从朝政来说,或从血缘来说,我都是近者,心中请多多考虑后再做决定。使者之名噶尔玛辰贝班第达、朋素克侍卫两人。礼物有一马。

从这封车臣汗致林丹汗太后、太子等的书信内容,我们可发现一些问题。首先,这次差遣的使者是噶尔玛辰贝班第达和朋素克侍卫两人,其中的噶尔玛辰贝班第达和噶尔玛吹巴勒车臣班第达应为同一人物。可知车臣汗、土谢图汗等喀尔喀蒙古左翼首领致皇太极的书信,与车臣汗致林丹汗太后、太子等的书信,是同一时间由噶尔玛吹巴勒车臣班第达和朋素克侍卫两人带到索诺木侍卫台吉面前的。另从车臣汗上揭文书所言"听到尔等全体即来之消息,已设秋卡伦等待"一语可知,两位使者是在1634年秋天从喀尔喀地方出发前往察哈尔残留部(包括苏泰太后、额尔克孔果尔、囊囊太后和索诺木侍卫台吉在内的最后投附皇太极的人员)的。而且在发送上述文书前,残留部曾去信七和硕喀尔喀兀鲁斯左翼,表达了要前去的消息。那么,最终残留部人员为何没有去漠北呢?这也需要从车臣汗的上揭文书中查找原因。听到残留部人员要来的消息后,在此文书中,车臣汗显得很傲慢,面对蒙古宗主林丹汗的太后和太子,车臣汗竟将自己的文书说成"旨令",还说自己是"汗王之近族,庶民尔等之主子",显然没有尊重残留部人员的原有地位。苏泰太后、襄囊太后可能不是孛儿只斤氏黄金家族出身,但毕竟曾是林丹汗的太后。而额尔克孔果尔是林丹汗太子,冠冕堂皇的贵族人物,并非庶民。即使索诺木侍卫台吉,也是蒙古中兴之主达延汗第六子鄂齐尔博罗特的后代,绝不是车臣汗所说的庶民之辈,更何况克什克腾并没有像苏尼特、乌珠穆沁、浩齐特那般推戴过车臣汗。如此出言不逊的态度,可能刺伤了残留部人员的心。面对车臣汗书信中表露出的傲慢,担心自身及属民被吞并的残留部人员,自然心灰意冷,恐惧万分。相对于此,满洲汗王皇太极的态度则是:"凡宰桑等,不管多少,若携部众前来,即令其掌管那些部众"①,即管辖的人员仍由原来的领主及宰桑等管理,以此显示出较为现实和明确的优遇政策,这对日夜思考如何才能保全自身实力的残留部人员来说,显然要比车臣汗的傲慢态度要理想。可能出于以上原因,残留部人员最终选择了满洲汗王皇太极,而不是喀尔喀左翼车臣汗。于是,当残留部人员决定向东归附皇太极时,七和硕喀尔喀兀鲁斯左翼领主们派遣的两位使者将致皇太极的书信,交给索诺木侍卫台吉,并请求转交给皇太极。

那么,收到七和硕喀尔喀兀鲁斯左翼领主们的书信后,皇太极采取了怎样的态度呢?

第二节 七和硕喀尔喀兀鲁斯左翼与满洲——清朝之间最初的通使关系

针对七和硕喀尔喀兀鲁斯左翼首领们的请求,皇太极于 1636 年

---

① 满文《内国史院档》,天聪八年档,五月十一日条。

第六章
17世纪中前期七和硕喀尔喀兀鲁斯与清朝的通使关系

即天聪十年二月初二日①,向七和硕喀尔喀兀鲁斯的左翼派去与索诺木侍卫台吉一同归附的卫宰桑及巴莱三津、博布吉三人②,并带去书信,表达了满洲方面的意思。其蒙古文书信内容,在《旧满洲档》,第10册,第4637—4638页,天聪十年二月初二日条中,记载如下:

> 车臣汗令书。致喀尔喀玛哈萨玛第车臣汗。泰平大朝之事让我做主,尔之此言是也。我对一切国度,不做无端吞并之事,故我等未征讨。攻打古昔仇敌汉人国时,察哈尔汗希冀汉人物品而增兵,故才征讨了察哈尔,此乃我等之理由。于是天地斥责察哈尔汗,将察哈尔兀鲁斯赐予了我。今尔等卖马给汉人,并买取物品而行,难道不是在助力汉人国呼。对尔等之此罪,我等并无责难之意。统一朝政与律令之事,听尔之言再说。

这是当时的满洲汗王皇太极致七和硕喀尔喀兀鲁斯左翼车臣汗的书信。分析其内容:首先,关于自己的称号,皇太极使用了"车臣汗"这一词,但没有指出是哪一国、哪一政权的"车臣汗",是"女真国"的,还是"满洲国"的,或是"蒙古国"的,皇太极没有指明,这可能是因考虑到七和硕喀尔喀兀鲁斯方面如何接受的问题而采取的稳便策略。这与后面的"令书"关联很大。如果是"女真国"或"满洲国",就不能使用"令书"一词,因为七和硕喀尔喀兀鲁斯始终没有服属过"女真国",所以不符合实际。皇太极在此使用"令书"一词,表明他将自己定格为蒙古的可汗,即夺取了林丹汗曾经把持的大蒙古国朝政的新可汗。使用"令书",潜在之意即尔等七和硕喀尔喀兀鲁斯也属于皇太极。还有一种可能,那就是统合数个国、数个兀鲁斯的可汗,理所应当地实力比只占有一个兀鲁斯的汗王要大,为此将自己的文书

---

① 从是年四月起,改为崇德元年。
② 参见《旧满洲档》,第10册,第4637页,天聪十年二月初二日条。

称为"令书"。这从后来的康熙帝将自己致准噶尔洪台吉策妄阿拉布坦等的文书称为"敕书",将平等的"致"说成"颁降"的事例也可看出一二。其次,文书一开头便讲,皇太极对车臣汗等所言让皇太极"做主"以"安逸大朝"的意见表示赞同。此"泰平大朝之事"并非泰平政权之意,而是"如何使政权变得泰平稳固"的意思。为此,皇太极接着说出了自己的理由:自己并不是无端攻取他国,因林丹汗受取明朝的赏,以此协助过皇太极的敌人——汉人国即明朝,所以才征讨并吞并了察哈尔兀鲁斯。七和硕喀尔喀兀鲁斯虽然也与明朝贸易,并以此助力于明朝,但并不想讨伐七和硕喀尔喀兀鲁斯。如此,皇太极向七和硕喀尔喀兀鲁斯表达了自己不计前嫌,愿意和平相处的意思。但是,接下来的语句就显露出当时的皇太极并不详细了解蒙古"朝政与教法二道"传统的事实。文书中皇太极将喀尔喀蒙古方面提出的"朝政与教法",说成了"朝政与律令",将宗喀巴的"教法"理解为汗王的"律令"。这着实反映了当时的皇太极并不知道蒙古朝政中的"有力汗王要并持朝政与教法二道"的政治传统。但我们不能否认皇太极在了解"朝政与教法二道"传统的情况下故意使用"律令"的一面。皇太极并不是蒙古孛儿只斤氏黄金家族出身的汗王,其满洲也非大蒙古国,而是在其父努尔哈赤的个人努力下建立政权,并由自己及八旗诸位贝勒继续扩大发展的政权实体,诸贝勒下出生入死的属民——满洲人,在其语言和生产、生活习俗上也与蒙古有出入。另一重要原因是,皇太极不仅要面对七和硕喀尔喀兀鲁斯及已归附的漠南蒙古,还要考虑明朝和朝鲜的因素。当时满洲军队正在与明军作战,还准备征伐朝鲜,以后还有可能攻取明朝的首都,征服明朝的领土。故对七和硕喀尔喀兀鲁斯左翼领主们所规劝的"朝政与教法二道",需充分了解并斟酌周围形势后再做决定。为此皇太极在书信中最后说"统一朝政与律令之事,听尔之言再说",以此没有给出明确答复,而是将接下来的责任交给了车臣汗。与此同时,皇太极还向乌珠穆沁、苏尼特等的领主们发去了文书。

第六章
17世纪中前期七和硕喀尔喀兀鲁斯与清朝的通使关系

就在皇太极派去的使者停留喀尔喀之际,1636年即天聪十年四月,皇太极被以多尔衮为首的满洲宗室贝勒、奥巴济农为首的漠南蒙古众领主、孔有德为首的汉人军阀等,推戴为"宽温仁圣可汗",并将国号改为"大清",年号改为"崇德",以此创建了清朝。

同年十一月初九日,被派往七和硕喀尔喀兀鲁斯的卫宰桑等使者返回盛京,领来了喀尔喀车臣汗及乌珠穆沁、苏尼特、浩齐特、阿巴嘎等的领主派往皇太极的使者。当时玛哈萨玛第车臣汗派往盛京的使者是卫征喇嘛,其带给皇太极的书信,在《旧满洲档》,第10册,第5286页,崇德元年十一月初九日条中,用满文记载如下:

> 玛哈萨玛第车臣汗,上书成就一切的车臣汗:亲善一致,互相遣使,我等将此奉为朝政与文书之最。谴责与汉人交易时的卖马一事。我等正要停止交易之际,七和硕喀尔喀、四卫拉特皆入关交易,其后我等才入关的。

这是七和硕喀尔喀兀鲁斯左翼车臣汗致清朝皇帝皇太极的书信。首先,与第一次的书信不同的是,此次称呼皇太极为"成就一切的车臣汗"。比起"水滨六十三姓之主"一词,"成就一切"更加宏大,内容更丰富,这是皇太极不仅占有"水滨六十三姓",还打倒林丹汗,统合漠南蒙古,并在与明朝的战事上占据上风的各种功业的集中表现,表明喀尔喀蒙古首领们态度有了一些转变,认可了皇太极,当然这也是皇太极积极派遣使者的缘故。而接下来的一句话"一致亲善,互相遣使,我等将此奉为朝政与文书之最",这是满文翻译的内容,并不是蒙古原文,蒙古原文已无法找到,但笔者查阅蒙古文《清太宗实录》,其中的"朝政与文书"处,明明在写"朝政与教法"[①]。如此,将"朝

---

① 参见那顺乌力吉整理:《清朝蒙古实录》,内蒙古教育出版社,2013年,第1册,第155页,第32卷,崇德元年十一月辛亥(十一日)条。

183

政与教法"改成"朝政与文书"之类的例子,在下面的书信中还会出现,可见清朝是有意在将"教法"改成"文书""律法"等词,以此抹杀、置换"教法",表明了不承认,不接受的态度,反映了清朝对"教法"的抵制态度。其实,"朝政与教法二道"是有机统一的,是一种政治理念,二者不可分离,简言之"朝政与教法"即是一位有力汗王的朝政事务。为此车臣汗才表达了七和硕喀尔喀兀鲁斯左翼领主们将"一致亲善,互相遣使",奉为这种政治理念的最高点的见解。这也反映了七和硕喀尔喀兀鲁斯与清朝进行外交往来,是基于蒙古传统政治理念及礼仪的事实。前述喀尔喀蒙古首领致皇太极的文书内容亦在反映,他们是在要求皇太极基于这种传统,如此行事。对此,清朝方面也表示赞同。但清朝此时是将"朝政"与"教法"分别看待,没有完全理会其有机统一的内涵,故在描述使团的目的和任务时,《旧满洲档》(第10册,第5285页)崇德元年十一月初九日条中记载道:"向蒙古喀尔喀玛哈萨玛第汗,为商谈一致朝政事而去的卫宰桑",而完全没有使用"朝政与教法"一词。最后,车臣汗针对皇太极在文书中对车臣汗向明朝卖马的谴责,表达了自己的情由,以此抵消矛盾,希望继续友好往来。

第三节 1640年前七和硕喀尔喀兀鲁斯与清朝的关系

进入1637年即崇德二年,七和硕喀尔喀兀鲁斯左翼车臣汗和土谢图汗等纷纷遣使致书皇太极,要求一同邀请达赖喇嘛,以延续蒙古的"朝政与教法二道"政治传统。最先遣使致书的是车臣汗。其书信在《清内秘书院蒙古文档案汇编》[①],第1辑,崇德二年档册,第17篇,

---

① 内蒙古大学蒙古学研究中心、第一历史档案馆、内蒙古自治区档案馆合编,《清内秘书院蒙古文档案汇编》,内蒙古人民出版社,2013年。

第六章
17世纪中前期七和硕喀尔喀兀鲁斯与清朝的通使关系

"玛哈萨玛第车臣汗为共邀达赖喇嘛事致崇德帝之文",第190页中记载如下:

> 愿吉祥。玛哈萨玛第车臣汗致书博克多。博克多安祥否?我等在此安祥矣。邀请达赖喇嘛之事,是也。在此,七和硕喀尔喀想邀请。再,四卫拉特一直想邀请。尔等之邀请者,前来路过我地,一同前去为好。三汗之言,已商定。我三人之言一致,为此问安遣使。书信礼物有貂皮四十、马匹四十。使者车臣珲津、毕力克图山津二人。

这封书信是1637年,七和硕左翼车臣汗致清朝皇帝皇太极的蒙古文书信。其在顺治朝版满文《清太宗实录》,卷38,崇德二年八月初六日,即皇太极接见车臣汗使者日的条文中有记载,内容大体一致,唯将"三汗之言,已商定。我三人之言一致",改成"我三汗之言已全体商议,我三人之言即是全体的"。在这一点上,清朝方面对车臣汗文书的理解稍有误差,车臣汗强调的是土谢图汗、车臣汗、扎萨克图汗三人意见的一致性,而清朝方面理解成三位汗王与全体七和硕领主商定,三位汗王的意见即代表了七和硕喀尔喀兀鲁斯全体领主的意见。需要注意的是:文中对皇太极的称呼,并没有使用可汗或皇帝字样,只用了博克多即圣人一词。文书内容:七和硕喀尔喀兀鲁斯首领一致认为邀请达赖喇嘛之事是正确的举措。全体七和硕喀尔喀兀鲁斯想邀请,四卫拉特也一直想邀请,如果清朝也派人前去邀请,恳请路过喀尔喀地方,这样车臣汗方面即可派人与清朝使者一同前去拉萨邀请五世达赖喇嘛。

同时,七和硕喀尔喀兀鲁斯左翼土谢图汗也致书皇太极,表达了一同遣使前往拉萨邀请达赖喇嘛的意思。其文书内容,在《清内秘书院蒙古文档案》,第1辑,崇德二年档册,第18篇,"土谢图汗致崇德帝协商与卫拉特三方共邀达赖喇嘛之文",第191页中记载如下:

愿吉祥。宽温仁圣可汗明前,土谢图汗上书。之前不知安否,亦未遣使,故此次问安遣使也。我等思考:邀请达赖喇嘛之事,是也。七和硕喀尔喀已商定邀请。四卫拉特正欲准备邀请。若彼处遣使邀请,一同前去如何。我等的一切言行,与车臣汗无异。上书礼物有两把黄弓、三匹马。

该书信,在顺治朝版满文《清太宗实录》,卷38,崇德二年八月十五日,即皇太极接见土谢图汗等之使者日的条文中有记载,内容大体一致,只在"我等之一切言行,与车臣汗无异"处,《清太宗实录》将"车臣汗"抬高,这可能是《清太宗实录》的编纂人员将文中的车臣汗以为是原持有天聪汗即蒙古文"车臣汗"封号的皇太极。其实不然,土谢图汗该文中的"车臣汗",明显在指七和硕左翼的车臣汗。另外,与七和硕左翼车臣汗对皇太极的称呼相异的是,土谢图汗使用了皇太极于崇德元年建立清朝登基时的正式称号"宽温仁圣可汗"。这表明《清太宗实录》中的理解是错误的。比起车臣汗的暧昧态度,土谢图汗更加现实,承认了清朝可汗的合法地位。在文中土谢图汗表示,自己的想法和行动,与车臣汗无异,表示理应前去邀请达赖喇嘛。准备与清朝所派的使者一同遣使前往拉萨邀请达赖喇嘛。但是前述车臣汗的书信中说"三汗之言,已商定。我三人之言一致",意思即包括了扎萨克图汗的态度。而在土谢图汗的书信中丝毫没有讲扎萨克图汗,只说与车臣汗意见一致。表明面对皇太极,车臣汗与土谢图汗在怎样对待扎萨克图汗的态度上有所出入。

以上是车臣汗与土谢图汗两位首领,致信皇太极的情况。在《清内秘书院蒙古文档案》或其他史料中,笔者始终没有发现七和硕右翼扎萨克图汗致信皇太极的情况。这在一定程度上表明,扎萨克图汗相比于清朝,还是想加强与卫拉特蒙古的关系。在上述书信中,都出现过:"在此,七和硕喀尔喀欲邀请。再,四卫拉特一直欲邀请"等字样,表明当时清朝、七和硕喀尔喀兀鲁斯、卫拉特蒙古都在尽力邀请达赖喇嘛,基于此一行动,三方有了共同的外交与政治基础。以蒙古的"有力汗王要并持朝政与教法二道"政治传统为背景,清朝、七和硕喀尔喀兀鲁斯、卫拉特诸兀鲁斯之间,逐渐建立了共同的价值观和外交平台。

与车臣汗、土谢图汗同时致书遣使的,还有绰克图卫征诺颜。他在书信中写道:

> 愿吉祥。宽温仁圣可汗明前,绰克图卫征诺颜上书。一切教法与朝政之言行,与二汗之旨令无异。书信之礼物有一匹马。使者之名达尔罕乞齐央贵班第。①

此绰克图卫征诺颜是土谢图汗和硕之人,他是格哷森札第三子诺诺和卫征诺颜之孙。从绰克图卫征诺颜承袭其祖父"卫征诺颜"封号一事可看出,他是在当时的土谢图汗和硕及整个喀尔喀蒙古左翼具有很高政治威望的人物,他的言行即代表了土谢图汗以下众领主的意愿。同时,土谢图汗的长子乌力济图洪台吉及其哈屯,以及毕喇西等领主亦致书皇太极,其内容与绰克图卫征诺颜的无异,皆劝谏皇太极实行"朝政与教法二道"政治②。绰克图卫征诺颜在此书信中言"一切教法与朝政之言行,与二汗之旨令无异"。但在顺治朝版满文《清太宗实录》,卷38,崇德二年八月十五日即皇太极接见绰克图卫征诺颜使者日条中的记载,与蒙古原文大有出入,将"一切教法与朝政之言行,与二汗之旨令无异"翻译成"一切朝政、文书、言、行,与二汗之旨令无异。"即清朝没有将"朝政与教法"的真实意思写入《清太宗实录》,即使满文《清太宗实录》也没有写入,而是将其转换成了"朝

---

① 《清内秘书院蒙古文档案汇编》,第1辑,崇德二年档册,第20篇,"绰克图卫征诺颜劝导崇德帝政教并行之书",第193页。
② 《清内秘书院蒙古文档案汇编》,第1辑,崇德二年档册,第21篇,"乌力济图洪台吉车臣福晋毕喇西劝导崇德帝政教并行之书",第193—194页。

政、文书"等词,着实偷换了原意。另外,绰克图卫征诺颜的书信内容只言"二汗"即土谢图汗和车臣汗,没有出现扎萨克图汗字样,表明扎萨克图汗确实没有参加七和硕喀尔喀兀鲁斯左翼关于怎样与清朝合作前去邀请达赖喇嘛的协商会议。不过这也符合当时七和硕的左右翼之间,实际上很少召开共同会议的事实,这从第一章中很多17世纪前期的法典,都是左翼和硕之间,或和硕内部的领主之间商定的情况可以看出。

统合漠南蒙古,在其领主们的一致推戴下建立清朝的皇太极,为了与七和硕喀尔喀兀鲁斯及其西边的卫拉特各兀鲁斯建立共同的政治外交平台,需要秉持蒙古传统的"有力汗王要并持朝政与教法二道"的政治传统。为此皇太极于1637年八月初六日,接见了喀尔喀车臣汗的使者,十五日接见了土谢图汗及其子乌力吉图洪台吉、哈屯、毕喇西台吉及绰克图卫征台吉们的使者。收到首领们的以上书信和劝导后,皇太极于是年十一月十五日致书土伯特国藏巴汗,表示要延续古代汗王所持的传统。其内容在《清内秘书院蒙古文档案》,第1辑,崇德二年档册,第27篇,"崇德帝为自古帝王所创政教统续之事致西藏汗王之书",第204—205页中记载如下:

> 宽温仁圣可汗之旨。致书图伯特汗。为不至于绝断古昔汗等所创朝政教法之延续,遣使上大福者图伯特汗等全体。此处之事由,令从车臣固始曲杰处知之。因车臣曲杰之事在前,故致书矣。一切言语情由,俱由我使者办之。致书礼物:吉祥哈达。丁丑年冬之仲月吉日。自全盛莲花地之盛京城。

文中的"图伯特",即指以拉萨和日喀则为中心的卫、藏地方,当时政治上统治这里的是出身后藏的藏巴汗。从文书内容即可知,皇太极致书藏巴汗不是为了与其建立友好的外交关系。重点在于:为不至于使古代即清代以前的汗王等所创建和秉持的"朝政与教法二道"的传统断绝。意思即,清朝皇帝有意延续蒙古汗王等秉持的政治传统,实行"朝政与教法二道"政治。

于是,1639年即崇德四年十月,皇太极即向西藏派遣了以察罕喇嘛为首的使团。其内容在《清太宗实录》,卷49,崇德四年十月己丑(6日)条中,记载如下:

> 遣察汉喇嘛等,致书于图白忒汗。书曰:大清国宽温仁圣皇帝,致书于图白忒汗。自古释氏所制经典,宜于流布。朕不欲其泯绝不传,故特遣使延致高僧,宣扬法教。尔乃图白忒之王,振兴三宝,是所乐闻。倘即敦遣前来,朕心嘉悦。至所以延请之意,俱令所遣额尔德尼达尔汉格隆、察汉格隆、玉噶扎礼格隆、盆绰克额木齐、巴喇衮噶尔格隆、喇克巴格隆、伊思谈巴达尔扎、准雷俄木布、根敦班第等使臣口述。

这是《清太宗实录》中记载的清朝皇帝皇太极致当时的西藏统治者的书信内容。需要了解的是,我们不能完全照此理解当时的事物。众所周知,历辈清朝皇帝的实录的编纂,都经过编纂者精心的筛选、删改和置换,所以对其中的记述需要批判地接收。上揭史料中,人名应没问题,皆为皇太极所供养的藏传佛教僧人,且主要是蒙古人。而其他内容,则大有问题。尤其是,"自古释氏所制经典,宜于流布。朕不欲其泯绝不传,故特遣使延致高僧,宣扬法教"。这部分是在表达皇太极为何前去迎请的理由,在此汉文《清太宗实录》中,完全抹杀了蒙古"朝政与教法二道"政治的意思,旨在强调"教法"原由。但是顺治朝版满文《清太宗实录》,卷49,崇德四年十月初六日条中则记为:"为使古昔汗等所立朝政、文书不泯绝,故特遣使迎请神圣智者。"两种文献的记载,差别很大。显然顺治朝版满文《清太宗实录》中的记述,更贴近史实。不过与同时代的其他满文史料一样,满文版《清太宗实录》也将"朝政与教法"改成"朝政、文书",模糊了原意。相对于后来清朝编纂的以上两种语言的文献,皇太极致当事人的文书原件,才使我们了解到了历史的真相。此次的使团并没能到达拉萨,其后1643年即崇德八年再次遣使时,皇太极致固始汗的书信原文如下:

> 大清国宽温仁圣可汗,致书固始汗。已听到尔处置悖逆朝政与教法者之事。遣使之理由:我为使古昔前辈之朝政与教法延续不绝,迎请图伯特神圣智者,是故遣使与伊拉古克三呼图克图同行。不分黄红,至每一寺庙。思佛之教法如何协助之处,尔知之。①

在此书信原文中,皇太极明确表述前去延请"神圣智者"是为了"古昔前辈之朝政与教法延续不绝"。在此皇太极没有使用"古昔汗等",而是用了"古昔前辈",这是因为对方固始汗也是蒙古汗王,皇太极与固始汗性质上都是"汗",所以不用再强调"汗"。但不管是满文,还是蒙古文史料,这一时期的清朝并没有明确表态要延请达赖喇嘛,而只说是"神圣智者",即汉文中的"高僧"。另外,从"不分黄红,至每一寺庙"一语可知,当时的清朝并没有分黄教、红教,即不分格鲁派、宁玛派,或其他教派,而是一视同仁,平等对待。但是后来随着"喀尔喀—卫拉特联合政权"的建立,因蒙古方面只强调黄教的正统地位,为此清朝也开始注重强调黄教。可见清朝的方针政策随着蒙古方面的动向和形势,在不断变化。这也意味着,清朝统治阶层并不信仰黄教,而只是政策的一面。

1640年即崇德五年二月,皇太极去信滞留在归化城的迎请使团,催促他们尽快前往拉萨。其内容在《清太宗实录》,卷51,崇德五

---

① 《清内秘书院蒙古文档案汇编》,第1辑,崇德八年档册,第12篇,"崇德帝遣使赍书为延请高僧弘扬佛法事致顾实汗书",第378—379页。

第六章
17世纪中前期七和硕喀尔喀兀鲁斯与清朝的通使关系

年二月辛酉(10日)条中记载如下:

> 以延请圣僧,遣官赍敕往谕额尔德尼达尔汉喇嘛等。曰:尔等不可在归化城久居牧马。现今青草方长之时,随路可以餧养。宜即前往圣僧喇嘛处,以达延请之意。所过之处,谅无人拦阻。可遣同去之人一半及土默特之人,先往马哈撒嘛谛塞臣汗、土谢图汗、查萨克图汗处。嘱之曰:因尔等曾言请圣僧喇嘛甚善,故我等奉命来请。尔等宜遣人同往,约至彼国附近地方相会。尔喇嘛等若至约会之地,附近国主有召见者,即往见之,如不召见,即于约会处相会前行。

在此,皇太极令额尔德尼达尔汉喇嘛等尽快前行,并要求他们派遣一半人先到喀尔喀三汗处,与三汗约定地方,一同前往拉萨。这是皇太极尊重土谢图汗和车臣汗的意见,在遣使迎请达赖喇嘛时路过喀尔喀蒙古,以求一同前去的答复,清朝方面认真履行了承诺。但对此,喀尔喀蒙古方面并没有配合清朝。皇太极在1641年即崇德六年八月致车臣曲杰的信中说道:"所派喇嘛等难以知晓喀尔喀人之性格,故返回。"①可知清朝的使团曾到过喀尔喀地方,但因喀尔喀方面没有给出明确的答复,更没有行动,所以不得不返回到了盛京。进一步说,皇太极此次遣使迎请西藏所谓"神圣智者",完全是为了迎合七和硕喀尔喀兀鲁斯左翼土谢图汗及车臣汗的请求而实施的。

以上事情说明,虽然1634年有林丹汗之默尔根喇嘛携忽必烈可汗曾供奉的"玛哈噶喇"佛像到盛京归顺皇太极,但与此同时,喀尔喀蒙古左翼首领们的极力劝导与积极响应,是皇太极即使表面上也好接受"朝政与教法二道"政治的一个重要原因。只有这样,清朝与喀

---

① 《清内秘书院蒙古文档案汇编》,第1辑,崇德六年档册,第10篇,"崇德帝邀请从西藏返回之车臣绰尔济喇嘛来京之敕谕",第308页。

尔喀蒙古及卫拉特蒙古的关系才能顺利向前。基于蒙古的政治传统,皇太极赢得了蒙古方面的承认和肯定。但需要注意的是,劝导皇太极并建议与清朝的使者一同前去邀请达赖喇嘛的,主要是七和硕喀尔喀兀鲁斯左翼的车臣汗和土谢图汗及其伞下领主,而看不见右翼扎萨克图汗的影子。在这一点上,七和硕内部即左翼和右翼之间,有一定的差距。这从1638年即崇德三年扎萨克图汗亲自率兵至归化城近边,试图与明朝贸易并引诱已归附清朝的漠南蒙古土默特集团的情况可以看出。就邀请达赖喇嘛一事,扎萨克图汗自始至终不欢迎清朝,而与西边卫拉特蒙古的固始汗等首领联系的可能性很大。从五世达赖喇嘛的传记内容也可知,受固始汗等卫拉特蒙古首领的邀请后,因五世达赖喇嘛自身无法前去蒙古,故将卓尼曲杰和阿克巴罗本车臣分别派往喀尔喀与卫拉特蒙古的事情即在表明,右翼扎萨克图汗曾经与固始汗合作极力邀请五世达赖喇嘛去蒙古[①]。此外,乌云毕力格的研究也表明,"地处喀尔喀西部的扎萨克图汗以喀尔喀土门首领自居,不承认满洲皇室对蒙古的统治,继续与之抗衡"[②]。

又据达力扎布的研究,1638年扎萨克图汗进犯归化城时,皇太极亲率大军前去征讨,逼迫其退走漠北。同时尽夺车臣汗部来明朝贸易的商人马驼,采取了"坚决控制蒙古地区与明朝贸易市口的措施"[③]。此外,1638年至1640年间,皇太极又严厉驳斥扎萨克图汗的傲慢态度,并扬言"尔若使吾前去你家,莫要逃走。吾定前去尔处"[④]。如此发去威慑文书。清朝的以上态度,不仅使扎萨克图汗加速了与卫拉特蒙古进一步联合的步伐,还迫使七和硕左翼土谢图汗和车臣汗也为尊重七和硕的传统体制而对清朝采取不合作态度,并进一步

[①] 参见拙著:《大清帝国时期蒙古的政治与社会——以阿拉善和硕特部研究为中心》,第31—35页。
[②] 参见乌云毕力格:《清太宗与喀尔喀右翼扎萨克图汗素班第的文书往来》,第2页。
[③] 参见达力扎布:《1640年喀尔喀—卫拉特会盟的召集人及地点》,第78页。
[④] 《清内秘书院蒙古文档案汇编》,第1辑,崇德五年档册,第6篇,"崇德帝斥责喀尔喀扎萨克图汗言行并约定会盟日期之敕谕",第274页。

转向尊重扎萨克图汗的选择,与卫拉特蒙古一同建立政权。另外,1637年十一月,滞留在车臣汗下的乌珠穆沁首领车臣济农,以皇太极"惠养国人,恩意周至"为由,率部归附皇太极①。其后,1639年十月,同在喀尔喀车臣汗处的苏尼特首领腾机思默尔根台吉,携众至乌珠穆沁游牧地,同时遣人至盛京,表示归附皇太极②。皇太极并没有将他们遣返,而是承认了归附,此事想必也极大地刺激了车臣汗。

1640年十月六日,清太宗皇太极致书扎萨克图汗,言:"将遣往土伯特之喇嘛已派至归化城矣。因尔言语含糊不清,故未直接派往"③。表明因喀尔喀蒙古方面已不积极寻求与清朝合作邀请达赖喇嘛,故清朝方面也表示放弃原计划。就在同一时刻,于扎萨克图汗领地,蒙古28位首领,代表各自集团,举行大会盟,建立了"喀尔喀—卫拉特联合政权"。

通过以上探讨,本章得出以下结论。

一. 1634年林丹汗病故后,七和硕喀尔喀兀鲁斯左翼乘察哈尔残留部人员向东归附满洲汗王皇太极之际,让克什克腾首领索诺木侍卫台吉向皇太极捎去书信,表示基于蒙古的"朝政与教法二道"政治传统,彼此承认,相互遣使,平等往来。对此,皇太极也向喀尔喀蒙古左翼派出使者,表达了自己同意和平往来的意向。值此,双方正式建立了外交关系,交涉了怎样解决七和硕喀尔喀兀鲁斯向明朝卖马等问题。

二. 1637年后,七和硕喀尔喀兀鲁斯左翼仍致书皇太极,请求其基于蒙古"朝政与教法二道"政治传统,一同前去迎请达赖喇嘛。对

---

① 《清太宗实录》,卷39,崇德二年十一月丁丑(十三日)条。
② 《清太宗实录》,卷49,崇德四年十月庚寅(七日)条。
③ 《清内秘书院蒙古文档案汇编》,第1辑,崇德五年档册,第9篇,"崇德帝斥责喀尔喀扎萨克图汗来信言语不恭之谕",第274页。该文书在顺治朝版《清太宗实录》卷53"崇德五年十月初六日"条文中亦有,不过内容稍有偏差。

此,皇太极亦表示同意,派出了相应的使团。但是最后,七和硕喀尔喀兀鲁斯因惧怕清朝派兵攻打喀尔喀而没有配合清朝一同遣使西藏。

三. 1640年前与清朝的外交往来,主要是七和硕左翼土谢图汗和车臣汗等领主,右翼的扎萨克图汗将外事重点放在了与卫拉特蒙古的联合上,故对清朝一直显示出敌意,采取了不合作的态度。右翼的这种态度,也影响到了左翼与清朝的关系,考虑到整个兀鲁斯体制的完整性和安全,左翼最终也没有与清朝合作,而是与右翼一起联合了卫拉特蒙古。

四. 清朝皇帝皇太极虽然表面上和行动上都响应七和硕喀尔喀兀鲁斯左翼首领要求其建立"朝政与教法二道"政治的请求,并向西藏派遣使者迎请高僧,但实际上没有依照"朝政与教法二道"理念来施政。面对蒙古、明朝和朝鲜的问题,皇太极采取了积极应对,但不入其流,不偏不倚的政策。

如此,基于16世纪中后期形成的政治社会体制及土默特阿勒坦汗复兴的蒙古"朝政与教法二道"政治外交思想,后林丹汗时代的七和硕喀尔喀兀鲁斯,面对日渐强大的满洲—清朝,并没有采取激烈的对抗,而是积极致书遣使,采取和平的手段,以此试图影响皇太极拥有共同的价值观,实施"朝政与教法二道"理念下"以十善政治,使世间泰平(Mon：arban buyan-tu ǰasaɣ-iyar delekei dakin i amuɣulang bolɣaqu)"的制度。并在此前提下,建立友好的外交关系。于此,皇太极虽然也相应地遣使致书,并派代表迎请达赖喇嘛,但没有实施这种政治外交理念,满洲—清朝对事物的理解和办事方针,与七和硕喀尔喀兀鲁斯有区别,因为他还要面对明朝、朝鲜等持有不同理念的国家。自始至终,对清朝而言,"朝政与教法二道"都是一种政治面具,而非像七和硕喀尔喀兀鲁斯那般深入社会底层的体制。

第七章
17世纪中后期七和硕喀尔喀兀鲁斯与清朝的"八扎萨克体制"

据满文《朔漠方略》卷1载:

> 喀尔喀亦西北大国,元之苗裔也。太宗文皇帝时,马哈萨玛第汗始通使。世祖章皇帝初年,土谢图汗等为和好朝政事而遣使,献其地所产马、驼、貂皮等物。顺治五年,扎萨克图汗、诺门汗为会见皇上而来朝时,宴请于太和殿。土谢图汗、硕雷汗献马千匹、驼百头。原来贡赏无定额。十二年,授土谢图汗、车臣汗、丹津喇嘛、默尔根诺颜、毕希勒尔图汗、罗卜藏诺颜、车臣济农、昆都伦托音为八扎萨克,定其贡额。每年汗、济农、诺颜、大台吉等各贡白马八匹、白驼一头,谓之九白之贡,即年贡也。此外小台吉、他布囊,不限色、不计数,随各自所得而贡,此常贡也。著为令。旋定回赏之例,扎萨克每人各赏银茶桶、银盆、绸缎、布匹等物,其余小台吉及贡使等,亦各赏绸缎、布匹有差。如此定例后,喀尔喀汗等更加恭顺尽心,每年遣使进贡。

这段记载就是对清朝与七和硕喀尔喀兀鲁斯之间建立的"八扎萨克体制"的简要描述。于此,"太宗文皇帝时,马哈萨玛第汗始通使",即指本书第六章所述七和硕喀尔喀兀鲁斯与满洲—清朝互相遣使的事情。"世祖章皇帝初年,土谢图汗等为和好朝政事而遣使,献其地所产马、驼、貂皮等物",指1644年即顺治元年十二月,土谢图汗等遣人来北京之事①。虽然《清世祖实录》内容在强调土谢图汗的"遣使贡马",但即使满文《朔漠方略》这样的清朝国家编纂的史料,也在记述着土谢图汗等喀尔喀首领这次是"为和好朝政事而遣使(Man: doroi jalin acaki seme elcin takūrafi)",而并不是为了朝贡。

1640年建立"喀尔喀—卫拉特联合政权"后,七和硕喀尔喀兀鲁斯的首领们,尤其是左翼以土谢图汗为首的领主们,急需与清朝建立和平的外交关系,可能是为了此事而才向刚刚入主山海关内的顺治皇帝派去了使者。但顺治帝幼小,尚未亲政,执政的睿亲王多尔衮又忙于南进之事,故没有满足喀尔喀方面的愿望。另外,入关立足未稳的清朝,在如何接待喀尔喀或卫拉特使者的礼仪上,也尚未摆正位子;是以蒙古"朝政与教法二道"礼仪,还是用中华王朝的朝贡外交礼仪,没来得及做出明确的决定。

其后1646年即顺治三年发生的苏尼特部"腾机思事件"中,支援腾机思的喀尔喀左翼土谢图汗两万、车臣汗三万军队,与前去追击腾机思的由豫亲王多铎率领的清朝军队,在图拉河查济布喇克地方发生了交战,虽然喀尔喀左翼军队败走,但清军也已无力追击,在右翼扎萨克图汗军队东来之前不得不撤回漠南。随即,喀尔喀左翼领主额尔克楚库尔报复性地率兵南下掳掠了漠南蒙古巴林部的牲畜,与此同时,右翼领主巴勒布冰图也南下抢掠了呼和浩特一带。因这些都是突发性的事件,故七和硕喀尔喀兀鲁斯的首领们没有派人与达赖喇嘛联系,而是自己决定后迅速参与了行动,在清军已进入领土的紧急时刻,这种决断是正确的和必要的。然而更为重要的是,善后围绕"腾机思事件"进行的交涉,给七和硕喀尔喀兀鲁斯与清朝之间的外交关系,带来了新的秩序。1655年即顺治十二年,双方约定的"八

---

① 参见《清世祖实录》卷12"顺治元年十二月甲子(十日)"条。

第七章
17世纪中后期七和硕喀尔喀兀鲁斯与清朝的"八扎萨克体制"

扎萨克体制",可以说就是这种交涉的直接后果①。

关于此1655年的会盟,日本学者冈洋树总结道:1. 顺治三年腾机思叛乱交涉中,清朝选中的喀尔喀首领中左翼四"旗"的"为首的贝子"是土谢图汗、车臣汗、丹津喇嘛、默尔根诺颜四人。右翼则以扎萨克图汗与温布额尔德尼为交涉对象。2. 被称为"为首的贝子"或"贝勒"的人物,对应着八扎萨克。顺治十二年清朝只不过将这些"为首的贝子"认定为了扎萨克。3. 顺治十二年的"定例",只是从喀尔喀诸领主内分别理应交纳"九白之贡"的八人"大台吉"与"此外小台吉"的进贡数额和赏赉数额,而不是以任命扎萨克为目的②。接着冈洋树进一步得出结论:顺治十二年设置的"八扎萨克",是在处理顺治三年腾机思叛逃及喀尔喀掠夺漠南蒙古事件的过程中,清朝将有过交涉的喀尔喀"为首的贝子(贝勒)"公认为"八扎萨克",以作为与清朝交涉时的公认代表,这种选择反映了喀尔喀内部势力关系的实态。设定八扎萨克以后,由噶尔丹入侵而喀尔喀服属为止,清朝维持了这种框架③。在此,对冈洋树的以上这一总结,本书大体表示赞同。

问题是,在这种清朝认定的八扎萨克外交体制下,七和硕喀尔喀兀鲁斯与清朝之间有过怎样的外交往来,有过什么样的具体交涉?实际上"八扎萨克"或"非扎萨克"的领主们到底向清朝皇帝进贡多少贡物,反过来清朝皇帝又是赏赉多少赏品呢?另外,七和硕喀尔喀兀鲁斯的领主们除了进贡清朝皇帝以保持外交贸易关系外,还向达赖喇嘛布施大量的物品,以维持"喀尔喀—卫拉特联合政权"的秩序。而在这两种关系下,喀尔喀的领主们又是怎样行动的呢?

---

① 参见齐木德道尔吉:《1640年以后的清朝与喀尔喀的关系》,载《内蒙古大学学报(人文社会科学版)》1998年第4期,第12—20页。
② 参见冈洋树:《清朝とハルハ「八扎薩克」(关于清朝与喀尔喀〈八扎萨克〉)》,载《东洋史研究》52—2,1993年,第82页。
③ 参见冈洋树:《清朝とハルハ「八扎薩克」(关于清朝与喀尔喀〈八扎萨克〉)》,第98页。

有鉴于此，本章将利用《清内阁蒙古堂档》中的相关满、蒙文史料，再现八扎萨克体制下的七和硕喀尔喀兀鲁斯与清朝之间的外交关系及其内部的政治社会体制问题。

第一节　清朝任命八扎萨克时须七和硕领主
　　　　　　会议通过及达赖喇嘛的认可

如前所述，1640年之后的七和硕喀尔喀兀鲁斯在大的方针政策上尊重达赖喇嘛的权威及旨令行事。那么，在与清朝皇帝之间建立的"八扎萨克体制"问题上，七和硕的领主们是怎样与达赖喇嘛联系的呢？达赖喇嘛对此又有何反应呢？

首先，分析史料一：《清内阁蒙古堂档》，第2册，蒙古文第150—152页，"喀尔喀额尔德尼济农奏文"。

> 奉阿勒坦汗于大蒙古广域称为瓦赤喇怛喇达赖喇嘛之旨令。致东方世界众生，尤其是以汗为首之七和硕喀尔喀大小诺颜及其兀鲁斯民众全体。"在下右翼车臣济农乃末子之后。车臣卓哩克图乃长子之后。虽是如此，因有罪于祖父及父亲，故与其祖父及父亲一起，扎萨克图汗为首的七和硕喀尔喀、呼图克图等全体商议称：'尔虽是末子，然顺从尔父'，以此将济农封号及职务授予我父。其后喀尔喀与女真谈判朝政，喀尔喀汗及执政四大诺颜，献曼珠色利上可汗马匹及骆驼。回赏，每年由我等受取，一直无可争议。然此车臣卓哩克图，却密谋妄奏可汗，不给我封号及赏。特此前来。"等语。兹不管是长子，还是末子之后，若伊等所言符合先前行为之是非功过，则上述全体应商议返还其封号及赏。只可如此行事，莫要妄为。照此行事者，加护也。晓谕之文告。火龙年四月初。书于布达拉宫。

第七章
17世纪中后期七和硕喀尔喀兀鲁斯与清朝的"八扎萨克体制"

  这件文书是五世达赖喇嘛为了解决右翼车臣济农的扎萨克权利事而颁降给以汗为首的七和硕喀尔喀兀鲁斯全体诺颜及兀鲁斯民众的谕旨。时间是1676火龙年即康熙十五年四月初一日。此处右翼车臣济农的系谱是：格呼森札→次子诺颜泰哈坦巴图尔→独子图伯特哈坦巴图尔→长子崆奎车臣济农→第四子巴噶仁阿海→长子萨玛第车臣济农。"末子之后"中的"末子"即指巴噶仁阿海。车臣卓哩克图的系谱是：格呼森札→次子诺颜泰哈坦巴图尔→独子图伯特哈坦巴图尔→长子崆奎车臣济农→长子车琳楚库尔→多尔济卓哩克图济农。"长子之后"中的"长子"即指车琳楚库尔。按照萨玛第车臣济农的说法，他父亲巴噶仁阿海虽然是末子，但因顺从其父崆奎车臣济农，故以扎萨克图汗为首的七和硕喀尔喀兀鲁斯的领主们召开大会盟，将济农封号授予了巴噶仁阿海。而车臣卓哩克图因为有罪于其父车琳楚库尔及祖父崆奎车臣济农，故没有让他承袭济农封号及相应职务。这里的"喀尔喀与女真谈判朝政"，指1655年即顺治十二年商定八扎萨克的事情。在此，车臣济农仍在使用"谈判朝政（Mon: törö-ben kelelčeǰü）"一词，这再次显示了双方是平等外交关系的事实。设立八扎萨克后很长一段时间，扎萨克的封号及清朝皇帝的赏品，都是由具有济农封号的巴噶仁阿海接受的，即他才是车臣济农这个扎萨克的代表。但是后来车臣卓哩克图上奏清朝皇帝，将车臣济农的扎萨克权益占为己有，没有让巴噶仁阿海的儿子萨玛第承袭。为此仍然认为自己是车臣济农合法继承人的萨玛第，上告五世达赖喇嘛，要求五世颁旨给七和硕喀尔喀兀鲁斯的汗王及领主们，将扎萨克的权利，按照传统转给萨玛第额尔德尼济农。在此，萨玛第额尔德尼济农将此达赖喇嘛的谕旨上奏康熙帝的意思，即他本人才是达赖喇嘛承认的，真正的能够承袭车臣济农封号及扎萨克权利的合法继承人。可知，达赖喇嘛的认可及在其旨意下七和硕喀尔喀兀鲁斯的汗王领主们的承认与册封，成为清朝皇帝选择扎萨克合法继承人的基础和前提。

如此，八扎萨克中的某一扎萨克家族内部，谁作为代表承袭封号及权利，并与清朝皇帝交涉，首先要看七和硕喀尔喀兀鲁斯全体承认与否。而喀尔喀兀鲁斯内部无法做出正确判断时，领主们有权上诉给最终裁决者达赖喇嘛。达赖喇嘛授意七和硕喀尔喀兀鲁斯的领主全体后，最终还是由七和硕领主全体召开大会做出决定。这次虽然萨玛第额尔德尼济农向五世达赖喇嘛上诉，但以哲布尊丹巴呼图克图、土谢图汗、车臣汗为首的领主们，最终仍将车臣济农封号授予了多尔济卓哩克图①，表明最后的决定权仍在七和硕喀尔喀兀鲁斯领主们的手里。不过达赖喇嘛的存在是巨大的，虽然旨令没有被执行，但拥有发送旨令的权力即表明他是高尚的存在。可知这一时期喀尔喀领主们的爵位、职位及相应权利的承袭，首先需要"达赖喇嘛——七和硕喀尔喀兀鲁斯——扎萨克或其继承人"这一条系统的认可，其后才是清朝皇帝的承认、接纳及相应的册封。关于此，还有一篇史料可作证据。《清内阁蒙古堂档》，第4册，蒙古文第347—348页，满文第460—462页，"喀尔喀额尔德尼扎萨克图汗奏文"。

    王者凤凰般的大福荫里，满足众生愿望之上如意宝贝，仁慈保佑的大布施之源，珍奇大主子明鉴。额尔德尼扎萨克图汗呈奏。先前四诺颜朝见主子设立扎萨克时，此额勒济根在左翼和硕。上奏达赖喇嘛编入右翼后，我父车臣汗正要向主子奏称：可否将此卫征哈坦巴图尔立为扎萨克时，〔他〕去世了。现在也为了主子明鉴选立扎萨克而上奏。明鉴，明鉴。为此事使者口头有些言语要上奏。文书礼物：两匹马。

  这件文书是喀尔喀右翼扎萨克图汗为恳请康熙帝将右翼卫征哈

---

① 参见《清内阁蒙古堂档》，第3册，蒙古文第139—141页，满文第349—351页，"喀尔喀哲布尊丹巴呼图克图奏文"。

坦巴图尔立为扎萨克而呈奏的。起初1655年设立八扎萨克时,额勒济根的诺颜,即格呼森札→次子诺颜泰哈坦巴图尔→独子图伯特哈坦巴图尔→次子赛音巴特玛哈坦巴图尔→第四子昆都伦托音一系的诺颜们在左翼。最初设立的八扎萨克中,昆都伦托音即是这一支系的代表。后来按照达赖喇嘛的旨意,将这一支系编入右翼。如前所述,达赖喇嘛的旨令在七和硕内部的权力构造中,具有很高的影响力,并且是偏袒右翼的。因达赖喇嘛授意编入右翼,所以作为右翼盟主的扎萨克图汗就有权力、有义务为编立扎萨克事将卫征哈坦巴图尔提名上奏康熙帝,以请求册封其为扎萨克。这里的卫征哈坦巴图尔,指赛音巴特玛哈坦巴图尔次子本塔尔哈坦巴图尔次子噶勒丹哈坦巴图尔。这表明康熙帝在册封八扎萨克的继承人时,需要以喀尔喀方面的提名为基础。

另外,从以上围绕八扎萨克继承人问题进行的七和硕喀尔喀兀鲁斯与达赖喇嘛的关系中,以哲布尊丹巴呼图克图、土谢图汗为首的左翼违抗达赖喇嘛的旨令,右翼扎萨克图汗执行达赖喇嘛旨令的情况,可以看出1676年即康熙十五年前后的喀尔喀左右翼与达赖喇嘛的关系远近。综合第四、第五章内容,我们可以说在17世纪中后期的"喀尔喀—卫拉特联合政权"内,喀尔喀右翼、准噶尔、达赖喇嘛形成关系亲近的一个势力,喀尔喀左翼单独成为一个势力,互相牵制,彼此竞争,这种局面最终演变成导致"喀尔喀—卫拉特联合政权"崩溃的噶尔丹入侵喀尔喀左翼的大事件。而这种内部矛盾的发展变化,也极大地影响了七和硕喀尔喀兀鲁斯与清朝之间的外交关系。

第二节　八扎萨克体制下七和硕喀尔喀兀鲁斯与清朝的外交交涉

那么,清朝与七和硕喀尔喀兀鲁斯之间建立"八扎萨克体制"以后,在具体事件上是怎样联系和交涉的呢?以下利用《清内阁蒙古堂档》中的蒙古文相关史料进行阐述。

首先,关于人畜财产的返还问题。据《清内阁蒙古堂档》,第 1 册,蒙古文第 503—504 页,"颁降喀尔喀土谢图汗等之谕旨"载:

> 皇帝之旨,颁降喀尔喀土谢图汗、丹津喇嘛、车臣汗及默尔根诺颜全体:此前数度越旨前来的使者,俱曾禁止入内,令其返回。今不越朕旨,诚心派遣额尔德尼诺木齐、穆章默尔根楚库尔、伊思扎布额尔德尼及额尔克代青四台吉,送来年贡,知罪扣头。故将巴林理应收回之人畜,朕俱已宽免。今在此作为使者而遣去朕之大臣前,尔等为朝政事,令以诚信之言立誓。若能这般立誓,每年送来定额贡物,并进行贸易,朕亦仁恩赏赐不绝。自立誓之日起,倘若尔等的逃民前来,不收留而遣返之。若为家业及朝政事,不以诚信之言立誓,则无须再来进贡。逃民前来,仍收留赡养使其富裕。特此颁降。①

如此,清朝在给七和硕喀尔喀兀鲁斯左翼首领的谕旨上,关于康熙帝的身份问题,使用着"皇帝之旨(Man:hūwangdi i hese)"一词,而不是"可汗之旨(Man:han i hese)"。这是清朝依照中华王朝的"天下观",即皇帝奄有天下,不分内外,一体抚育的政治理念来处理与七和硕喀尔喀兀鲁斯的关系的,在这层意思上当时清朝与喀尔喀蒙古的关系应该说是一种"朝贡关系"。但与朝鲜、琉球等传统中华王朝的朝贡国相比,清朝皇帝并没有册封喀尔喀某位首领为国王,喀尔喀方面也没有接受清朝皇帝的册封。正是为了稳妥地推进双边交涉,在既不损害清朝皇帝的"最高权威",也不损害喀尔喀独立自主的前提下,建立了八扎萨克体制。所以清朝与七和硕喀尔喀兀鲁斯之

---

① 康熙十七年二月初四日,此文书在内阁蒙古堂作成后,与土谢图汗等请求返还逃民的蒙古文书一起,于二月初五日,由内阁大学士索额图、觉罗拉都珲、明珠等上奏康熙帝。

第七章
17世纪中后期七和硕喀尔喀兀鲁斯与清朝的"八扎萨克体制"

间的"朝贡关系",有其自身特点。反过来讲,喀尔喀方面也并不认为他们是基于中华王朝的"朝贡关系"去与清朝建立外交关系的,他们更希望在蒙古"朝政与教法二道传统"理念的指引下,认为清朝皇帝是基于这种理念设定的"汗王规范"在行事。为此正如第四章所述,1674年即木虎年五月,当土谢图汗察珲多尔济朝见五世达赖喇嘛并取得封号从拉萨返回时,向达赖喇嘛言称的"扩大汉、蒙间朝政与教法范围"一语,可能就在指这种进一步拉近与清朝皇帝间关系的事情。上揭谕旨中的"喀尔喀土谢图汗、丹津喇嘛、车臣汗、默尔根诺颜"既是八扎萨克中的左翼四扎萨克,他们派遣使者"送来年贡,知罪扣头",可能就是土谢图汗向达赖喇嘛表示后做出的决定。针对喀尔喀方面的这种表态,康熙帝在免去巴林被掳人畜的同时,向漠北派去使者,要求喀尔喀首领们诚信立誓,并要求"每年送来定额贡物,并进行贸易"。如此看来,清朝与七和硕喀尔喀兀鲁斯之间,虽然于1655年即顺治十二年建立了"八扎萨克",但真正的深入交涉,想必是从1678年即康熙十七年,也就是土谢图汗前去拉萨朝见达赖喇嘛返回喀尔喀后开始的。

对此,1678年即康熙十七年二月二十二日,清朝向七和硕喀尔喀兀鲁斯的八扎萨克全体发去文书,以解决双方的逃人问题。其内容,在《清内阁蒙古堂档》,第1册,蒙古文第506—514页,"颁降喀尔喀土谢图汗等之谕旨"中记载如下:

> 皇帝之旨,颁降喀尔喀土谢图汗、车臣汗、扎萨克图汗、信顺额尔德尼伊勒登诺颜、默尔根诺颜、车臣济农、阿海代青台吉、色楞阿海台吉等。尔等奏文内称:对曾为朝政事派去的四诺颜颁降文书称:为朝政事,以诚信之言立誓。若能这般立誓,自立誓之日起,尔等的逃民前来,不收留给予遣返,等语。因此恳请互相遣返后来归附之人,等语。如此奏来。尔等之汗、诺颜,自谨言发誓和好朝政以来,尔等的逃人前来,皆适时赏给穿着衣物,

又对无马之人赏给套有马鞍之马而遣返。罗卜藏诺颜擒扎萨克图汗,亦捣毁和硕时,康熙三年甲辰年,衮布伊勒登、巴勒布冰图、根敦代青等因失去生计而被迫归附之际,由辅政大臣理事,和好朝政,谨言发誓曰:互相和好时,若逃人前来,不予收留,等语。而没发誓汗被杀,兀鲁斯混乱,无法生计而被迫前来时不可收留。因是混一天下,故可否将失去生计,没有依靠者,差别对待而使其不过活呼。将此归附的衮布伊勒登等,没有视为逃人而收留。再于同年,土谢图汗的代青台吉和硕的达木林台吉,携其父,并带属众来归时,土谢图汗没有将给喀尔喀毕希热勒图汗送去福品之头等侍卫托济等唤入家中,不请我安,没有尊重,亦没送来康熙元年壬申年(应为壬寅年)之贡物。再,车臣汗和硕的阿巴哈纳尔台吉等,曾越过噶勒巴戈壁,两度来至卡伦附近,将此宽赦遣返。书写谕旨致车臣汗、丹津喇嘛等曰:布告尔等之属民,今后禁止越过噶勒巴戈壁。乱事皆由此生。今若再次越界游牧,不会再遣返,等语。如此降旨。所遣的管旗章京毕力克图、梅林章京多克辛等回来报称:此达木林在土谢图汗的代青台吉和硕。达木林非属民、家奴,乃是分家过的台吉。时自相混乱,彼此抢掠吞并,无法生计,等语。所以归顺我。其并非丹津喇嘛属下,说是他的,如此上奏,则非也。因此收留。康熙四年乙巳年,车臣汗和硕下阿巴哈纳尔的栋伊思扎布台吉、色楞默尔根台吉,携其兄弟子嗣及属民等前来归顺后,车臣汗所属阿巴哈纳尔台吉等、两度来至卡伦附近,将此俱已宽赦遣返。理应各自相守,不越所定边界为好。擅自过分来卡伦附近者,实不合理。乱事皆由此而生。今后若再来,不会遣返。曾如此明谕车臣汗。其后栋伊思扎布台吉等再来归顺时,将其收留。自和好朝政以来,至康熙四年乙巳年为止,外藩四十七旗逃人男一百五十四名,女十六名,不知此些人之去向。逃人呼毕图返回的同时,栋伊思扎布台吉将散齐沁逮捕送来,至此才发现我方逃人在

第七章
17世纪中后期七和硕喀尔喀兀鲁斯与清朝的"八扎萨克体制"

尔地。尔等曾立誓和好朝政，故理应送来我方逃人才对。却藏匿呼毕图等逃人三年，已撕毁所立誓言。是故今后尔等之逃人前来，定会收留。如此曾向尔等所派的使者明言过。自从朕亲政以来，仁慈尔多位汗及诺颜进贡之事，没有放弃先前之誓言，尔等之逃人前来时，俱适时赏给穿着衣物，对没有马的人赏给马匹遣返，丝毫没有收留一个逃人。再我国广大，不排除某贫苦之人藏匿喀尔喀一二逃人之事。常为分别遣返而严厉降旨，理藩院屡屡严厉分别给予遣返。尔常藏匿我方逃人却不送来者，有达尔罕亲王诺诺伊旗下巴达礼之布鲁克、索诺木之布鲁克、查罕之布鲁克、栋伊思扎布诺颜和硕下本博达尔、巴布乞等，同一诺诺伊旗下达木林台吉布鲁克及色楞默尔根诺颜夫人之布鲁克，六百零四名男丁，共九百三十余口，将此一律没有分别送来。该部曾为分别送来此等逃人而几度致书，却丝毫没有回信。即便如此，还立誓今后要互相遣返逃人，此居心何在。朕不仅不收留前来的尔一名逃人，今后即使尔等属下台吉一并前来归顺，仍不会收取。喀尔喀之汗、诺颜，著尔等考虑先前谨言立誓和好朝政之事，将我方逃人谨慎分别，速速全部送来。特谕。①

如此，康熙帝这一谕旨中的"喀尔喀土谢图汗、车臣汗、扎萨克图汗、信顺额尔德尼伊勒登诺颜、默尔根诺颜、车臣济农、阿海代青台吉、色楞阿海台吉"，即为1678年当时的七和硕喀尔喀兀鲁斯的八扎萨克。这是基于八扎萨克体制，清朝与七和硕进行交涉的典型例子。首先，八扎萨克以之前左翼四扎萨克遣使时清朝曾答应喀尔喀领主们发誓后即可返还逃人为由，要求清朝方面遣返1655年即顺治十二年后的喀尔喀逃人。对此康熙帝表示，自1655年年"和好朝政"建立

---

① 康熙十七年二月二十二日，此文书在内阁蒙古堂作成满蒙文合璧后，由内阁大学士觉罗拉都珲、明珠等上奏康熙帝。经帝允准后，于是月二十四日写入龙笺纸并盖印，当日交给理藩院郎中尹图。

八扎萨克体制以来，按照双方的誓言，喀尔喀方面的逃人来时，俱赏给鞍马和衣服遣返。至于后来喀尔喀内乱时，衮布伊勒登、巴勒布冰图、根敦代青等领主归附清朝时，辅政四大臣以发誓内容是"互相和好时，若逃人前来，不予收留"，而并没说"汗被杀，兀鲁斯混乱，无法生计而被迫前来时不可收留"为由，没有将衮布等喀尔喀领主视为逃人，故加以收留。同年，土谢图汗伞下代青台吉和硕的达木林台吉归顺清朝时，土谢图汗没有接待康熙帝的使者，且达木林台吉并非属民家奴，而是台吉，故又加以收留。其后，车臣汗属下阿巴哈纳尔的台吉等，两度来至清朝卡伦附近时，俱宽赦遣返。此外，自1655年和好朝政以来，至1665年为止，漠南蒙古男154名，女16名逃人在喀尔喀地方，但是喀尔喀领主们却藏匿不遣返，以此"撕毁所立誓言"。为此清朝方面曾表示"今后尔等之逃人前来，定要收留"。但是，自康熙帝亲政(康熙六年，1667)以后，依照先前的誓言，将喀尔喀逃人俱赏给穿着衣物和鞍马，给予遣返。然而现在喀尔喀方面仍没遣返达尔罕亲王诺诺伊旗下巴达理之布鲁克等，604名男丁，共930余口。针对此事，理藩院曾几次致书喀尔喀首领，但丝毫没有回音，故在此谕旨中康熙帝要求喀尔喀蒙古八扎萨克，将清朝逃人"速速全部送来"。这种针锋相对，很明显是康熙帝面对八扎萨克要求清朝遣返喀尔喀逃人时下达的，专门要求喀尔喀遣返清朝逃人。

这里最需要注意的，是对清朝与七和硕喀尔喀兀鲁斯之间于1655年建立"八扎萨克"的事情，双方都在使用"和好朝政(Mon：törö Jokičaǰu)"一词。笔者认为这里隐含着以下几个意思：1. 双方是相互平等的不同政权，所以需要和好。2. 双方的外交方式不同，存在区别，所以需要和好。3. 双方都渴望和平，寻求交往，所以使用和好。而在这种"和好朝政(Mon：törö Jokičaǰu)"的政治外交活动中，最重要的仪式，就是"发誓(Mon：ama aldaqu)"行为。从史料中很容易就会发现，双方的关系是以"发誓(Mon：ama aldaqu)"行为作为保证的，"发誓(Mon：ama aldaqu)"行为具有法律效力，双方都必须遵守"发誓（Mon：ama aldaqu）"的誓言。此外，"发誓（Mon：ama aldaqu）"的内容被记入书册，成为双方今后外交事务的依据和凭证。这种"发誓（Mon：ama aldaqu）"方式，如同近现代国家的契约和协定，保证了双方关系的平等和互信。1655年建立"八扎萨克"时，清朝也是在宗人府要求七和硕喀尔喀兀鲁斯使者"发誓"保证的。在这层意思上，清朝与七和硕喀尔喀兀鲁斯之间建立的八扎萨克体制，是平等的、互信的、具有契约精神的政治外交关系。但另一方面，以八扎萨克为首的喀尔喀领主需要向清朝皇帝进献以"九白之贡"为名的年贡，这样双方关系才能得以继续，贸易才能展开。在这层意思上，双方关系仍具有"朝贡"的一些特征。

第三节 八扎萨克的具体贡数和清朝皇帝的赏赉数

那么，在这种八扎萨克体制外交关系中，七和硕喀尔喀兀鲁斯的领主们是怎样向清朝皇帝进献贡品的呢？相应的，清朝皇帝的赏赉品和数额又是多少呢？以下，分析基于《清内阁蒙古堂档》，第2册，蒙古文第12—70页，1678年即康熙十七年二月十三日"献礼回赏文"制定的"表三"内容。

【表三】 1678年七和硕喀尔喀兀鲁斯领主献贡表

所属扎萨克	人　　物	所献物品	康熙帝的回赏
土谢图汗	土谢图汗本人	俊美披甲马两匹	绸缎四匹及三十两银制茶桶
土谢图汗	土谢图汗大叔杜尔格齐诺颜	披甲贡马一匹	绸缎两匹及毛青八匹
土谢图汗	土谢图汗二叔乌巴锡诺颜	披甲贡马一匹	绸缎两匹及毛青八匹

续表

所属扎萨克	人　　物	所献物品	康熙帝的回赏
土谢图汗	土谢图汗三叔额尔克诺颜	披甲贡马一匹	绸缎两匹及毛青八匹
土谢图汗	土谢图汗四叔伊勒登诺颜	披甲贡马一匹	绸缎两匹及毛青八匹
土谢图汗	土谢图汗五叔车臣诺颜	披甲贡马一匹	绸缎两匹及毛青八匹
土谢图汗	土谢图汗六叔达西诺颜	披甲贡马一匹	绸缎两匹及毛青八匹
土谢图汗	土谢图汗七叔额尔德尼乌巴锡诺颜	披甲贡马一匹	绸缎两匹及毛青八匹
土谢图汗	土谢图汗八叔车臣代青诺颜	披甲贡马一匹	绸缎两匹及毛青八匹
土谢图汗	土谢图汗大弟巴图尔台吉	披甲贡马一匹	绸缎两匹及毛青八匹
土谢图汗	土谢图汗二弟达西托音	披甲贡马一匹	绸缎两匹及毛青八匹
土谢图汗	土谢图汗三弟多尔济宾图代青台吉	披甲贡马一匹	绸缎两匹及毛青八匹
土谢图汗	土谢图汗七叔额尔德尼乌巴锡诺颜次子青台吉	俊美披甲马一匹	绸缎三匹及毛青十匹
土谢图汗	土谢图汗长子噶勒丹台吉	披甲贡马一匹	绸缎两匹及毛青八匹
土谢图汗	土谢图汗次子达尔罕台吉	披甲贡马一匹	绸缎两匹及毛青八匹
土谢图汗	土谢图汗三子多尔济台吉	披甲贡马一匹	绸缎两匹及毛青八匹

续表

所属扎萨克	人物	所献物品	康熙帝的回赏
土谢图汗	土谢图汗四子班第达额尔德尼台吉	披甲贡马一匹	绸缎两匹及毛青八匹
土谢图汗	土谢图汗五子达颜额尔克台吉	披甲贡马一匹	绸缎两匹及毛青八匹
土谢图汗	土谢图汗六子洪格尔台吉	披甲贡马一匹	绸缎两匹及毛青八匹
不明	钦达玛尼温哲特喇嘛	俊美披甲马一匹	绸缎三匹及毛青十匹
信顺额尔德尼伊勒登诺颜	信顺额尔德尼伊勒登诺颜本人	披甲贡马两匹	绸缎四匹及茶叶一篓
信顺额尔德尼伊勒登诺颜	信顺额尔德尼伊勒登诺颜祖母格楚勒哈屯	披甲贡马一匹	绸缎三匹
信顺额尔德尼伊勒登诺颜	信顺额尔德尼伊勒登诺颜大叔祖父达尔玛济利第诺颜	披甲贡马一匹	绸缎两匹及毛青八匹
信顺额尔德尼伊勒登诺颜	信顺额尔德尼伊勒登诺颜二叔祖父济纳达西诺颜	披甲贡马一匹	绸缎两匹及毛青八匹
信顺额尔德尼伊勒登诺颜	信顺额尔德尼伊勒登诺颜四叔祖父班第达诺颜呼图克图	披甲贡马一匹	绸缎两匹及毛青八匹
信顺额尔德尼伊勒登诺颜	信顺额尔德尼伊勒登诺颜五叔祖父额尔德尼阿海诺颜	披甲贡马一匹	绸缎两匹及毛青八匹
信顺额尔德尼伊勒登诺颜	信顺额尔德尼伊勒登诺颜大叔伊勒都齐诺颜	披甲贡马一匹	绸缎两匹及毛青八匹

续表

所属扎萨克	人　　物	所献物品	康熙帝的回赏
信顺额尔德尼伊勒登诺颜	信顺额尔德尼伊勒登诺颜二叔罗卜藏托音	披甲贡马一匹	绸缎两匹及毛青八匹
信顺额尔德尼伊勒登诺颜	信顺额尔德尼伊勒登诺颜三叔额尔德尼诺木齐	披甲贡马一匹	绸缎两匹及毛青八匹
信顺额尔德尼伊勒登诺颜	信顺额尔德尼伊勒登诺颜四叔玛哈达瓦诺颜	披甲贡马一匹	绸缎两匹及毛青八匹
信顺额尔德尼伊勒登诺颜	信顺额尔德尼伊勒登诺颜同族大叔扎木扬代青和硕齐台吉	披甲贡马一匹	绸缎两匹及毛青八匹
信顺额尔德尼伊勒登诺颜	信顺额尔德尼伊勒登诺颜同族大叔扎木扬代青和硕齐台吉同族二弟诺颜呼图克图	披甲贡马一匹	绸缎两匹及毛青八匹
信顺额尔德尼伊勒登诺颜	信顺额尔德尼伊勒登诺颜同族大叔扎木扬代青和硕齐台吉同族大弟卫征诺颜	披甲贡马一匹	绸缎两匹及毛青八匹
信顺额尔德尼伊勒登诺颜	信顺额尔德尼伊勒登诺颜大嫂满达喇哈屯	披甲贡马一匹	绸缎三匹
信顺额尔德尼伊勒登诺颜	信顺额尔德尼伊勒登诺颜二嫂博第达喇哈屯	披甲贡马一匹	绸缎三匹
信顺额尔德尼伊勒登诺颜	信顺额尔德尼伊勒登诺颜大弟腾格里托音	披甲贡马一匹	绸缎两匹及毛青八匹

续表

所属扎萨克	人物	所献物品	康熙帝的回赏
信顺额尔德尼伊勒登诺颜	信顺额尔德尼伊勒登诺颜二弟额尔克代青诺颜	披甲贡马一匹	绸缎两匹及毛青八匹
信顺额尔德尼伊勒登诺颜	信顺额尔德尼伊勒登诺颜子阿海代青台吉	披甲贡马一匹	绸缎两匹及毛青八匹
信顺额尔德尼伊勒登诺颜	信顺额尔德尼伊勒登诺颜子阿海台吉二弟额尔德尼台吉	披甲贡马一匹	绸缎两匹及毛青八匹
信顺额尔德尼伊勒登诺颜	信顺额尔德尼伊勒登诺颜下伊勒都齐诺颜侄子默尔根阿海诺颜	披甲贡马一匹	绸缎两匹及毛青八匹
信顺额尔德尼伊勒登诺颜	信顺额尔德尼伊勒登诺颜下达尔玛额林琛台吉族兄达赖代青台吉	披甲贡马一匹	绸缎两匹及毛青八匹
信顺额尔德尼伊勒登诺颜	信顺额尔德尼伊勒登诺颜下额尔德尼诺木齐弟朝台吉族弟沙布戎呼图克图	披甲贡马一匹	绸缎两匹及毛青八匹
默尔根诺颜	默尔根诺颜本人	俊美披甲马一匹及披甲贡马一匹	绸缎五匹及茶叶一篓
默尔根诺颜	默尔根诺颜母乌巴散扎哈屯	披甲贡马一匹	绸缎三匹
默尔根诺颜	默尔根诺颜大叔默尔根楚库尔诺颜	披甲贡马一匹	绸缎两匹及毛青八匹
默尔根诺颜	默尔根诺颜二叔默尔根代青台吉	披甲贡马一匹	绸缎两匹及毛青八匹

211

续表

所属扎萨克	人　　物	所献物品	康熙帝的回赏
默尔根诺颜	默尔根诺颜三叔色楞达西诺颜	披甲贡马一匹	绸缎两匹及毛青八匹
默尔根诺颜	默尔根诺颜大弟诺木齐代青台吉	披甲贡马一匹	绸缎两匹及毛青八匹
默尔根诺颜	默尔根诺颜二弟杜拉尔阿海台吉	披甲贡马一匹	绸缎两匹及毛青八匹
默尔根诺颜	默尔根诺颜三弟阿海代青台吉	披甲贡马一匹	绸缎两匹及毛青八匹
默尔根诺颜	默尔根诺颜四弟朝克图台吉	披甲贡马一匹	绸缎两匹及毛青八匹
默尔根诺颜	默尔根诺颜五弟额尔克台吉	披甲贡马一匹	绸缎两匹及毛青八匹
默尔根诺颜	默尔根诺颜六弟诺颜呼图克图	披甲贡马一匹	绸缎两匹及毛青八匹
默尔根诺颜	默尔根诺颜长子毕力克图台吉	披甲贡马一匹	绸缎两匹及毛青八匹
默尔根诺颜	默尔根诺颜次子额尔德尼台吉	披甲贡马一匹	绸缎两匹及毛青八匹
默尔根诺颜	默尔根诺颜三子占巴拉台吉	披甲贡马一匹	绸缎两匹及毛青八匹
默尔根诺颜	默尔根诺颜四子旺扎勒台吉	披甲贡马一匹	绸缎两匹及毛青八匹
以下是1678年即康熙十七年闰三月二十八日的进贡数			
默尔根诺颜	默尔根诺颜本人	披甲贡马两匹	绸缎六匹
默尔根诺颜	默尔根诺颜母乌巴散扎哈屯	披甲贡马一匹	绸缎三匹

续表

所属扎萨克	人　物	所献物品	康熙帝的回赏
默尔根诺颜	默尔根诺颜大叔默尔根楚库尔诺颜	披甲贡马一匹	绸缎两匹及毛青八匹
默尔根诺颜	默尔根诺颜二叔默尔根代青台吉	披甲贡马一匹	绸缎两匹及毛青八匹
默尔根诺颜	默尔根诺颜三叔色楞达西诺颜	披甲贡马一匹	绸缎两匹及毛青八匹
默尔根诺颜	默尔根诺颜四叔宾图台吉	披甲贡马一匹	绸缎两匹及毛青八匹
默尔根诺颜	默尔根诺颜五叔罗卜藏默尔根诺颜	披甲贡马一匹	绸缎两匹及毛青八匹
默尔根诺颜	默尔根诺颜六叔多尔济额尔克台吉	披甲贡马一匹	绸缎两匹及毛青八匹
默尔根诺颜	默尔根诺颜七叔宾图阿海台吉	披甲贡马一匹	绸缎两匹及毛青八匹
默尔根诺颜	默尔根诺颜八叔朝克图阿海台吉	披甲贡马一匹	绸缎两匹及毛青八匹
默尔根诺颜	默尔根诺颜大弟额尔德尼诺颜呼图克图	披甲贡马一匹	绸缎两匹及毛青八匹
默尔根诺颜	默尔根诺颜二弟诺木齐代青台吉	披甲贡马一匹	绸缎两匹及毛青八匹
默尔根诺颜	默尔根诺颜三弟杜拉尔阿海台吉	披甲贡马一匹	绸缎两匹及毛青八匹
默尔根诺颜	默尔根诺颜四弟纳木钟台吉	披甲贡马一匹	绸缎两匹及毛青八匹
默尔根诺颜	默尔根诺颜五弟阿海代青台吉	披甲贡马一匹	绸缎两匹及毛青八匹

续表

所属扎萨克	人　物	所献物品	康熙帝的回赏
默尔根诺颜	默尔根诺颜六弟达西额尔克台吉	披甲贡马一匹	绸缎两匹及毛青八匹
默尔根诺颜	默尔根诺颜七弟苏布济台吉	披甲贡马一匹	绸缎两匹及毛青八匹
默尔根诺颜	默尔根诺颜八弟郎苏台吉	披甲贡马一匹	绸缎两匹及毛青八匹
默尔根诺颜	默尔根诺颜九弟阿拉布坦台吉	披甲贡马一匹	绸缎两匹及毛青八匹
默尔根诺颜	默尔根诺颜十弟车布登台吉	披甲贡马一匹	绸缎两匹及毛青八匹
默尔根诺颜	默尔根诺颜十一弟吹扎布台吉	披甲贡马一匹	绸缎两匹及毛青八匹
默尔根诺颜	默尔根诺颜十二弟朝克图台吉	披甲贡马一匹	绸缎两匹及毛青八匹
默尔根诺颜	默尔根诺颜十三弟色楞扎布台吉	披甲贡马一匹	绸缎两匹及毛青八匹
默尔根诺颜	默尔根诺颜十四弟莽格尔台吉	披甲贡马一匹	绸缎两匹及毛青八匹
默尔根诺颜	默尔根诺颜十五弟扎拉旺台吉	俊美披甲马一匹	绸缎三匹及毛青十匹
默尔根诺颜	默尔根诺颜十六弟旺布台吉	披甲贡马一匹	绸缎两匹及毛青八匹
默尔根诺颜	默尔根诺颜十七弟色楞台吉	披甲贡马一匹	绸缎两匹及毛青八匹
默尔根诺颜	默尔根诺颜十八弟达西台吉	披甲贡马一匹	绸缎两匹及毛青八匹

第七章 17世纪中后期七和硕喀尔喀兀鲁斯与清朝的"八扎萨克体制"

续表

所属扎萨克	人　　物	所献物品	康熙帝的回赏
默尔根诺颜	默尔根诺颜长子留浩台吉	披甲贡马一匹	绸缎两匹及毛青八匹
默尔根诺颜	默尔根诺颜次子齐巴克额尔德尼台吉	披甲贡马一匹	绸缎两匹及毛青八匹
默尔根诺颜	默尔根诺颜三子占巴拉台吉	披甲贡马一匹	绸缎两匹及毛青八匹
默尔根诺颜	默尔根诺颜四子旺扎勒台吉	披甲贡马一匹	绸缎两匹及毛青八匹
默尔根诺颜	默尔根诺颜五弟温都尔台吉	披甲贡马一匹	绸缎两匹及毛青八匹
默尔根诺颜	默尔根诺颜六弟沙穆楚布台吉	披甲贡马一匹	绸缎两匹及毛青八匹
默尔根诺颜	默尔根诺颜七子默尔根台吉	披甲贡马一匹	绸缎两匹及毛青八匹
默尔根诺颜	默尔根诺颜八子古哲勒台吉	披甲贡马一匹	绸缎两匹及毛青八匹
默尔根诺颜	默尔根诺颜九子索博罕台吉	披甲贡马一匹	绸缎两匹及毛青八匹
默尔根诺颜	默尔根诺颜十子彭楚克台吉	披甲贡马一匹	绸缎两匹及毛青八匹
默尔根诺颜	默尔根诺颜十一弟迈达里台吉	披甲贡马一匹	绸缎两匹及毛青八匹
默尔根诺颜	默尔根诺颜十二子伊伯勒台吉	披甲贡马一匹	绸缎两匹及毛青八匹
默尔根诺颜	默尔根诺颜十三子伊勒登台吉	披甲贡马一匹	绸缎两匹及毛青八匹

续表

所属扎萨克	人　　物	所献物品	康熙帝的回赏
默尔根诺颜	默尔根诺颜十四子巴特玛台吉	披甲贡马一匹	绸缎两匹及毛青八匹
默尔根诺颜	默尔根诺颜十五子图勒曼台吉	披甲贡马一匹	绸缎两匹及毛青八匹
默尔根诺颜	默尔根诺颜十六子噶勒丹台吉	披甲贡马一匹	绸缎两匹及毛青八匹
默尔根诺颜	默尔根诺颜十七子罗卜藏台吉	披甲贡马一匹	绸缎两匹及毛青八匹
默尔根诺颜	默尔根诺颜十八子吹扎布台吉	披甲贡马一匹	绸缎两匹及毛青八匹
默尔根诺颜	默尔根诺颜十九子扎布台吉	披甲贡马一匹	绸缎两匹及毛青八匹
信顺额尔德尼伊勒登诺颜	信顺额尔德尼伊勒登诺颜本人	披甲贡马两匹	绸缎六匹
信顺额尔德尼伊勒登诺颜	信顺额尔德尼伊勒登诺颜母格楚勒哈屯	披甲贡马一匹	绸缎三匹
信顺额尔德尼伊勒登诺颜	信顺额尔德尼伊勒登诺颜大叔祖父昆都伦楚库尔诺颜	披甲贡马一匹	绸缎两匹及毛青八匹
信顺额尔德尼伊勒登诺颜	信顺额尔德尼伊勒登诺颜二叔祖父班第达诺颜呼图克图	披甲贡马一匹	绸缎两匹及毛青八匹
信顺额尔德尼伊勒登诺颜	信顺额尔德尼伊勒登诺颜大叔伊勒都齐诺颜	披甲贡马一匹	绸缎两匹及毛青八匹

续表

所属扎萨克	人物	所献物品	康熙帝的回赏
信顺额尔德尼伊勒登诺颜	信顺额尔德尼伊勒登诺颜二叔额尔德尼代青诺颜	披甲贡马一匹	绸缎两匹及毛青八匹
信顺额尔德尼伊勒登诺颜	信顺额尔德尼伊勒登诺颜三叔额尔德尼诺木齐诺颜	披甲贡马一匹	绸缎两匹及毛青八匹
信顺额尔德尼伊勒登诺颜	信顺额尔德尼伊勒登诺颜四叔玛哈达瓦诺颜	披甲贡马一匹	绸缎两匹及毛青八匹
信顺额尔德尼伊勒登诺颜	信顺额尔德尼伊勒登诺颜四叔玛哈达瓦诺颜之嫂满达喇哈屯	俊美披甲马一匹	绸缎四匹
信顺额尔德尼伊勒登诺颜	信顺额尔德尼伊勒登诺颜大弟额尔克代青诺颜	披甲贡马一匹	绸缎两匹及毛青八匹
信顺额尔德尼伊勒登诺颜	信顺额尔德尼伊勒登诺颜二弟朝克图阿海诺颜	披甲贡马一匹	绸缎两匹及毛青八匹
信顺额尔德尼伊勒登诺颜	信顺额尔德尼伊勒登诺颜三弟准塔尔台吉	披甲贡马一匹	绸缎两匹及毛青八匹
信顺额尔德尼伊勒登诺颜	信顺额尔德尼伊勒登诺颜四弟齐旺多尔济台吉	俊美披甲马一匹	绸缎三匹及毛青十匹
信顺额尔德尼伊勒登诺颜	信顺额尔德尼伊勒登诺颜五弟楚台吉	俊美披甲马一匹	绸缎三匹及毛青十匹

续表

所属扎萨克	人物	所献物品	康熙帝的回赏
信顺额尔德尼伊勒登诺颜	信顺额尔德尼伊勒登诺颜子阿海代青台吉	披甲贡马一匹	绸缎两匹及毛青八匹
信顺额尔德尼伊勒登诺颜	信顺额尔德尼伊勒登诺颜之诺颜托音	披甲贡马一匹	绸缎两匹及毛青八匹
车臣济农诺颜	车臣济农诺颜叔父察罕巴尔诺颜	披甲贡马一匹	绸缎三匹
车臣汗	车臣汗下阿巴哈纳尔之额尔克楚库尔台吉	披甲贡马一匹	绸缎三匹
车臣汗	车臣汗下阿巴哈纳尔之额尔克楚库尔台吉长子额尔克台吉	走马一匹	绸缎三匹及毛青十匹
1678年即康熙十七年润三月十五日			
车臣汗	车臣汗叔父额尔德尼卫征诺颜	俊美披甲马一匹	绸缎四匹
车臣汗	车臣汗叔父额尔德尼卫征诺颜次子默尔根台吉	俊美披甲马两匹	绸缎五匹、毛青十匹及茶叶一篓
车臣汗	车臣汗叔父额尔德尼卫征诺颜四子额尔德尼托音	俊美披甲马一匹	绸缎三匹及毛青十匹
车臣汗	车臣汗叔父额尔德尼卫征诺颜八子达西台吉	俊美披甲马一匹	绸缎三匹及毛青十匹
车臣汗	车臣汗叔父额尔德尼卫征诺颜兄土谢图诺颜次子伊勒登诺颜	俊美披甲马一匹	绸缎三匹及毛青十匹

续表

所属扎萨克	人物	所献物品	康熙帝的回赏
土谢图汗	土谢图汗叔父乌巴锡诺颜	披甲贡马一匹	绸缎三匹
土谢图汗	土谢图汗子噶勒登台吉	披甲贡马一匹	绸缎两匹及毛青八匹
土谢图汗	土谢图汗大曼珠舍利喇嘛	俊美披甲马一匹	绸缎三匹及毛青十匹
土谢图汗	土谢图汗之默尔根囊素	俊美披甲马一匹	绸缎三匹及毛青十匹
土谢图汗	土谢图汗之默尔根拉姆津巴	俊美披甲马一匹	绸缎三匹及毛青十匹
土谢图汗	土谢图汗之哲布尊丹巴呼图克图	披甲贡马一匹	绸缎三匹
1678年即康熙十七年四月初四日			
土谢图汗	土谢图汗本人	俊美披甲马三匹	绸缎五匹、四十两茶桶一个及茶叶一篓
土谢图汗	土谢图汗大叔伊勒登诺颜	披甲贡马一匹	绸缎两匹及毛青八匹
土谢图汗	土谢图汗二叔额尔克诺颜	披甲贡马一匹	绸缎两匹及毛青八匹
土谢图汗	土谢图汗三叔车臣诺颜	披甲贡马一匹	绸缎两匹及毛青八匹
土谢图汗	土谢图汗四叔车臣代青	披甲贡马一匹	绸缎两匹及毛青八匹
土谢图汗	土谢图汗五叔额尔德尼台吉	披甲贡马一匹	绸缎两匹及毛青八匹

续表

所属扎萨克	人物	所献物品	康熙帝的回赏
土谢图汗	土谢图汗弟巴图尔台吉	披甲贡马两匹	绸缎四匹及茶叶一篓
土谢图汗	土谢图汗弟多尔济台吉	披甲贡马一匹	绸缎两匹及毛青八匹
土谢图汗	土谢图汗长子噶勒丹台吉	披甲贡马一匹	绸缎两匹及毛青八匹
土谢图汗	土谢图汗次子多尔济台吉	披甲贡马一匹	绸缎两匹及毛青八匹
土谢图汗	土谢图汗三子纳木扎勒台吉	披甲贡马一匹	绸缎两匹及毛青八匹
土谢图汗	土谢图汗四子阿毕达台吉	披甲贡马一匹	绸缎两匹及毛青八匹
土谢图汗	土谢图汗五子贡格齐旺台吉	披甲贡马一匹	绸缎两匹及毛青八匹
土谢图汗	土谢图汗六子洪格尔台吉	披甲贡马一匹	绸缎两匹及毛青八匹
土谢图汗	土谢图汗弟巴图尔台吉长子额尔克台吉	披甲贡马一匹	绸缎两匹及毛青八匹
土谢图汗	土谢图汗弟巴图尔台吉次子多尔济台吉	披甲贡马一匹	绸缎两匹及毛青八匹
土谢图汗	土谢图汗弟巴图尔台吉下娶车臣汗长女之卫征塔布囊	俊美披甲马一匹	绸缎三匹及毛青十匹
土谢图汗	土谢图汗弟巴图尔台吉下和硕齐宰桑	俊美披甲马一匹	绸缎三匹及毛青十匹

第七章 17世纪中后期七和硕喀尔喀兀鲁斯与清朝的"八扎萨克体制"

续表

所属扎萨克	人物	所献物品	康熙帝的回赏
1678年即康熙十七年四月十四日			
扎萨克图汗	扎萨克图汗弟代诺颜	俊美披甲马一匹	绸缎四匹
扎萨克图汗	扎萨克图汗弟代诺颜下朝台吉侄子额尔克伊勒登台吉	俊美披甲马一匹	绸缎三匹及毛青十匹
信顺额尔德尼伊勒登诺颜	信顺额尔德尼伊勒登诺颜祖母格楚勒哈屯	披甲贡马一匹	绸缎三匹
信顺额尔德尼伊勒登诺颜	信顺额尔德尼伊勒登诺颜本人	俊美披甲马一匹及披甲贡马一匹	绸缎五匹及茶叶一篓
信顺额尔德尼伊勒登诺颜	信顺额尔德尼伊勒登诺颜叔祖父济纳达西诺颜	披甲贡马一匹	绸缎两匹及毛青八匹
信顺额尔德尼伊勒登诺颜	信顺额尔德尼伊勒登诺颜叔叔额尔德尼诺木齐诺颜	披甲贡马一匹	绸缎两匹及毛青八匹
信顺额尔德尼伊勒登诺颜	信顺额尔德尼伊勒登诺颜大弟腾格里托音	披甲贡马一匹	绸缎两匹及毛青八匹
信顺额尔德尼伊勒登诺颜	信顺额尔德尼伊勒登诺颜二弟额尔克代青诺颜	俊美披甲马一匹	绸缎三匹及毛青十匹
信顺额尔德尼伊勒登诺颜	信顺额尔德尼伊勒登诺颜三弟朝克图阿海诺颜	披甲贡马一匹	绸缎两匹及毛青八匹
信顺额尔德尼伊勒登诺颜	信顺额尔德尼伊勒登诺颜四弟额尔德尼台吉	俊美披甲马一匹	绸缎三匹及毛青十匹

续表

所属扎萨克	人物	所献物品	康熙帝的回赏
信顺额尔德尼伊勒登诺颜	信顺额尔德尼伊勒登诺颜之济纳达西诺颜长子代青和硕齐台吉	俊美披甲马一匹	绸缎三匹及毛青十匹
信顺额尔德尼伊勒登诺颜	信顺额尔德尼伊勒登诺颜之济纳达西诺颜次子达赖巴图尔台吉	俊美披甲马一匹	绸缎三匹及毛青十匹
信顺额尔德尼伊勒登诺颜	娶信顺额尔德尼伊勒登诺颜之济纳达西诺颜次女之夏（侍卫）塔布囊	俊美披甲马一匹	绸缎三匹及毛青十匹
信顺额尔德尼伊勒登诺颜	信顺额尔德尼伊勒登诺颜下锡热图宰桑	俊美披甲马一匹	绸缎三匹及毛青十匹
信顺额尔德尼伊勒登诺颜	信顺额尔德尼伊勒登诺颜之额木齐喇嘛	俊美披甲马一匹	绸缎三匹及毛青十匹
信顺额尔德尼伊勒登诺颜	信顺额尔德尼伊勒登诺颜下土萨图温布	俊美披甲马一匹	绸缎三匹及毛青十匹
1678年即康熙十七年五月十三日			
扎萨克图汗	扎萨克图汗本人	俊美披甲马一匹及披甲贡马一匹	绸缎三匹及三十两银制茶桶
扎萨克图汗	扎萨克图汗同族三叔额尔克台吉	俊美披甲马一匹	绸缎三匹及毛青十匹
扎萨克图汗	扎萨克图汗大弟宾图台吉	披甲贡马一匹	绸缎两匹及毛青八匹

第七章　17世纪中后期七和硕喀尔喀兀鲁斯与清朝的"八扎萨克体制"

续表

所属扎萨克	人　　物	所献物品	康熙帝的回赏
扎萨克图汗	扎萨克图汗二弟色楞巴图尔台吉	披甲贡马一匹	绸缎两匹及毛青八匹
扎萨克图汗	扎萨克图汗三弟代青巴图尔台吉	披甲贡马一匹	绸缎两匹及毛青八匹
扎萨克图汗	扎萨克图汗长子代青乌巴锡台吉	俊美披甲马两匹	绸缎四匹、毛青二十匹及茶叶一篓
扎萨克图汗	扎萨克图汗次子噶勒丹台吉	披甲贡马一匹	绸缎两匹及毛青八匹
扎萨克图汗	扎萨克图汗三子扎勒台吉	披甲贡马一匹	绸缎两匹及毛青八匹
扎萨克图汗	扎萨克图汗四子色楞特尔阿海台吉	披甲贡马一匹	绸缎两匹及毛青八匹
扎萨克图汗	扎萨克图汗五子额尔克台吉	披甲贡马一匹	绸缎两匹及毛青八匹
扎萨克图汗	扎萨克图汗六子乌巴锡台吉	披甲贡马一匹	绸缎两匹及毛青八匹
扎萨克图汗	扎萨克图汗七子罗卜藏台吉	披甲贡马一匹	绸缎两匹及毛青八匹
扎萨克图汗	扎萨克图汗八子纳木扎勒台吉	披甲贡马一匹	绸缎两匹及毛青八匹
扎萨克图汗	扎萨克图汗九子吹扎木素台吉	俊美披甲马两匹	绸缎四匹、毛青二十匹及茶叶一篓
扎萨克图汗	扎萨克图汗十子吹木丕勒台吉	俊美披甲马一匹	绸缎三匹及毛青十匹
扎萨克图汗	扎萨克图汗十一子诺伊罗布台吉	披甲贡马一匹	绸缎两匹及毛青八匹

续表

所属扎萨克	人物	所献物品	康熙帝的回赏
扎萨克图汗	扎萨克图汗十二子巴素台吉	披甲贡马一匹	绸缎两匹及毛青八匹
扎萨克图汗	扎萨克图汗十三子布穆台吉	俊美披甲马两匹	绸缎四匹、毛青二十匹及茶叶一篓
扎萨克图汗	扎萨克图汗十四子巴楞台吉	披甲贡马一匹	绸缎两匹及毛青八匹
彭楚克台吉	彭楚克台吉祖父诺木齐阿海台吉	披甲贡马一匹	绸缎两匹及毛青八匹
彭楚克台吉	彭楚克台吉叔祖父色木坦台吉	披甲贡马一匹	绸缎两匹及毛青八匹
彭楚克台吉	彭楚克台吉大伯父额尔德尼台吉	披甲贡马一匹	绸缎两匹及毛青八匹
彭楚克台吉	彭楚克台吉二伯父阿尔斯兰台吉	俊美披甲马一匹	绸缎三匹及毛青十匹
彭楚克台吉	彭楚克台吉叔父桑噶尔西扎布台吉	披甲贡马一匹	绸缎两匹及毛青八匹
彭楚克台吉	彭楚克台吉兄伊木济勒台吉	披甲贡马一匹	绸缎两匹及毛青八匹
彭楚克台吉	彭楚克台吉本人	俊美披甲马三匹	绸缎六匹、毛青二十匹及茶叶两篓
彭楚克台吉	彭楚克台吉之阿尔斯兰台吉子讷黑布库台吉	披甲贡马一匹及黄细身猎狗一只	绸缎四皮及毛青十五匹
彭楚克台吉	彭楚克台吉下娶扎萨克图汗弟之女之图尔根塔布囊	俊美披甲马一匹	绸缎三匹及毛青十匹

第七章 17世纪中后期七和硕喀尔喀兀鲁斯与清朝的"八扎萨克体制"

续表

所属扎萨克	人物	所献物品	康熙帝的回赏
彭楚克台吉	彭楚克台吉之达尔罕绰尔济	俊美披甲马一匹	绸缎三匹及毛青十匹
彭楚克台吉	彭楚克台吉之波克本阿兰津巴绰尔济	俊美披甲马一匹	绸缎三匹及毛青十匹
达尔玛舍利诺颜	达尔玛舍利诺颜本人	俊美披甲马一匹	绸缎四匹
达尔玛舍利诺颜	达尔玛舍利诺颜长子沙布隆呼图克图	披甲贡马一匹	绸缎三匹
达尔玛舍利诺颜	达尔玛舍利诺颜之温准达尔罕绰尔济	俊美披甲马一匹	绸缎三匹及毛青十匹
达尔玛舍利诺颜	达尔玛舍利诺颜下达尔罕宰桑	俊美披甲马一匹	绸缎三匹及毛青十匹

简略分析"表三":

1. 在此,我们首先会发现,向康熙帝进贡的七和硕喀尔喀兀鲁斯的领主,是以1655年即顺治十二年与清朝建立的八扎萨克为主要体系的。至此1678年,他们分别是:土谢图汗、信顺额尔德尼伊勒登诺颜、默尔根诺颜、车臣济农诺颜、车臣汗、扎萨克图汗、彭楚克台吉、达尔玛舍利诺颜。上述康熙十七年二月二十二日颁降的谕旨内出现的土谢图汗、车臣汗、扎萨克图汗、信顺额尔德尼伊勒登诺颜、默尔根诺颜、车臣济农、阿海代青台吉、色楞阿海台吉八位扎萨克中,阿海代青台吉被彭楚克台吉所代替,色楞阿海台吉被达尔玛舍利诺颜所代替。可知八扎萨克,尤其是右翼和硕的扎萨克,不断地在其家族内部转换代表人物。这也反映出右翼内部秩序的不安定及其领主势力的此消彼长情况。

2. 以八扎萨克为中心,以首领家族为单位进行着朝贡,同时得到

225

赏赐,并进行贸易。所以我们应该正确地理解八扎萨克,其并不是某一人物,而是各自家族领主的代表。又因同一家族出身的领主,各自支配着和硕下的有力鄂托克,所以也可以说,八扎萨克代表着七和硕喀尔喀兀鲁斯有实力的八大集团。

3. 这些七和硕喀尔喀兀鲁斯领主们呈献清朝皇帝的贡品和清朝皇帝对领主们的赏赐,其基本规格、物品种类和额数,大体都是一样的,只有担任扎萨克的人物多出一份。表明清朝没有考虑除了扎萨克人物之外的其他领主们在七和硕喀尔喀兀鲁斯中的爵位、实力和影响力,而只注重"朝贡"一事。反映出"朝贡"对双方来说实际上就是一贸易过程,双方没有把这种关系设定为带有强烈上下级隶属关系的行为。

4. "表三"中出现的人物,大体都可从本书第四章内容中找到。这些七和硕喀尔喀兀鲁斯的领主,一边"朝贡"清朝皇帝,一边施布达赖喇嘛,徘徊在两种关系中。但是,朝见达赖喇嘛是为了解决问题、申请封号、办理事务,对领主们在七和硕中的政治社会地位,有着紧密的关系。而"朝贡"清朝皇帝,其目的则比较直接,即为了取得贸易利益。

5. 与朝鲜、琉球等中华王朝的传统朝贡国,是以其国王派使臣来京畿朝贡皇帝为形式相比,七和硕喀尔喀兀鲁斯的八扎萨克,是以扎萨克人物为中心,以其家族领主共同朝贡的形式,向清朝皇帝进献贡物的。所以把这种关系,说成"宗主国与朝贡国"的关系,还不如说是蒙古"可汗兀鲁斯与领主兀鲁斯"的关系,则更为恰当。

经过以上的探讨,本章得出以下结论:

一、因是在"喀尔喀—卫拉特联合政权"的政治秩序下建立的外交关系,所以清朝与七和硕喀尔喀兀鲁斯之间的"八扎萨克体制",清朝皇帝对扎萨克及其继承人的任命,需要以七和硕喀尔喀方面的提名为基础。而七和硕的题名是在"达赖喇嘛——哲布尊丹巴呼图克图及七和硕喀尔喀兀鲁斯全体领主——扎萨克或其继承人"这种政治秩序中产生的。

二、清朝与七和硕喀尔喀兀鲁斯之间的"八扎萨克体制",是基于满洲蒙古政治外交传统—"发誓行为"来建立和发展的,是平等的外交关系。但在"献九白年贡"这一外在形式上,又很像中华王朝的朝贡外交。

三、从朝贡品的进献和赏赐品的情况来看,八扎萨克体制像金字塔式地分散开来,从最上面的清朝皇帝到中间层的喀尔喀八扎萨克,再到各个扎萨克的远近亲属领主,其下是领主们的属民。从一个高点逐层铺展到底层领主,形成了一个有序的体系,以此覆盖了整个七和硕喀尔喀兀鲁斯。这种外交体制俨然像一个"利益均沾"的贸易体制,惠及整个兀鲁斯。

虽然"喀尔喀—卫拉特联合政权"的建立有一部分是以抵抗清朝的扩张为时代背景的,但建立之后,因商业贸易的重要性,不得不仍与清朝交往。为了追求平等的政治外交,七和硕喀尔喀兀鲁斯与清朝基于"发誓行为"建立起契约式的协议关系,但因不得不顾及清朝皇帝的"面子"而采取了"献九白年贡"的形式,俨然其背后是惠及整个兀鲁斯的巨大的商业利益。一方面,基于这种商贸关系,七和硕喀尔喀兀鲁斯继续朝见和布施达赖喇嘛,维系着"喀尔喀—卫拉特联合政权"的政治秩序。所以说,17世纪中后期七和硕喀尔喀兀鲁斯与清朝之间建立的"八扎萨克体制",是以八扎萨克及其家族领主向清朝皇帝进年贡为外在形式,基于"发誓"行为,比较注重协约精神的友好贸易体制。

第八章
17世纪晚期七和硕喀尔喀兀鲁斯服属清朝的过程

在上一章中,笔者论述了七和硕喀尔喀兀鲁斯与清朝之间建立的"八扎萨克体制"的内含及其交涉事务。一方面,"喀尔喀—卫拉特联合政权"仍是围绕七和硕喀尔喀兀鲁斯存在的主要政治秩序。在这两种关系中,联邦的、合议的、领主制的七和硕喀尔喀兀鲁斯,怎样维持自己的政治社会体制,怎样维护各自及整体的利益,怎样在法的支配与达赖喇嘛旨令之间向前推进七和硕的公共事业,这些需要七和硕喀尔喀兀鲁斯领主们的智慧和经验。在内部鄂托克不断增多、左右翼产生纷争、准噶尔逐渐崛起、五世达赖喇嘛圆寂、清朝向北转移视线的内外形势之下,如何维护七和硕全体的利益已变得越来越是一项使命和沉重的负担。那么,当时的七和硕喀尔喀兀鲁斯的领主们是怎样行动的呢?尤其是以哲布尊丹巴呼图克图和土谢图汗为首的左翼首领们是采取怎样的措施把握兀鲁斯命运的呢?

本章中,将利用《清内阁蒙古堂档》中的相关蒙古文史料,阐明七和硕喀尔喀兀鲁斯在清朝皇帝与达赖喇嘛两方面的干涉下,怎样行动、怎样把握局面、怎样维护自身利益的问题,以此探讨1691年服属清朝前的七和硕喀尔喀兀鲁斯的内部动向及其过程。

第八章
17世纪晚期七和硕喀尔喀兀鲁斯服属清朝的过程

第一节 康熙帝向七和硕喀尔喀兀鲁斯的遣使

如前章所述,自1678年即康熙十七年始,七和硕喀尔喀兀鲁斯与清朝的关系进入了一个新的阶段。然而,此时的清朝正倾全国之力镇压南方的"三藩之乱",无暇顾及北方。关于此,可参见拙著《大清帝国时期蒙古的政治与社会——以阿拉善和硕特部研究为中心》的第二章内容。1681年彻底平定"三藩之乱"后,次年康熙帝即派遣使团前往七和硕喀尔喀兀鲁斯及准噶尔进行赏赐。关于为何前去赏赐的理由,康熙帝在给土谢图汗的谕旨中,记述如下:

> 皇帝之旨,颁降喀尔喀左翼土谢图汗:朕思自古帝王统御天下,不分内外远近,一视同仁,施恩万国,德敷世间。对献贡年久,诚心尽力者,时时加以重视,格外施恩也。土谢图汗,尔累世诚心谨慎于美好朝政,遣使献贡年久,恭顺而行,甚是可嘉。朕自前即欲施恩赏赐,以表格外仁慈之至意。然内地有事,不得空闲。今贼盗已绝,天下泰平,丝毫无事。得了空闲,特遣台吉阿拉布坦额驸、领侍卫内大臣费扬古、护军参领巴图及郎中喀喇等,携持重赏,前去大加施恩赏赉。另这几年遣使,尔等之台吉无一人前来。想必天气炎热,水土不服所致。今后尔等之台吉前来,著停止直来,下榻边外凉爽之地,转呈事由。如此降下朕旨,通达尔等心意,皆易。尔受此隆恩,时刻表示诚心,感戴仁意,恭顺尽力,符合朕以十善政治致使天下泰平,和谐世间一切之意。如此则累世万代受福德。特此颁旨。①

---

① 《清内阁蒙古堂档》,第3册,蒙古文第20—23页,满文第190—194页,"颁降喀尔喀土谢图汗谕旨草稿"。

清朝将同样内容的谕旨,同时也发给了车臣汗、额尔克代青诺颜、默尔根诺颜、扎萨克图汗、额尔德尼济农、彭楚克台吉、色楞阿海台吉、罗卜藏台吉、达尔玛舍利诺颜,这九大人物。如第七章所述,他们都是当时的喀尔喀八扎萨克,或其最有力人选,或前任扎萨克的直系后代,都是有权与清朝皇帝交往的七和硕首领。在这次发去的谕旨中,康熙帝表示:按照古代中华王朝帝王的标准,应该不分内外和远近,向万国施恩普及仁德。土谢图汗等进贡年久,且诚心尽力,所以施恩给予赏赐,表达皇帝格外仁慈之意。并接着说,不过因前几年内地有事,没时间赏赉,故于现在特遣使者进行赏赉。还有,以后喀尔喀的台吉们来见康熙帝时不用进入北京城,就在长城边外奏事领旨即可。最后要求土谢图汗时刻表示诚心,恭顺尽力,以符合康熙帝按照"十善政治"治理世间的本意。在此需要注意的是:康熙帝以中华王朝皇帝的身份在与土谢图汗等七和硕首领往来,其赏赉也是出于土谢图汗常年进贡恭顺而才施行的。在这层意思上,双方关系可以说是有"朝贡关系"的含义。但是最后,康熙帝却表示自己是以"十善政治(Mon:arban boyan-tu jasaγ;Man:juwan hūtūri i dasan)"来执政,"致使天下泰平,和谐世间一切"的,以此传达了是按照"朝政与教法二道"执政理念中的理想帝王——"转轮圣王"的标准在执政的意思。如第六章所述,这也是七和硕喀尔喀兀鲁斯首领们,自1630年代以来,一直希望清朝皇帝施行的执政理念。此时康熙帝通过表达这种共通的执政理念,试图取得土谢图汗的合作,以使他们表示诚心,传达喀尔喀的内部情况。所以说,康熙帝的这件谕旨具有双重理念,是合二为一的作品,表面上看起来他是中华王朝的皇帝,但其皇帝的执政理念与蒙古领主们所信奉的"转轮王思想"有一致之处,反映了清朝在统合汉地与蒙古之后所表现出来的执政理念及政策上的复合性。当然,这可能也是康熙帝为取得土谢图汗等七和硕喀尔喀兀鲁斯首领们的合作而特意使用的词句。从此次遣使赏赐后,七和硕首领们纷纷致书康熙帝,传达了喀尔喀内部事务的情况来看,康熙帝的这

第八章
17世纪晚期七和硕喀尔喀兀鲁斯服属清朝的过程

种多样的、灵活的、现实的政策,确实博得了喀尔喀方面的合作。

同时颁发的,康熙帝这次给八扎萨克的赏赉文书如下:

> 赏厄鲁特噶尔丹博硕克图汗、喀尔喀土谢图汗、喀尔喀车臣汗、喀尔喀额尔克代青诺颜、喀尔喀默尔根诺颜、喀尔喀扎萨克图汗、喀尔喀彭楚克台吉、喀尔喀额尔德尼济农、喀尔喀色楞阿海台吉、喀尔喀达尔玛舍利诺颜、喀尔喀罗卜藏:貂皮里子大蟒袍各一,貂皮大衣各一,新貂皮帽子,镶嵌绿松石的腰带子上携手巾、荷包袋、小刀、小匣子的一套各一,珊瑚佛珠各一,股子皮靴带丝绸袜子各一,镶嵌绿松石、珊瑚的撒袋里装弓并带十支箭各一,镶嵌绿松石、珊瑚的腰刀各一,雕花的马鞍各一,镶嵌绿松石、珊瑚的五十两金质茶桶各一,箍环上镶金的一百五十两银质罐子各一,五十两银质酒盏各一,大小各种绸缎各九十匹,毛青布各九百匹,新貂皮各五张,新水獭皮各五张,豹子皮各五张,虎皮各五张,海豹皮各五张,茶各九篓子。以上十一处所赏物品俱同。①

在此我们会发现,除了噶尔丹博硕克图汗外,其他十位俱是七和硕喀尔喀兀鲁斯的首领,且大多数是八扎萨克。而关键在于,康熙帝赏赐这些人物的物品种类、数量和规格都是一样的。这首先表明,康熙帝将喀尔喀和准噶尔的以上人物,一视同仁,没有区别对待,只基于往年的"朝贡关系"进行了赏赐。再表明,当时的清朝上层对七和硕喀尔喀兀鲁斯分权的、合议的政治社会体制,持有正确的理解。即汗王不是君主,只是一和硕的代表,被赏赐的以上十位是兀鲁斯内最具代表性的人物,他们在政治上是平等的,联合起来成为一兀鲁斯的情况。一方面,这件赏赉文书也向我们反映出,1682年的七和硕喀尔喀兀鲁斯,经

---

① 《清内阁蒙古堂档》,第3册,蒙古文第115—116页,满文第307—309页,"赏品数目草稿"。

过 17 世纪八十余年的发展,不管其内部的鄂托克增加多少,不管右翼内部的分化多么复杂,左右翼之间的纠纷多么激烈,而在与外部交往时,是以上述十大人物即以十大集团的形象出现的。说明当时的七和硕喀尔喀兀鲁斯,其基本的政治社会体制及建构理念没有变。

康熙帝的这次遣使,除了施恩赏赉之外,还有一个任务,那就是解决逃人问题。与上述谕旨同时颁发给土谢图汗等的,还有一件处理事务的谕旨。这种办事方式在与达赖喇嘛的联系交涉中也经常出现,一个是礼节性的谕旨,一个是办事的谕旨。以下是康熙帝颁发给土谢图汗的解决事务的谕旨内容:

> 皇帝之旨,颁降喀尔喀左翼土谢图汗:朕思自古帝王统治万国,抚绥远方,仁慈畿辅,必先宣布律法,灭绝偷盗,以使生民得到泰平。洁净水土,深思民生,应明确边界,禁止偷盗及逃人。看尔所居之地水土,与内蒙古游牧地接壤相近,故内蒙古与尔喀尔喀人等,相互偷盗之事甚多。此全因是与尔接壤边界的内蒙古人,偷盗尔属下兀鲁斯人等之牲畜所致,故尔之属下人等反过来亦偷盗内蒙古人之牲畜也。朕明白此事原因先由内蒙古人而起,今后朕将严加查禁内蒙古人。尔等地方亦与内地一样设置卡伦,晓示属下兀鲁斯人等,永永严禁偷盗。再看得,有内蒙古人出逃者,尔接受后收养。尔等喀尔喀之逃人,自朕亲政以来,毫无接受收养者。朕之旨意,如日月般明亮,定不失信。今将先后逃入尔地之内蒙古逃人,不收养分别逮捕送交我方。若有偷盗及逃人案件,双方卡伦应相互委托。此等事由,前去赏赐之大臣乘机与尔商议明确。特此颁旨。①

---

① 《清内阁蒙古堂档》,第 3 册,蒙古文第 71—74 页,满文第 243—247 页,"为偷盗逃人事颁降喀尔喀左翼土谢图汗谕旨草稿"。此文草稿与前一谕旨的草稿一样,于康熙二十一年七月四日,侍读学士拉巴克、乌拉岱,主事蒙格图等作成后,由大学士觉罗拉都珲、明珠等上奏康熙帝。得到允准后,于是月十六日满蒙文合璧写在龙笺纸上。

清朝将相同内容的谕旨,同时也颁发给了车臣汗、额尔克代青诺颜、默尔根诺颜三人。因为他们都是左翼和硕的首领,与清朝接壤边界,偷盗及逃人案件多出在左翼境内,故相应发去文书。于此可以看出,平定"三藩之乱"后,康熙帝以赏赐为契机,试图彻底解决清朝与七和硕喀尔喀兀鲁斯之间的偷盗及逃人问题,以巩固清朝的边疆,改善与喀尔喀首领们之间的友好关系。这想必是从1677年逃来的巴图尔额尔克济农和罗理的事件中,康熙帝吸取教训,认识到"喀尔喀—卫拉特联合政权"下各大兀鲁斯的安定与清朝的西北边疆安全紧密相关的问题。同时康熙帝也了解到喀尔喀、卫拉特的首领们与达赖喇嘛之间关系密切及各兀鲁斯之间的矛盾与联系①。进一步了解他们的内部动向,通过交涉来确保清朝西北边疆的稳定,是这一时期康熙帝遣使以八扎萨克为首的七和硕喀尔喀兀鲁斯首领的重要目的。

这种遣使与赏赉及康熙帝谕旨中对八扎萨克"时刻表示诚心"的要求,给其后的双方关系带来深刻变化。以此为契机,七和硕喀尔喀兀鲁斯的领主们开始将自己的内部动向报告给了康熙帝。并以此为起始,康熙帝介入了"喀尔喀—卫拉特联合政权"的内部事务。所以,1682年即康熙二十一年的遣使喀尔喀,是清朝西北边疆政策中的一次里程碑式的事件。

第二节　对七和硕喀尔喀兀鲁斯
左右翼纷争的调停

如上所述,受到康熙帝的赏赉之后,七和硕喀尔喀兀鲁斯的有力首领们纷纷各自致信康熙帝表示谢意。其中右翼扎萨克图汗和左翼

---

① 参见拙著:《大清帝国时期蒙古的政治与社会——以阿拉善和硕特部研究为中心》,第67—75页。

土谢图汗、车臣汗的书信,另外带有强烈的政治意涵。首先,扎萨克图汗的书信,直接表白了七和硕左右翼之间的争端,其内容如下:

> 因虎年罗卜藏破坏朝政,我兄弟及属民逃入左翼者多。二十一年间,多次追讨,却不曾返还。是故呈奏上达赖喇嘛时,喇嘛颁旨七和硕曰"尔等七和硕理应尊重扎萨克图汗,扎萨克图汗亦应不加分别地扶持七和硕,难道不是吗"等语。又照此颁旨,授予扎萨克图车臣汗封号及文书、印章。再按照自毁坏以来逃入左翼之兄弟(残缺,应为"属民"字样)全部出具还给之旨意,在(残缺)使者扎尔布鼐身旁,我等会盟欲要追讨兀鲁斯民众。时(残缺,应为"土谢图"字样)汗没有前来。正在这时,主子颁降文书、印章及谕旨,并向会盟派来诺颜及官员等。迎请主子谕旨文书后,按照旨意遣去我子格勒登。因是我等全体的主子,故现在呈奏事务,今后需要呈奏哪些事务呢?文书礼物:呈两匹马、一只秃鹫、一把腰刀、一张弓。水狗年冬之孟月十五日。书于吉尔噶郎图。①

这里的"虎年",指 1662 壬寅年即康熙元年。是年,喀尔喀右翼的罗卜藏台吉即巴特玛额尔德尼洪台吉长子亦林臣赛音洪台吉,击杀扎萨克图汗浩塔拉,抢夺了扎萨克图汗伞下的斡勒呼努特鄂托克,文中的"毁坏朝政"即指这件事。因此次事件,原属于右翼的领主及其属民逃入左翼者多。而作为右翼之长的扎萨克图汗上任后,有权利、有义务去讨还这些属下。但是追讨 21 年,左翼以土谢图汗为首的领主们仍不予返还。期间上诉达赖喇嘛后,达赖喇嘛要求左翼尊重右翼扎萨克图汗,将逃人还给右翼。但是达赖喇嘛为解决争端而

---

① 《清内阁蒙古堂档》,第 3 册,蒙古文第 371—372 页,满文第 451—454 页,"喀尔喀扎萨克图汗奏文"。

派的使者扎尔布鼐前来会盟时,左翼土谢图汗却没来参加会盟。表明土谢图汗不想听达赖喇嘛的意见返还右翼逃人,从中我们可以看出这时的七和硕左翼与达赖喇嘛之间的一些关系变化。就在这种相互矜持的时刻,上述1682年即康熙二十一年,康熙帝派遣的清朝使者为了赏赐而到了扎萨克图汗处。随即,遵照康熙帝"时刻表示诚心"的要求,扎萨克图汗首先将七和硕左右翼之间的矛盾,透漏给了康熙帝。在此需要注意的是:文中扎萨克图汗说康熙帝"是我等全体的主子",这里的"主子"一词,指蒙古领主诺颜们对"可汗"的普遍称呼,"全体"指包括左右翼在内的全体七和硕喀尔喀兀鲁斯。可汗主子作为仲裁者,能够公平合理地解决纠纷,扎萨克图汗如此称呼康熙帝,说明他是有意恳请康熙帝出手调停和解决喀尔喀左右翼纠纷。为此,扎萨克图汗最后才说"今后需要呈奏哪些事务呢?",表示出进一步合作的态度。上揭文书的制作时间,是"水狗年冬之孟月十五日",即1682壬戌年——康熙二十一年十月十五日,说明清朝使者到达扎萨克图汗宫帐后,立即做出了反应。这是七和硕喀尔喀兀鲁斯众首领中,最早向康熙帝反映左右翼纷争的文书,折射出当时的扎萨克图汗面对不执行达赖喇嘛旨令的"强大的左翼"所显示出的无奈与困境。

第二个致信康熙帝请求关照的,是左翼土谢图汗和车臣汗,他们二位的文书内容,除了人名之外,其他完全一致。表明在怎样与康熙帝联系,怎样答复,采取怎样的立场与方式等问题上,左翼两位汗王是密切沟通的,一致行动的,显示了左翼的团结互助。他们文书的内容如下:

> 皇帝之明前,具有信仰力的瓦齐赉土谢图汗奏文:依照安逸扶助天下之大仁慈,消灭几个邪恶,隆兴教法,使全民泰平,听到此英明,尤其为巩固美好朝政,使天下泰平而颁敕书,降"诚心谨慎恭顺而行,甚是可嘉"之谕旨,授予恩赏,为此甚是欣慰。呈

上庆贺之礼,回奏上谕。针对为任何朝政事务皆可遣人之旨,派遣台吉等前往。细密之处,口头上奏。特此上奏。水猪年秋之孟月初日呈。①

在此,土谢图汗称康熙帝为"皇帝",而不是"主子",可见其不像扎萨克图汗那样过分地承认康熙帝的身份地位,以防范清朝皇帝过多地干涉七和硕喀尔喀兀鲁斯的内部事务。其后"依照安逸扶助天下之大仁慈,消灭几个邪恶,隆兴教法,使全民泰平,听到此英明",特指康熙帝镇压"三藩之乱",平定清朝的南方边疆,使民众安享泰平的英明事情。接下来的,就是在指康熙帝遣使喀尔喀的事情。其中土谢图汗特别注意到了康熙帝在谕旨中所言的"为任何朝政事务皆可遣人"一语,这是对康熙帝谕旨"尔受此隆恩,时刻表示诚心,感戴仁意,恭顺尽力,符合朕以十善政治致使天下泰平,和谐世间一切之意"的概括理解。为此土谢图汗和车臣汗各自派遣台吉为使者前往北京,向康熙帝口头秘密报告了事务。但报告了何事,是不是说了左右翼之间的纷争,现在不得而知。至少在这件文书里,左翼两位汗王虽然对康熙帝的遣使赏赉的动机表示出一些怀疑,但仍采取了友好接近的态度。

于是,接到扎萨克图汗的请求和左翼两位汗王的文书后,康熙帝马上做出反应。以扎萨克图汗文中所言达赖喇嘛遣使扎尔布鼐的理由为根据,于1684年即康熙二十三年二月向五世达赖喇嘛发去了一同遣使调停七和硕喀尔喀兀鲁斯左右翼纷争的文书②。接着,达赖喇嘛方面收到康熙帝的这件文书后,于是年六月初一日,向康熙帝发送

---

① 《清内阁蒙古堂档》,第3册,蒙古文第427—428页,满文第536—537页,"喀尔喀瓦齐赉土谢图汗奏文"。

② 参见《清内阁蒙古堂档》,第4册,蒙古文第7—11页,满文第107—113页,"为事务致达赖喇嘛的敕书"。关于该文书,康熙二十三年正月二十日,康熙帝下令制作致达赖喇嘛的敕书,得旨后大学士觉罗拉都珲、明珠、侍读学士拉巴克等一同制作,侍读学士拜理、主事蒙格图翻译成蒙古文。是月二十五日,经觉罗拉都珲、明珠等上奏,得到康熙帝的允准后,二十九日满蒙文合璧眷写敕书,于二月初三日交给理藩院郎中赛柱。

第八章
17世纪晚期七和硕喀尔喀兀鲁斯服属清朝的过程

回信,同意康熙帝的建议,表示派三巴呼毕勒罕于是年十二月到达喀尔喀地方,并希望康熙帝也派人前往,以期共同调停①。但是,按照清朝方面的说法,达赖喇嘛派的三巴禅巴呼图克图到达呼和浩特附近的博尔噶苏台地方后不幸圆寂了。为此康熙帝于1685年即康熙二十四年正月,又向达赖喇嘛发去文书,请求再派一使者前来,与康熙帝的使者在喀尔喀南部边境约定时间和地点,会面后再前往喀尔喀地方调停②。接到康熙帝的以上文书后,达赖喇嘛表示派遣尊贵的噶勒丹锡热图前去调停,以解消清朝方面顾虑达赖喇嘛所派的使者是否具有号召力、影响力的担忧③。

康熙帝与五世达赖喇嘛之间经过以上的这种沟通和交涉,一致派遣使者前去七和硕喀尔喀兀鲁斯调停左右翼纷争的事情逐渐趋于成型后,1686年即康熙二十五年三月,康熙帝向七和硕喀尔喀兀鲁斯的全体首领,发去了决定调停的文书。其内容在《清内阁蒙古堂档》第4册,蒙古文第352—356页,满文第468—475页,"为喀尔喀土谢图汗扎萨克图汗和好事所颁敕书"中,记载如下:

> 皇帝之旨,颁降喀尔喀七和硕汗、济农、诺颜、台吉等:朕因统御寰宇,故以内外皆各得泰平安逸幸福为平常之心。先前听说右翼扎萨克内生动乱,兄弟及属民等逃入左翼者多,左翼扎萨克之兄弟及属民等亦有逃入右翼者。尔等两翼七和硕汗、济农、

---

① 参见《清内阁蒙古堂档》,第4册,蒙古文第87—89页,满文第223—225页,"达赖喇嘛为事务之奏文"。康熙二十三年十二月初三日,理藩院员外郎达扈将达赖喇嘛的蒙古文书送至内阁,经侍读学士乌拉泰、拜理译成满文后,是月初七日,由大学士觉罗拉都珲、明珠等上奏康熙帝。

② 参见《清内阁蒙古堂档》,第4册,蒙古文第242—244页,"致达赖喇嘛之敕书"。康熙二十四年正月初四日,康熙帝下令制作致达赖喇嘛的敕书,得旨后大学士觉罗拉都珲、明珠一同制作,侍读学士乌拉泰、拜理译成蒙古文后,是月初六日由觉罗拉都珲、明珠等上奏,得到康熙帝允准后,初八日满蒙文合璧誊写敕书,于是日交给理藩院员外郎南迪。

③ 参见《清内阁蒙古堂档》,第4册,蒙古文第298—300页,"达赖喇嘛为事务之奏文"。康熙二十四年八月初五日,理藩院尚书阿喇尼将达赖喇嘛的蒙古文书送至内阁,侍读学士乌拉泰、拜理、主事蒙格图、博洛等译成满文后,于是月初十日上奏康熙帝。

诺颜、台吉等,累世给朕进贡,一直和好而行。今尔等内部互相吞并兄弟及属民,不和睦生活,日后必因此而致彼此交恶生乱结仇。如此则不合本使尔等全体各自泰平安逸幸福之初心,是故朕内心无比仁慈尔等众人。为此阳木鼠年致书达赖喇嘛曰:喀尔喀汗、诺颜等皆奉戴尔喇嘛,信仰尔之教法,遵尔之戒律。自与朕一致朝政与教法以来,诚心职贡,累世不绝。今寰宇泰平,唯此七和硕喀尔喀内相交恶不和,朕心中恻然彼等之纷争。互相发生纠纷,不仅父子、兄弟、骨肉相离,害苦属民,喀尔喀两翼汗、济农、诺颜、台吉等怎能并肩存立。伊等自古一直恭顺和好于朕,对尔喇嘛亦是长年施主,我等派遣使者,和好两翼喀尔喀汗、济农、诺颜、台吉等,俱使安逸泰平幸福生活,钦此。发去敕书后,达赖喇嘛言道:上可汗为朝政事务,如同众生父母般仁慈所奏之言甚好,等语。为此派三巴呼毕勒罕至呼和浩特后去世。又为此事遣使达赖喇嘛时,达赖喇嘛特派噶勒丹锡热图前来。是故朕特以台吉巴特玛什、尚书阿喇尼为使,差喇嘛阿其图绰尔济、台吉毕里克图、侍卫僧格及冲古里等,与达赖喇嘛之噶勒丹锡热图一同遣去。尔等众汗、济农、诺颜、台吉等,念及朕仁慈尔等累世恭顺进贡和好而行之心及达赖喇嘛以六大智慧行事,平视四种无极之怜悯心,停息尔等先前之怨恨,将留于各处之兄弟属民等,返还原来的扎萨克,全体和睦,照前那般生活。为此特颁敕书。尔等立即遵从朕旨及达赖喇嘛谕旨,彼此和睦亲善,不仅符合朕致寰宇泰平之极意及达赖喇嘛以十善之业而行之怜悯心。自尔等七和硕两翼喀尔喀汗、济农、诺颜、台吉等至属民为止,皆可消去分崩离析、凄惨争斗之苦,以至泰平生活,得无限福恩。特此降旨。①

---

① 大学士觉罗阿都晖、明珠,学士马尔图、牛钮、禅保,理藩院尚书阿喇尼、侍郎拉巴克等一同制作该文书,于康熙二十五年三月二十七日上奏,得到康熙帝允准后,满蒙文合璧誊写在龙笺纸上。

康熙帝的这篇谕旨,虽然以"皇帝之旨"来开头,但在内容中明确解释了皇帝是"因统御寰宇,故以内外皆各得泰平安逸幸福为平常之心",来着手调停喀尔喀左右翼纷争,使其和好如初。在这一层意思上,我们看不到"并持朝政与教法"的转轮王思想,反而看到可汗作为仲裁者使众人和平友好生活的一面。在该谕旨的蒙古文、满文中,康熙帝称呼自己仍是"我(Mon：bi, Man：bi)",不像汉语中的"朕"那样高高在上。此外需注意的是,清朝使用的"寰宇"一词,在满文中是"天下(Man：abkai fejergi)",而对应的蒙古文中的"delekeidakin",具有寰宇、世界、地面的意思,没有中心,没有边缘,平等共存,但满文就使用了"abkai fejergi"即"天下"一词,表明这时的清朝虽然是满洲汗王当政,但是以中华王朝的皇帝理念来行事。当然,在服属清朝前的七和硕喀尔喀兀鲁斯领主面前,康熙帝不会赤裸裸地使用"天下"一词,因为这样他们之间就很难有共同的政治平台和价值观。

除以上的抽象理念之外,八扎萨克体制的存在,是现实上出面调停的主要原因。如康熙帝所言:"尔等两翼七和硕汗、济农、诺颜、台吉等,累世给朕进贡,一直和好而行。今尔等内部互相吞并兄弟及属民,不和睦生活,日后必因此而致彼此交恶生乱结仇。如此则不合本使尔等全体各自泰平安逸幸福之初心,是故朕之内心无比仁慈尔等众人"。正因为此,才出面调停。在清朝尚未统治七和硕喀尔喀兀鲁斯的前提下,怎样干涉其内部事务,需要很大的一个充满合理性的理由才行,于此八扎萨克体制成为康熙帝此次出马调停的前提条件。康熙帝最后说,若七和硕左右翼和好,即"符合朕致寰宇泰平之极意及达赖喇嘛以十善之业而行之怜悯心",表明康熙帝是作为一般的可汗来使寰宇泰平的,而达赖喇嘛才是以转轮王"十善之业"怜悯世间的,两种执政理念虽然相异,但具有共同的美好目的。这也在暗示,清朝间接承认了达赖喇嘛的地位。在这篇谕旨中,康熙帝表示调停目的是:"停息尔等先前之怨恨,将留于各处之兄弟属民等,返还原来的扎萨克,全体和睦,照前那般生活",意思即要求左翼土谢图汗将流入左翼的右翼属民及财产还给右翼,说明康熙帝并没有偏袒左翼,而是实事求是地道出了左翼的责任。如此,康熙帝早期的调停是中立的,没有偏袒何方。

为此,1687年即康熙二十六年正月稍前,七和硕喀尔喀兀鲁斯的全体领主,实际应该说是以左翼为主的领主们,共同上尊号于康熙帝。关于其具体内容,据《清内阁蒙古堂档》,第6册,蒙古文第3—4页,满文第150—152页,"喀尔喀汗诺颜台吉等之奏文"称:

> 曼珠舍利上大圣可汗明鉴,以两汗为首之七和硕大小诺颜等奏事:大可汗为说明形势,安抚远方,向达赖喇嘛提及劝告,让噶勒丹锡热图来临,又派自己的大官阿喇尼尚书,使七和硕的大喇嘛哲布尊丹巴呼图克图驾临,召集我喀尔喀汗诺颜等全体,颁降各种教导谕旨后,我等全体接受,并遵行全部旨意,没有逾越大治理者草拟的大部分决定,谨慎而行。因向全体给予大安逸,朝政安定,教法兴隆,故因大圣可汗的这般仁慈,我等全体甚是喜悦,已成众人之大恩人也。不知如何报答这般无法报答之恩。虽难以启齿,唯诚心上尊号,恳请再仁慈抚育接受。曼珠舍利上极仁慈大圣可汗。①

如此,为了感谢康熙帝调停左右翼纷争之恩,七和硕喀尔喀兀鲁斯的全体领主上书康熙帝,奉戴其为:"曼珠舍利上极仁慈大圣可汗(Mon: manǰusiri degedü ülemǰi örösiyenggüi yeke boγda qaγan)"。此处,"曼珠舍利上大圣可汗"部分,是此前既有的封号,是七和硕喀尔喀兀鲁斯跟随达赖喇嘛上的尊号。这次加上去的"极仁

---

① 该文书与土谢图汗的其他六件文书一起,于康熙二十六年正月初七日,由理藩院员外郎安迪送至内阁票签处,是日侍读学士拜理、拜达勒等译成满文后,经侍读学士拉巴克修正,于该月初八日,由大学士拉都珲、明珠等上奏康熙帝。

慈(Mon：ülemǰi örösiyenggüi)"是七和硕的领主们自主性地奉上的尊号,以对康熙帝极其仁慈的帮助,表示感谢。

此外,更为重要的是,这种上尊号的背后,隐藏着随之而来的七和硕首领们从康熙帝请求封号的潮流。从世间众人所公认的高尚的、权威巨大的神圣人物请求封号,以壮大自己的权势和利益,提高自己的政治地位,增强自己对属民的统治合法性的行为,在古代蒙古社会普遍存在。七和硕领主全体上尊号于康熙帝,表明康熙帝的权威在七和硕喀尔喀兀鲁斯社会中得到承认和拥戴,这是一次质的飞跃。此后,喀尔喀的有力领主们纷纷将自己拥有何种封号的事情报给康熙帝,意思即请求康熙帝给予相应的仁慈和关照。虽然这种行为并不代表七和硕按照康熙帝的旨令行事,接受其统治,但实质性地为清朝干涉喀尔喀内部事务打开了门户。从此开始,七和硕喀尔喀兀鲁斯左翼禁断与达赖喇嘛的关系,开始拥护康熙帝。

另外,虽然七和硕的领主们在上尊号时说:"颁降各种教导谕旨后,我等全体接受遵行全部旨意,没有逾越大治理者草拟的大部分决定,谨慎而行",但喀尔喀左翼处理问题的结果,并没有受到右翼的满意,尤其是站在右翼背后的准噶尔的噶尔丹。以会盟期间哲布尊丹巴呼图克图与达赖喇嘛的代表噶勒丹锡热图平等就座,没有尊重达赖喇嘛为由,噶尔丹斥责哲布尊丹巴呼图克图的不恭。再以土谢图汗先前曾支援天山北麓和硕特兀鲁斯的鄂齐尔图车臣汗,攻打过噶尔丹,又将女儿嫁给鄂齐尔图车臣汗孙罗卜藏衮布为由,噶尔丹与土谢图汗两人也结仇。1688年春,噶尔丹领兵三万,越过杭爱山脉,以问罪哲布尊丹巴呼图克图及土谢图汗二人为由,大举侵犯七和硕喀尔喀兀鲁斯左翼。于是,战败逃亡的土谢图汗及哲布尊丹巴呼图克图等首领,被迫率领属民迁移南下至清朝境内避难。1688—1690年间,七和硕喀尔喀兀鲁斯左翼数十万民众陆续进入漠南蒙古驻牧,以求康熙帝的保护。

第三节　服属清朝编立扎萨克旗和旧有体制的关系

1691年即康熙三十年五月,康熙帝于漠南蒙古的多伦诺尔地方召开会盟,在满洲宗室王公和漠南蒙古王公共同出席的气氛中,使七和硕喀尔喀兀鲁斯正式服属清朝。通过噶尔丹战争,清朝坐收渔翁之利,很便宜地将七和硕喀尔喀兀鲁斯的民众和土地兼并到自己的版图中。多伦诺尔会盟前后,康熙帝的亲信侍卫阿南达及理藩院侍郎温达等臣官还"趁火打劫",迅速前往喀尔喀各大首领处,将其属下男丁编入"旗—佐领"。对此,当时的喀尔喀领主们曾表示过极大的不满。据《清内阁蒙古堂档》,第9册,蒙古文第81—83页,满文第79—81页,"喀尔喀车臣汗奏文"称:

> 愿吉祥。圣可汗睿鉴,喀尔喀车臣汗奏:前自葛根汗开辟满洲、蒙古之道以来,正一直呈献九白之贡时,二汗发生了战争。我等迁徙鄂托克,至鄂博北居住时,遣来马第扎尔固齐之际,上奏了所有事情。其后派来阿南达侍卫言道"博硕克图汗遣达延宰桑致信与我,等语。尔要成为谁的属下"等语。如此询问。自前以来一直献九白之贡,遵从倚赖而行。现如今亦以先前之誓言,遵从倚赖而行矣,等语。如此奏言时,回复称:此言是也,钦此。遂遣侍郎,为以先前之道存续而将我即父亲位。温达大臣前来,六人先进屋里,将我之坐垫、桌案搬出,使我坐在门旁,将十万之众编为十扎萨克,使彼等有了与我一样的职务。将四汗时未分之阿巴哈纳尔,切为三个半分配了。先前并不如此也。询问大臣此事为何时言道:尔等的先前之道在何耶? 照我方制度行事,等语。我向来未损害过朝政与教法,亦无毁过誓言。奏

第八章
17世纪晚期七和硕喀尔喀兀鲁斯服属清朝的过程

此等不满之言。①

这件文书中,"圣可汗"指康熙帝。"车臣汗"指七和硕喀尔喀兀鲁斯左翼车臣汗乌默克。他于1688年即康熙二十七年,被康熙帝册封为车臣汗。这是清朝皇帝第一次给七和硕喀尔喀兀鲁斯的汗王授予封号,代表着清朝皇帝的权力正式渗透进喀尔喀蒙古社会。"葛根汗"指世祖章皇帝——顺治帝。"开辟满洲、蒙古之道",指1655年即顺治十二年建立八扎萨克体制的事情。"二汗"指喀尔喀左翼土谢图汗和准噶尔的噶尔丹博硕克图汗。后面的"四汗"指同一家族的硕垒车臣汗、巴布车臣汗、诺尔布车臣汗、阿拉布坦伊勒登车臣汗。

车臣汗乌默克在上奏康熙帝的这件文书中言道:自顺治十二年建立八扎萨克体制以来,七和硕喀尔喀兀鲁斯的领主们正在向清朝皇帝献"九白之贡"时,土谢图汗和噶尔丹汗之间发生了战争。为此乌默克等率领属民前来清朝边界外居住时,康熙帝派去扎尔固齐马第问询情况,于是乌默克等将为何前来清朝边界外居住的情况通过马第报告给了康熙帝。其后康熙帝的侍卫阿南达前往乌默克处,询问是否要归顺清朝时,乌默克等回答:因先前基于八扎萨克体制依靠清朝皇帝办事,所以今后也仍要依靠清朝皇帝办事。但并没有说要归顺清朝。旋即康熙帝派去理藩院侍郎温达,将乌默克册封为车臣汗,同时温达等又擅自进入汗帐强行将乌默克的坐垫、桌案搬出帐外,让乌默克坐在门旁,排除乌默克,在其不由自主的情况下,将其属下十万之众编为十个扎萨克,又使这些扎萨克拥有了与乌默克同等的军政职务。同时又将历代车臣汗没有划分过的阿巴哈纳尔,分割为三个半。以此极大地侵害了车臣汗的传统权益。至此,就像清朝

---

① 康熙二十九年三月三十日,理藩院员外郎常寿将此文送至内阁蒙古堂,并由唐古特文少卿兼侍读学士班第等译成满文后,于四月初一日,由大学士伊桑阿、阿兰泰等上奏康熙帝。

大臣温达所言的那样："尔等的先前之道在何耶？照我方制度行事"，这是清朝趁七和硕喀尔喀兀鲁斯战败溃散之机，强行推进清朝的收编政策，越过七和硕首领们的传统权利，将其属下编为扎萨克旗的行为，对此车臣汗等汗王当然表示反对和不满。车臣汗乌默克，以"我向来未损害过朝政与教法，亦无毁过誓言"为由，认为自己因没有损害过蒙古的传统朝政与教法，又没失信过建立八扎萨克时与清朝建立的誓言，所以清朝不应对他这么不公，以此表达了强烈的不满。

由此看来，七和硕喀尔喀兀鲁斯的服属清朝，并不是喀尔喀方面一味的、无条件的、一厢情愿的归顺。喀尔喀的领主们还是想继续维持八扎萨克体制，试图在这种体制基础上，与清朝皇帝建立更加紧密的关系。但清朝方面没有停留，没有满足于这种关系，"趁火打劫"，急速推进扩张政策，强行将清朝的"旗—佐领制度"编入喀尔喀的各大和硕中，同时剥夺了各大和硕首领们的部分权利。俨然，这是一个质的变化，人为的剧变。因形势所迫，喀尔喀汗王等不得不忍受清朝的这种改编。服属清朝后，喀尔喀汗王们的传统权利，尤其对军队的自主权利被剥夺，成为清朝皇帝的"下级军官"。这是服属清朝后，七和硕喀尔喀兀鲁斯体制最大的变化。而领主们的其他权利，还需另说。

又据《清内阁蒙古堂档》，第 9 册，蒙古文第 132—134 页，满文第 130—132 页，"喀尔喀默尔根代青台吉奏文"记述道：

> 默尔根代青台吉呈文圣主：我逃避噶尔丹博硕克图，刚刚遁入圣主金色鄂博，旋即听到遵圣主谕旨领兵前来之巴林纳穆杜克王、阿拉布坦台吉及内大臣津晋等已到达。随后默尔根代青我遣萨仁额尔德尼宰桑，将归附圣主之事奏闻。其后龙年八月，又派萨仁额尔德尼宰桑，于圣主狩猎时，呈奏了情形文。那时言道：稍后将颁降圣主旨令，等语。而后王、大臣、台吉等已亲自前去奏闻事由。其后蛇年二月，默尔根代青台吉亲自前去

第八章
17世纪晚期七和硕喀尔喀兀鲁斯服属清朝的过程

觐见了圣主。至今,仍有归附圣主之一心一意。今我方车臣汗率十万之众归附圣主,其虽编立了旗佐领,但仍以先前之喀尔喀之道存矣。依我之意,祈求彻底归附圣主,变得与四十九扎萨克同。圣主明鉴。因未奉圣主之旨令,故将不满上奏。将我与未报情形之台吉等同视,为此大为不满也。①

如此,虽然清朝已将车臣汗属下编入"旗—佐领",但其"仍以先前之喀尔喀之道存矣",意思即车臣汗还是以七和硕喀尔喀兀鲁斯时代的旧有体制生产生活着。对此,笔者认为应该准确通透理解清朝的"旗—佐领"制度。正如笔者在拙著《大清帝国时期蒙古的政治与社会——以阿拉善和硕特部研究为中心》中的阐释,清朝在蒙古社会编立的"旗—佐领",基本上是一种军事制度,将王公台吉们的属民编为箭丁,以好在军事战争需要时出征为兵,能与八旗军队并肩作战。这种制度与蒙古的传统制度的最大区别在于,军队的最高指挥权归清朝皇帝所有,王公只作为皇帝的"下级军官"来管理兵丁,王公们失去了军事上的自主权。此外,蒙古王公仍作为领主,照旧统治自己的属民。车臣汗的旗分,按照旧有体制存在,可能在指原有的领主合议制、汗王的和硕盟主地位及和硕内部的乌拉、舒斯的分配、鄂托克官员的职责等没有改变的事实。所以说,清朝在原来的七和硕喀尔喀兀鲁斯编立的"旗—佐领"制度,虽然越过汗王权力,将其属下编为清朝皇帝的兵丁,但在其他方面,还是承认了原有制度和法律的存在合法性,没有完全改编。不像内扎萨克四十九旗那般,扎萨克王爷的权力巨大,旗的独立性很高,各旗之间排他性很大,"旗—佐领制度"的导入比较彻底,《蒙古律例》的执行比较普遍。

---

① 康熙二十九年四月十二日,理藩院员外郎常寿将此文送至内阁蒙古堂,并由唐古特文少卿兼侍读学士班第等译成满文后,于是月十四日,由大学士伊桑阿、阿兰泰等上奏康熙帝。

第四节　服属后册封的清朝爵位与八扎萨克之间的关系

如上所述,1690 年前后,车臣汗乌默克请求基于原有的八扎萨克体制与清朝皇帝建立更加紧密的关系,表明八扎萨克体制在清朝与七和硕喀尔喀兀鲁斯之间,具有重要的现实意义和影响。其实,清朝在 1691 年即康熙三十年多伦诺尔会盟时册封的外藩喀尔喀蒙古王公爵位,仍与之前的八扎萨克有着密切的关系。关于此,请参见笔者基于《清内阁蒙古堂档》,第 11 册,蒙古文、满文前后合璧,第 112—307 页内容制作的"表四"内容。

【表四】　清朝册封外藩喀尔喀蒙古王公表

人　名	八扎萨克所属及封号	清朝爵位	册封理由	册封日期
策旺扎布	右翼扎萨克扎萨克图汗弟	亲王	父祖自前以来献贡,本人又前来多伦诺尔会盟觐见。	康熙三十年五月三日
纳木扎勒	左翼扎萨克车臣汗叔父兼扎萨克额尔德尼济农	郡王	劝说车臣汗归附清朝,奏请照四十九旗例编立佐领,本人又前来多伦诺尔会盟觐见。	康熙三十年五月三日
固噜什喜	左翼扎萨克默尔根济农	郡王	自前以来朝贡,是旧扎萨克,本人又前来多伦诺尔会盟觐见。	康熙三十年五月三日
噶勒丹	左翼扎萨克土谢图汗长子	郡王	与父亲一同归附,库仁伯勒齐尔会盟后往来不绝,本人又前来多伦诺尔会盟觐见。	康熙三十年五月三日

续表

人　名	八扎萨克所属及封号	清朝爵位	册封理由	册封日期
色楞阿海	右翼扎萨克	郡王	自前以来朝贡,是旧扎萨克,本人又前来多伦诺尔会盟觐见。	康熙三十年五月三日
彭楚克拉布坦	右翼扎萨克额尔德尼济农	郡王	自前以来朝贡,是旧扎萨克。	康熙三十年五月三日
善巴	右翼扎萨克信顺额尔克代青诺颜	郡王	自前以来持有印信并朝贡,是旧扎萨克,本人又前来多伦诺尔会盟觐见。	康熙三十年五月三日
衮布	左翼扎萨克昆都伦博硕克图	郡王	自前以来朝贡,是旧扎萨克,本人又前来多伦诺尔会盟觐见。	康熙三十年五月三日
车布登	左翼扎萨克车臣汗同族叔父	贝勒	率部与车臣汗一同归附,协助清军收集情报,本人又前来多伦诺尔会盟觐见。	康熙三十年五月三日
西第什哩	左翼扎萨克土谢图汗胞弟	贝勒	与土谢图汗一同归附,是土谢图汗胞弟,本人又前来多伦诺尔会盟觐见。	康熙三十年五月三日
朋素克	左翼扎萨克车臣汗叔父伊勒登济农	固山台吉	率部与车臣汗一同归附,本人又前来多伦诺尔会盟觐见。	康熙三十年五月三日
博第扎布	左翼扎萨克车臣汗叔祖父额尔德尼济农	固山台吉	率部与车臣汗一同归附,本人又前来多伦诺尔会盟觐见。	康熙三十年五月三日

续表

人　名	八扎萨克所属及封号	清朝爵位	册封理由	册封日期
阿南达	左翼扎萨克车臣汗叔祖父达赖济农	固山台吉	率部与车臣汗一同归附,本人又前来多伦诺尔会盟觐见。	康熙三十年五月三日
达哩	左翼扎萨克车臣汗叔祖父伊勒登济农	固山台吉	率部与车臣汗一同归附。	康熙三十年五月三日
博拜	右翼扎萨克巴苏特之察汗巴尔诺颜	固山台吉	自喀尔喀朝政毁坏之前即有归附之意,后率部归附,本人又前来多伦诺尔会盟觐见。	康熙三十年五月三日
车布登	左翼扎萨克车臣汗叔祖父车臣济农	固山台吉	率部与车臣汗一同归附,本人又前来多伦诺尔会盟觐见。	康熙三十年五月三日
罕都	右翼洪格尔代青和硕下的理事台吉	镇国公	率部最先归附,并在战役中受伤,本人又前来多伦诺尔会盟觐见。	康熙三十年五月三日
苏泰伊勒登	左翼扎萨克土谢图汗同族台吉	镇国公	曾效力于军前,本人又前来多伦诺尔会盟觐见。	康熙三十年五月三日
托多额尔德尼	左翼扎萨克额尔克代青诺颜善巴之同族台吉	镇国公	曾效力于军前,本人又前来多伦诺尔会盟觐见。	康熙三十年五月三日
锡布推哈坦巴图尔	左翼扎萨克土谢图汗同族台吉	辅国公	深陷战乱而没有向噶尔丹投降,尽力率部与清军同来。	康熙三十年五月三日

续表

人 名	八扎萨克所属及封号	清朝爵位	册封理由	册封日期
卓特巴	右翼扎萨克扎萨克图汗同族	贝勒	自前以来朝贡,是旧扎萨克。	康熙三十年九月九日
科西克	右翼扎萨克扎萨克图汗亲子	辅国公	父祖自前以来朝贡,扎萨克图汗冤死,单身留守甚是可怜。	康熙三十年十一月八日
旺舒克	左翼扎萨克丹津喇嘛侄子	辅国公	父德克得黑默尔根阿海虽是新任扎萨克,但自前以来代代朝贡不绝。父虽在战乱中被害,然旺舒克本人前来多伦诺尔觐见,故令其继承父亲属民及财产。	康熙三十年九月三十日

从"表四"内容,可知如下情况:

首先,康熙帝的此次册封,是在多伦诺尔会盟期间进行的,时间大多在1691年即康熙三十年五月三日。而有些右翼扎萨克图汗伞下的领主,是在同年九月、十一月间册封的,而这些没有参加会盟的领主的爵位都很低。

其次,此次册封为郡王的,大体是除了土谢图汗、车臣汗、扎萨克图汗此三汗之外的原八扎萨克中的五扎萨克本人。例如,固噜什喜曾是左翼原扎萨克默尔根济农,服属清朝被封为郡王爵位。色楞阿海曾是右翼原扎萨克,服属清朝被封为郡王。彭楚克拉布坦曾是右翼原扎萨克额尔德尼济农,服属清朝被封为郡王爵位。善巴曾是右翼原扎萨克信顺额尔克代青诺颜,服属清朝被封为郡王爵位。衮布曾是左翼原扎萨克昆都伦博硕克图,服属清朝被封为郡王。而车臣汗下的纳木扎勒,不仅因为是叔父而携车臣汗乌默克来归清朝,而且也是兼有扎萨克额尔德尼济农封号的高级领主,故被封为郡王。

在此我们会发现这样一种情况,即1691年多伦诺尔会盟期间,清朝通过将原来的除三汗之外的五大扎萨克册封为郡王,同时保留汗王封号并将汗王视为亲王的形式,将原来的喀尔喀八扎萨克即七和硕体制,改编为基于清朝高低爵位等级秩序的三汗部体制。通过这种新的体制,提高喀尔喀汗王的统括力,以便通过汗王来约束原来相对分散的七和硕喀尔喀蒙古。即在服属清朝之际,康熙帝通过册封爵位,提高喀尔喀三汗王的地位,降低其他和硕首领的地位,将原来的七和硕体制,改编为三汗部。故可以说,三汗部是在清朝的体制下成立的,它的存在,只能在清朝的政治框架下理论。

另外,如前所述,康熙帝册封的车臣汗乌默克对清朝强行编制"旗—佐领"表示不满,所以康熙帝基于传统体制也好,尊重当前形势也好,没有进一步剥夺喀尔喀汗王们的权利,更没有剥夺其封号。因为康熙帝在册封车臣汗的过程中,已经承认了这种封号的存在合法性。而且,剥夺喀尔喀汗王的封号,不利于清朝在外交上与达赖喇嘛及其权威下的准噶尔、青海和硕特等原"喀尔喀—卫拉特联合政权"的蒙古兀鲁斯交涉。

本章通过以上探讨,得出以下结论:

首先,1682年即康熙二十一年,康熙帝为了维护清朝西北边疆的稳定,主动向七和硕喀尔喀兀鲁斯的八大扎萨克的十位首领遣使赏赉,并要求"时刻表示诚心",以此插手七和硕喀尔喀兀鲁斯的内部事务,试图通过调停来解决喀尔喀的左右翼纷争,消除大的隐患。

其次,以八扎萨克体制为前提,康熙帝寻求通过与达赖喇嘛之间的合作来解决喀尔喀的左右翼纷争。为此积极联系达赖喇嘛,召集喀尔喀左右翼召开会盟,期待能够以和平协商的方式解决争端。但康熙帝的这种调停,反而激化了"喀尔喀—卫拉特联合政权"的内部

第八章
17世纪晚期七和硕喀尔喀兀鲁斯服属清朝的过程

矛盾,因为达赖喇嘛的背后存在着当时拥有强大军事实力的准噶尔。会盟前后,土谢图汗与噶尔丹博硕克图汗发生不和,以致噶尔丹领兵东进,喀尔喀全体避难清朝。

再者,清朝"趁火打劫",在七和硕喀尔喀兀鲁斯被噶尔丹攻破,败逃溃散之际,迅速派遣大臣,强行将喀尔喀汗王下的属民编为"旗—佐领",以此越过汗王首领的权力,干涉了和硕的内部事务。在其汗王首领身不由己的情况下,将清朝的制度强行导入喀尔喀蒙古社会中。对此,喀尔喀的汗王们表示了极大的不满,只是出于窘迫的形势,无奈接受。

此外,尊重车臣汗等的不满,康熙帝不但没有剥夺喀尔喀汗王们的封号及最高军权以外的其他权力,而且还通过册封,将原来的七和硕喀尔喀兀鲁斯,编为三大汗部,即土谢图汗部、车臣汗部、扎萨克图汗部;并将原来基于七和硕体制建立的八扎萨克,以册封清朝爵位的形式,编在汗王下面,加强汗权,在清朝皇帝的权威下形成了三汗部体制。

如此,17世纪后半期,在"喀尔喀—卫拉特联合政权"范围内,以七和硕喀尔喀兀鲁斯右翼、达赖喇嘛集团及准噶尔为一方,以七和硕喀尔喀兀鲁斯左翼为单独一方的对立态势,在1682年康熙帝的遣使及接踵而来的调停环节中,多日隐藏的矛盾终于爆发,致使噶尔丹举兵东进,攻打左翼土谢图汗等。可以说,这是忠实履行达赖喇嘛旨令的势力,与坚持七和硕传统的势力之间的战争,其最终导致"喀尔喀—卫拉特联合政权"的崩溃。

趁此良机,清朝的康熙帝迅速收编七和硕喀尔喀兀鲁斯,强行使其服属清朝,而没有停留在八扎萨克体制上。但当时的形势也不由得康熙帝过多削弱喀尔喀汗王们的权力,这不利于清朝利用他们抵御准噶尔,故反加强汗王权力成为必要。为此,康熙帝通过册封和改组,算上噶尔丹战争中的损失和离散,将原来的左翼额尔克代青诺颜、默尔根诺颜的和硕,编入土谢图汗下,成为土谢图汗部;将右翼额尔德尼济农、彭楚克台吉、色楞阿海台吉、罗卜藏台吉、达尔玛舍利诺颜等的和硕编入扎萨克图汗下,成立扎萨克图汗部;而将车臣汗和硕单独编为一部。以前各大和硕首领间的平等关系,现在变成带有层次性的管辖关系。

  如第一章所述,在原七和硕体制中,汗王主要是一个和硕领主们的代表,而不是和硕全体的统治者,与其属下领主之间,不是治理与被治理的关系。但是1691年以后,汗王的权力突出起来,对部内王公们的管理,被提上议程,这是由清朝强化的。但即使被清朝改组为三部、四部的喀尔喀蒙古社会,现实上七和硕的组织原理仍在起作用。扎萨克旗之间,没有细致划分的界限,只有已达成共识的漠然的游牧领域。其政治社会生活,也大体维持着原来的传统。

第九章
18 世纪前半期清朝的喀尔喀蒙古保护及其统治政策

如第八章所述,1691年康熙帝召集七和硕喀尔喀兀鲁斯的大多数领主,在漠南多伦诺尔地方举行会盟,正式使其服属清朝。会盟期间,清朝的大学士马齐曾进言:

> 土谢图汗、哲布尊丹巴呼图克图,尽坏喀尔喀生计,致起兵端,其引罪之疏,妄称扎萨克图汗德克德黑默尔根阿海背众喀尔喀,依附噶尔丹博硕克图汗,因用兵击杀之。巧辞饰殊属不合。应将土谢图汗削去汗号为闲散台吉,哲布尊丹巴呼图克图削去名号为小喇嘛,仍令土谢图汗管辖。①

然康熙帝丝毫没有采纳马齐的以上意见,不但保留了土谢图汗等的汗号,同时也对哲布尊丹巴呼图克图给予很高的尊重与优待。笔者认为,其原因有二。首先,土谢图汗等喀尔喀汗王,尤其是哲布尊丹巴呼图克图,在原七和硕喀尔喀兀鲁斯有着至高无上的威望和统合力。正如本书中的阐述,可以说七和硕发展到17世纪晚期,已经形成了以哲布尊丹巴呼图克图为首,汗王为辅,七和硕众领主共同

---

① 《清圣祖实录》卷151"康熙三十年五月丙戌朔(一日)"条。

会盟商讨事务的金字塔型的政治社会体制,这是一时难以改变的现实。清朝接下来的喀尔喀蒙古统治,需要哲布尊丹巴呼图克图及汗王们的配合与协助。其次,当时虽然喀尔喀蒙古已服属清朝,但噶尔丹仍占据着漠北地方,接下来如何消除噶尔丹这个隐患,将整个蒙古高原纳入清朝的版图,是康熙帝不得不考虑的紧迫问题。鉴于噶尔丹在漠北的军事活动及喀尔喀蒙古数十万之众尚在漠南驻牧的严峻形势,考虑北部边疆安全与属下蒙古的稳定,康熙帝不可对刚刚服属的喀尔喀蒙古"大动手术"。即使不久,1696年康熙帝在召莫多战役中消灭噶尔丹后,清朝也没有大规模改编喀尔喀蒙古社会。因为接下来的由策旺阿喇布坦领导的准噶尔的存在,是清朝最大的顾忌。直至1756年平定准噶尔为止,清朝的西北边疆政策都是在战战兢兢的状态下实行的。怎样在拥有强大军事实力的准噶尔面前,保住喀尔喀、青海和硕特及西藏等原"喀尔喀—卫拉特联合政权"下的政治集团,是这一时期康、雍、乾三代皇帝绞尽脑汁思考的问题。

那么,自1691年服属清朝至1756年平定准噶尔为止,清朝对喀尔喀蒙古采取了哪些措施,实施了哪些统治政策?而这些政策是在什么样的历史背景,什么样的条件下施行的?反过来,喀尔喀蒙古王公又是怎样对待清朝的呢?

本章拟利用《清内阁蒙古堂档》《平定准噶尔方略》《清代新疆满文档案汇编》等满、蒙文第一手史料,以清朝与准噶尔的博弈关系为背景,阐明18世纪前半期清朝对喀尔喀蒙古的保护及其统治政策,以及喀尔喀蒙古在清准关系中发挥的作用。

第一节 康熙帝对哲布尊丹巴呼图 克图的优遇与利用

自1691年服属清朝始,康熙帝就十分明显地对哲布尊丹巴呼图克图展开优待,其背后俨然是在考虑清朝的喀尔喀蒙古统治。康熙

第九章
18世纪前半期清朝的喀尔喀蒙古保护及其统治政策

帝对哲布尊丹巴呼图克图的优遇,表现在以下三个方面。

首先,保全了哲布尊丹巴呼图克图在喀尔喀蒙古政治社会体制中的领袖地位。如前所述,17世纪后半期的七和硕喀尔喀兀鲁斯,尤其是左翼和硕,在宗教上十分宠信哲布尊丹巴呼图克图,即使在政治社会权威上,因哲布尊丹巴呼图克图以达赖喇嘛为后台,被七和硕全体领主们奉为首脑,故每年都参加领主们的会盟,地位最为高尚。此外,哲布尊丹巴呼图克图拥有的沙毕纳尔的数目,持续不断增长,已经成为一个不可忽视的政治集团。据中国第一历史档案馆所藏《军机处满文月折档》,缩微胶卷,案卷号236,乾隆五十三年十二月二十一日条,云端多尔济、松筠、逊多布多尔济等合奏的奏折载:1788年哲布尊丹巴呼图克图的属下沙毕纳尔,共有17个鄂托克,14 670户,77 654口人,其中共有14 875名喇嘛,29 747峰骆驼,289 896匹马,309 484头牛,1 377 734只羊。这在人口稀少的当时的喀尔喀蒙古,是个非常巨大的数目。依此推测,在80年前的1700年前后,哲布尊丹巴呼图克图的属下沙毕纳尔的人口,想必也在3万左右,是个不小的势力,决不可与蒙古其他黄教高僧类比。康熙帝明白这种现实,不能轻易剥夺哲布尊丹巴呼图克图的威望和权力。

其次,令进献"九白之贡",以示臣属关系。1691年服属清朝后,同年七月十一日,康熙帝令哲布尊丹巴呼图克图"亦著贡九白"[①]。如前所述,"献九白年贡"是清朝皇帝与原七和硕喀尔喀兀鲁斯的八扎萨克之间,于1655年协定的一种表面上象征臣属关系的友好贸易关系的礼仪,八扎萨克一直朝贡不断,以获贸易权益。至此,从1691年服属清朝开始,康熙帝令哲布尊丹巴呼图克图也进献这种"九白之贡"。这意味着康熙帝从此视哲布尊丹巴呼图克图为一名高级领主,双方建立了一种至少表面上是具有臣属性的交往关系。众所周知,哲布尊丹巴呼图克图是一名黄教高僧,康熙帝应与其建立"施主与福

---

① 参见《清圣祖实录》卷152"康熙三十年秋七月甲午(十一日)"条。

田的供施关系"才对,但这是一个政治上相对平等的关系,没有隶属性。如果按照这一供施关系,康熙帝将无法向哲布尊丹巴呼图克图发号施令。以前"献九白年贡"的八扎萨克,并不是喀尔喀蒙古的最高首脑,只代表各自和硕及家族领主。而哲布尊丹巴呼图克图就不同,他是喀尔喀蒙古的象征,是最高首脑人物。所以康熙帝令哲布尊丹巴呼图克图"献九白年贡",表示清朝已使喀尔喀蒙古臣服于下。至1722年康熙帝去世为止,哲布尊丹巴呼图克图向康熙帝每每进献"九白年贡"[①],以尽臣子之义务。

再是,屡屡邀请至热河及北京,拉近个人关系。仅据蒙古文《宝贝念珠》载:1691年喀尔喀蒙古服属清朝后,一世哲布尊丹巴呼图克图与康熙帝二人的会面,主要集中在17世纪末期。先于1694年前往热河觐见一次,1695年又前往热河一次,1696年再次前往热河一次,1697年前往张家口外及热河一次,1698年前往北京及五台山一次,1699年在北京过年,同年前往热河后又去北京一次,1701年前往北京一次。其后因年事已高,哲布尊丹巴呼图克图没有再去热河,只是最后在康熙帝去世的1722年,以88岁高龄前往北京吊唁,并最终于1723年在北京圆寂[②]。如此,康熙帝经常会见哲布尊丹巴呼图克图,当初意在安抚噶尔丹战争前后的喀尔喀蒙古。然即使1696年清军在召莫多战役中消灭噶尔丹后,康熙帝也没有忘记优待哲布尊丹巴呼图克图。时正是清朝与西边的青海和硕特及策旺阿喇布坦领导的准噶尔,围绕五世达赖喇嘛的转世灵童问题,矛盾加剧,摩擦不断的不稳年代。最终,准噶尔首领策妄阿拉布坦与康熙帝交恶,于1715年佯攻哈密一带的清军后,1716年从西边遣兵越过喀喇昆仑山入侵西藏,给清朝造成很大压力。在此多事之秋,康熙帝试图通过拉近与一世哲布尊丹巴呼图克图的个人关系,让哲布尊丹巴呼图克图对策

---

① 参见《清圣祖实录》卷218"康熙四十三年十一月丁巳(二十一日)"条等。
② 参见蒙古文《宝贝念珠》,第656—666页,影印第f.157.a—f.159.b页。

第九章
18 世纪前半期清朝的喀尔喀蒙古保护及其统治政策

妄阿拉布坦施加影响,劝说其与清朝和好。如前所述,在"喀尔喀—卫拉特联合政权"时代,七和硕喀尔喀兀鲁斯与准噶尔,曾在一个政权下,同奉达赖喇嘛的权威。虽然经过噶尔丹战争,喀尔喀蒙古已服属清朝,但仍易与策妄阿拉布坦找到共同的话语平台,且策妄阿拉布坦怀念旧情,对哲布尊丹巴呼图克图比较尊重。心知肚明的康熙帝通过怀柔哲布尊丹巴呼图克图,期待他能在清朝与准噶尔的关系上,发挥一定作用,以使推进清朝的政策。

康熙帝埋下的这种政策伏笔,在 1715 年后的清朝与准噶尔的外交关系中,发挥了重要作用。当时羽翼渐丰的准噶尔首领策旺阿喇布坦,再三致信康熙帝,希望"将喀尔喀、卫拉特三家兀鲁斯,仍照前理安逸生存"①,即要求清朝放弃对喀尔喀蒙古的统治,将其恢复到原"喀尔喀—卫拉特联合政权"时的状态,并以此表达对清朝西北边疆政策的不满。因此事关系重大,牵扯到清朝对喀尔喀蒙古的统治合法性问题,故引起康熙帝的特别重视。除清朝方面致信策旺阿喇布坦,加以严厉谴责外,还请哲布尊丹巴呼图克图作为喀尔喀蒙古的代表,劝导策旺阿喇布坦,调解双方矛盾。对此哲布尊丹巴呼图克图欣然应允,遣使致信准噶尔首领策旺阿喇布坦。其内容在《清内阁蒙古堂档》,第 19 册,蒙古文第 376—380,满文第 372—376 页,"哲布尊丹巴呼图克图致策旺阿喇布坦之文书"②中,记载如下:

  名号哲布尊丹巴之文书。致策旺阿喇布坦。尔来文称:大

---

① 《清内阁蒙古堂档》,第 19 册,蒙古文第 349—359,满文第 339—349 页,"颁降厄鲁特策旺阿喇布坦之敕书"。关于该文书,康熙五十五年三月二十日,乾清门侍卫拉锡向理藩院及议政大臣等,转达康熙帝令议政大臣草拟颁降策旺阿喇布坦的敕书后,是月二十四日,议政大臣等至畅春园奏览敕书草稿后,康熙帝给以修改,并译成蒙古文后,于闰三月初九日在畅春园门前,由侍卫拉锡交给策旺阿喇布坦的使者。参见拙著:《大清帝国时期蒙古的政治与社会——以阿拉善和硕特部研究为中心》,第 98 页。

② 康熙五十五年闰三月二十八日,乾清门侍卫拉锡奉旨将此文书交给哲布尊丹巴呼图克图派往策旺阿喇布坦的使者楚阳托音。

体为使我利益众生,请转奏大圣可汗,以安逸众生,等语。先前我喀尔喀安居乐业时,被尔准噶尔摧毁,分崩离析,痛苦至极。归顺阿穆虎朗汗后,大仁慈的圣人迎接我等,于多伦诺尔举行会盟,主子亲自站起身,握住我和土谢图汗两人的手,行抱见礼,大举筵宴,仁慈无尚大恩。从那以后,成为喇嘛和施主。并将我喀尔喀七和硕之汗及济农、台吉等,照古昔之礼,依大小顺序,各个封为汗及济农、王、贝勒、贝子、公、扎萨克。再召集我溃散部众,授予物品、银两、绸缎、牲畜及食物,施加圆满之恩。不久又安慰抚育,以使殷实富足。遣回原游牧地,如日月般隆兴教法与朝政,以使妥善安逸。思这一恩德,尚比父亲之恩宏大。我等全体,自男女老幼起,无不感戴祈祷。如今欢天喜地,无忧无虑,除为大恩圣人之恩德,日夜不停诵经外,无它悬念。圣主与我,身心一致,毫无区别。如今依我心意,唯念众生安逸和睦而已,即使如蚁虫之小生命,亦愿安逸生活。我只有隆兴佛陀教法,普度众生之力。安逸幸福众生之权力,除圣大可汗外,他人皆无。圣主天生仁慈,安逸幸福远方众生。对不愿安逸之人,亦无办法。我尽力为尔奏请,即使如此,思尔应认错才对。倘若对使者克西图及保住等人,仍像以前呈奏的那样,又不认错,又行抗拒,则即使我为尔为众生之故奏请大可汗,亦不合大朝政之理,思难成善果。为此,对这次前往的使者,说出真意,认错奏请,则思尔本人及彼处众生才可安居乐业吧。这些言语,请台吉尔掛酌思考。

这是1716年春哲布尊丹巴呼图克图致准噶尔首领策旺阿喇布坦的文书。从其内容,我们可深刻感知到其已受清朝上层巨大影响的一面。也有可能这是清朝以哲布尊丹巴呼图克图之名,送给策旺阿喇布坦的一封书信。但不管如何,因被派至策旺阿喇布坦处的楚阳托音是代表哲布尊丹巴呼图克图的正式使者,故可以将上揭书信看作是哲布尊丹巴呼图克图的意思。在此信中,哲布尊丹巴呼图克

第九章
18世纪前半期清朝的喀尔喀蒙古保护及其统治政策

图首先说明现在的喀尔喀蒙古泰平安逸,在清朝皇帝的仁慈下,王公领主与普通民众皆幸福生活,归顺清朝后的日子很是美好的一面,以此抵消策旺阿喇布坦要求清朝解放喀尔喀蒙古,使其回到原来"喀尔喀—卫拉特联合政权"时状态的要求。接着,哲布尊丹巴呼图克图规劝策旺阿喇布坦对康熙帝派去的使者表示认错,以此与清朝重新建立友好关系。当时,清朝与准噶尔之间,在阿尔泰山一带的科布多和哈密,在青藏高原的噶顺淖尔和青海,进入全面对峙的战争状态。究其原因还在于,准噶尔首领策旺阿喇布坦试图恢复原"喀尔喀—卫拉特联合政权"时的政治秩序,一方面清朝则牢牢控制喀尔喀蒙古和青海和硕特,不答应策旺阿喇布坦的要求,并在防御上不给准噶尔可乘之机。除在军事斗争上做好准备外,康熙帝还在外交上谴责策旺阿喇布坦违反蒙古"朝政与教法二道"理念,破坏众生安逸生活和平局面的"背道而驰"行为。为了占据上风,这次康熙帝还邀请哲布尊丹巴呼图克图出面,以喀尔喀蒙古代表的身份,给策旺阿喇布坦致信,规劝他放弃"非分之想",与清朝和好。这是康熙帝经过常年的优待之后,在关键时刻利用哲布尊丹巴呼图克图的一个政策性实例。

第二节 雍正帝对喀尔喀蒙古的保护与利用

接着,一世哲布尊丹巴呼图克图圆寂后,1723年新即位的雍正帝将其龛座送至喀尔喀蒙古地方,并于次年找到转世灵童,使其即位为二世。在即位初期,因雍正帝怀恨之前康熙帝的其他皇子与哲布尊丹巴呼图克图之间的亲密关系,故没有对呼图克图产生好感。在向哲布尊丹巴呼图克图赏赐"喇嘛"封号的问题上,考虑到达赖喇嘛的存在及其在蒙古社会中的地位,以需要理顺秩序为由,最终没有给予册封。反过来,二世哲布尊丹巴呼图克图也没怎么亲近雍正帝,迟迟至1729年即雍正七年为止,都没有进"九白年贡"。种种事件表明,雍正朝前期的皇帝与哲布尊丹巴呼图克图的关系,并不怎么亲密。但政治关系是随形势而变的,1729 年清朝决定与准噶尔开战,因在康熙朝的对准交涉上,一世哲布尊丹巴呼图克图产生过重要影响,故在开战前的遣使交涉阶段,双方都引出哲布尊丹巴呼图克图的事迹,试图以此在外交和军事战略上占据有利位置。

  事情首先由准噶尔方面引起。与其父策旺阿喇布坦一样,继位不久的噶尔丹策零,在政治外交上,仍然抱负要恢复原"喀尔喀—卫拉特联合政权"时的秩序,试图从清朝的管控中,将喀尔喀蒙古和青海和硕特"解放出来",为此不惜一战。开战后不久,噶尔丹策零即战略性地向喀尔喀蒙古和青海和硕特的众多王公,发出了号召重新统一,恢复原先秩序,并以反抗清朝的"策反文书"。不料部分文书于途中被清朝卡伦官兵截获,并由清军前线指挥官迅速上奏给了雍正帝。其来龙去脉,在《清代新疆满文档案汇编》,第 1 册,第 113—118 页,雍正九年十月初三日,"振武将军锡保奏报逃回之额林臣携有噶尔丹策零劝降亲王拉玛扎布文书等情折(附咨文一件)"①中,记载如下:

    督办振武将军印务和硕顺亲王臣锡保谨奏。为密奏闻事。雍正九年九月三十日,额驸策凌派人送来文书称:由我处派至

---

① 当时被清军截获的,还有自准噶尔军营送往喀尔喀蒙古王公敏珠尔的文书,其内容与送给亲王拉玛扎布的策反文书大体相同。在《清代新疆满文档案汇编》,第 1 册,第 152—155 页,雍正九年十月二十三日,"振武将军锡保奏报被掳去之杜噶尔札布放回携有劝降敏珠尔公等文书情折(附劝降书三件)"中,记载如下: 致敏珠尔公文书之情由。原本七和硕蒙古、四和硕卫拉特,不当他人之奴隶,曾合一朝政与教法,甚是友好生活也。期间,博硕克图汗时,曾苟且议论,失去和谐。其后我父诺颜,念及先前之事,虽发生战端,仍千方百计,屡次讨论,要求阿木瑚郎汗:将蒙古、青海人等,变回原先之状态,等语。此事,尔等俱知晓也。后来汉人对我进兵时,哲布尊丹巴呼图克图将此事上奏前世,从彼处亦作为答复,曾降旨意也。再加上尔等众诺颜,亦各自阐述心意,故平安无事也。如今雍正主子来言:像蒙古、青海那般,编成佐领旗分,受封名号,食俸禄银子,变成我的属下,等语。以前对大人物,在其安静时,不加冒犯。现已成这样。若能实现,将蒙古、青海,变回原先之状态。若不能实现,不当别人的奴隶过活,自由自在。如此思考,发动战争,派遣军队。如今成吉思汗之子孙,且也作为他人奴隶过活而已。此时念及卫拉特与蒙古,照以前那般生活,则好。若不那样,尔等本人及好友,会给汉人添加牲畜和盘缠。我没有办法。

第九章
18世纪前半期清朝的喀尔喀蒙古保护及其统治政策

西鲁台山瞭望踪影的骁骑校根敦等人，解送从策凌敦多布军营来的亲王拉玛扎布旗下叫额林臣的人。讯问额林臣时告称：我本人曾在库布科尔当兵，大将军进剿贼人时，将我等十人带去当向导的跟役。在和通淖尔地方交战时，我被贼人俘获，被一叫诺尔布诺颜的人带走。此次为使我给我主子王拉玛扎布送文书及礼物，大策凌敦多布交付我噶尔丹策零的文书及礼物，让我骑乘两匹马放走，等语。再讯问：今贼兵共有多少，现驻扎何处，彼等有何言论，进退如何，等语。对此额林臣告称：二策凌敦多布、多尔济丹巴带领三万兵前来。交给诺尔布诺颜、海伦宰桑三千兵，已派至科布多城。二策凌敦多布、多尔济丹巴则率大队人马，由西尔哈戈壁前来，搜寻喀尔喀游牧。土尔扈特默尔根绰尔济、辉特公巴济，已率彼等之旗归顺，由这些人当向导，攻取了公通摩克一佐领，默尔根绰尔济跟随而来，还掳走了公通摩克的一半人。据说从贝勒车登扎布旗掳走了一些，不知数量。据其头目等之言论：本想抵达克鲁伦，然前去掳掠之人没得多少辎重马畜，且前日在苏克阿勒达呼交战时，多人受创，等语。以此看来，原来的锐气减弱，现有撤回之势，等语。额林臣携来的文书是厄鲁特文，不怎么认识，大体翻译后，将文书原件和额林臣一并送至将军王处。额林臣告称：据听彼等言论，试图将此类文书，向喀尔喀大人物，各送去一件，等语。此事或由将军王斟酌陈情上奏，或由我上奏之处，恳请将军王定夺，等语。如此呈来。臣我讯问拉玛扎布亲王属下额林臣时告称：我于今年夏，在和通呼尔哈地方被贼俘获，曾在贼多尔济丹巴兵营，入秋后再往这边带我来，至台西里之察罕布尔噶台地方后，本月二十五日，大策凌敦多布等人唤我前去，将噶尔丹策零交给我拉玛扎布王的文书及礼物递给我，并对我言道：尔拿去此文书，勿要让人看阅，交给尔拉玛扎布王。我等原曾驻在一处，互相结亲，安居乐业。噶尔丹博硕克图汗与尔等交恶，从那时起，分别驻牧，这与

261

我等何干耶。其后尔等归顺阿穆虎朗汗,被人指使当差,骑乘尔等马匹,吞食尔等牛羊,我替尔等着想,甚是愤恨。尔等乃是成吉思汗之子孙,丝毫不是他人附庸。将尔游牧地,迁至阿尔泰,我等驻牧一处,安居乐业,仍像以前那样,好好生活。若有兵事,我等一同抵挡为好,等语。令我如此说给我王。我在那边时,二策凌敦多布等人商议称:我等来时,噶尔丹策零曾吩咐:抢夺满洲军队之马畜,掳掠喀尔喀游牧至克鲁伦,请来葛根呼图克图,于杭爱地方过冬。倘若兵多,尔等不敌,尔等酌情行事,等语。如今看来,我等之马畜消瘦,且敌人兵力多的可怕,前日交战时,我方锁子甲被射穿,旗杆也被射断,我锡喇巴图尔宰桑等壮士多有阵亡,受伤的亦多。现不可在此地驻扎,暂时返回至阿尔泰那边过冬。派人给噶尔丹策零,使其裁定明年或撤回我等,或再次进兵之处,等语。如此商议决定后,从苏克阿勒达呼每天迁移,于二十五日安营察罕布尔噶台后,将我放回,等语。为此将喀尔喀额林臣携来的噶尔丹策零送给拉玛扎布王的厄鲁特文书原件及额驸策凌处翻译的文书,分别放入信封,一并上奏。此外,据查今年来的三地兵及内扎萨克兵,俱是好兵,各个效力。只是刚刚到来,马畜瘦弱,故就近调遣而行。此次喀尔喀人等,感戴主子隆恩,甚是效力行事。最先是策凌,接着是王丹津多尔济,不管何事,彼等亲自带领二部扎萨克台吉等官兵,抵近敌穴,引诱敌人,痛加歼灭。将所杀厄鲁特人,彼等全体喀尔喀人憎恨,割断拆散其骨肉拿来,然准噶尔贼人尚无胆敢来犯之处。臣我将彼等杀贼,抢夺驼马,效力行事之人,交给副将军等人记下。此外,为此谨密奏闻。

雍正九年十月初三日。

致拉玛扎布文书之情由。本来七和硕蒙古、四卫拉特,曾不受人控制,合一朝政与教法,友好而行也。我等之间,博硕克图汗时,互相争论,没有和睦。其后我父台吉,念及原本友好之根

第九章
18 世纪前半期清朝的喀尔喀蒙古保护及其统治政策

基,即使发生战端,也千方百计,三番五次地与雍正帝(实为"康熙帝")讨论,以图将蒙古及青海,变回原先之状态。我与尔等全体,皆知情也。后来听到汉人向我进兵,哲布尊丹巴呼图克图上奏前世,旋即降旨答复。再是台吉等能诉说心意,所以平安无事也。如今雍正帝来言:像蒙古、青海那样,编入佐领版籍,受封名号,食俸禄,归顺我,等语。对此我说,倘若大人能肃静,我即不冒犯,现已成这样,倘若能成,试着让蒙古、青海变回原先之状态,即使不成,也不会让人控制,以此为由,发动战争,派遣军队也。如今成吉思汗之子孙,且也作为他人奴隶过活而已,此刻念及卫拉特与蒙古,如原先之旧俗友好而在,则我等友好,若不那样,不仅尔等本人与汉人交好,家畜亦会被骑乘,我没有办法。

如此,顺亲王锡保的这件奏折极其重要,十分具体地反映了当时的清朝在阿尔泰战区所受的困惑与疑虑。在此,我们首先分析锡保奏折的主干部分,其后再分析噶尔丹策零送给亲王拉玛扎布的策反文书内容。上揭锡保奏折中的额驸策凌,指当时的清军最前线指挥官喀尔喀额驸策凌,他的系谱是:格呼森札第三子诺诺和卫征诺颜→第四子图蒙肯昆都伦楚库尔→第八子丹津班珠尔→苏图卫征阿海→长子策凌。1692 年即康熙三十一年,受噶尔丹逼迫,丹津班珠尔妻格楚勒哈屯携孙子策凌,自喀尔喀蒙古中部的塔米尔地方,南下归顺了清朝。旋即康熙帝授予策凌三等轻车都尉世职,赐居北京,养育在紫禁城宫中。正如笔者在拙著《大清帝国时期蒙古的政治与社会——以阿拉善和硕特部研究为中心》中的论述,自 17 世纪末期始,康熙帝效仿蒙古政治传统,将蒙古王公的子弟,尤其是刚刚归顺的喀尔喀蒙古和阿拉善和硕特王公的子弟教养宫中,与他们建立牢固的人格主从关系和亲密感情,以对将来的西北边疆政策服务。其后,1706 年康熙帝将和硕纯悫公主嫁给策凌,授予和硕额驸。从 1715 年开始,面对准噶尔的军事威胁,清朝将策凌派至阿尔泰战区协助防御。1731年,雍正帝又调策凌与丹津多尔济一道率领喀尔喀兵抵御准噶尔军队。同年夏天,由靖边大将军傅尔丹率领的清军在"和通淖尔战役"中大体全军覆没,故北京的雍正帝和阿尔泰战区指挥官锡保,都非常重视喀尔喀兵的作用。比起其他喀尔喀蒙古王公,这时的额驸策凌异常活跃,带领部下兵丁,常游动在最前线。于是,策凌抓获从准噶尔军营回来的额林臣,审讯后从其口供中得知,准噶尔首领噶尔丹策零,通过大小策凌敦多布等准军前线指挥官,向喀尔喀蒙古的所有大人物,皆送去一件托忒文的策反文书,而其中送往亲王拉玛扎布和公敏珠尔的文书,被清军截获收缴。此外,从锡保的以上奏折内容还可知,此次噶尔丹策零交给大小二策凌敦多布的战略任务是:"抢夺满洲军队之马畜,掳掠喀尔喀游牧至克鲁伦,请来葛根呼图克图,于杭爱地方过冬",意思即不与清军大部队发生正面冲突,而是偷盗抢夺其马畜辎重,使其丧失野战能力,而后主力东进至克鲁伦河流域,捕获哲布尊丹巴呼图克图后,将其带至杭爱山过冬。可知,当时准噶尔的政治军事战略在于,捕获哲布尊丹巴呼图克图,挟令喀尔喀蒙古王公,以使全体离反清朝,并重新与准噶尔联合,一同进攻清朝。为了实现这一抱负,噶尔丹策零还向喀尔喀蒙古的所有大人物送去了策反文书。但是否安全到达,现在不得而知。

亲王拉玛扎布,是当时喀尔喀蒙古赛音诺颜部的王公首领,他的系谱是:格呼森札第三子诺诺和卫征诺颜→第四子图蒙肯昆都伦楚库尔→次子丹津喇嘛→长子伊勒登杜尔格齐→第三子宾巴额尔克代青善巴→长子毕拉锡栋罗布即达什敦多布→长子拉玛扎布。如第四章所述,在17世纪中后期的七和硕喀尔喀兀鲁斯,丹津喇嘛曾是非常活跃的一位首领,他除了经常前往西藏拜会五世达赖喇嘛外,还是清朝皇帝册封的八扎萨克之一,地位举足轻重。他的长子伊勒登杜尔格齐诺颜,曾代表这一家族参加过1640年的"喀尔喀—卫拉特会盟"。而孙子宾巴额尔克代青善巴即是第八章所述的"信顺额尔克代青诺颜",他于1691年亲自参加多伦诺尔会盟,被康熙帝册封为郡王。其后1725年,雍正帝将前图蒙肯昆都伦楚库尔的"赛音诺颜"封号,转给善巴子亲王达什敦多布,令其统辖亲族领主从土谢图汗部析出,另立一部,号称"赛音诺颜部",自此喀尔喀蒙古开始形成四部体制①。拉玛扎布是善巴之孙,于1726年即雍正四年承袭郡王爵位。可知拉玛扎布家族是继承祖上七和硕喀尔喀兀鲁斯时代八扎萨克之一丹津喇嘛"信顺(Mon：itegeltü nayirtu)"封号及其相应权益的左翼有力家族,又是新成立的赛音诺颜部的核心家族。所以准噶尔的噶尔丹策零,通过准军前线指挥官,向拉玛扎布亲王送去了策反文书,试图以此号召他离反清朝,联合准噶尔。而公敏珠尔,是原七和硕喀尔喀兀鲁斯时代的默尔根诺颜家族的代表,他的支系延续着默尔根诺颜封号。其系谱是：诺诺和卫征诺颜→次子阿布瑚默尔根诺颜→长子昂噶海默尔根诺颜→次子苏努代青洪台吉→次子默尔根洪台吉固噜什喜→长子多尔济阿拉布坦→长子敏珠尔多尔济即敏珠尔。可知以上两位王公,是能够代表原七和硕中两大和硕的有力人物,足可抗衡策凌等亲清派。

在此策反文书中,噶尔丹策零首先讲道："本来七和硕蒙古、四卫拉特,曾不受人控制,合一朝政与教法,友好而行也",意思即七和硕喀尔喀兀鲁斯和四卫拉特,于1640—1686年间,在同一"喀尔喀—卫拉特联合政权"下彼此和谐,友好生存。接着"博硕克图汗时,互相争论,没有和睦",即噶尔丹战争时代,双方失和,喀尔喀随即归顺清朝。即便如此,噶尔丹策零的父亲策旺阿喇布坦也"千方百计,三番五次地与雍正帝(实为'康熙帝')讨论,以图将蒙古及青海,变回原先之状态",意思即准噶尔一直怀有解放喀尔喀蒙古和青海和硕特的抱负。而接下来的"哲布尊丹巴呼图克图上奏前世,旋即降旨答复",即在指前述一世哲布尊丹巴呼图克图在康熙帝的授意下规劝策旺阿喇布坦的事情。随之,在此策反文书中,噶尔丹策零非常直接地表白了自己

---

① 参见蒙古文《宝贝念珠》,第668—670页,影印第f.160.a—f.160.b页。

的志向——"倘若能成,试着让蒙古、青海变回原先之状态,即使不成,也不会让人控制,以此为由,发动战争,派遣军队",意思即他要让喀尔喀蒙古和青海和硕特回到原来"喀尔喀—卫拉特联合政权"时的状态,通过军事战争打败清朝,解放被奴役的盟友。为此要求作为成吉思汗后裔的喀尔喀蒙古王公,不要再继续侍奉他者清朝,而是重新与准噶尔联合,恢复从前的政治秩序①。

于是,在北京的雍正帝,通过锡保的奏折,了解到噶尔丹策零的以上抱负和政治外交战略之后,考虑到问题的严重性和紧迫性,马上向喀尔喀蒙古众王公颁降了规劝谕旨。其在《平定准噶尔方略》卷27"雍正九年十一月丙寅(七日)"条中,记载如下:

> 上谕喀尔喀汗、王、贝勒、贝子、公、扎萨克、台吉并属下人等曰:近日准噶尔贼夷噶尔丹策零寄信与王喇嘛扎卜,称喀尔喀、厄鲁特法教相同,本属和好,及噶尔丹博硕克图时失睦,既而我父追念前好,曾屡奏皇帝,乞将喀尔喀、青海复旧安置。今皇帝欲将我如喀尔喀、青海,入于旗下佐领之内,给与封号,以故我等兴兵至此。若能成事,则将喀尔喀、青海,照旧安置,即不能成事,亦不令统属于人,等语。此实贼夷奸诈离间之诡计,从前尔喀尔喀人等被噶尔丹战败,以致失地,我圣祖皇考悯念尔等归诚,存恤爱养。将喀尔喀诺颜等,按伊原品封为汗、王、贝勒、贝子、公、扎萨克。属下人等,俱各赐生业,安享富饶,令归原游牧处。尔等之感恩报德,同心效力,乃人所共悉者。准噶尔贼夷出狂悖之言,借安置尔等为辞,欲肆行扰乱。即论尔等之封号,亲王、郡王、贝勒、贝子等爵位,俱系我朝册封宗室子孙兄弟之号,其余臣下虽效力立功,并无封贝子之例,惟四十九旗扎萨克,清

---

① 关于这一时期准噶尔的战略战术及当时阿尔泰战区的形势,请参加拙稿:"1730年前後の戦争期におけるジュンガルの对清战略(1730年前后战争期准噶尔的对清战略)",载日本《史滴》杂志,第40号,2018年,第143—158页。

第九章
18世纪前半期清朝的喀尔喀蒙古保护及其统治政策

吉斯汗之后,博尔济锦氏台吉等,诚心归顺,我太宗皇帝俱赐以宗室封号,视如骨肉,结为姻亲,累世荣宠,何尝视为奴仆乎。至编设旗分佐领,亦欲其易于查考,以便加恩,并恐扎萨克等互起争端之故。今已及百年,何尝役使尔等一人乎。自分旗以来,尔喀尔喀之鄂拓克、达鲁哈等属,便于查管,遇饥馑则赈济之。行围出兵,则厚赏之。可有崔征之事乎。此亦尔等所共知者。准噶尔贼夷,奸诈狡猾,外托黄教,而扰乱藏地,违背教原,口虽称为青海、喀尔喀两家,而又抢掠尔等,将胡图克图,俱欲抢夺,奸恶极矣。且准噶尔一姓,自额尔栢克尼古勒苏齐汗之后,兴兵扰乱诸部落,残杀博尔济锦氏,几至断绝,至今旧怨未已。今策零敦多卜前来,被尔喀尔喀等剿杀败遁,贼夷怀恨必深,思欲报复,乘隙扰乱。若贼夷之事不定,则尔喀尔喀不得安,众蒙古亦不得安,是以不惜国帑,发数万大兵,远行征剿,绥靖边围,只为尔等生全之计也。尔属下人等,宜仰体朕心,各加奋勉,籍朕威力,效法此次进兵之王、贝勒、贝子、公、台吉等。朕必为尔等剿灭贼夷,永保安宁。前者噶尔丹作乱时,尔等互相抢掠盗窃,今又有抢掠盗窃者,此种恶习,甚属愚贱,其务力为悛改。且尔等既属内地多年,共知法度,若舍弃游牧,擅行掠窃,干犯王章,何不力战贼夷,立功雪耻乎。即尔等归顺贼夷,亦断不能保全尔等,令尔等安享也,尔等宜熟计之。

以上内容,引自汉文《平定准噶尔方略》,不过即使其满文版,也多有篡改。这从该《方略》引用的策反文书内容即可看得出来,已经把"关键词"删改得看不出原来的模样了。然而从以上内容,我们还是依稀能够看出当时的雍正帝,如何劝谏喀尔喀蒙古王公,以使其留在清朝,同时希望保持稳定,共同抗击准噶尔的那种急切心理。在此规劝谕旨中,雍正帝首先引用噶尔丹策零送给喀尔喀蒙古亲王拉玛扎布的策反文书,并以此为由,拉出了后面的话语。于此,雍正帝坚定认为策反文书是准噶尔的诡计,是在离间喀尔喀蒙古与清朝的关系,断然否定了噶尔丹策零的"图谋"。接着雍正帝表示,自归顺以来,清朝并没有亏待喀尔喀蒙古,册封与满洲宗室王公和内扎萨克蒙古王公同等级别的爵位,优待了成吉思汗家族,还使其属民安居乐业。另外说明清朝编立的旗、佐领,是为了易于查考,避免扎萨克之间的争端。其后,雍正帝再次批评准噶尔,说其只在口头上尊重黄教,实际在扰乱藏地,还说对蒙古黄金家族做了很多残暴之事。接着,雍正帝说清朝进剿准噶尔,其实是为了保护喀尔喀和内扎萨克蒙古,所以要求喀尔喀蒙古王公奋勉效力,协助清朝抗击准噶尔,努力消除喀尔喀社会中的偷盗行为。最后,雍正帝仍希望喀尔喀蒙古王公能够看清形势,警示不要被不能保护自己的准噶尔所欺骗,而是奋起反抗准噶尔,报仇雪恨。如此,为了在准噶尔军队大举进犯的紧迫形势下保住喀尔喀蒙古,雍正帝使出了浑身解数,十分诚恳地表达了清朝统治者的劝导心意。同时,为担心准噶尔军队东进抓捕哲布尊丹巴呼图克图,清朝还迅速将二世哲布尊丹巴呼图克图转移至多伦诺尔地方居住。

是出于雍正帝的这次规劝,还是出于对自身安全的周全考虑,最终喀尔喀蒙古王公谁也没有投靠准噶尔,而是坚定地站在清朝一边,共同抗击了准噶尔军队的侵扰。不久,在1732年夏,以额驸策凌和郡王丹津多尔济率领的喀尔喀军队为主力的清军,在喀尔喀蒙古中部的额尔德尼召地方,对由小策凌敦多布率领的冒进的准噶尔军队,予以沉重打击,精锐被杀殆尽,使其失去有生力量,再也无力东犯喀尔喀蒙古之地。

第三节　喀尔喀蒙古在清准战争中的
　　　　　立场与作用

如前所述,喀尔喀蒙古服属清朝,噶尔丹战争结束后,自1715年始,围绕喀尔喀蒙古、青海和硕特等原"喀尔喀—卫拉特联合政权"下兀鲁斯的归属问题,准噶尔与清朝产生政治、外交、军事全方面的对峙。旋即清朝在阿尔泰山一带的科布多和哈密,在青藏高原北面的噶顺淖尔和青海地方建立防御体系,同时调动土谢图汗部的军队驻扎阿尔泰山附近,以防范准噶尔的侵袭。其后1717年,又调土谢图汗部的军队跟随傅尔丹驻防扎布坎河一带。1719年再令土谢图汗部的军队跟随费扬古,建造扎克拜达里克城①。1720年,清朝联合青海和硕特成功进军西藏,驱逐了占领那里的准噶尔军队。不久于1723年,在青海和硕特爆发了由罗卜藏丹津领导的"抗击清朝的事件",随后兵败而亡,只罗卜藏丹津一人带领少数随从逃往准噶尔。因清朝与准噶尔的关系举棋不定,故于1724年,雍正帝令喀尔喀蒙古2000名军队继续驻防阿尔泰,并在其管理上任命土谢图汗部的丹津多尔济、赛音诺颜部的策凌、扎萨克图汗部的博贝为副将军,从此在喀尔喀蒙古开始设置了专门管辖军事事务的副将军一职,同时令土谢图汗部的军队移至察罕廋尔、扎克拜达里克城等地驻防②。其后1727年,清朝任命土谢图汗旺济勒多尔济为盟长,自此开始于喀尔喀四部设立管理军事行政的盟长职位。同年,命额驸策凌负责处理与俄罗斯的商贸事务③。1730年,为了防御准噶尔,清朝开始在科布多河边筑城,从喀尔喀蒙古搬运铁器材料,是年又加封丹津多尔济为亲王④。1731年夏,由靖边大将军傅尔丹统率的清军,在"和通淖尔战役"中,受到由大小二策凌顿多布率领的准噶尔军队的毁灭性打击,清朝的西北边疆形势骤然变得严峻。在此关键时刻,1731年冬,丹津多尔济与策凌率领的喀尔喀蒙古兵,从察罕廋尔地方出发,搜寻准噶尔军队,并于1732年夏,向东追击深入杭爱山的准噶尔军队,于

---

① 参见蒙古文《宝贝念珠》,第664—666页,影印第f.159.a—f.159.b页。
② 参见蒙古文《宝贝念珠》,第668页,影印第f.160.a页。
③ 参见蒙古文《宝贝念珠》,第672页,影印第f.161.a页。
④ 参见蒙古文《宝贝念珠》,第674页,影印第f.161.b页。

额尔德尼召地方大败小策凌敦多布率领的准噶尔军队,给予其毁灭性的打击。是年,清朝设置定边左副将军一职,负责管理对准前线事务。1733年,雍正帝任命额驸策凌为定边左副将军,令驻扎科布多①。

以上是康熙、雍正年间清朝对喀尔喀蒙古四部军队的征调及相应副将军、盟长等职务的设置过程。很显然,这一时期清朝政策的重点,在于如何利用喀尔喀军队去防御和抗击准噶尔,而对其内部的统治和管理,并没有实质性的变动。其后经过一段时间的定界和平之后,自1755年始,乘准噶尔内乱之机,乾隆帝决心进兵平定。而其清军,大体由归顺的阿睦尔萨纳、萨拉尔、杜尔伯特等卫拉特兵构成。平定伊犁之后,在护送阿睦尔萨纳去热河的途中,喀尔喀蒙古亲王额璘沁多尔济不小心使阿睦尔萨纳跑掉。为此乾隆帝严加训斥,令额璘沁多尔济自尽。因连年征战,前线喀尔喀王公及属下兵丁甚是劳苦,故以清朝过度惩罚额璘沁多尔济为契机,以青衮咱卜为首的个别喀尔喀王公表示不满,撤回了在前线及清朝西北军台中当差的喀尔喀兵丁,同时喀尔喀各地也发生了一些袭击汉人商贩的流血事件。但绝大多数喀尔喀蒙古王公并没有响应青衮咱卜的活动,其迅速被镇压下去②。可见,在1756年平定准噶尔前后的兵荒马乱年代,喀尔喀蒙古王公仍然忠诚于清朝皇帝,没有叛变,没有离反。笔者认为,首先这与整个喀尔喀蒙古凝结在哲布尊丹巴呼图克图下,而清朝三番五次赏赐、迁移、建立寺院,以此优待哲布尊丹巴呼图克图,将其牢固控制有关。其次,清朝自康熙帝始,将喀尔喀蒙古王公子弟养育宫中,与他们建立深厚的人格主从关系,以此密切了与清朝皇帝的个人感情有关。其中最为典型的即赛音诺颜部的策凌家族和土谢图汗部的丹津多尔济家族,皆忠心耿耿,奋发有为,效力沙场,成为清朝抗击

---

① 参见蒙古文《宝贝念珠》,第676—682页,影印第 f.162.a—f.163.b 页。
② 参见蒙古文《宝贝念珠》,第720—738页,影印第 f.173.a—f.177.b 页。

第九章
18 世纪前半期清朝的喀尔喀蒙古保护及其统治政策

准噶尔保护喀尔喀蒙古的有力人选,后来都加官晋爵,变得位高权重。

除了率领兵丁,协助清朝征战准噶尔外,这一时期的喀尔喀蒙古王公在清准之间,也发挥了他人无法企及的作用和影响。于此,我们分析以下《清代新疆满文档案汇编》,第 4 册,第 394—407 页,乾隆二年十一月十七日,"定边左副将军策凌奏报喀尔喀副台吉厄墨根到准噶尔地方情形折"中记载的内容:

> 定边左副将军和硕超勇亲王固伦额驸臣策凌等谨奏。为奏闻事。今年十一月初一日,臣我等曾奏闻:噶尔丹策零回遣的使者宰桑达什等人,已与臣我等派去的台吉厄墨根等人一同来到布拉罕之察罕托辉地方。如此来报后,臣我等行文吩咐参赞大臣阿成阿:俟准噶尔使者来到乌里雅苏台后,自与厄墨根同去的喀尔喀梅勒章京达尔吉雅、苏木章京乌巴锡内,厄墨根酌情留下一人给使者作伴,而令厄墨根乘驿前来兵营,等语,等事。今于本月十五日,台吉厄墨根已先到兵营。于是臣我等立即与其会面详问时,据厄墨根告称:我等于六月二十二日从此处启程,七月二十一日越过喀喇占和硕卡伦急行,八月初三日到达额尔齐斯汇合点,并会见准噶尔驻在卡伦的达什敦多布等十人,告知我等前去的理由后,达什敦多布立即去告带领其兵驻扎的台吉德济特及宰桑蒙克、博罗特。我等往那边行进,于初五日到达卓索托和硕地方后,台吉德济特及宰桑蒙克、博罗特带领近一百人,前来迎接我等。蒙克等人,以两名德木齐为首,差遣三十人,照看我等,送至宰桑德齐特处。我等于十一日,到达彼乌里雅苏台地方后,宰桑达尔吉雅差遣叫阿勒塔的人告称:宰桑德齐特不在家中,请来我处,等语。于是我言道:我将军王令我等交给宰桑德齐特文书后立即回来,丝毫没说先到尔众宰桑等人处,等语。旋即在彼处歇脚住宿。次日达尔吉雅又派人言道:我丝毫

没有擅自招呼尔等,我噶尔丹策零有言在先,尔等若执意要去德齐特那里,我等亦无护送之事,等语。故不得不去达尔吉雅家里,于次日到达和伯克赛尔,达尔吉雅避而不见我等。是日噶尔丹策零差遣的叫宝巴的人到来,对我等言道:我噶尔丹策零听到尔等来后,特派我等来迎接,等语。于是我等言道:据我将军王吩咐:交给尔宰桑德齐特文书后立即回来,等语。丝毫没说要去噶尔丹策零处。请尔带走此文书并交给噶尔丹策零,我等从此地回去,等语。对此宝巴言道:我岂敢接受尔等文书,不可带回,等语。于是我向他言道:我等亦不可前往,等语。如此互相争论而散。傍晚宝巴及护送我等的德木齐西喇布、托拜全体来称:今尔等倘若回去,我人不送尔等,即令停止,由此会导致和解之道破裂也,使者尔是否去我噶尔丹策零处,等语。因如此请求,故我等才口头答应前往。彼等甚是欣喜,给我等拿来瓜、西瓜和酒,款待饮用。次日从那里启程前往时,厄鲁特宝巴及两位德木齐,带领三十兵,照料引导。我等的前面近十人,后面近十人,两边各五人,俱在稍远处行进,路上遇见彼人后,立即驱赶,以令躲避。我等到达宿营地下马后,彼等亦在四周稍远处下马。一经宿营,宝巴带一两人前来我处,促膝聊聊家常,然后回营帐去,每日照此前行。九月初七日,到达伊犁附近后,噶尔丹策零派遣宰桑鄂勒木济及巴图蒙克,领我等进入一木栅栏院子,指示宿营此处。让我等下马后,向我言道:使者尔等为何事前来,等语。对此我答道:尔噶尔丹策零曾让我卡伦俘虏津巴手持文书,送至我将军王,为送其回信,差遣我等,并吩咐交给尔宰桑德齐特后返回,又向我言道:噶尔丹策零曾抓走我人,并手持文书遣回,因此理应捉来其人,手持文书遣送才对。只是不符合主子停止争战,安逸众生之圣心,且思会关系到双方和解之道,故今派遣尔等,令尔务必亲往,将此文书交给宰桑德齐特,等语。我等来到和伯克赛尔等地后,尔人说德齐特不在家,且达尔吉雅

第九章
18世纪前半期清朝的喀尔喀蒙古保护及其统治政策

又避而不见。因无递交我等带来的文书之人,故我等要从那里回去时,尔辈叫宝巴的人称:我噶尔丹策零下令亲自带来尔等,等语。如此不遣回我等,故而我等才来,毫无它事,等语。其后鄂勒木济等人向我言道:欲将尔等事由,前去呈告我噶尔丹策零。我这附近周围,牧场俱遭破坏,将尔等之马驼交给我人,带至好牧场放养,等语。转眼即将我马驼交给其人后回去。在我等下榻的院子四周,各派两人,驻在稍远处看守。傍晚鄂勒木济、巴图蒙克来称:后天是吉日,我噶尔丹策零说要接见尔等,还令我两人给尔等作伴,已给尔等送来两只羊、两袋米、盐和奶,尔等若要柴水,请告知此辈送来,等语。如此指着两人发言。彼等携来一蒙古包,搭在我等住的院子门口附近,轮流住下。看我等下榻的地方,距离噶尔丹策零的蒙古包有三里多远。初九日,鄂勒木济、巴图蒙克带来十余匹马,并言道:本日噶尔丹策零接见使者,等语。于是我留下我四人看守营帐,我本人带两人前往后,鄂勒木济等人向随从人员言道:将尔等的马匹交给我人管理,尔等都跟着进去,等语。如此引进时看得,已搭起大蒙古包,将其木架墙壁的毡子,往上卷起。蒙古包外,围坐有二百余人,仅在门口留下一两人引导之路。进入蒙古包看得,噶尔丹策零坐在正中,前面二十余人互相跪坐,左侧坐着台吉、宰桑等五十余人,右侧坐着代青和硕齐、桑济宰桑等六人。厄墨根我双手捧着将军王的文书,想直接交给噶尔丹策零之际,坐在前面的一人站起来,从我手中接取文书,放在了噶尔丹策零身旁。我拿出一条哈达,按下蒙古朝政礼帽,叩首一次后,噶尔丹策零对我说想要抱见,于是我上前抱见,退回时一个人站起来,指着右侧说让我坐那里。当时我看得,衔接右侧坐着的六个人,放有一坐褥子,我就坐在了那里。跟着我进去的人,各自按下帽子叩首一次平身后,彼等亦指右侧坐下时,衔接着我,稍留空子并坐。其后察珲宰桑先开口言道:尔车臣王及喀尔喀诺颜等,皆安好否,等语。对此我答道：皆安好,等语。接着噶尔丹策零向我言道：尔是台吉乎,平民乎,等语。对此我答道：我是台吉族,是我将军车臣王的子辈,等语。再询问：尔等喀尔喀游牧在何处,卡伦在哪里,等语。对此告称：我卡伦仍旧在阿尔泰等地,游牧的边界在扎布坎等地,等语。询问：这几年尔等地方雨水调顺否,尔辈众人生活如何,等语。对此我告称：这几年雨水甚调,我蒙古人冬天仍在酿酒,众人生活和以前一样很好,等语。讯问：尔辈是否前往西藏,是否听到达赖喇嘛及班禅如何,等语。对此我告称：我辈每年都去,达赖喇嘛及班禅皆安好,等语。询问：哲布尊丹巴呼图克图现在何处,等语。对此我告称：驻在多伦诺尔庙,等语。询问：哲布尊丹巴呼图克图似乎是尔敦多布多尔济王所生的吧,等语。对此我告称：是的,等语。接着下人送来茶,又装上彼地的饽饽、葡萄、梨一碟子,哈密瓜、西瓜一盘子,放在我前面。装在一盘里合给梅勒章京达尔济雅及苏木章京渥巴西,装在一木盘里放下合给其他人。噶尔丹策零从放在伊前面的两大盘果品内,令拿来宰桑等人的碗,伊亲自发放分给。吃完后,噶尔丹策零向我言道：尔等可否去住处歇息,我阅览尔等之文书,倘若有何该问之事,再询问尔等,等语。对此我言道：文书内写有何言及事项,我丝毫不知,等语。如此照之前告知其宰桑鄂勒木济、巴图蒙克那般说一通后出来了。到达宿营地后,又差人送来一筐哈密瓜、西瓜、李子,并称：噶尔丹策零说让尔等天热时食用,等语。给完即回去。是月十二日,噶尔丹策零为迁往伊犁河下游,亦令我等伴随迁移时,宰桑鄂勒木济、巴图蒙克两人给我等带来足够的驼马,照看我等的人在周围伴随着送到宿营地。没有围栏,照旧看守宿营后,鄂勒木济等人前来言道：噶尔丹策零有话要问尔等,等语。随即将我带走。看得搭起一大帐幕,里面坐着台吉色布腾、宰桑察珲和巴图尔三人。我进去坐下后,色布腾开口谈论称：噶尔丹策零下令询问使者,文书内

第九章
18世纪前半期清朝的喀尔喀蒙古保护及其统治政策

写的是：将阿尔泰作为中间地方，等事。此变得跟以前不一样，其情由为何，等语。对此我言道：我丝毫不是来谈事的，只令我将文书交给德齐特宰桑后即回来，前天亦已告知噶尔丹策零我不知文书内事项，等语。接着察珲言道：台吉尔作为使者前来，定知其情由也，想必有何难言之隐吧，等语。对此我言道：我王丝毫没说倘若询问事项则予告知，我岂有难言之隐，若真知道，即当谈论也。不知事由，我谈论何言耶，等语。察珲又言道：虽无尔王之言，然自古以来阿尔泰是厄鲁特游牧地，杭爱是喀尔喀游牧地，此事尔不会不知，为何不将我土地，还给我等，等语。对此我言道：我不知事务内情，只依我之见，阿尔泰虽说是尔等的游牧地，然尔厄鲁特汗噶尔丹博硕克图及策妄阿喇布坦，与我喀尔喀双方交恶，还进犯大国，故我圣祖圣主剿灭噶尔丹，尽收其下人员，于此还说什么土地耶，等语。对此察珲果然生气，言道：尔此话是何意，照那么说噶尔丹博硕克图赶走尔等时，理应占取杭爱地方才对也，等语。对此我言道：噶尔丹博硕克图今何在耶，阿尔泰亦不是尔等的，杭爱亦不是我等的，俱是大汗之土地。故于昔日我喀尔喀溃散投奔时，大汗接收，并封为王、贝勒、贝子、公，视如主子之宗亲，遣回各自故地居住，安逸至极，在阿尔泰等地设置卡伦，已有五十余年。这么多年，尔辈丝毫没在阿尔泰游牧，且如今岂能说是尔等之土地，等语。于是察珲言道：若是那样，我驻在阿尔泰之人怎么办，等语。对此我言道：鼠年我本人跟随我王从军，行进至尔等之额敏，从察罕呼济尔、铿格尔、乌里雅苏台等地，收走色布腾宰桑、布伊肯宰桑的两鄂托克人，那时别说是阿尔泰，即使在额尔齐斯地方也没见驻有尔人，等语。对此察珲言道：我阿尔泰那边驻有明阿特、乌梁海等，此事尔等之先前作为使者来往的楚英托音，难道不知乎，等语。对此我言道：别说楚英托音知道，连我也知道。将尔等之乌梁海，牛年我军前来，已收走大半，当时我亦曾来。布兰济、凯桑等一半乌梁海，走独木桥似地翻越山岭遗留之事，我知道。明阿特者，也就有十到十五户，我没见过。况且算计乌梁海有何用耶，即使是我等之乌梁海，亦驻在我卡伦外，等语。于是察珲言道：我等之乌梁海怎么办，等语。对此我言道：如何办理之处，只有大汗知道而已，我能如何议论耶。我并非前来议事之人，尔等三番五次询问尔意如何，所以我才随便谈论而已，等语。旋即出来，回到了宿营地。次日又迁移宿营，一连迁移三天，仍来到伊犁河之塔勒奇岭山口对面停下。每次迁移时，仍照前那样跟随陪护我等，到达立营地方后，每三天给我一只羊，达尔济雅及渥巴西每五天合给一只羊，随从的十二人每五天给一只羊及米、奶、盐等物，供给充足，其人还携来烧火的柴水。闰九月初三日，宰桑鄂勒木济、巴图蒙克来告称：使者，明天噶尔丹策零会见尔等后遣返，从我此地以宰桑达什及布伊尔两人为首，作为使者派去二十余人，等语。初四日，噶尔丹策零亦照前例接见坐下后，噶尔丹策零笑着问：蒙古人，尔想家了吗，等语。我言道：没想家，毫无事由而住下这么多天，因此烦闷，等语。于是送来茶饮用，接着送来饽饽、瓜、西瓜食用后，噶尔丹策零言道：今要遣回尔等，从我处与尔一同派去宰桑达什及布伊尔二人，以送上奏大汗的文书及致车臣王的文书，等语。于是唤来达什及布伊尔，令坐在前面，说此二人与尔一起前往后，口头传言道：尔车臣王文书称：追究非分之事，等语。我向来丝毫没做非分之事，我只想闲谈结论。我父亲在世时，噶尔丹博硕克图与我父交恶，亦入侵尔喀尔喀，并进犯大国时，我父令骑骆驼，经过戈壁，给大汗传达消息并奏称：请大汗征讨噶尔丹博硕克图，我于此处收取其游牧，等语。依照此奏，我父收取了噶尔丹博硕克图的游牧。大汗征剿完后，因噶尔丹博硕克图无栖居之地，故而去世。大汗给我父颁降仁慈谕旨：著将噶尔丹博硕克图遗骨及其儿子、妻室俱送来，钦此。因此我父将噶尔丹博硕克图遗骨及儿子色布腾拜音珠

第九章
18世纪前半期清朝的喀尔喀蒙古保护及其统治政策

尔、女儿准齐海俱已送去。对此大汗嘉许仁慈,尔等之史书中难道无此事乎。后来突然变卦,部院文书称:令我等送来罗卜藏丹津,像喀尔喀那样编成旗佐领,将王色布腾旺布及贝子多尔济色布腾属人还给其原主子,给罗卜藏舒努分户析产,如此尔父灵魂才能得以安息,并于八十天内送来答复文书,等语。如此而来。对此我思大汗为何会如此,而押送罗卜藏丹津之人途中到达伊勒布尔和硕卡伦时,尔等之汉人逃来,说已来兵,所以我将罗卜藏丹津带回来了。由此才开始争战。此外我丝毫没做非分之事。此绝非上奏大汗,告知车臣王之言,尔等知道就可,等语。对此我言道:此等事双方都有吧,我等只听听而已,等语。接着我假装出来时,说让我吃完肉再走,并送来肉饭,接着送来酒,噶尔丹策零喝一盅,给我斟一碗,我接取并按蒙古礼节叩首一次,再抿一口还给后,噶尔丹策零问道:为何不饮,等语。于是我答道:我向来不饮,不合身子,等语。言道:那么勿饮,尔之随从每人请饮三次,等语。能喝的饮了三次,其他人俱尝一口后还给。随即接近出发时,我言道:我王说让我交给宰桑德齐特文书后即回,然而来到尔游牧地边境后,尔令我前来,所以我来了。我今回去,我王问我尔已面见噶尔丹策零也,事情大概如何后,我说噶尔丹策零没跟我说事情大概,所以难说,等语。之后噶尔丹策零言道:尔王说让我莫要翻越阿尔泰游牧者,乃是杜绝因我等游牧临近而行侵害之意,如今尔王即使让我翻越阿尔泰来驻,我也不会去。只是我之恼怒在于,阿尔泰向来是我游牧地,尔等却要强取。那么如果与我使者一同差遣良士,酌情商议划定边界,则我亦不说不可,等语。之后我即起身出来。初五日,牵来我等原骑驮而去的驼马,一马一驼各联上彼一马一驼,说让我等选取,于是我等只取膘好的启程了。宰桑鄂勒木济、巴图蒙克二人仍旧领兵巡跟至宿营地后,指一叫济尔噶尔的人说道:此人是我噶尔丹策零侍卫,将送行尔等出边回来,等语。并对济尔噶尔言道：此辈马驼内，倘若有瘸瘦的，令尔于途中换给，命办给充足的行粮，等语。说完立即回去了。从那里往这边，济尔噶尔领兵照料我等，使者达什亦在我附近另行住宿，路上换给腿瘸的和磨破腰的马驼，估算我等赶着的羊只用尽，十、十五只地送来发给。送到昌济勒地方后，济尔噶尔带着护从的士兵回去。使者宰桑达什我等一同来至察罕布尔噶苏卡伦后，卡伦侍卫德沃勒图带领四十名喀尔喀兵，看护送来使者达什。而从乌里雅苏台地方，台吉隆多布及阿里衮等四名侍卫，带领一百名喀尔喀兵，在布鲁卡雅地方接取后，德沃勒图带着卡伦兵回去。将军大臣等之札文到后，我对宰桑达什言道：管辖我乌里雅苏台兵参赞大臣来唤我，我要前往，等语。如此告知后，我留下跟我去的将军王属下领催额林琛，给使者达什作伴而来，等语。为此谨奏闻。

乾隆二年十一月二十五日，所奉朱批谕旨：知道了，钦此。
乾隆二年十一月十七日
定边左副将军　和硕超勇亲王　固伦额驸　臣　策凌
参赞大臣　护军统领　臣　玛尼
参赞大臣　副都统　臣　海兰
参赞大臣　副都统　臣　雅尔图

这是清朝与准噶尔经过"和通淖尔战役"和"额尔德尼召战役"，双方锐气大减，皆无力再进行战争，遂彼此摸索和平，又因涉及定界问题，交涉难以为继的前提下，喀尔喀蒙古额驸策凌派其伞下台吉厄墨根到准噶尔伊犁，与噶尔丹策零商谈两国和平及定界事务的奏折，上奏者是当时的定边左副将军策凌。在此，我们分析这篇奏折内容，以详细阐明当时的清准局势，并在此基础上探讨喀尔喀蒙古王公的立场和态度。

根据台吉厄墨根的报告，以他为首的喀尔喀蒙古使团，于1737

第九章
18世纪前半期清朝的喀尔喀蒙古保护及其统治政策

年即乾隆二年六月二十二日,从乌里雅苏台启程,八月初三日到达准噶尔境内的额尔齐斯地方。于是告知所来情由,会见了准噶尔的台吉及宰桑等驻防边境的几个重要人物。其后到达和伯克赛尔地方,并前前后后数度周旋后,最终在噶尔丹策零所派特使宝巴的执意邀请下,为了不至于使和解之道破裂,才前往伊犁噶尔丹策零处。言外之意即台吉厄墨根"没丢喀尔喀的面子",是准噶尔最高首领请他们过去的。接着,在准噶尔人的护送下到达伊犁两天后,使团受到了噶尔丹策零的接见。据台吉厄墨根的描述,噶尔丹策零的宫殿内外形式是:"搭起大蒙古包,将其木架墙壁的毡子,往上卷起。蒙古包外,围坐有二百余人,仅在门口留下一两人引导之路。进入蒙古包看得,噶尔丹策零坐在正中,前面二十余人互相跪坐,左侧坐着台吉、宰桑等五十余人,右侧坐着代青和硕齐、桑济宰桑等六人"。这从一个侧面,也反映了准噶尔这一蒙古兀鲁斯政权的政治社会构造。其后,台吉厄墨根非常详细地报告了会见噶尔丹策零进行交涉的情况。首先,厄墨根双手捧着额驸策凌的文书,想直接交给噶尔丹策零。当此之际,坐在前面的一人站起来,从厄墨根手中接取文书,放在了噶尔丹策零身旁。然后,厄墨根拿出一条哈达,按下蒙古朝政礼帽,叩首一次后,噶尔丹策零说想要抱见,于是厄墨根上前抱见了噶尔丹策零。这说明,喀尔喀蒙古的使者与准噶尔首领之间,仍在按照原"喀尔喀—卫拉特联合政权"时的蒙古朝政礼仪会见行事,这可能也是喀尔喀蒙古在清朝和准噶尔之间,更能易于推进和解事务的前提条件。接着,厄墨根等使团成员都坐下之后,准噶尔的察珲宰桑首先开口,询问了额驸策凌和其他喀尔喀王公们的身安,以示友好。而后,噶尔丹策零向厄墨根询问了他的出身、喀尔喀游牧地位置、卡伦防线、降雨量、民众生计、达赖喇嘛与班禅喇嘛的身安、哲布尊丹巴呼图克图的住处等情况,以此陈述了噶尔丹策零所关注的要点,也间接表达了这位准噶尔首领时刻关心喀尔喀及西藏事务的态度。其后,厄墨根等使团成员受到准噶尔领导人的宴请后,回到了住处。

八月十二日,厄墨根被安排与准噶尔的台吉色布腾、宰桑察珲及巴图尔三人会谈具体交涉事务。首先色布腾询问:"噶尔丹策零说文书内写的将阿尔泰作为中间地方等事跟以前说的不一样,其情由为何"。对此,厄墨根说他本人丝毫不是来谈事务的,只是来递交文书的。接着察珲宰桑说道:"台吉尔作为使者前来,定知其情由也,想必有何难言之隐吧"。对此,厄墨根言道:"我王丝毫没说倘若询问事项则予告知,我岂有难言之隐,若真知道,即当谈论也。不知事由,我谈论何言耶"。接着察珲又说:"虽无尔王之言,然自古以来阿尔泰是卫拉特游牧地,杭爱是喀尔喀游牧地,此事尔不会不知,为何不将我土地,还给我等"。从察珲宰桑的这句话,我们可以理解到当时的准噶尔与喀尔喀蒙古之间,围绕阿尔泰山的归属问题,具有历史传统的一面。但对此厄墨根道出了当时的喀尔喀蒙古人的立场和认识:"阿尔泰虽说是尔等的游牧地,然尔卫拉特汗噶尔丹博硕克图及策妄阿喇布坦,与我喀尔喀双方交恶,还进犯大国,故我圣祖圣主剿灭噶尔丹,尽收其下人员,于此还说什么土地耶"。认为现在世道已变,不仅是卫拉特和喀尔喀两个蒙古集团的问题,还关系到清朝皇帝。对此察珲生气言道:"尔此话是何意,照那么说噶尔丹博硕克图赶走尔等时,理应占取杭爱地方才对"。对此,厄墨根言道:"噶尔丹博硕克图今何在耶,阿尔泰亦不是尔等的,杭爱亦不是我等的,俱是大汗之土地。故于昔日我喀尔喀溃散投奔时,大汗接收,并封为王、贝勒、贝子、公,视如主子之宗亲,遣回各自故地居住,安逸至极,在阿尔泰等地设置卡伦,已有五十余年。这么多年,尔辈丝毫没在阿尔泰游牧,且如今岂能说是尔等之土地"。厄墨根以此表达了作为喀尔喀蒙古王公使者的认识,即阿尔泰山和杭爱山的归属,已不是卫拉特和喀尔喀的问题,都已归属清朝皇帝,并已承认其统治合法性。接着察珲言道:"若是那样,我驻在阿尔泰之人怎么办"。对此厄墨根言道:"鼠年我本人跟随我王从军,行进至尔等之额敏,从察珲呼济尔、铿格尔、乌里雅苏台等地,收走色布腾宰桑、布伊肯宰桑的两鄂托克人,那时别说是阿

第九章
18世纪前半期清朝的喀尔喀蒙古保护及其统治政策

尔泰,即使在额尔齐斯地方也没见驻有尔人"。对此察珲回答:"我阿尔泰那边驻有明阿特、乌梁海等,此事尔等之先前作为使者来往的楚英托音,难道不知乎"。厄墨根言道:"别说楚英托音知道,连我也知道。将尔等之乌梁海,牛年我军前来,已收走大半,当时我亦曾来。布兰济、凯桑等一半乌梁海,走独木桥似的翻越山岭遗留之事,我知道。明阿特者,也就有十到十五户,我没见过。况且算计乌梁海有何用耶,即使是我等之乌梁海,亦驻在我卡伦外"。于是察珲言道:"我等之乌梁海怎么办"。厄墨根言道:"如何办理之处,只有大汗知道而已,我能如何议论耶。我并非前来议事之人,尔等三番五次询问尔意如何,所以我才随便谈论而已"。如此,从喀尔喀蒙古使团代表厄墨根与准噶尔宰桑察珲的交涉中,我们可以十分明晰地看到当时的喀尔喀蒙古王公已承认清朝皇帝的统治合法性,并为其忠心效力的一面。也之所以,噶尔丹策零在闰九月初四日接见厄墨根时,非常直接地道出了准噶尔方面的立场和诉求:"尔车臣王文书称:追究非分之事,等语。我向来丝毫没做非分之事,我只想闲谈结论。我父亲在世时,噶尔丹博硕克图与我父交恶,亦入侵喀尔喀,并进犯大国时,我父令骑骆驼,经过戈壁,给大汗传达消息并奏称:请大汗征讨噶尔丹博硕克图,我于此处收取其游牧,等语。依照此奏,我父收取了噶尔丹博硕克图的游牧。大汗征剿完后,因噶尔丹博硕克图无栖居之地,故而去世。大汗给我父颁降仁慈谕旨:著将噶尔丹博硕克图遗骨及其儿子、妻室俱送来,钦此。因此我父将噶尔丹博硕克图遗骨及儿子色布腾拜音珠尔、女儿准齐海俱已送去。对此大汗嘉许仁慈,尔等之史书中难道无此事乎。后来突然变卦,部院文书称:令我等送来罗卜藏丹津,像喀尔喀那样编成旗佐领,将王色布腾旺布及贝子多尔济色布腾属人还给其原主子,给罗卜藏舒努分户析产,如此尔父灵魂才能得以安息,并于八十天内送来答复文书,等语。如此而来。对此我思大汗为何会如此,而押送罗卜藏丹津之人途中到达伊勒布尔和硕卡伦时,尔等之汉人逃来,说已来兵,所以我将罗卜藏丹津带回来了。

由此才开始争战。此外我丝毫没做非分之事。此绝非上奏大汗,告知车臣王之言,尔等知道就可,等语"。

我们不能完全以台吉厄墨根的话语和立场来代表整个喀尔喀蒙古王公,因为他是清朝额驸策凌派去的使者,但反过来说在当时的政治环境下,面对准噶尔,策凌即是清朝和喀尔喀蒙古方面公认的代表,故台吉厄墨根的立场表面上也正式代表了喀尔喀蒙古的立场。他认为,在1737年即乾隆二年时代,不管是阿尔泰山,还是杭爱山,皆是清朝可汗皇帝的土地,只有可汗才能决断是否以阿尔泰山为界的问题,喀尔喀王公们只是可汗皇帝的臣下,没有直接商讨边界的权力。但因清准双方的边界划分,会直接关系到喀尔喀蒙古的游牧地范围,故即使清朝可汗皇帝,也不得不考虑喀尔喀王公们的立场,所以双方的边界谈判才一直坚持不下。为此,通过这次喀尔喀蒙古厄墨根使团的遣使,清朝和准噶尔之间,重新找到了谈判的线索,不久于1739年即乾隆四年,双方最终达成了有关边界及贸易的协定。

通过以上探讨,得出以下结论。

首先,1691年服属清朝后,康熙帝除令一世哲布尊丹巴呼图克图"献九白年贡",与其确立臣属关系外,三番五次邀请至热河及北京,持续加以优待,二者之间构筑起了亲密的个人感情。这是康熙帝通过哲布尊丹巴呼图克图来笼络喀尔喀蒙古的一个策略,同时也是考虑到将来的清朝西北边疆形势而做出的政策性铺垫。当1715年以后清朝与准噶尔的关系受到严峻挑战时,哲布尊丹巴呼图克图在康熙帝的授意下,致信策旺阿喇布坦,规劝其向康熙帝道歉,以重新建立友好关系。一方面,康熙帝还将策凌等喀尔喀蒙古领主子弟养育宫中,与其建立深厚的人格主从关系,以便利用这些人物加深统治。

其次,准噶尔首领策旺阿喇布坦和噶尔丹策零父子,皆怀有恢复原"喀尔喀—卫拉特联合政权"的政治抱负,为此于18世纪前期,不

第九章
18世纪前半期清朝的喀尔喀蒙古保护及其统治政策

断与清朝发生外交纠纷和军事战争,并向喀尔喀蒙古有力王公送去策反文书,号召他们离反清朝,重新联合准噶尔。在此紧迫形势下,清朝除牢牢控制哲布尊丹巴呼图克图,将其迁移至多伦诺尔,加以保护外,雍正帝还致信喀尔喀蒙古王公,加以规劝和善导。最终,在喀尔喀蒙古亲王丹津多尔济和额驸策凌的奋勉之下,以喀尔喀兵为主力的清军在额尔德尼召战役中战败准噶尔军队,成功保住了喀尔喀蒙古的安全。

再者,因喀尔喀蒙古与准噶尔,原先同在"喀尔喀—卫拉特联合政权"下,且清准战场主要还在阿尔泰山一带,故牵扯到喀尔喀蒙古的游牧地问题。为此,当清准之间的外交交涉难以为继,陷入僵局时,以喀尔喀蒙古台吉厄墨根为首的使团的活动,为双方的重新谈判,注入了新的线索。而从厄墨根的立场和言语中,我们看出当时的喀尔喀蒙古王公,已承认清朝皇帝的权威和统治合法性,并表示对其忠心效力,乐意成为清朝皇帝的臣属。

综上所述,18世纪前半期清朝对以哲布尊丹巴呼图克图为首的喀尔喀蒙古上层的态度,与其国家整体政策是密不可分的。在当时清朝的最大敌人准噶尔仍然要求恢复原"喀尔喀—卫拉特联合政权"秩序的前提下,清朝不敢轻视喀尔喀蒙古,尤其不能怠慢与哲布尊丹巴呼图克图之间的关系。即使乾隆朝在选定哲布尊丹巴呼图克图转世灵童的问题上,无视喀尔喀蒙古众王公的意见,决定其后从西藏迎请转世灵童的政策,也是在准噶尔被平定后实行的。正如笔者此前的论断,"喀尔喀—卫拉特联合政权"对各方的政治影响,一直持续到准噶尔灭亡为止。

第十章
18世纪喀尔喀蒙古四部的政治社会体制

关于七和硕喀尔喀兀鲁斯的领主们颁发噶舒克、吉古呼等文书，册封达尔罕及授予使用乌拉、舒斯特权的情况，《清内阁蒙古堂档》，第6册，蒙古文第39—43页，满文第223—229页，"喀尔喀代青和硕齐奏文"中，曾有如下记载：

> 先前，我父巴哈丹津对女真所属的巴林做了善事，故于此地普渡哲布尊丹巴葛根前，以三汗和诺门额真为首的七和硕大小诺颜经过商议，宣布封赏其为达尔罕，赐予昆都伦哈坦巴图尔封号，并授予使用乌拉、舒斯。①

这是1687年即康熙二十六年前后，七和硕领主代青和硕齐呈奏康熙帝的文书。从其内容可知，七和硕喀尔喀兀鲁斯的领主们召开会盟、册封新领主及达尔罕的仪式如下：首先，被册封者是一位在政治、宗教、军事等方面对七和硕建立过功勋的人物。其次，须在哲布尊丹巴呼图克图前，以三个汗王为首的七和硕全体大小领主经过商

---

① 康熙二十六年正月十八日，理藩院员外郎阿尔毕特怙将此文送至内阁票签处，是日侍读学士拜里、拜达勒译成满文，经由侍读学士拉巴克修正后，是月二十三日，由大学士拉都珲、明珠等上奏康熙帝。

议进行册封。册封的内容有两方面,一是授予封号,再是授予使用乌拉、舒斯的特权。对领主的册封也好,对一般平民的册封也好,在古代蒙古社会,将这种册封仪式,称为"册封达尔罕(Mon：darqalaqu 或 darqan bolɤaqu 或 darqan talbiqu)"。正如笔者在拙著《大清帝国时期蒙古的政治与社会——以阿拉善和硕特部研究为中心》中的论述:册封达尔罕制度作为蒙古领主团结支配属下的有效方式,为历史上蒙古社会的稳步运行及发展,发挥过极其重要的作用[①]。

那么,服属清朝后,原七和硕喀尔喀兀鲁斯的这种"册封达尔罕"制度,不管是对王公领主的册封,还是对王公属下臣官的册封,或是对一般平民的册封,其是否还延续?如果有所保留,其是以何种方式实施的?更为重要的是,这种"册封达尔罕"制度对服属清朝后的喀尔喀蒙古的政治社会体制有过怎样的影响?原来的七和硕,即由实际上的五大和硕演变而来的十大集团,被清朝编为三汗部或四部之后,部(Mon：ayimaɤ)的汗王是怎样统合其他领主王公的呢?哲布尊丹巴呼图克图的权力、汗王的权力、各旗扎萨克王爷的权力是怎样执行的?于服属清朝后的整个喀尔喀蒙古,各种权力交织在一起,形成了怎样的政治社会体制呢?

我们知道,清朝在蒙古社会施行的"旗—佐领制度",是清朝导入的外来制度,而不是清朝改编蒙古原有的社会关系、行政体系、组织原则,对社会进行彻底改革后建立的制度。正如日本学者冈杨树的论述,清朝的"旗—佐领制度",只有附着在蒙古原有的社会体制,它才能发挥效能。说的具体,原来的蒙古领主成为清朝的王公,蒙古领主下的臣官成为"旗—佐领制度"的官员,蒙古领主的属民被编为佐领下的箭丁,并以"扎萨克——'旗—佐领制度'官员——箭丁"这种行政体制运营。这是清朝统治下蒙古社会的一种变化。但这种清朝

[①] 参见拙著《大清帝国时期蒙古的政治与社会——以阿拉善和硕特部研究为中心》,第 243 页。

维系蒙古扎萨克旗的行政体制,只是军事管理制度,其解决和涵盖不了蒙古社会复杂的社会关系、社会生产活动及建立在这种复杂关系上的政治社会体制。清朝统治下的蒙古社会的主要关系仍是"领主—属民统治关系",而不是"旗—佐领制度"下层次性的官僚辖制关系,后者因过于简单机械,故只能依附基于"领主—属民统治关系"等原则组织起来的蒙古原有社会体制之上,它才能运营。尤其在喀尔喀蒙古,因有部(Mon；ayimaγ)的存在,我们不得不考虑汗王与王公之间的关系,王公与属民之间的关系、汗王与汗王之间的关系。在清朝统治下的喀尔喀蒙古,四部的王公之间怎样协调,各部的汗王怎样统合伞下王公,王公们又是怎样支配其属民,以此成为持有一体感的政治社会体制,这是我们想要了解的前沿问题,也是在现实上能够统合喀尔喀蒙古的主要纽带。

有鉴于此,本章中将利用蒙古国立档案馆所藏的蒙古文档案及中国第一历史档案馆所藏清朝军机处满文录副奏折档等第一手史料,阐明蒙古传统的"册封达尔罕"制度在服属清朝后的喀尔喀蒙古社会中的延续形式,以此探讨18世纪喀尔喀蒙古四部政治社会体制的大体构造及其发展变化情况。

第一节 清朝皇帝及达赖喇嘛等颁发给喀尔喀蒙古四部的敕书及噶舒克文书

关于"册封达尔罕"制度的延续及实施问题,我们首先来看清朝皇帝及将军等颁发给喀尔喀蒙古有功人员的敕书、执照及达赖喇嘛等黄教高僧授予的噶舒克文书在喀尔喀蒙古社会中的流通和保存情况。

1783年即乾隆四十八年,乾隆帝授意拉旺多尔济、奎林、勒保及明山等清朝驻在漠北地区的大臣,没收了喀尔喀蒙古四部使用的"敕书（Man：ejehe bithe）"、"吉古呼（Mon：J̌iɣuqu）"、"噶舒克（Mon：ɣašug）"、"塔尔哈（Mon：tarqa）"等文书，同时也免除了土谢图汗车登多尔济的盟长职务，以示惩戒。关于清朝弹劾并治罪车登多尔济的一案，本书将在第十一章中进行重点论述。在此，只探讨清朝没收的这些文书在喀尔喀蒙古四部中的作用及这些文书所反映的政治社会体制问题。

首先，关于清朝没收的敕书、噶舒克文书等事的详情，蒙古国立档案馆所藏满文档案：馆藏号 M-1，案卷号 1，件号 365，"乾隆四十八年查收后，将达赖喇嘛、章嘉呼图克图等各自授予土谢图汗部人员的噶舒克文书及主子所赏的敕书，以及写在白纸上的执照依旧交回档"中，记载如下：

> 雍正十年，圣主任命扎萨克额琳沁多尔济旗下管旗章京乌纳罕为头等侍卫，给其俸禄，封为达尔罕时所赏的敕书一。
>
> 一件：乾隆二十年，遵旨定边将军果毅公向土谢图汗旗披甲扎布赏银五十两，封为达尔罕的执照一。
>
> 以上两件，照旧交回。
>
> 达赖喇嘛、章嘉呼图克图等授予土谢图汗部人员的噶舒克文书：
>
> 一件：乾隆十年，达赖喇嘛向原公爵孟古赐达尔罕洪台吉封号，授予其使用乌拉、舒斯的噶舒克文书一。
>
> 一件：雍正七年，章嘉呼图克图向王云敦多尔济旗下侍卫桑多布赐阿其图达尔罕侍卫封号，于诸凡各大处往来行走时，令所有人给予协助而授的噶舒克文书一。
>
> 一件：乾隆二十五年，仍向侍卫桑多布之子喇嘛党金赐达尔罕囊素封号，为使其承袭而授的新噶舒克文书。
>
> 一件：乾隆十九年，章嘉呼图克图向扎萨克乌尔金扎布旗下马兰巴罗卜藏达巴海赐达尔罕呼尔查马兰巴封号，令所有人

妥善给予协助而授的噶舒克文书一。

将喇嘛等所授的四张噶舒克文书交回。

一件：雍正十三年，定边大将军平王等，为从祭祀额尔德尼召寺庙的土谢图汗敦丹多尔济父额驸及守护人，不得抓乌拉，不得砍伐额驸周围的树木而授的执照一。

一件：乾隆四年，定边将军固伦额驸等，为使贝子德齐拉姆丕勒旗下尹扎纳，该旗内不得向其摊派公差，封为达尔罕而授的执照一。

一件：乾隆二十五年，副将军亲王多罗额驸等，为不得向王多尔济扎布旗下散丕勒摊派使者乌拉而授的执照一。

以上三件执照俱写在纸上，因不关此事，故照常交回。

查收主子所赏的敕书、功牌及达赖喇嘛、班禅额尔德尼、拉穆吹忠、章嘉呼图克图、哲布尊丹巴呼图克图等喇嘛所授的车臣汗部人员的噶舒克文书档。

乾隆二十一、二十二年，主子赏给车臣汗旗下云骑尉兼管旗章京成衮的功牌四。再，将乾隆二十七年所赏的一件敕书，于乾隆三十七年赏给成衮之子云骑尉兼管旗章京延丕勒承袭。

一件：雍正元年，赏给车臣汗旗下披甲格吉的木牌一。

达赖喇嘛等呼图克图、喇嘛授与车臣汗部人员的噶舒克文书：

一件：康熙六十年，达赖喇嘛向原公爵沙克杜尔赐阿其图达尔罕公封号，令其使用乌拉、舒斯而授的噶舒克文书一。

一件：乾隆元年，达赖喇嘛向贝勒达克丹多尔济旗喇嘛罗卜藏达瓦，于诸凡各处行走住宿时，令所有人妥善扶持协助其人而授的噶舒克文书一。

一件：乾隆二年，班禅额尔德尼亦向贝勒达克丹多尔济旗的喇嘛罗卜藏尼玛，在念经法会事上，令所有人妥善给予协助而授的噶舒克文书一。

第十章　18世纪喀尔喀蒙古四部的政治社会体制

一件：乾隆二十八年，达赖喇嘛向喇嘛罗卜藏尼玛、伊希达木吹、梅林齐巴克等，令使者不得从其为念经而收集的吉萨牲畜内骑乘乌拉、舒斯而授的噶舒克文书一。

一件：乾隆三十年，章嘉呼图克图亦向喇嘛罗卜藏尼玛、伊希达木吹、梅林齐巴克等，遵从达赖喇嘛因彼等自力建造经堂而赏赐盖印噶舒克文书事，令所有人照此妥善给予协助而授的噶舒克文书一。

一件：乾隆十年，达赖喇嘛授予噶勒登扎木楚封号的噶舒克文书一。

一件：乾隆二十五年，章嘉呼图克图亦授予噶勒登扎木楚封号的噶舒克文书一。

一件：乾隆二十八年，达赖喇嘛向绰尔济桑斋扎木楚等，为念经法会事，令所有人妥善给予协助而授的噶舒克文书一。

又一件：拉穆吹忠向达西吹木丕勒扎仓，令所有人不得加害妨碍，妥善给予协助而授的噶舒克文书一。

一件：乾隆二十五年，班禅额尔德尼向车臣汗旗下管旗章京成衮，令所有人妥善给予协助而授的噶舒克文书一。

一件：乾隆三十年，达赖喇嘛亦向管旗章京成衮，为赐封号及噶舒克文书而授的噶舒克文书一。

一件：拉穆吹忠亦照达赖喇嘛所授之例而授与的噶舒克文书一。

一件：向格吉，哲布尊丹巴呼图克图所授的小噶舒克文书一。

一件：达赖喇嘛向车臣汗旗喇嘛津巴扎勒沁海多布，授予其使用乌拉、舒斯的噶舒克文书一。

一件：为向王贡楚克扎布旗协理噶尔玛赐封号而达赖喇嘛所授的噶舒克文书一。

一件：乾隆二十八年，章嘉呼图克图向贝子伊德木扎布旗下达西、毕力克图、济克莫德等,令所有人妥善给予协助,不得侮辱而授的噶舒克文书一。

一件:乾隆二十八年,吹布藏呼图克图亦向达西、济克莫德等赐封号,令所有人妥善给予协助而授的噶舒克文书一。

一件:乾隆二十九年,东科尔呼图克图向毕殊噶尔玛赐封号,令所有人妥善给予协助而授的噶舒克文书一。

一件:乾隆四十一年,达赖喇嘛向索诺木旺扎勒,证明其是毕殊噶尔玛的呼必勒罕而授的噶舒克一。

一件:乾隆七年,哲布尊丹巴呼图克图为向扎萨克贡苏荣扎布旗呼必勒罕伊希颇日赖巴拉珠尔扎木楚赐额尔德尼伊拉古克三呼必勒罕封号而授的噶舒克文书一。

一件:再为伊拉古克三呼必勒罕前世拉姆津巴拉锡、斋巴绰尔济、扎勒瓦绰尔济等,赐伊拉古克三呼图克图封号,令所有人妥善给予协助而达赖喇嘛所授的噶舒克四。

一件:再向伊拉古克三呼必勒罕伊希颇日赖巴拉珠尔,令所有人妥善给予协助而班禅额尔德尼所授的噶舒克一。

一件:再向伊拉古克三呼必勒罕,令所有人妥善给予协助而拉穆吹忠所授的噶舒克二。

一件:为赐梅林罗卜藏封号而达赖喇嘛所授的噶舒克一。

一件:再为赐梅林罗卜藏子纳木准扎布封号而达赖喇嘛所授的噶舒克一。

一件:向额尔德尼锡热图罗卜藏忠鼐,令所有人妥善给予协助而拉穆吹忠所授的噶舒克二。

一件:为赐扎萨克贡楚克扎布封号而达赖喇嘛所授的噶舒克一。

一件:为赐扎萨克索诺木敦多布旗诺颜绰尔济罗卜藏楚勒敦封号而达赖喇嘛所授的噶舒克一。

一件:为赐额尔德尼囊苏封号而达赖喇嘛所授的噶舒

克一。

一件：向卫马特扎木楚吹达尔，令所有人妥善给予协助而达赖喇嘛所授的噶舒克一。

一件：为赐固始纳旺吹木丕勒封号，令所有人妥善给予协助而章嘉呼图克图所授的噶舒克一。

一件：为赐格隆罗卜藏巴勒丹封号而章嘉呼图克图所授的噶舒克一。

一件：为赐贝子索诺木旺扎勒旗罗卜藏开穆楚克封号而班禅额尔德尼所授的噶舒克一。

一件：为向呼必勒罕罗卜藏格楞赐额尔德尼绰尔济封号而班禅额尔德尼所授的噶舒克一。

一件：为赐扎萨克扎穆巴勒多尔济旗格隆楚坦扎木楚封号而达赖喇嘛所授的噶舒克一。

一件：再为楚坦扎木楚赐默尔根绰尔济封号而班禅额尔德尼所授的噶舒克一。

一件：再向楚坦扎木楚，令所有人妥善给予协助而拉穆吹忠所授的噶舒克一。

一件：赐原任扎萨克齐巴克扎布旗管旗章京贡格封号的班禅额尔德尼的噶舒克一。

一件：再为扎萨克齐巴克扎布旗侍卫纳森赐封号而班禅额尔德尼、第穆呼图克图等所授的噶舒克二。

一件：向扎萨克索诺木旗达喇嘛桑杰，免其给使者提供乌拉、舒斯，令他人妥善给予协助而授的班禅额尔德尼的噶舒克一。

一件：再向达喇嘛桑杰，令所有人妥善给予协助而拉穆吹忠所授的噶舒克一。

以上全部四十八件噶舒克内：达赖喇嘛所授的噶舒克二十一，其中使用乌拉、舒斯的噶舒克二，免除使者乌拉、舒斯的噶舒克一,为赐封号而授的噶舒克十八。

班禅额尔德尼所授的噶舒克九,其中免除乌拉、舒斯的噶舒克一,赐封号等的噶舒克八。

拉穆吹忠所授的噶舒克八。

第穆呼图克图所授的噶舒克一。

章嘉呼图克图所授的噶舒克五。

哲布尊丹巴呼图克图所授的噶舒克二。

吹布藏呼图克图所授的噶舒克一。

东科尔呼图克图所授的噶舒克一。

此十八件,俱为通知授予封号等事的噶舒克。

以上这件满文档案记载的,是1783年即乾隆四十八年没收喀尔喀蒙古土谢图汗部、车臣汗部人员所持的噶舒克文书及敕书、执照等物,并处理完案件后,返还给持证者原主的记录。当时乾隆帝肯定理藩院大臣的提议,下令将喀尔喀蒙古四部的所有吉古呼、塔尔哈等文书俱行销毁,只允许保留清朝颁发的敕书、执照及达赖喇嘛、班禅喇嘛等颁发的噶舒克文书。此举表明,这些敕书、噶舒克文书及其社会功用,最终没有被清朝完全禁断。进一步说,这些文书已没有了与清朝政权相抵触的政治意涵。该档案中,驻扎库伦办理事务的钦差满洲大臣勒保,遵从乾隆帝的旨意,将达赖喇嘛、班禅额尔德尼等授予喀尔喀蒙古人员的噶舒克文书及清朝皇帝、定边将军等赐给喀尔喀有功人员的敕书、执照等的颁发年代、被授予者的所属及其姓名、文书所记内容等,俱逐一进行了详查统计。该档案应形成于1783年即乾隆四十八年后半至1784年即乾隆四十九年初之间。

分析上揭史料:

首先,1732年即雍正十年,雍正帝任命喀尔喀蒙古扎萨克额琳沁多尔济旗下的管旗章京乌纳罕为头等侍卫,并册封其为达尔罕,赏赐了一件敕书。由此可见,清朝皇帝对喀尔喀蒙古的有功人员也会颁发敕书,册封其为达尔罕。其实,这在内扎萨克蒙古诸旗及阿拉善和硕特旗人员中也较为普遍。尤其是对八旗察哈尔和归化城土默特蒙古,清朝皇帝从皇太极时期开始即颁发敕书、册封达尔罕、授予世职官衔,以表彰他们在各大战役及政务中建立的功绩①。据笔者考证,清朝的这种世职敕书,最早由来于蒙古社会中册封达尔罕时使用的吉谷呼文书。但在努尔哈赤、皇太极时代,为了有效统合八旗官兵全体及归附的蒙古、汉军人员,清朝曾数度改革过这一制度,以使其更好、更有效地为清朝的政治发展服务,并最终形成了具有浓郁清朝特色的"世职制度",而与蒙古社会中的册封达尔罕制度相区别②。但即便如此,在康熙朝至乾隆朝中期为止的断断续续的对准噶尔战争期间,清朝曾向参战立功的蒙古台吉及兵丁,颁发过很多册封达尔罕的敕书。从勒保在上揭满文奏折中使用的"达尔罕(Man:darhan,Mon:darqan)"一词即可知,清朝皇帝颁发的世职敕书,在蒙古社会中是以册封达尔罕的文书来认识和接受的。敕书也好,执照也好,在蒙古社会,往往被认为是册封达尔罕的文书,因为传统蒙古社会中没有世职官员,且清朝的世职与蒙古旗的达尔罕是同源的,所以清朝皇帝的世职敕书,在清代蒙古社会发挥了相当于册封达尔罕的吉古呼文书的作用。

而档案中的扎萨克额琳沁多尔济,据《王公表传》,卷52,传36载,他是1694年即康熙三十三年被封为扎萨克一等台吉的车凌扎布的孙子。额琳沁多尔济之父齐巴克扎布,在其担任扎萨克的1731年即雍正九年期间,率领该旗兵丁,曾跟随喀尔喀额驸策凌,在阿尔泰山和杭爱山中间的苏克阿勒达呼地方,小胜过准噶尔军队。不过这次战役因是在"和通淖尔战役"中清朝全军覆没后打出的一次胜仗,所以即使战绩平平,也受到了清朝统治阶层的高度赞赏,意义不同寻

---

① 参见拙文《八旗察哈尔的编立及其与清朝可汗间的关系》,第71—95页。
② 参见拙文《八旗察哈尔的编立及其与清朝可汗间的关系》,第71—95页。

常。应该就在此战役后,雍正帝提拔该旗管旗章京乌纳罕为头等侍卫,册封其为达尔罕,并食俸禄。传统蒙古社会中的册封达尔罕制度,并不给被优遇者提供俸禄钱粮,而是以免除其应缴纳的贡赋、差役为主要优遇方式的。但清朝的世职制度,改变这一方式,采取了赏赐俸禄,这也是两种制度的主要区别之一。

此外,清朝定边将军果毅公给土谢图汗旗披甲扎布赏赐的达尔罕执照(Man:temgetu bithe),应指1755年即乾隆二十年平定准噶尔时,黑龙江将军、果毅公达勒党阿①颁发的册封达尔罕的执照。披甲,蒙古语谓"quyaγ",满语称"uksin",在此指从蒙古扎萨克旗的箭丁(Mon:sumu-yin arad)中挑选出来出征前线的士兵。当时喀尔喀蒙古兵作为清朝最重要的军事力量之一,从北路——阿尔泰路进军天山北麓,平定了准噶尔。当时扎布建有军功,故由达勒党阿授予执照。这是为数不多的清朝将军册封蒙古士兵的"达尔罕"及颁发的优遇执照。在此我们还可发现,驻扎库伦办理事务的钦差大臣勒保,将清朝皇帝授予的优遇文书谓之"敕书",而将定边将军等颁发的称为"执照",显示出不同等级文书的区别。

其次,便是达赖喇嘛授予喀尔喀蒙古人员的噶舒克文书。关于五世达赖喇嘛颁赐噶舒克文书于"喀尔喀—卫拉特联合政权"人士的事情,本书在前几章内容中已有阐述。不过,在此我们会发现,除了"乾隆十年,达赖喇嘛向原公爵孟古赐达尔罕洪台吉封号,授予其使用乌拉、舒斯的噶舒克文书一",及"康熙六十年,达赖喇嘛向原公爵沙克杜尔赐阿其图达尔罕公封号,令其使用乌拉、舒斯而授的噶舒克文书一",以及"为赐扎萨克贡楚克扎布封号而达赖喇嘛所授的噶舒克一"此三件噶舒克文书外,达赖喇嘛授予噶舒克文书的人员,绝大

---

① 达勒党阿,满洲镶黄旗人,祖上为康熙朝重臣遏必隆,父为阿灵阿。乾隆十九年八月,达勒党阿被授予黑龙江将军。同年九月,其从弟果毅公策楞北路军营获罪后,由达勒党阿承袭果毅公爵位。乾隆二十年正月,命率索伦、巴尔虎兵奔赴北路军营,以随大军征剿准噶尔,授参赞大臣。参见《清史列传》卷21《达勒党阿传》。

部分都是喇嘛、沙弥,或是"王贡楚克扎布旗协理噶尔玛"这样的旗下办事人员。虽然,公和协理台吉也属于王公阶层,但他们大多不担任扎萨克,更不是汗、亲王、郡王、贝勒等高级王公。我们不能否认,1783年即乾隆四十八年时段,这些高级王公担心清朝的治罪而没有向库伦办事大臣交出达赖喇嘛所赐噶舒克文书的可能。但总体来讲,此次没收的噶舒克文书中,很少有达赖喇嘛赐给高级王公的噶舒克文书。这可能是因为,喀尔喀四部王公、扎萨克等,不像阿拉善和硕特那样直接从达赖喇嘛处请求封号,而是延续七和硕喀尔喀兀鲁斯时代的传统,通过召开四部全体王公参加的会盟,在哲布尊丹巴呼图克图前,以三汗为首的全体王公经过协商册封达尔罕。如前所述,1640年至1680年间的七和硕喀尔喀兀鲁斯的领主们,虽从达赖喇嘛处请求封号,但其册封达尔罕的形式,是以达赖喇嘛授予以哲布尊丹巴呼图克图为首的七和硕全体领主,并由他们审核被授予者的出身、功绩等条件后再进行册封。这种体制,在1691年即康熙三十年服属清朝,开始推戴清朝皇帝的权威后,转变成由以哲布尊丹巴呼图克图和三汗为首的王公们通过协商直接册封达尔罕的形式,不需要再到达赖喇嘛处请求了。所以,这些没收的噶舒克文书中很少有达赖喇嘛直接册封达尔罕的。即使达赖喇嘛颁发给孟古、沙克杜尔等的噶舒克文书,也是在他们前去藏地召请哲布尊丹巴呼图克图的转世灵童时授予的,显然从达赖喇嘛的立场来看,他们的功绩在宗教上的意义更为重大。

另外,班禅额尔德尼、章嘉呼图克图、拉穆吹忠、第穆呼图克图、章嘉呼图克图、吹布藏呼图克图、东科尔呼图克图等所授的噶舒克文书,其绝大部分也都是颁赐给喇嘛、沙弥,或是旗内官员的,而不是王公,意思即他们颁发的噶舒克文书及封号,只在承认和褒扬被授予者对格鲁派黄教所做的贡献,而不是其世俗政治。不过,从达赖喇嘛、班禅额尔德尼、章嘉呼图克图、拉穆吹忠、第穆呼图克图等高僧颁发给喀尔喀蒙古僧俗人员的噶舒克文书可知,即使在服属清朝之后,即从 1691—1783 年的这段大部分在 18 世纪的时间里,喀尔喀蒙古与西藏之间,有过相当密切的往来。颁发给喇嘛、沙弥的噶舒克文书,从蒙古史的角度来看,是黄教领袖仿照自忽必烈可汗统治时代以来的蒙古文书制度进行的对相关有功僧人的优遇制度。而班禅额尔德尼、拉穆吹忠等颁发给普通俗人的噶舒克文书,是在表彰被授予者对格鲁派黄教所做的贡献。被授予封号及噶舒克文书的喀尔喀蒙古管旗章京等官员,是作为其王公主子的使者前去西藏或青海、北京等地的黄教寺院,对班禅额尔德尼、章嘉呼图克图等高僧尽力办事过的,为此被授予了相应的封号。而以上这些被黄教高僧优遇的特权人物,在喀尔喀蒙古社会中也被承认,受到王公们的相应照顾。

由此可知,服属清朝后,在 18 世纪的大部分时间里,虽然喀尔喀蒙古各部与西藏和青海的黄教寺院及高僧有过频繁的往来,但高僧们授予的噶舒克文书,已完全没有了像 17 世纪的五世达赖喇嘛颁发给七和硕喀尔喀兀鲁斯领主们的噶舒克文书那样,含有巨大的政治权力。即使清朝皇帝赐予的敕书和清朝将军们赏赐的执照,也没有针对王公阶层,主要还是对其属下喀尔喀蒙古官兵进行优遇。这反映出 18 世纪喀尔喀蒙古政治社会体制顶端的构造性变化及在新的政治框架中的社会应对。

第二节　喀尔喀蒙古四部的吉古呼及塔尔哈文书

如上所述,在乾隆帝的授意下,勒保等清朝大臣没收喀尔喀蒙古四部所持的吉古呼、塔尔哈等文书后,经理藩院大臣的提议和乾隆帝的准许,决定销毁所有这种文书,以摧毁基于这种文书运行的政治社会体制。以下蒙古国立档案馆所藏的这件档案,是库伦办事大臣勒保没收并销毁土谢图汗部所持的吉古呼及塔尔哈文书的记录。

蒙古国立档案馆所藏蒙古文档案,馆藏号 M-9,案卷号 1,件号263,"乾隆四十八年正月,没收各部新旧噶舒克、吉谷呼、塔尔哈档"。

向盟长土谢图汗,乾隆二十八年,以哲布尊丹巴葛根为首之四部授与亲自出行时可使用六十乌拉、十舒斯,差遣使者时可使用十乌拉、二舒斯的吉谷呼一。

向该旗固始宰桑,康熙二十五年,以哲布尊丹巴葛根为首之喀尔喀七和硕授与〔可使用〕二乌拉,二舒斯的吉谷呼,将此由其孙子穆洛敏木楚于乾隆二年承袭的吉谷呼一。

向额伯勒宰桑,以哲布尊丹巴葛根为首之喀尔喀七和硕授与〔可使用〕二乌拉、一舒斯的、已过多年且无年份的吉谷呼,将此由其子哈拉占于雍正六年承袭的吉谷呼一。哈拉占亡故后,没有使其子嗣承袭。

向台吉瞻巴拉,康熙二十五年,以哲布尊丹巴葛根为首之喀尔喀七和硕授与达尔罕的吉谷呼,将此由其子巴拉桑于雍正十二年承袭。巴拉桑亡故后,没有使其子嗣承袭之吉谷呼一。

向贡格车凌,康熙四十五年,土谢图汗一部授与塔尔哈、吉谷呼,将此以哲布尊丹巴葛根为首之四部,于乾隆三十年,令其孙车布登承袭的达尔罕吉谷呼一。

向布颜图,康熙六十一年,土谢图汗一部授与达尔罕吉谷呼,将此以哲布尊丹巴葛根为首之四部,于乾隆三十年,令其孙布特德承袭的达尔罕吉谷呼一。

向格楚勒吹扎木楚,雍正三年,固伦公主与和硕亲王固伦额驸二人授与彼等所派的使者不得〔从格楚勒吹扎木楚〕征用乌拉的执照。其后土谢图汗、车臣汗二部将他封为达尔罕,再次盖上了记号。吹扎木楚亡故后,没有使其子嗣承袭的塔尔哈文书一。

向台吉奈曼,雍正七年,土谢图汗一部授与塔尔哈,将此由其子占巴拉承袭的塔尔哈一。

向侍卫沙克多尔扎布,乾隆六年,土谢图汗一部授与吉谷呼,将此以哲布尊丹巴葛根为首之四部,于〔乾隆〕三十年再次加封授与的达尔罕吉谷呼一。

向披甲扎卜,乾隆二十年,奉旨由乌里雅苏台将军大臣等授与的塔尔哈文书一。

向台吉衮布扎布,乾隆二十八年,以哲布尊丹巴葛根为首之四部授与吉谷呼,将此由其子台吉敦多布,于〔乾隆〕四十七年承袭的达尔罕吉谷呼一。

向台吉达木林,乾隆二十八年,以哲布尊丹巴葛根为首之四部授与的达尔罕吉谷呼一。

向侍卫乌林,乾隆二十八年,以哲布尊丹巴葛根为首之四部授与的达尔罕吉谷呼一。

向侍卫沙克都尔扎布,乾隆二十八年,以哲布尊丹巴葛根为首之四部授与达尔罕吉谷呼,将此由其子齐素咙,于〔乾隆〕四十六年承袭的达尔罕吉谷呼一。

向台吉车登林沁,乾隆二十一年,以哲布尊丹巴葛根为首之四部授与的达尔罕吉谷呼一。

向格隆吹多布,乾隆三十五年,土谢图汗一部授与的达尔罕吉谷呼一。

向格隆朋楚克、梅林衮楚克、台吉图吉、台吉乌巴锡、台吉布尼巴扎尔、侍卫拉玛扎布此六人,乾隆四十六年,以哲布尊丹巴葛根为首之四部授与的达尔罕吉谷呼六。

该旗吉谷呼、塔尔哈共计二十二。

将军王旗的吉谷呼。

向将军、王之父,原盟长和硕亲王,乾隆二十八年,以哲布尊丹巴葛根为首之四部授与亲自出行时可使用十二乌拉、四舒斯,差遣使者时可使用四乌拉、一舒斯的吉谷呼一。此尚未承袭。

向贡桑额尔克，乾隆十二年，土谢图汗一部授与的塔尔哈一。

向车凌扎布，乾隆十三年，土谢图汗一部授与吉谷呼，将此以哲布尊丹巴葛根为首之四部，于二十八年授与其子满珠承袭的达尔罕吉谷呼一。

向贡格，乾隆十七年，土谢图汗一部授与达尔罕吉谷呼一。贡格亡故后，尚未承袭。

向额木齐忠堆，乾隆二十八年，以哲布尊丹巴葛根为首之四部授与达尔罕吉谷呼一。忠堆亡故后，没有承袭。

向侍卫达西德力格尔，乾隆二十八年，以哲布尊丹巴葛根为首之四部授与的达尔罕吉谷呼一。

向格隆车琳，乾隆三十年，以哲布尊丹巴葛根为首之四部授与的塔尔哈一。

向达喇嘛噶勒藏业喜，乾隆三十年，以哲布尊丹巴葛根为首之四部授与塔尔哈，将此以哲布尊丹巴葛根为首之四部，于〔乾隆〕四十六年令由其弟侍卫巴雅尔图承袭的塔尔哈一。

向托音察克都尔，乾隆三十年，以哲布尊丹巴葛根为首之四部授与达尔罕吉谷呼一。托音察克都尔亡故后，没有承袭。

向锡塔尔绰尔济，乾隆三十年，以哲布尊丹巴葛根为首之四部授与的塔尔哈一。

向宰桑纳森，乾隆三十年，土谢图汗一部授与达尔罕吉谷呼一。宰桑纳森亡故后，没有承袭。

向侍卫锡第，乾隆三十年，土谢图汗一部授与的达尔罕吉谷呼一。

向王府长史巴勒达尔、侍卫达沁、侍卫桑图此三人，乾隆四十六年，以哲布尊丹巴葛根为首之四部授与的塔尔哈三。

向梅林宝达，乾隆四十七年，以哲布尊丹巴葛根为首之四部授与的达尔罕吉谷呼一。

向侍卫云木扎布,乾隆二十八年,以哲布尊丹巴葛根为首之四部授与达尔罕吉谷呼,将此以哲布尊丹巴葛根为首之四部,于〔乾隆〕四十七年令其子伊德木扎布承袭的达尔罕吉谷呼一。

该旗吉谷呼、塔尔哈共计十七。

王云端多尔济旗的吉谷呼。

王亲自出行时可使用二十乌拉、二舒斯,差遣使者时可使用多少乌拉、舒斯,尚不明确。或有五、六乌拉、一舒斯,尚不明确。

向毛里台额尔德尼额尔克,康熙二十五年,以哲布尊丹巴葛根为首之喀尔喀七和硕授与塔尔哈,将此以哲布尊丹巴葛根为首之土谢图汗一部,于康熙六十年令其子托亚特承袭的塔尔哈一。后再向其子头等台吉哈吉布多尔济,乾隆二十八年,以哲布尊丹巴葛根为首之四部授与〔可使用〕四乌拉、一舒斯的吉谷呼,将此于〔乾隆〕四十六年照例承袭的吉谷呼一。

向卡尔玛孙,康熙六十年,以哲布尊丹巴葛根为首之四部授与达尔罕吉谷呼,将此于乾隆二十六年,四部令其子车琳扎布承袭的达尔罕吉谷呼一。

向楚英和硕齐,以哲布尊丹巴葛根为首之四部授与无年月的旧吉谷呼,令其孙贡格奇旺于康熙六十年承袭,再令贡格奇旺之子达西车布登,于乾隆二十五年承袭。后〔乾隆〕四十六年,以哲布尊丹巴葛根为首之四部令达西车布登之子乌巴锡承袭的达尔罕吉谷呼一。

向侍卫桑多布,雍正七年,达赖喇嘛授与噶舒克一。向其子罗卜藏丹津,乾隆二十五年,达赖喇嘛仍授与噶舒克一。〔乾隆〕三十二年,土谢图汗一部授与达尔罕吉谷呼,后〔乾隆〕三十五年,车臣汗、赛音诺颜二人加过记号的吉谷呼,将此于〔乾隆〕四十六年,以哲布尊丹巴葛根为首之四部令其孙班珠尔承袭的达尔罕吉谷呼一。

第十章
18世纪喀尔喀蒙古四部的政治社会体制

向台吉贡格奇旺,乾隆十三年,土谢图汗一部授与达尔罕吉谷呼,将此于〔乾隆〕二十三年,四部令其子头等台吉奇旺扎布承袭,授与过〔可使用〕四乌拉、一舒斯的达尔罕吉谷呼,后〔乾隆〕二十八年,以哲布尊丹巴葛根为首之四部再加四乌拉、一舒斯而授与的达尔罕吉谷呼一。

向侍卫噶勒藏,乾隆二十六年,土谢图汗一部授与达尔罕吉谷呼,将此于〔乾隆〕三十五年,四部再次授与,后〔乾隆〕四十六年,以哲布尊丹巴葛根为首之四部授与其子侍卫阿依拉锡乌格伊的达尔罕吉谷呼一。

向头等台吉津扎布多尔济,乾隆二十八年,以哲布尊丹巴葛根为首之四部授与〔可使用〕四乌拉、一舒斯的吉谷呼,将此于〔乾隆〕四十六年,由其子头等台吉衮布扎布照例承袭的吉谷呼一。

向管旗章京叶喜,乾隆二十八年,以哲布尊丹巴葛根为首之四部授与吉谷呼,将此于〔乾隆〕四十六年,由其侄子沙克多尔照例承袭的达尔罕吉谷呼一。

向侍卫多拉尔,乾隆二十八年,以哲布尊丹巴葛根为首之四部授与的达尔罕吉谷呼一。

向格隆丹津,乾隆二十八年,以哲布尊丹巴葛根为首之四部授与吉谷呼,将此于〔乾隆〕四十六年,由其堂兄弟多特巴照例承袭的达尔罕吉谷呼一。

向吹木丕勒,乾隆二十八年,以哲布尊丹巴葛根为首之四部授与吉谷呼,将此于〔乾隆〕四十七年,由其堂弟毕达照例承袭的达尔罕吉谷呼一。

向达西达尔扎,乾隆二十八年,以哲布尊丹巴葛根为首之四部授与吉谷呼,将此于〔乾隆〕四十六年,由其弟侍卫格日勒照例承袭的达尔罕吉谷呼一。

向管旗章京扬楚布,乾隆二十八年,以哲布尊丹巴葛根为首之四部授与的塔尔哈一。

向梅林巴勒丹,乾隆四十六年,以哲布尊丹巴葛根为首之四部授与的达尔罕吉谷呼一。

向巴勒藏,乾隆四十六年,以哲布尊丹巴葛根为首之四部授与的达尔罕吉谷呼一。

该旗吉谷呼、塔尔哈共计十六,其中王的吉谷呼在北京。

王多尔济扎布旗的吉谷呼。

向王的叔父王丹津多尔济,乾隆三十年,以哲布尊丹巴葛根为首之四部授与亲自出行时可使用十二乌拉、二舒斯,差遣使者时可使用五乌拉、一舒斯的吉谷呼,将此于〔乾隆〕四十六年,由其弟王齐巴克扎布照例承袭的吉谷呼一。该件没有承袭。

向协理吹木丕勒,乾隆四十六年,以哲布尊丹巴葛根为首之四部授与亲自出行时可使用六乌拉、二舒斯,差遣使者时可使用三乌拉、一舒斯的达尔罕吉谷呼一。

向协理阿拉布坦,乾隆三十年,以哲布尊丹巴葛根为首之土谢图汗、车臣汗、扎萨克图汗三部授与的达尔罕吉谷呼一。

向台吉多尔济,乾隆六年,以哲布尊丹巴葛根为首之土谢图汗、车臣汗、扎萨克图汗三部授与塔尔哈,将此于〔乾隆〕三十年,以哲布尊丹巴葛根为首之四部令其子巴图承袭的塔尔哈一。再向此巴图之子散匹勒,〔乾隆〕二十五年,王桑斋多尔济授与不纳乌拉、舒斯的盖有将军印的文书一。

向管旗章京扎木参,乾隆二十六年,沙毕及土谢图汗、车臣汗二部授与盖有王桑斋多尔济扎萨克印的达尔罕吉谷呼一。〔乾隆〕三十年,以哲布尊丹巴葛根为首之四部授与吉谷呼,将此于〔乾隆〕四十七年,由其子毕勒沁仍照例承袭的达尔罕吉谷呼一。

向侍卫阿拉布坦,乾隆六年,阿其图诺门汗及该王等授与的塔尔哈一。

向绰尔济丹津，乾隆十七年，土谢图汗一部授与盖有王桑斋多尔济扎萨克印的达尔罕吉谷呼一。〔乾隆〕三十年，以哲布尊丹巴葛根为首之四部授与吉谷呼，将此于〔乾隆〕四十七年，由其堂弟格隆达克巴扎木参照例承袭的达尔罕吉谷呼一。

向梅林塔尔巴，乾隆二十八年，以哲布尊丹巴葛根为首之四部授与的达尔罕吉谷呼一。

向宰桑达尔玛，乾隆三十年，以哲布尊丹巴葛根为首之四部授与的达尔罕吉谷呼一。

向宰桑贡格，乾隆三十年，以哲布尊丹巴葛根为首之四部授与的达尔罕吉谷呼一。

向侍卫根敦，乾隆三十年，以哲布尊丹巴葛根为首之四部授与的达尔罕吉谷呼一。

向侍卫乌巴锡，乾隆四十六年，以哲布尊丹巴葛根为首之四部授与的塔尔哈一。

该旗吉谷呼、塔尔哈十四，执照文书一。

副盟长、参赞、贝子旗的吉谷呼。

向阿齐图乌巴锡之子达尔罕宰桑，以哲布尊丹巴葛根为首之喀尔喀七和硕授与〔可使用〕三乌拉、二舒斯之无年月旧吉谷呼，将此于康熙五十七年，令其子库伯承袭，后于乾隆十三年，由库伯子杜噶尔承袭的吉谷呼一。杜噶尔亡故后无嗣。

向阿玉锡侍卫台吉，康熙六十年，土谢图汗一部授与〔可使用〕二乌拉、一舒斯的吉谷呼，将此于乾隆六年，由其子桑杰承袭的吉谷呼一。桑杰亡故后无嗣。

向乌依达尔罕图萨图，雍正六年，土谢图汗一部授与塔尔哈，将此于〔雍正〕十二年，由其子诺尔布扎布承袭，再于乾隆三十五年，该部令诺尔布扎布子旺济勒承袭的塔尔哈一。

303

向哈番乌巴锡,雍正七年,以哲布尊丹巴葛根为首之四部授与塔尔哈,将此于乾隆三十年,由其子侍卫同沁承袭的塔尔哈一。

向奇旦,乾隆十三年,土谢图汗一部授与的塔尔哈一。

向侍卫巴雅尔图,乾隆二十八年,以哲布尊丹巴葛根为首之四部授与的塔尔哈一。

向协理达木林,乾隆三十年,以哲布尊丹巴葛根为首之四部授与达尔罕吉谷呼,将此于〔乾隆〕四十六年,由其子台吉班巴尔照例承袭的达尔罕吉谷呼一。

向管旗章京贡格,乾隆三十年,以哲布尊丹巴葛根为首之四部授与的达尔罕吉谷呼一。

该旗吉谷呼、塔尔哈八。

贝子德沁喇木丕勒旗的吉谷呼。

向贝子之父王达什丕勒,乾隆二十八年,以哲布尊丹巴葛根为首之四部授与亲自出行时可使用十五乌拉、三舒斯,差遣使者时可使用五乌拉、一舒斯的吉谷呼,将此于〔乾隆〕四十六年,由其子贝子德沁喇木丕勒照例承袭的吉谷呼一。

向古英宰桑,康熙二十六年,以哲布尊丹巴葛根为首之喀尔喀七和硕授与〔可使用〕二乌拉、舒斯的吉谷呼,将此于雍正七年,土谢图汗一部令其孙那苏图承袭的吉谷呼一。那苏图亡故后,没有使其子嗣承袭。

向宰桑森达尔,雍正八年,土谢图汗一部授与塔尔哈一。森达尔亡故后,没有使其子嗣承袭。

向管旗章京卓哩克图,乾隆二十八年,以哲布尊丹巴葛根为首之四部授与的达尔罕吉谷呼一。

向扎兰乌巴锡,乾隆二十八年,以哲布尊丹巴葛根为首之四部授与塔尔哈一。乌巴锡亡故后,没有使其子嗣承袭。

向协理格勒克朋楚克,乾隆四十六年,以哲布尊丹巴葛根为首之四部授与〔可使用〕四乌拉、一舒斯的达尔罕吉谷呼一。

该旗吉谷呼、塔尔哈七。

向公车布登多尔济,乾隆二十八年,以哲布尊丹巴葛根为首之四部授与亲自出行时可使用五乌拉、二舒斯,差遣使者时可使用二乌拉、一舒斯的达尔罕吉谷呼一。

向阿拉布杰,乾隆二十八年,以哲布尊丹巴葛根为首之四部授与塔尔哈一。阿拉布杰亡故后,没有承袭。

向管旗章京达沁,乾隆四十六年,以哲布尊丹巴葛根为首之四部授与的塔尔哈一。

向拖音齐旺,乾隆四十七年,以哲布尊丹巴葛根为首之四部授与的达尔罕吉谷呼一。

该旗吉谷呼四。

公巴克巴扎布旗的吉谷呼。

向公之祖父公蒙固,乾隆十年,达赖喇嘛授与带有乌拉的噶舒克一。向其父公索诺木辰丕勒,乾隆二十八年,以哲布尊丹巴葛根为首之四部授与亲自出行时可使用五乌拉、一舒斯,差遣使者时可使用二乌拉、一舒斯的吉谷呼,将此于〔乾隆〕四十六年,由其子公巴克巴扎布照例承袭的吉谷呼一。

向头等台吉拉玛扎布,乾隆二十八年,以哲布尊丹巴葛根为首之四部令其承袭伊父车臣诺颜的乌拉、舒斯而带有五乌拉、一舒斯的达尔罕吉谷呼一。

向协理阿勒塔,乾隆四十八年,以哲布尊丹巴葛根为首之四部授与的达尔罕吉谷呼一。

向绰尔济罗卜藏齐旺,乾隆四十六年,以哲布尊丹巴葛根为首之四部授与的达尔罕吉谷呼一。

该旗噶舒克一、吉谷呼四。

公车登多尔济旗的吉谷呼。

向公之父、参赞公三都布多尔济,乾隆二十八年,以哲布尊丹巴葛根为首之四部授与亲自出行时可使用六乌拉、二舒斯,差遣使者时可使用三乌拉、一舒斯的吉谷呼,将此于四十六年,由其子公车登多尔济承袭的吉谷呼一。

向奥勒巴图宰桑,康熙四十五年,以哲布尊丹巴葛根为首之四部授与吉谷呼,将此于雍正十二年,由达木林承袭,再于乾隆二十八年,由其孙梅林拉布坦照例承袭的达尔罕吉谷呼一。

向罗堆拉姆津巴,乾隆二十八年,以哲布尊丹巴葛根为首之四部授与吉谷呼,将此于〔乾隆〕四十六年,由其孙台吉达尔扎照例承袭的吉谷呼一。

向德木奇囊素,乾隆二十八年,以哲布尊丹巴葛根为首之四部授与的塔尔哈一。

向管旗章京延丕勒,乾隆二十八年,以哲布尊丹巴葛根为首之四部授与的塔尔哈一。

向齐素咙巴图鲁,乾隆三十二年,卫将军等颁发的执照一。〔乾隆〕三十五年,以哲布尊丹巴葛根为首之四部授与的塔尔哈一。

向台吉根丕勒,乾隆四十六年,以哲布尊丹巴葛根为首之四部授与的达尔罕吉谷呼一。

该旗吉谷呼、塔尔哈七,执照一。

公拉素咙旗的吉谷呼。

向沙木丕勒,雍正七年,土谢图汗一部授与塔尔哈,将此照例使其子侍卫桑杰扎布承袭的塔尔哈一。

向达西扎布,雍正七年,土谢图汗一部授与塔尔哈,将此由

第十章 18世纪喀尔喀蒙古四部的政治社会体制

其子索诺木承袭的塔尔哈一。

向拖布沁,乾隆八年,土谢图汗授与的塔尔哈一。

该旗塔尔哈三。

向公车凌多尔济,乾隆四十七年,以哲布尊丹巴葛根为首之四部授与亲自出行时可使用六乌拉、二舒斯,差遣使者时可使用二乌拉、一舒斯的吉谷呼一。

该旗吉谷呼一。

扎萨克乌尔津扎布旗的吉谷呼。

向扎萨克之父扎萨克达玛琳扎布,乾隆二十八年,以哲布尊丹巴葛根为首之四部授与亲自出行时可使用六乌拉、一舒斯,差遣使者时可使用三乌拉、一舒斯的吉谷呼一,将此于四十六年,由其子扎萨克乌尔津扎布照例另写承袭的吉谷呼一。

向侍卫达木林,乾隆二年,土谢图汗一部授与盖有将军印的塔尔哈,将此于〔乾隆〕二十四年,由其子达尔玛希礼照例承袭,再加盖将军印授与的塔尔哈一。

向管旗章京沙克多尔扎布,乾隆二十八年,以哲布尊丹巴葛根为首之四部授与达尔罕吉谷呼一。沙克都尔扎布亡故后,没有承袭。

向马兰巴罗卜藏达布凯,乾隆十九年,章嘉葛根授予马兰巴封号的噶舒克一。二十八年,以哲布尊丹巴葛根为首之四部授与的达尔罕吉谷呼一。

该旗噶舒克一、吉谷呼五。

向扎萨克额琳沁多尔济,乾隆二十八年,以哲布尊丹巴葛根为首之四部授与亲自出行时可使用五乌拉、一舒斯,差遣使者时可使用二乌拉、一舒斯的吉谷呼一。

向管旗章京乌纳噶,雍正十年,以哲布尊丹巴葛根为首之四部授与吉谷呼,将此于〔乾隆〕三十五年,由其子梅林图布登承袭,再于〔乾隆〕四十六年,由图布登子侍卫衮楚克照例承袭的达尔罕吉谷呼一。

向伯吉泰,雍正三年,土谢图汗一部授与塔尔哈一。伯吉泰亡故后,没有承袭。

向管旗章京奇旺,乾隆二年,土谢图汗一部授与塔尔哈一。奇旺亡故后,没有承袭。

向梅林乌那嘎,乾隆二十八年,以哲布尊丹巴葛根为首之四部授与吉谷呼,将此于〔乾隆〕三十五年,由其子奇旺照例承袭的达尔罕吉谷呼一。

该旗吉谷呼、塔尔哈六。

向扎萨克衮楚克车凌,乾隆三十年,以哲布尊丹巴葛根为首之四部授与亲自出行时可使用四乌拉、二舒斯,差遣使者时可使用二乌拉、一舒斯的塔尔哈一。

向索达,康熙六十一年,土谢图汗一部授与塔尔哈,将此于乾隆三十年,以哲布尊丹巴葛根为首之四部令其子毕玛承袭,再于〔乾隆〕四十六年,由毕玛子车凌扎布照例承袭的塔尔哈一。

该旗塔尔哈二。

向扎萨克齐素咙多尔济之父(实为祖父),公车布登,乾隆二十八年,以哲布尊丹巴葛根为首之四部授与亲自出行时可使用八乌拉、二舒斯,差遣使者时可使用四乌拉、一舒斯的吉古呼,将此于〔乾隆〕三十八年,由其子扎萨克齐素咙照例承袭的吉古呼一。

该旗吉古呼一。

向扎萨克齐巴克扎布之父,原扎萨克固噜扎布,乾隆三十年,以哲布尊丹巴葛根为首之四部授与亲自出行时可使用六乌拉、二舒斯,差遣使者时可使用二乌拉、一舒斯的吉古呼,将此于〔乾隆〕四十六年,由其子齐巴克扎布照例承袭的吉古呼一。

该旗吉古呼一。

向扎萨克迈达里扎布之父,原扎萨克敦多布多尔济,乾隆四十六年,以哲布尊丹巴葛根为首之四部授与亲自出行时可使用八乌拉、二舒斯,差遣使者时可使用三乌拉、一舒斯的吉古呼一。尚未承袭。

该旗吉古呼一。

扎萨克贡楚克扎布旗的吉古呼。

向达赖宰桑,乾隆二十年,沙毕、土谢图汗一部授与的塔尔哈一。〔乾隆〕三十年以哲布尊丹巴葛根为首之土谢图汗一部抄写授与其子乌巴锡的塔尔哈一。

该旗塔尔哈二。

诺颜呼图克图旗的吉古呼。

向第二世诺颜呼图克图,康熙五十二年,车臣汗部贝勒旺济勒自其一旗授与二十一乌拉、三舒斯的塔尔哈一。

乾隆二年,额尔德尼班第达呼图克图,咱雅班第达呼图克图,定边将军、亲王、固伦额驸为首之赛音诺颜一部授与的塔尔哈一。

同是〔乾隆〕二年,车臣汗一部授与亲自出行时可使用十乌拉、二舒斯,差遣使者时可使用四乌拉、一舒斯的达尔罕吉古呼一。

以上吉古呼、塔尔哈内,虽有"土谢图汗按规定授与"的字句,然并无土谢图汗授与的吉古呼。从诺颜呼图克图的商卓特巴处询问情由时告称:素不知那件吉古呼的下落,已丢失,等语。

向第三世诺颜呼图克图,乾隆二十八年以哲布尊丹巴葛根为首之四部授与亲自出行时可使用十乌拉、二舒斯,差遣使者时可使用四乌拉、一舒斯的吉古呼,将此于〔乾隆〕四十六年照例由第四世诺颜呼图克图承袭的达尔罕吉古呼一。

该旗吉古呼、塔尔哈四。

公贡楚克达什、扎萨克三笃克多尔济两旗没有吉古呼、塔尔哈。

以上一部的新旧吉古呼、塔尔哈一百二十二,噶舒克四,执照二。

乾隆四十八年没收各盟旗新旧噶舒克、吉古呼、塔尔哈,送至臣处的有:

初七日,王云丹旗的十四件吉古呼、两件噶舒克,公巴克巴扎布旗的四件吉古呼、一件噶舒克。以上二十一件,由盟长、汗之台吉敦多布送来。

初九日,盟长、汗之旗的二十件吉古呼,副盟长、参赞、贝子之旗的八件吉古呼,贝子达什旗的六件吉古呼,公车布登旗的四件吉古呼。以上三十八件,由扎萨克额琳沁的管旗章京班珠尔送来。

初十日,盟长、汗之旗的由将军、大臣等所授的一件吉古呼,公车布登旗的七件吉古呼、一件执照,扎萨克乌尔津的三件吉古呼、一件噶舒克,扎萨克额琳沁的六件吉古呼,扎萨克齐素咙的一件吉古呼,公拉素咙旗的三件吉古呼,扎萨克齐巴克的一件吉古呼,扎萨克迈达里扎布的一件吉古呼,扎萨克衮楚克车凌旗的

第十章
18世纪喀尔喀蒙古四部的政治社会体制

两件吉古呼。以上二十七件,由副盟长、参赞、贝子的侍卫伊德木扎布送来。

十二日,盟长、汗自己的吉古呼,将军王旗的十六件吉古呼,公车凌自己的一件吉古呼,扎萨克乌尔津旗的一件塔尔哈。以上十九件,仍由伊德木扎布送来。

十五日,将军王旗的一件吉古呼,扎萨克乌尔津的一件吉古呼,诺颜呼图克图的四件吉古呼,共计六件,由扎萨克乌尔津的笔贴士衮布送来。

二十一日,王多尔济扎布旗的吉古呼、塔尔哈十四件、执照一件,扎萨克贡楚克扎布旗的塔尔哈两件,共计十七件,由台吉兼笔贴士敦多布送来。

乾隆四十八年正月二十四日,王云丹旗头等台吉哈吉布的祖父毛里台宰桑的塔尔哈迟后送至。由盟长、汗之侍卫巴克吉日噶勒送来。

以上的档案史料,记录着土谢图汗部的吉古呼、塔尔哈等文书的保存和使用情况。在此我们需要解释文书的种类及其功用。吉古呼文书,蒙古语谓之"Ĵiɣuqu bičig",指自成吉思汗建立的大蒙古国以来,蒙古可汗、汗王、诺颜、公主、驸马等授予属下有功人员,册封达尔罕,颁布赏赐或免除赋役,以此宣布优遇的一种公文。通过蒙古帝国的扩张及其统治的深入,吉古呼文书与册封达尔罕制度也随之遍布帝国的各个地区。在后来的元朝、金帐汗国、伊尔汗国、察哈台汗国、窝阔台汗国及东道诸王的领地上,皆发现过这种文书或类似的公文。

于蒙古本部,即使蒙古政权在放弃对长城以南地区的统治之后,这种吉古呼文书及册封达尔罕的制度,仍在广泛实行着,并影响到周边地区。而到17世纪中期,蒙古七和硕喀尔喀兀鲁斯与四卫拉特的首领们召开会盟奉戴达赖喇嘛的权威后,五世达赖喇在蒙古方面的建议下,参照和沿袭蒙古社会颁发吉古呼文书的制度,尊重蒙古领主会议的请求,对相关人物,授予过赏赐封号的文书。这种公文叫噶舒克文书,虽其名来自藏语,然形式及功用与吉古呼文书极其类同。

关键是 1691 年服属清朝前后,喀尔喀蒙古的王公们,立即断绝了从达赖喇嘛处请求封号的行为。如上节所述,18 世纪的喀尔喀蒙古四部的噶舒克文书,与 17 世纪七和硕时代的,有了本质的区别,已失去了往日对王公领主授予封号及相应政治权力的意义。故在此前提下,恢复蒙古社会原有的吉古呼文书,就有了必要。至 1783 年即乾隆四十八年没收以上这些吉古呼文书为止,喀尔喀蒙古四部虽一面奉戴清朝皇帝的权威,但仍基于其祖先的传统,在汗部内颁发这种吉古呼及塔尔哈文书,办理着一定程度的公事。

塔尔哈文书,蒙古语谓曰:"tarqa",本为"散布、宣布、传播"之意,在此指册封达尔罕后向全体领主及民众通告的文书。吉古呼文书,需由被优遇者本人收藏,而将优遇之事通告全社会,要求给予相应尊重和扶持时,需要颁布这种塔尔哈文书。

我们知道,清朝皇帝授予蒙古王公的,是和硕亲王、多罗郡王、多罗贝勒、固山贝子、镇国公、辅国公等富有清朝特色的爵位,而不是蒙古原有的汗、洪台吉、济农、诺颜、代青等封号;册封时也使用的是清朝特色的诰命,而不是写在黄色绸缎上的吉古呼文书。虽然这种诰命在清朝统治下的蒙古社会,有时也被称为吉古呼,但毕竟内涵是不一样的。且更为重要的是,伴随清朝的爵位,没有相应的优遇措施,当初就连俸禄也没有,更不用说办理公事的钱粮和财物。而在蒙古传统上,被授予封号的领主,其享受的特权会相应增长。被册封达尔罕者,其理应缴纳的赋役,会相应被免除,以示奖励。清朝的制度,大都停留在皇帝和王公的臣属问题上,至于蒙古社会的具体运营,还需以蒙古传统制度来实行。所以,恢复七和硕时代的传统,向王公和达尔罕们授予吉古呼文书,实施相应的优遇,就变得很是必要。

第三节　吉古呼及塔尔哈文书所反映的喀尔喀蒙古四部政治社会体制

在本节内容中,通过对第二节所记吉古呼、塔尔哈文书内容的分析,揭示这些文书所反映的喀尔喀蒙古四部政治社会体制。

首先,档案中出现的盟长土谢图汗,指时任喀尔喀蒙古罕乌拉盟正盟长,土谢图汗车登多尔济,领有直属的一扎萨克旗,被称为汗旗。他的系谱是:土谢图汗衮布→长子察珲多尔济→次子多尔济额尔德尼阿海→长子旺扎勒多尔济→次子敦丹多尔济→次子车登多尔济。此处的土谢图汗察珲多尔济,即前述与哲布尊丹巴呼图克图一同于1691年服属清朝的察珲多尔济。其后,1699年察珲多尔济去世,1700年由其孙敦多布多尔济承袭汗号,1701年因渎职被免。不久1702年,察珲多尔济次子多尔济额尔德尼阿海承袭土谢图汗号。1711年,旺扎勒多尔济承袭。1732年,敦丹多尔济承袭汗号。其后1744年,旺扎勒多尔济的第四子敦多布多尔济承袭土谢图汗号。1746年,由旺扎勒多尔济长子延丕勒多尔济承袭。后至1759年才由敦丹多尔济子车登多尔济承袭土谢图汗号[①]。

将军王旗中的将军王,指土谢图汗部右翼左旗扎萨克和硕亲王兼副将军齐巴克多尔济。其系谱是:额列克默尔根汗→第四子多尔济杜尔格齐诺颜→独子青洪台吉→长子车木楚克纳木扎勒→长子成衮扎布→长子齐巴克雅喇木丕勒→次子齐巴克多尔济。该家族从康熙朝开始就与清朝关系良好,屡屡遣兵协助清朝攻防准噶尔,最后车木楚克纳木扎勒也在与准噶尔的战事中阵亡。该家族出身的成衮扎布,于1733年即雍正十一年被授予副将军,率所部兵防守喀尔喀西

---

① 参见《王公表传》,卷46,传30,土谢图汗察珲多尔济列传。

部边境①。

王云端多尔济,指土谢图汗部中右旗扎萨克多罗郡王。其系谱是:土谢图汗衮布→次子西第什哩巴图尔洪台吉→次子丹津多尔济→长子多尔济色布腾→长子桑斋多尔济→长子云端多尔济。如第九章所述,此一家系与清朝的关系甚好。自康熙朝开始即响应清朝的号召,派兵至喀尔喀西部边境,防守准噶尔。雍正年间郡王丹津多尔济还与额驸策凌共同领兵,大败准噶尔于额尔德尼召,为清朝立下赫赫战功。为此,雍正、乾隆年间,清朝下嫁和硕和惠公主于丹津多尔济子多尔济色布腾,授和硕额驸。而其后代桑斋多尔济与云端多尔济等,一直被教养于宫廷,与清朝皇帝的关系非同一般②。但即使如此,该旗内仍存有十六件吉古呼及塔尔哈文书。因为这与整个喀尔喀四部的社会体制有关,与清朝皇帝的关系远近无干。

王多尔济扎布,指土谢图汗部左翼中旗扎萨克多罗郡王。其系谱是:诺诺和卫征诺颜→次子阿布瑚默尔根诺颜→长子昂噶海默尔根诺颜→次子苏努代青洪台吉→次子默尔根洪台吉固噜什喜→长子多尔济阿拉布坦→长子敏珠尔多尔济→长子车凌拜都布→次子齐巴克扎布→长子多尔济扎布③。阿布瑚默尔根诺颜子孙的游牧地,大体都在南部的戈壁附近,称"戈壁六旗(Mon: gobi-yin Jirɤuɤan qosiɤu)"。表明即使服属清朝被编为三汗部或四部后,血缘上相近的同支王公,仍带领属民,游牧居住在较近的地方,反映出七和硕体制的一种延续性。

副盟长、参赞、贝子,指土谢图汗部中旗扎萨克贝子逊都布多尔济。其系谱是:土谢图汗察珲多尔济→长子噶勒丹多尔济→长子敦多布多尔济→长子根扎多尔济→次子车布登多尔济→长子逊都布多

---

① 参见《王公表传》,卷48,传32,追封多罗郡王扎萨克多罗贝勒车木楚克纳木扎勒列传,今袭和硕亲王。
② 参见《王公表传》,卷49,传33,扎萨克多罗贝勒西第什哩列传,今袭多罗郡王。
③ 参见《王公表传》,卷47,传31,扎萨克多罗郡王固噜什喜列传。

第十章
18世纪喀尔喀蒙古四部的政治社会体制

尔济。该家族先前地位显赫，敦多布多尔济作为察珲多尔济的长孙，于1691年被封为多罗郡王，1697年赏和硕恪靖公主，授和硕额驸，1700年被封和硕亲王，并袭土谢图汗号，1702年遇事被罢免。后根扎多尔济于1716年迎娶清朝郡主，被授和硕额驸。但1757年其多罗郡王爵位被削为固山贝子。此前，车布登多尔济于1745年被尚郡主，授多罗额驸①。这一家系与清朝的政治联姻相对较多。

贝子德沁喇木丕勒，指土谢图汗部左翼后旗扎萨克固山贝子。其系谱是：阿布瑚默尔根诺颜→次子喇木里达赖诺颜→第五子萨喇齐达赖代青→次子诺尔布额尔克阿海→次子礼塔尔→长子旺舒克→次子达什丕勒→第四子德沁喇木丕勒②。因是阿布瑚默尔根诺颜的后代，故该旗想必也是"戈壁六旗"之一。

公车布登多尔济，指土谢图汗部右翼右旗扎萨克辅国公。其系谱是：土谢图汗察珲多尔济→第三子纳木扎勒额尔德尼班第达→独子班珠尔多尔济→长子琳丕勒多尔济→长子车布登多尔济。1691年，班珠尔多尔济被授予扎萨克一等台吉爵位。1755年，琳丕勒多尔济参加清朝的平准战争，建立军功，被晋升辅国公。

公巴克巴扎布，指土谢图汗部左翼前旗扎萨克辅国公。其系谱是：额列克默尔根汗→第三子拉巴塔尔达尔罕洪台吉→巴郎→长子旺布→次子蒙固→索诺木辰丕勒→次子巴克巴扎布。1691年封为扎萨克一等台吉，后雍正年间协助清朝大战准噶尔于额尔德尼召，故于1738年被乾隆帝晋升为扎萨克辅国公③。

公车登多尔济，土谢图汗部中右末旗扎萨克辅国公。其系谱是：土谢图汗衮布→次子西第什哩巴图尔洪台吉→长子辰丕勒多尔济→孙喇木丕勒多尔济→弟三都布多尔济→长子车登多尔济。1719年，

---

① 参见《王公表传》，卷47，传31，扎萨克多罗郡王噶勒丹多尔济列传，今袭固山贝子。
② 参见《王公表传》，卷51，传35，扎萨克一等台吉礼塔尔列传，今袭镇国公。
③ 参见《王公表传》，卷51，传35，扎萨克一等台吉巴朗列传，今袭辅国公。

始编为另一旗,封辰丕勒多尔济为扎萨克一等台吉。后因三都布多尔济奋勉于清朝的平准战争,建立功勋,而于1759年被乾隆帝晋升为辅国公①。

公拉素呢,指土谢图汗部左翼左中末旗扎萨克辅国公拉素呢多尔济。其系谱是:土谢图汗察珲多尔济→第四子车凌巴勒→长子巴木丕勒多尔济→次子车登三丕勒→长子拉素呢多尔济。初授为扎萨克一等台吉,后1711年诏封为扎萨克辅国公②。

公车凌多尔济,指土谢图汗部中左旗扎萨克公品级一等台吉。其系谱是:土谢图汗衮布→次子西第什哩巴图尔洪台吉→次子丹津多尔济→第三子三达克多尔济→长子车凌多尔济。初三达克多尔济为一等台吉,且无扎萨克职位,后准噶尔战争期间奋勉于军事,故于1753年封为辅国公,1758年被授予扎萨克职位③。

扎萨克乌尔津扎布,指土谢图汗部左翼右末旗扎萨克一等台吉。其系谱是:阿布瑚默尔根诺颜→长子昂噶海默尔根诺颜→第六子阿尔占默尔根代青→开木楚克→长子纳木扎勒→长子车凌旺楚克→长子达玛琳扎布→长子乌尔津扎布④。因是阿布瑚默尔根诺颜的后代,故该旗想必也是"戈壁六旗"之一。

扎萨克额琳沁多尔济,土谢图汗部中左翼末旗扎萨克一等台吉。其系谱是:诺诺和卫征诺颜→长子阿巴岱赛音汗→长子锡布固泰鄂尔齐图洪台吉→长子鄂尔果岱诺木齐→独子达什洪台吉→车凌扎布→长子齐巴克扎布→长子额琳沁多尔济⑤。

扎萨克衮楚克车凌,指土谢图汗部右翼左后旗扎萨克一等台吉。其系谱是:多罗郡王车木楚克纳木扎勒之弟朋素克喇布坦→长子喇

---

① 参见《王公表传》,卷51,传35,扎萨克一等台吉辰丕勒多尔济列传,今袭辅国公。
② 参见《王公表传》,卷50,传34,扎萨克辅国公车凌巴勒列传。
③ 参见《王公表传》,卷50,传34,贝子品级扎萨克辅国三达克多尔济列传,今袭公品级一等台吉。
④ 参见《王公表传》,卷52,传36,扎萨克一等台吉开木楚克列传。
⑤ 参见《王公表传》,卷52,传36,扎萨克一等台吉车凌扎布列传。

木丕勒多尔济→次子衮楚克车凌。朋素克喇布坦起初为车木楚克纳木扎勒旗下的协理台吉,后奋勉于准噶尔战事,于1730年即雍正八年析出两佐领另编一旗,授为扎萨克一等台吉①。

扎萨克齐素呢多尔济,指土谢图汗部右翼左末旗扎萨克一等台吉。其系谱是:阿巴岱赛音汗→长子锡布固泰鄂尔齐图洪台吉→第三子穆车乌巴锡洪台吉→长子锡布推哈坦巴图尔→次子车布登→长子齐旺多尔济→齐素呢多尔济。锡布推哈坦巴图尔曾是17世纪中后期土谢图汗和硕的著名将领,北攻俄罗斯,西防噶尔丹,十分活跃。1691年归附清朝封为扎萨克辅国公。奔走杀场,建有功绩,于1699年被康熙帝晋封为固山贝子。1704年锡布推去世后,次子车布登被降为镇国公,1706年编旗,授为扎萨克,遂奋勉于阿尔泰军务。后因车布登在青衮咱卜事件中私行逃归,故于1756年其子齐旺多尔济被降为辅国公。1770年齐素呢多尔济又被降为扎萨克一等台吉②。

扎萨克齐巴克扎布,指土谢图汗部右翼右末次旗扎萨克一等台吉。其系谱是:锡布推哈坦巴图尔之弟青多尔济→长子恭格→长子旺扎勒→长子固鲁扎布→长子齐巴克扎布。因青多尔济在1695年清朝征讨噶尔丹时建立功绩,故从锡布推属民中析出一部分另编一旗,授为扎萨克一等台吉,令其管辖③。

扎萨克迈达里扎布,土谢图汗部左翼末旗扎萨克一等台吉。其系谱是:诺诺和卫征诺颜→次子阿布瑚默尔根诺颜→长子昂噶海默尔根诺颜→长子巴特玛什默尔根楚库尔→独子默尔根代青车凌→长子鄂巴→长子卓特巴→长子喇布坦→次子旺布多尔济→长子敦多布

---

① 参见《王公表传》,卷52,传36,扎萨克一等台吉朋素克喇布坦列传。
② 参见《王公表传》,卷50,传34,扎萨克固山贝子锡布推哈坦巴图尔列传,今袭一等台吉。
③ 参见《王公表传》,卷52,传36,扎萨克一等台吉青多尔济列传。

多尔济→长子迈达里扎布①。因是阿布瑚默尔根诺颜的后代,故该旗想必也是"戈壁六旗"之一。

扎萨克贡楚克扎布,即贡楚克,指土谢图汗部中次旗扎萨克一等台吉。其系谱是:多罗郡王固噜什喜→次子成衮扎布→次子车登→次子贡楚克。初隶属于固噜什喜长子郡王多尔济阿喇布坦之旗,后1719年另编一旗,授成衮扎布为扎萨克一等台吉②。

诺颜呼图克图,指阿布瑚默尔根诺颜家族出身的黄教转世活佛,后隶属于土谢图汗部。系谱是,诺诺和卫征诺颜→次子阿布瑚默尔根诺颜→长子昂噶海默尔根诺颜→次子苏努代青洪台吉→第七子诺颜呼图克图。

公贡楚克达什,指土谢图汗部右翼右末旗扎萨克辅国公。其系谱是:锡布推哈坦巴图尔→长子巴海→长子贡楚克扎布→长子贡楚克达什。巴海,初在锡布推次子车布登旗下担任协理台吉,1731年因在与准噶尔军队的战斗中奋勇立功而另编一旗,授为扎萨克一等台吉。1732年又在额尔德尼召战役中剿贼有功而加恩封为辅国公③。

扎萨克三笃克多尔济,指土谢图汗部左翼中左旗扎萨克一等台吉。其系谱是:诺诺和卫征诺颜→次子阿布瑚默尔根诺颜→长子昂噶海默尔根诺颜→次子苏努代青洪台吉→第八子达什额尔克代青→独子逊笃布→长子三笃克多尔济。逊笃布,初隶属于多罗郡王敏珠尔多尔济旗,后1732年奋勇于额尔德尼召之战而被授予扎萨克一等台吉④。因是阿布瑚默尔根诺颜的后代,故该旗想必也是"戈壁六旗"之一。

在此,我们分析以下"表五"内容。

---

① 参见《王公表传》,卷51,传35,扎萨克一等台吉车凌列传。
② 参见《王公表传》,卷52,传36,扎萨克一等台吉成衮扎布列传。
③ 参见《王公表传》,卷50,传34,扎萨克辅国公巴海列传。
④ 参见《王公表传》,卷52,传36,扎萨克一等台吉逊笃布列传。

【表五】 喀尔喀蒙古土谢图汗部所持吉古呼及塔尔哈文书表

旗 分	年 代	颁发者		被优遇者人数	
		以哲布尊丹巴葛根为首之七旗或四部	土谢图汗一部	汗或扎萨克王公	旗下官民喇嘛等
土谢图汗旗	乾隆二十八年	○		1	4
	康熙二十五年	○			3
	康熙四十五年		○		1
	康熙六十一年		○		1
	雍正七年		○		1
	乾隆六年		○		1
	乾隆二十一年	○			1
	乾隆三十五年		○		1
	乾隆四十六年	○			6
将军王旗	乾隆二十八年	○		1	2
	乾隆十二年		○		1
	乾隆十三年		○		1
	乾隆十七年		○		1
	乾隆三十年	○			4
			○		2
	乾隆四十六年	○			3
	乾隆四十七年	○			1
王云端多尔济旗	乾隆二十八年	○		1	7
	康熙二十五年	○			1
	康熙六十年	○			1

续表

旗 分	年 代	颁发者		被优遇者人数	
		以哲布尊丹巴葛根为首之七旗或四部	土谢图汗一部	汗或扎萨克王公	旗下官民喇嘛等
王云端多尔济旗	无年月	○			1
	乾隆三十二年		○		1
	乾隆十三年		○		1
	乾隆二十六年		○		1
	乾隆二十八年	○			2
	乾隆四十六年	○			2
王多尔济扎布旗	乾隆三十年	○		1	4
	乾隆四十六年	○			2
	乾隆六年	○			1
	乾隆十七年		○		1
	乾隆二十八年	○			1
副盟长、参赞、贝子旗	无年月	○			1
	康熙六十年		○		1
	雍正六年		○		1
	雍正七年	○			1
	乾隆十三年		○		1
	乾隆二十八年	○			1
	乾隆三十年	○			2
贝子德沁喇木丕勒旗	乾隆二十八年	○		1	4
	康熙二十六年				1

续表

旗 分	年 代	颁发者		被优遇者人数	
		以哲布尊丹巴葛根为首之七旗或四部	土谢图汗一部	汗或扎萨克王公	旗下官民喇嘛等
贝子德沁喇木丕勒旗	雍正八年		○		1
	乾隆四十六年	○			2
	乾隆四十七年	○			1
公巴克巴扎布旗	乾隆二十八年	○		1	1
	乾隆四十六年	○			2
公车登多尔济旗	乾隆二十八年	○		1	3
	康熙四十五年	○			1
	乾隆三十五年	○			1
	乾隆四十六年	○			1
公拉素咙〔多尔济〕旗	雍正七年		○		2
	乾隆八年		○		1
	乾隆四十七年	○		1	
扎萨克乌尔津扎布旗	乾隆二十八年	○		1	2
	乾隆二年		○		1
扎萨克额璘沁多尔济旗	乾隆二十八年	○		1	
	雍正十年	○			1
	雍正三年		○		1
	乾隆二年		○		1
扎萨克衮楚克车凌旗	乾隆三十年	○		1	
	康熙六十一年		○		1

续表

旗 分	年 代	颁发者		被优遇者人数	
		以哲布尊丹巴葛根为首之七旗或四部	土谢图汗一部	汗或扎萨克王公	旗下官民喇嘛等
扎萨克齐素咙多尔济旗	乾隆二十八年	○		1	
扎萨克齐巴克扎布旗	乾隆三十年	○		1	
扎萨克迈达里扎布旗	乾隆四十六年	○		1	
扎萨克贡楚克扎布旗	乾隆二十年		○		1

此表是基于上揭档案史料制作的。其中,达赖喇嘛、章嘉呼图克图、车臣汗、固伦公主与和硕亲王固伦额驸、乌里雅苏台将军、土谢图汗与车臣汗共同授予的、阿其图诺门汗及该王等授予的,因其文书数量极少,故予以忽略不计。另外,没有考虑诺颜呼图克图旗。

分析"表五"可知:

首先,授予扎萨克王公的吉古呼文书,除了齐巴克扎布是1765年即乾隆三十年,迈达里扎布是1781年即乾隆四十六年外,其他都是从1763年即乾隆二十八年开始的。即使齐巴克扎布与迈达里扎布,也是在1763年以后授予的。此外,给扎萨克王公授予吉古呼文书时,皆由以哲布尊丹巴呼图克图为首之四部在联合进行封授。可见,从1763年即乾隆二十八年开始,喀尔喀蒙古四部革命性地恢复了七和硕喀尔喀兀鲁斯时期的政治传统,向旗的最高权力者——扎萨克王爷授予吉古呼文书及相应权利。

其次,1783年即乾隆四十八年没收时的喀尔喀蒙古四部的吉古呼及塔尔哈文书,其最早的是1686年即康熙二十五年的,皆以哲布尊丹巴呼图克图为首之七和硕领主联合封授。1686这一年,七和硕喀尔喀兀鲁斯尚未服属清朝,从喀尔喀四部保存的服属前的吉古呼文书来看,喀尔喀四部试图通过这种行为来证明他们沿用的吉古呼文书制度作为"旧制度",具有传统,是合法的政治行为。另外,从最早的吉古呼文书是1686年的情况来看,七和硕喀尔喀兀鲁斯,尤其是左翼土谢图汗、车臣汗的和硕,从这一年开始摈弃达赖喇嘛授予的噶舒克文书,转而恢复使用起蒙古原有的吉古呼文书,以表示对达赖喇嘛权威的拒绝与疏远。

再者,由土谢图汗部颁发的吉古呼及塔尔哈文书,共有24件。其中,土谢图汗旗5件,将军王旗4件,王云端多尔济旗3件,王多尔济扎布旗1件,副盟长、参赞、贝子旗3件,贝子德沁喇木丕勒旗1件,公拉素咙〔多尔济〕旗2件,扎萨克乌尔津扎布旗1件,扎萨克额璘沁多尔济旗2件,扎萨克衮楚克车凌旗1件,扎萨克贡楚克扎布旗1件。这里面,原七和硕喀尔喀兀鲁斯或八扎萨克时代的土谢图汗家族出身王公旗共计13件,默尔根诺颜家族出身王公旗共计4件,多尔济杜尔格齐诺颜家族出身王公旗共计5件,锡布固泰鄂尔齐图洪台吉家族出身王公旗2件。可见,土谢图汗家族出身王公的旗分所占的吉古呼及塔尔哈文书数量,压倒性地多于其他各支系王公旗,比他们的总和还要多。因吉古呼及塔尔哈文书不是普通的公文,其含有巨大的在公共事务中行走的权利及相应享受的特权,所以从其持有的数量可以发现,土谢图汗家族在该汗部内的突出地位。土谢图汗通过操纵颁发吉古呼及塔尔哈文书,将汗部的权力集中在了自己家族的王公手中。

于此,笔者再基于上揭档案内容制作了"表六"。

【表六】 喀尔喀蒙古土谢图汗部王公享用乌拉、舒斯情况表

旗籍	汗、扎萨克王公	王公出身	扎萨克王公可使用的乌拉、舒斯数	该旗所持吉古呼、塔尔哈文书总数
汗旗	土谢图汗兼盟长车登多尔济	土谢图汗衮布一系	亲自60乌拉、10舒斯,使者10乌拉、2舒斯。	22
右翼左旗	副将军兼扎萨克亲王齐巴克多尔济	多尔济杜尔格齐诺颜一系	亲自12乌拉、4舒斯,使者4乌拉、1舒斯。	17
中右旗	扎萨克郡王云端多尔济	土谢图汗衮布一系	亲自12乌拉、2舒斯,使者的尚不明确。	16
左翼中旗	扎萨克郡王多尔济扎布	昂噶海默尔根诺颜一系	亲自12乌拉、2舒斯,使者5乌拉、1舒斯。	14
中旗	扎萨克贝子逊都布多尔济	土谢图汗衮布一系	无	8
左翼后旗	扎萨克贝子德沁喇木丕勒	阿布瑚默尔根诺颜次子喇瑚里达赖代青一系	亲自15乌拉、3舒斯,使者5乌拉、1舒斯。	7
右翼右旗	扎萨克辅国公车布登多尔济	土谢图汗衮布一系	亲自5乌拉、2舒斯,使者2乌拉、1舒斯。	4
左翼前旗	扎萨克辅国公巴克巴扎布	额列克默尔根汗第三子拉巴塔尔达尔罕洪台吉一系	亲自5乌拉、1舒斯,使者2乌拉、1舒斯。	5

续表

旗　籍	汗、扎萨克王公	王公出身	扎萨克王公可使用的乌拉、舒斯数	该旗所持吉古呼、塔尔哈文书总数
中右末旗	扎萨克辅国公车登多尔济	土谢图汗衮布一系	亲自6乌拉、2舒斯,使者3乌拉、1舒斯。	7
左翼左中末旗	扎萨克辅国公拉素咙多尔济	土谢图汗衮布一系	无	3
中左旗	扎萨克公品级一等台吉车凌多尔济	土谢图汗衮布一系	亲自6乌拉、2舒斯,使者2乌拉、1舒斯。	1
左翼右末旗	扎萨克一等台吉乌尔津扎布	昂噶海默尔根诺颜一系	亲自6乌拉、1舒斯,使者3乌拉、1舒斯。	5
中左翼末旗	扎萨克一等台吉额琳沁多尔济	锡布固泰鄂尔齐图洪台吉一系	亲自5乌拉、1舒斯,使者2乌拉、1舒斯。	6
右翼左后旗	扎萨克一等台吉衮楚克车凌	多尔济杜尔格齐诺颜一系	亲自4乌拉、2舒斯,使者2乌拉、1舒斯。	2
右翼左末旗	扎萨克一等台吉齐素咙多尔济	锡布固泰鄂尔齐图洪台吉一系	亲自8乌拉、2舒斯,使者4乌拉、1舒斯。	1
右翼右末次旗	扎萨克一等台吉齐巴克扎布	锡布固泰鄂尔齐图洪台吉一系	亲自6乌拉、2舒斯,使者2乌拉、1舒斯。	1
左翼末旗	扎萨克一等台吉迈达里扎布	昂噶海默尔根诺颜一系	亲自8乌拉、2舒斯,使者3乌拉、1舒斯。	1

续表

旗　籍	汗、扎萨克王公	王公出身	扎萨克王公可使用的乌拉、舒斯数	该旗所持吉古呼、塔尔哈文书总数
中次旗	扎萨克一等台吉贡楚克扎布	昂噶海默尔根诺颜一系	无	2
右翼右末旗	扎萨克一等台吉贡楚克达什	锡布固泰鄂尔齐图洪台吉一系	无	无
左翼中左旗	扎萨克一等台吉三笃克多尔济	昂噶海默尔根诺颜一系	无	无

分析"表六"可知：

首先，从王公们的出身来看，土谢图汗家族有7位王公，默尔根诺颜家族有6位王公，多尔济杜尔格齐诺颜家族有2位，锡布固泰鄂尔齐图洪台吉家族有4位，拉布塔尔达尔汗洪台吉家族有1位。可见，土谢图汗家族和默尔根诺颜家族出身的王公数量最多，而且力量相当，扎萨克旗数只差1个。这与服属清朝前的七和硕或八扎萨克体制不无关系。如前所述，清朝于1691年即康熙三十年编旗时，是以将非汗家族出身的七和硕或八扎萨克首领封为郡王的形式，编到汗的下面，以此建立"汗部"的。虽然七和硕体制被清朝编为三汗部或四部体制，但在土谢图汗部内，原先的和硕首领家族仍具有与汗王家族同等的实力。但是从汗部内颁发的吉古呼及塔尔哈文书的持有情况来看，土谢图汗家族共有61个，而默尔根诺颜家族只有29个，连一半都不到。这说明，土谢图汗在部内是通过向自己家族出身的扎萨克旗多颁发吉古呼及塔尔哈文书的形式，压倒默尔根诺颜家族，以此来支配汗部的。这从"表五"内容也已得到证实。

其次，土谢图汗车登多尔济使用的乌拉、舒斯的数量最多，达到亲自出行时可享用 60 乌拉、10 舒斯，差遣使者时可享用 10 乌拉、2 舒斯的程度。从此可知，土谢图汗作为该部首领，拥有最高权威和实力。相对于此，其他扎萨克王公中最高的，是左翼后旗的扎萨克贝子德沁喇木丕勒，他的权利是亲自出行时可使用 15 乌拉、3 舒斯，派遣使者时可使用 5 乌拉、1 舒斯。德沁喇木丕勒是阿布瑚默尔根诺颜次子喇瑚里达赖代青家族中唯一担任扎萨克的王公，即使这样也很难与土谢图汗相等。故可以说，服属清朝编立三汗部或四部之后，尤其 1763 年后，以哲布尊丹巴呼图克图及三汗为首的喀尔喀王公们，通过给汗王及其家族出身的扎萨克多颁发吉古呼及塔尔哈文书，提高使用乌拉、舒斯的份额，使汗家族出身的人多参与公共事务来统领汗部，以此提高汗的家族在部内的地位，巩固对汗部的支配的。这一在表明，土谢图汗等喀尔喀汗王，对四部会盟，拥有一定的操控和影响力。再是反映出，之前七和硕的八扎萨克约十大集团，被清朝编为三汗部或四部之后，其王公领主对汗王的统治表示承认，接受其权威，以此形成新的汗部秩序。

另外，土谢图汗部内，旗名中带有"中"的旗分，大体由土谢图汗衮布的子孙担任扎萨克。旗名中带有"左翼"的旗分，大体由默尔根诺颜家族出身的王公担任扎萨克。而"右翼"旗分大体由阿巴岱汗长子锡布固泰鄂尔齐图洪台吉家族出身的王公担任扎萨克。这些扎萨克王爷使用乌拉、舒斯的数量大体标准是，亲自出行时可享用 6 乌拉、2 舒斯，派遣使者时可享用 2 乌拉、1 舒斯。这与 1709 年土谢图汗部三旗制定的《喀尔喀法规》的第三条，"王、贝勒亲自出行时可使用十乌拉、三舒斯，使者四乌拉、二舒斯"，"扎萨克亲自出行时可使用六乌拉、二舒斯，使者二乌拉、一舒斯"的规定十分接近[①]。可见《喀尔喀法规》不仅在哲布尊丹巴呼图克图的沙毕纳尔中，在一般的扎萨克

---

① [蒙]车·纳逊巴勒珠尔编：《喀尔喀法规（qalq-a Ĵirum）》，乌兰巴托，1963 年，第 11 页。

旗中,也有相应的普及、遵守和执行。只是王、贝子等的乌拉、舒斯数多出了两个,但没有大的变动。当时,参加制定《喀尔喀法规》时的王公有,土谢图汗多尔济额尔德尼阿海(汗旗,土谢图汗车登多尔济祖)。扎萨克和硕亲王敦多布多尔济(中旗,土谢图汗察珲多尔济后代,扎萨克贝子逊都布多尔济祖),扎萨克多罗贝勒丹津多尔济(中右旗,土谢图汗衮布次子西第什哩巴图尔后代,云端多尔济祖),扎萨克头等台吉班珠尔多尔济(右翼右旗,土谢图汗察珲多尔济之孙),作为一般领主来参会的车凌巴勒(当时只一台吉,1711年封为扎萨克辅国公,即左翼左中末旗,土谢图汗衮布后代)和辰丕勒多尔济(当时为协理台吉,后1719年另编一旗授扎萨克一等台吉,即中右末旗,土谢图汗衮布后代)。可知这些王公皆是土谢图汗衮布的后代。而左翼默尔根诺颜,右翼锡布固泰鄂尔齐图洪台吉的后裔王公没有参加制定此次《法规》的会盟。

但是我们也需要了解的是,《喀尔喀法规》是在1709年制定的,至1783年为止的约75年间,土谢图汗部内及喀尔喀四部不知会盟了多少次。至少从上述档案及"表五"内容可知,1686(康熙二十五年)、1687(康熙二十六年)、1706(康熙四十五年)、1721(康熙六十年)、1722(康熙六十一年),1725(雍正三年)、1728(雍正六年)、1729(雍正七年)、1730(雍正八年)、1732(雍正十年),1737(乾隆二年)、1741(乾隆六年)、1747(乾隆十二年)、1748(乾隆十三年)、1752(乾隆十七年)、1755(乾隆二十年)、1756(乾隆二十一年)、1761(乾隆二十六年)、1763(乾隆二十八年)、1765(乾隆三十年)、1767(乾隆三十二年)、1770(乾隆三十五年)、1781(乾隆四十六年)、1782(乾隆四十七年)都在召开会盟。有的是喀尔喀四部与哲布尊丹巴呼图克图一同召开的,有的是土谢图汗部单独举行的。1763年后以哲布尊丹巴呼图克图为首的四部王公联合颁发吉古呼文书,之前多以各部为单位举行会盟进行优遇。

可知即使服属清朝后,七和硕时代的传统仍在起作用,王公们频繁举行会盟,商议事务,制定法律,并对有功于公共事务的人物进行优遇。问题在于,这与清朝三年一会盟以检阅军队的《蒙古律例》所定的制度是不相符的。可以想象服属清朝之后的喀尔喀蒙古四部,仍具有很高的自主性,仍在一定程度上维持着七和硕喀尔喀兀鲁斯时代的政治社会体制。

通过探讨,本章得出以下结论:

首先,于服属清朝后的喀尔喀蒙古四部,达赖喇嘛授予的噶舒克文书,不像"喀尔喀—卫拉特联合政权"时的那样具有政治权力。1691年后的达赖喇嘛所赐噶舒克文书,是达赖喇嘛以一名黄教高僧的身份出发,颁发给对黄教做过贡献的喀尔喀人员的文书。而且,这种噶舒克文书主要授予旗里的一般人员,而非王公领主。正因没有政治权力,所以清朝于1783年即乾隆四十八年前后没收喀尔喀蒙古的噶舒克文书后,又将其返还给了相关人员。

其次,1691年七和硕喀尔喀兀鲁斯服属清朝,奉戴清朝皇帝的权威后,彻底放弃了从达赖喇嘛处请求噶舒克文书及封号、印章的政治事务,其实这在1686年七和硕内部开始使用蒙古原来的吉古呼及塔尔哈文书的行为中,就初现了端倪。从此刻开始,原来七和硕喀尔喀兀鲁斯奉戴达赖喇嘛权威的体制,变成了以哲布尊丹巴呼图克图为高级领袖,三汗部的汗王其次,他们形成领导集团,与一般领主召开会盟来理顺内部秩序的政治社会体制。其中,哲布尊丹巴呼图克图及全体王公共同召开会盟,向有功王公及其臣官、平民颁发吉古呼及塔尔哈文书的制度,随于服属清朝后,因内外部形势紧迫而似乎被停止,但平定准噶尔之后,立即从1763年开始得到恢复。

再者,服属清朝被编为三汗部或四部后,为了建立有序的汗部关系,汗王通过给自己家系出身的扎萨克旗多颁发吉古呼及塔尔哈文书的形式,让自己家族的王公多行走于公事,掌握部内权力,以此排斥实力相当的非汗家族出身的王公,通过使用吉古呼及塔尔哈文书来达到有效统合汗部的目的。不然出身不同近支祖先的王公,很难在同一部内达成秩序。

此外,服属清朝后的喀尔喀蒙古四部的吉古呼及塔尔哈文书,并非普通的合同契约类证件,而是汗及王公等领主层,施行固有权力、巩固汗部秩序、协调相互关系的,一种极其重要的政治社会文书。原来的七和硕体制的八大扎萨克被编入三汗部或四部后,汗王需要建立在汗部中的支配地位,通过吉古呼及塔尔哈文书的有意图的利用,汗王家族变成汗部的中心,其他家系的王公在其外缘,以此形成了新的汗部。然而这种统合体制,与清朝的分割统治政策是不相容的,所以1783年前后清朝没收吉古呼及塔尔哈文书,断绝了汗王对其汗部其他旗的有效统合及权力干涉。但不管怎么说,在18世纪的大部分时间里,喀尔喀蒙古的王公们还是联合在一起,共同出兵协助清朝,共同出资经营驿站,以此成功抵御了拥有强大军事实力的准噶尔的侵扰。其背后,俨然上述政治社会体制发挥了巨大作用。

还有,喀尔喀蒙古四部的扎萨克旗与漠南蒙古的扎萨克旗有很大区别,往往以部为单位来行动和办理事务,而以单个扎萨克旗来行动的次数很少。这也是汗王的权力易于渗透进一般扎萨克旗的主要原因。何况,喀尔喀四部体制与清朝的军事单位"旗—佐领"没有根本上的矛盾,没有直接的体制冲突。哲布尊丹巴呼图克图、三大汗王为首的原八扎萨克各个支系的王公之间大体都在维持着原来的秩序。清朝的"旗—佐领"虽然被导入喀尔喀蒙古社会,但其主要以军事单位来存在,并没有破坏由来于原七和硕体制的四部体制。至于《蒙古律例》的实行问题,在缺乏监督和管理不到位的场合,很难说发挥了实际效力。喀尔喀的领主王公们更热衷于《七和硕大法典》或《喀尔喀法规》,因为这样他们可以维护自古以来的利益和意志,可以更好地延续喀尔喀的政治秩序,即这些法典条例,更适合他们的政治社会生活。清朝亦十分理解这种情况,故一直采取宽容态度,因为其背后是拥有强大军事实力的准噶尔的存在。清朝不希望因改革而使喀尔喀发生动荡，这样准噶尔就会有机可乘。况且在统治合法性方面，为了在与准噶尔的外交上取得胜利，清朝皇帝不希望原属于"喀尔喀—卫拉特联合政权"的喀尔喀发生因不满清朝统治而掀起的离反运动。如前几章所述，在18世纪前半期，准噶尔首领策旺阿喇布坦和噶尔丹策零，一直怀有恢复原有政治秩序的抱负，清朝不得不重视喀尔喀蒙古。为此尽可能地尊重了喀尔喀汗及王公等对原有制度的遵循和发展，并没有加以干涉。这是七和硕传统得以在18世纪的喀尔喀政治社会中继续发挥作用的前提。

第十一章
清朝统治的加强：1783年土谢图汗获罪事件

1783年即乾隆四十八年，清朝弹劾喀尔喀土谢图汗车登多尔济等王公向部内人员颁发吉古呼文书，授予享用乌拉、舒斯的权利，致使属民因赋役过重而变得疲惫穷困。不言而喻，这是清朝方面的借口，实际上利用吉古呼文书施行的册封领主及达尔罕的制度，作为蒙古朝政的传统，自成吉思汗时代开始就已实行。即使在服属清朝后的喀尔喀蒙古四部，如第十章所述，土谢图汗等汗王首领，照旧颁发吉古呼文书，授予使用乌拉、舒斯的权利，通过这一制度来有效地统合着汗部。且就因是保持了这种传统制度，所以在清朝导入的仅作为军事制度的"旗—佐领制度"无法涵盖整个社会行政事务的情况下，四部的政治秩序才得以维持和发展，不至于导致社会动荡。这也是清朝一直到1783年为止，并没有禁止这一制度在喀尔喀蒙古内部实行的主要原因。从1691年至1783年的近百年时间里，清朝明知喀尔喀蒙古王公等使用吉古呼文书的情况，且清朝皇帝和将军等，自己也都颁发过相当于吉古呼文书的世职敕书和执照，但出于稳定及利用这种制度召集喀尔喀蒙古兵以抗击准噶尔，康熙、雍正、乾隆三位皇帝不仅没有动这一制度，反而给予默认。此外，颁发吉古呼文书，册封达尔罕，施行优遇，这不是随意、擅自进行的，需尊重传统仪式，视建立功勋者的身世和功绩的大小而定。王公领主们授予使用

第十一章
清朝统治的加强：1783年土谢图汗获罪事件

乌拉、舒斯的权利时，也会考虑属民们的承受力，故很难说过度压榨属民。清朝只是以此为口实，弹压喀尔喀蒙古王公而已。那么，乾隆帝为何要弹压喀尔喀蒙古汗王，其具体过程是怎样的，最后又是怎样处置喀尔喀蒙古的，其背后隐藏着清朝怎样的一种政策考虑？最终对喀尔喀蒙古四部的政治社会体制造成怎样的影响呢？

本章中将利用中国第一历史档案馆及蒙古国立档案馆所藏的满、蒙古文档案史料，对1783年清朝弹压并处置喀尔喀蒙古王公，尤其是治罪土谢图汗车登多尔济的过程做一番详细考察，以此探讨清朝改革喀尔喀蒙古四部合一的政治社会体制，以加强统治的问题。

第一节　清朝以"滥发乌拉执照"为由弹劾喀尔喀蒙古王公

事件首先从拉旺多尔济引起。在中国第一历史档案馆藏清朝"军机处满文录副奏折档"中的拉旺多尔济"奏参土谢图汗车登多尔济等滥发乘驿执照属下难支折"①内，详细记述了拉旺多尔济开始指责土谢图汗车登多尔济等喀尔喀蒙古王公的事情。其具体内容如下：

> 奴才拉旺多尔济谨奏，为据实参奏事：奴才遵旨前往游牧地，乘便看得，承蒙圣主之恩，喀尔喀四部人等，俱泰平富裕生活。唯奴才在彼地时听到有人议论：骑乘乌拉而行者甚多，属下人等实难忍受，等语。问得：丝毫不是官方的乌拉、舒斯，而以是对彼等尽过力之人为由，土谢图汗等授予盖印文书，颁发执

---

① 中国第一历史档案馆所藏"军机处满文录副奏折"，档号：03-0190-2944-033，官职爵位：御前行走额驸，责任者：拉旺多尔济。

照,以使永远享用乌拉、舒斯。此辈前往何处,俱使用乌拉而行。此事是如何产生的呢?据奴才核实:喀尔喀四部之汗、王等所颁发的执照,其文中有的有土谢图汗车登多尔济、车臣汗车布登扎布、扎萨克图汗齐旺巴勒斋及赛音诺颜部车布登扎布的名字,有的也有诺尔布扎布的名字,各不相同。唯此一事,俱是土谢图汗车登多尔济指使哲布尊丹巴呼图克图领头而定,等语。乌拉、舒斯,俱重要事务才可使用。而此又有区别。颁发一可永远享用乌拉而行的执照,且彼等享用的乌拉也是每日六十匹马、二十只羊以下到十匹马、一只羊〔不等〕。如此制定而行。此即擅自行事,甚是不堪入目。对此,属下人等亦难以忍受。车登多尔济等俱是承蒙主子之恩被授予盟长职务之人,反而指使汗、王等生起如此无故事端,甚是不合圣主仁慈卑微蒙古之至意,错矣。今此等使用乌拉之人,据奴才看得,赛音诺颜部有扎萨克台吉乌巴锡、贝子敦多布多尔济等人。据闻,其他部、每部〔持有执照的〕人都甚多,等语。据奴才愚思,将此由该部行文乌里雅苏台将军,以使查办喀尔喀四部享用乌拉、舒斯而行之人,以及每部多少人,俱是由谁等。以供将军、大臣等阅览为由,拿来执照查看,即可明知何人使用多少乌拉、舒斯之处。再,对车登多尔济等严加议罪,以示惩戒。如此办理,则可消除属下人等之怨言。是故奴才据实参奏,请圣主明鉴。为此谨奏请旨。

如此于乾隆四十七年十一月二十五日上奏时,所奉朱批谕旨:此奏,是也。著该部即刻议奏。钦此。

这篇奏折的上奏者拉旺多尔济,是喀尔喀蒙古赛音诺颜部的王公,其祖父是超勇亲王策凌,其父亲是长期担任定边左副将军的成衮扎布,声名显赫,尽力尤多。所以,1770年乾隆帝尚固伦和静公主于拉旺多尔济,授固伦额驸,赐双眼孔雀翎,命御前行走。1771年承袭该部中左末旗扎萨克和硕亲王。不过,旗务由辅国公伊什扎木楚代

第十一章
清朝统治的加强：1783年土谢图汗获罪事件

管,拉旺多尔济本人则继续留京办事①。拉旺多尔济在北京驻留期间,不仅办理有关喀尔喀蒙古四部的事务,还参与了清朝的其他诸多国政大事。例如:1774年协助舒赫德镇剿山东"王伦暴动",1781年跟随钦差大学士阿桂前去镇压甘肃"撒拉尔回子之乱"等②。可知,拉旺多尔济虽是出身喀尔喀的蒙古王公,但长期驻扎北京,任御前行走,时常出入紫禁城,办理一般国政事务,俨然是以乾隆帝的亲信大臣来行事的,这也符合蒙古王公为其可汗主子效力的政治传统。然而关键是,他的立场已经发生变化,不能代表喀尔喀蒙古,而只能说是在维护清朝皇帝的利益。就此次拉旺多尔济以"滥发执照致使属下难以忍受"为由参奏土谢图汗车登多尔济一事,从拉旺多尔济事前的行动过程来看,其无非受到了乾隆帝的事先授意指使。

另据《乾隆朝满文寄信档译编》中的一篇满文谕旨记载:1781年即乾隆四十六年四月五日,乾隆帝向在甘肃前线指挥镇压"撒拉尔回子之乱"的阿桂、和珅、拉旺多尔济等,下达寄信谕旨,要求拉旺多尔济不必前来北京,令其从前线直接回喀尔喀蒙古地方避暑,并前往陵寝祭奠父亲,再迎接护送哲布尊丹巴呼图克图前来避暑山庄③。在此,乾隆帝差遣拉旺多尔济回其喀尔喀游牧地的理由有三:一是避暑,二是祭奠父亲,三是拉旺多尔济的身份适合迎接哲布尊丹巴呼图克图。于是,拉旺多尔济回到喀尔喀蒙古游牧地。乾隆帝在同年七月初三日的寄信谕旨中,又进一步要求拉旺多尔济秘密报告哲布尊丹巴呼图克图的性格、仪表、佛经水平、接见他人时的言行及是否会

---

① 参见《王公表传》,卷70,传54,扎萨克和硕超勇襄亲王策凌列传。
② 参见中国第一历史档案馆编:《乾隆朝满文寄信档译编》,第15册,第2541条,乾隆四十六年四月五日,《寄谕钦差大学士阿桂等著拉旺多尔济不得如内地将弁同样差遣》,第50—51页。
③ 参见中国第一历史档案馆编:《乾隆朝满文寄信档译编》,第15册,第2541条,乾隆四十六年四月五日,《寄谕钦差大学士阿桂等著拉旺多尔济不得如内地将弁同样差遣》,第51—52页。

说蒙古语等情况①。以此看来,拉旺多尔济俨然是乾隆帝非常信任的一位心腹大臣。

其后约过了一年,拉旺多尔济又一次返回喀尔喀蒙古,祭奠了其叔父车布登扎布。1782年即乾隆四十七年八月二十三日,乾隆帝再向拉旺多尔济下达寄信谕旨,令其祭奠完叔父后留在原地给其戴孝,并回游牧地叩拜自己父亲的陵寝,还要求他年内返回北京即可②。此处我们会发现,乾隆帝每次让拉旺多尔济返回喀尔喀蒙古,都令他到游牧地上的陵寝祭奠父亲。这可能是要通过拉旺多尔济,收集喀尔喀蒙古最基层的信息情报,以寻找口实弹劾土谢图汗车登多尔济等喀尔喀蒙古王公。上揭史料最前面的内容中曾说,参奏车登多尔济的"口实"就是在拉旺多尔济"遵旨前往游牧地"时顺便看到、听到的。此外,从乾隆帝对拉旺多尔济此篇奏折的朱批:"此奏,是也。著该部即刻议奏。"一语也可察知,乾隆帝对拉旺多尔济的行为非常满意,说上奏的内容很正确,遂立即令理藩院议奏,以此迅速达到处置车登多尔济等的目的,而丝毫没有下旨采纳车登多尔济的意见。可知,此次行动是乾隆帝有意指使拉旺多尔济进行的,清朝蓄谋已久的一场削弱喀尔喀蒙古王公及其办事制度的"政治斗争"。

再据上揭史料记载,拉旺多尔济向乾隆帝反应:喀尔喀四部虽然很泰平富裕,但下层属民难以忍受喀尔喀内部的乌拉、舒斯,故要参奏车登多尔济等王公,认为"乌拉、舒斯,俱重要事务才可使用",而不可随意颁发,喀尔喀汗王等"擅自行事,甚是不堪入目。对此,属下人等亦难以忍受"。以此为由,开始指责"车登多尔济等俱是承蒙主

---

① 参见中国第一历史档案馆编:《乾隆朝满文寄信档译编》,第15册,第2576条,乾隆四十六年七月初三日,《寄谕固伦额驸拉旺多尔济著奏闻哲布尊丹巴呼图克图呼毕勒罕详情》,第137—138页。

② 参见中国第一历史档案馆编:《乾隆朝满文寄信档译编》,第15册,第2728条,乾隆四十七年八月二十三日,《寄谕喀尔喀亲王拉旺多尔济著借往吊伊叔父之便拜谒父茔》,第534—535页。

子之恩被授予盟长职务之人,反而指使汗、王等生起如此无故事端,甚是不合圣主仁慈卑微蒙古之至意",要求乌里雅苏台将军没收喀尔喀内部通行的使用乌拉、舒斯的执照,以便了解详情。

拉旺多尔济奏折中的"执照(Man: temgetu bithe)",即指本书第十章中论述的,喀尔喀蒙古四部通行的,册封达尔罕及授予特权时使用的吉古呼文书。他认为这种"执照"与清朝官方的制度并行,实在不符合规矩。至此,清朝通过弹劾土谢图汗车登多尔济等王公,没收吉古呼文书,"改革"喀尔喀蒙古传统制度的"削权运动"拉开了序幕。

第二节　清朝对"滥发乌拉执照"事件的处置过程

1782年即乾隆四十七年十一月二十五日,拉旺多尔济启奏弹劾后,清朝旋即开始没收喀尔喀内部通行的噶舒克、吉古呼等文书。关于此,中国第一历史档案馆所藏"军机处满文录副奏折档"之库伦办事大臣勒保"奏遵旨查报喀尔喀四部王公滥用乘驿凭证情形折"[①]中,记述得非常详细。其内容如下:

> 奴才勒保谨奏,为遵旨密查据实奏闻事:去年十二月十一日,奴才勒保接准理藩院来文称:将固伦额驸拉旺多尔济所奏土谢图汗车登多尔济等擅自向各部人等颁发永远享用乌拉、舒斯的盖印执照事交给乌里雅苏台将军查办,以使严加议罪车登多尔济一事。经部再议,喀尔喀四部汗、王等俱蒙圣主之恩,多年安逸过活,理应感激主子之恩,仁慈属下阿勒巴图,安分守己过活才是。今土谢图汗车登多尔济等向人颁发盖印的骑乘乌拉

---

① 中国第一历史档案馆所藏"军机处满文录副奏折",档号:03-0190-2955-005,官职爵位:库伦办事大臣,责任者:勒保。

执照,使其永远享用乌拉、舒斯而行,一日六十匹马、二十只羊以下,至十匹马、一只羊,看来果真擅自欺压属下阿勒巴图而行,长此以往不知生出何种事端,亦未可定。拉旺多尔济奏称除其所见骑乘乌拉执照的赛音诺颜部贝子敦多布多尔济、扎萨克台吉乌巴锡等人外,四部中这种事情仍很多。此事俱是土谢图汗车登多尔济指使哲布尊丹巴呼图克图为首制定的,是故将此交给乌里雅苏台将军奎林,就近传讯贝子敦多布多尔济、扎萨克乌巴锡,将彼等骑乘乌拉的执照加紧搜出,详细询问是否由土谢图汗车登多尔济为首颁发,并秘密探访四部中都哪些人有骑乘乌拉之执照,彻底详查办定上奏。除此之外,交给科布多参赞大臣明山,令其就近查办扎萨克图汗部的扎萨克等有无此种执照。交给库伦办事大臣勒保,令其就近详查土谢图汗、车臣汗两部中到底谁有骑乘乌拉执照之处。明山、勒保丝毫不得掩盖,俟查办后立即行文奎林,以使汇总办理上奏。除此事外,四部还有哪些欺压属下阿勒巴图之事,一并严查法办上奏,等语。如此上奏时,所奉上谕:依议。钦此钦遵。行文到来后,奴才勒保立即秘密探访得:四部汗王等,自前以来颁发给众人的此些永远享用骑乘乌拉的执照甚多。四部人等有,哲布尊丹巴呼图克图沙毕纳尔人等亦有,等情。对此,奴才勒保立即召唤车臣汗车布登扎布至库伦,当面戳穿并严加嘱咐:土谢图汗车登多尔济、车臣汗车布登扎布及呼图克图的商卓特巴达木吹拉布杰等各自彻底详查,将所有执照一并送来,不可遗漏、隐瞒一件,等语。适才,车登多尔济、车布登扎布、达木吹拉布杰等各自查收,将各自所有的执照陆续送至奴才勒保处。奴才我逐一详查看得:土谢图汗部所有执照共计一百二十二件,车臣汗部所有执照共计一百六十八件,呼图克图之沙毕纳尔所有执照共计一百二十三件。其中,有为永远享用乌拉、舒斯而颁发的,有不给每位使者提供乌拉、舒斯而颁发册封达尔罕者,有原来授予的,有新授予的,有先

第十一章
清朝统治的加强：1783年土谢图汗获罪事件

颁发给某人，然后令其子孙承袭的，也有不给承袭的。给大人物的享用乌拉、舒斯的文书，不仅记载其自身可以享用乌拉、舒斯，其派遣任何人时俱令享用乌拉、舒斯。乌拉、舒斯的数量，一日六十匹马、十只羊以下，至两匹马、一只羊不等。所制定的，俱是实情。这些文书，有四部汗、王等与哲布尊丹巴呼图克图一同颁发的，也有只其汗、王等各自授予的。唯看所有这些执照，〔用的〕丝毫不是纸张，也丝毫不叫执照，大体都写在黄色绸子上，直接称"敕书（ejehe）"。看文书中所盖的印章，盖有主子赏给的印章的甚少，大体都盖着他们另外的印章。文书中所记的言语，都甚过分。询问他们自己的印记时，车登多尔济、车布登扎布等俱称：我等祖父时代既已有了，想必是达赖喇嘛给的，等语。奴才勒保窃思：凡享用乌拉、舒斯者，俱在紧要公事公派时才可使用。不仅如此，或是部院，或是驻扎各地之大臣等，俱务必视其所派之人的等级，照例将所享用的乌拉、舒斯的数目写入文中，俟完事后仍旧回交销算。凡大臣、官员等，也没有一日使用六十匹马、十只羊的。今喀尔喀人无事给这么多人颁发另一种永远享用乌拉、舒斯的执照，且将乌拉、舒斯的数目定的如此之多，此并不仅是一件欺压属下阿勒巴图的事情，将颁发的文书直接称作"敕书（ejehe）"，妄自在黄色绸子上写过分的言语，真是擅自行事也。即使与呼图克图一同颁发的，因呼图克图是喇嘛，所以写在黄色绸子上尚可，然称作"敕书（ejehe）"则不可也。不仅如此，车登多尔济、车布登扎布自身又怎可将其各自颁发他人的文书，在黄色绸子上妄自书写过分言语呢？此更是彼等妄自行事，全然不堪入目也。再查此一事，俱是土谢图汗车登多尔济指使哲布尊丹巴呼图克图领头制定之事，现在所有的众多执照内，虽然康熙、雍正时既有彼喀尔喀老汗、王等颁发给人的文书，但那只是给各部属下阿勒巴图等的，或是册封达尔罕，或是给本部内享用乌拉、舒斯的。自古以来，丝毫没有向汗、王、贝勒、贝子、公、扎萨克、台吉等授予一种文书之事,且乌拉、舒斯的数目俱甚少,颁发的文书也十分有限。自乾隆二十八年起,彼汗、王、贝勒、贝子、公、扎萨克、台吉等之间才开始颁发〔文书〕,乌拉、舒斯的数目也才制定这些,一日享用的乌拉、舒斯有六十匹马、十只羊的,只有汗、王等首领之辈才可享用这么多。此俱是土谢图汗车登多尔济等商定发起的事情,虽原本不是车登多尔济一人的意思,但其乃喀尔喀四部的为首之汗,故由车登多尔济领头尚且属实。车臣汗车布登扎布、扎萨克图汗齐旺巴勒斋等,那时尚未承袭爵位,丝毫不符合。在彼等与呼图克图一同颁发的文书中,虽盖有呼图克图的印章,但大体丝毫不是呼图克图的意思,俱是四部汗、王等自作主张制定的。其情由为何?以目前来说,去年彼等颁发给众人的新文书,乃是去年喀尔喀四部汗、王等特意来至库伦会盟时,即由土谢图汗车登多尔济、车臣汗车布登扎布、扎萨克图汗齐旺巴勒斋、赛音诺颜王诺尔布扎布及前王车布登扎布五人一同商议制定的。呼图克图岁数太小,何以晓得。不仅如此,现在据奴才探听得:此小呼图克图起初尚且很不愿意做此事,后来车登多尔济等以"旧制度(fe kooli)"为由,多次请求呼图克图,故而呼图克图才与彼等一同颁发文书。再,先前二世呼图克图时,四部汗、王等颁发给沙毕人等的这些文书,呼图克图以完全错误为由,将沙毕所有文书俱行查收,全部销毁,有这等事,等情。此外,查看现今彼等所有的众多文书,俱是二十八年三世呼图克图刚坐床及四十六年现世呼图克图坐床时颁发的甚多。由此看来,皆不是呼图克图的意思,很明显是车登多尔济等指使呼图克图而做的事情。就此,奴才勒保询问土谢图汗车登多尔济时,车登多尔济告称:自二十八年起四部汗、王、公、扎萨克等开始颁发这种执照的原由是:专为二十六年参赞大臣、副将军、亲王德沁扎布与定边左副将军、盟长、亲王成衮扎布商议,为给青素珠克图诺门汗提供乌拉、舒斯,交给扎萨克图汗巴勒达尔,

第十一章
清朝统治的加强：1783年土谢图汗获罪事件

以行文通告四部而授予。因有"旧制度(fe kooli)"，是故车臣汗嘛呢巴达喇、扎萨克图汗巴勒达尔等才与我车登多尔济商议，我等汗、王、贝勒、贝子、公、扎萨克、台吉等之间也开始授予享用乌拉、舒斯的执照。车登多尔济我，当时才十九岁，什么事都不知道，又是没有职位之人，跟随众人而发起，此乃属实。虽然那样，我蒙主子之恩甚重，不可比作他人。嘛呢巴达喇、巴勒达尔及我部旧盟长、副将军等俱已身故，今车登多尔济我亦不可推诿此事，且自二十八年至今为止，我仍旧随声附和众人而行，此乃全然我之过错矣。奏请主子之恩，治重罪于车登多尔济我，等语。如此频频扣头恳请转奏而呈给奴才文书一件。为此，奴才将现已查出的土谢图汗、车臣汗两部、哲布尊丹巴呼图克图的沙毕纳尔人等享用乌拉、舒斯及不给每位使者乌拉、舒斯，以及册封达尔罕的执照数目、人名造册，与众多执照一并俱照部之前奏送给奎林，俟由奎林处汇总定办上奏。除此之外，将有执照之人名，执照数目，各自享用乌拉、舒斯的数目，俱行分别，做三张清单，取五件执照，再将车登多尔济所呈的一件文书，一并谨奏览。另外，额驸拉旺多尔济的原奏折内虽无查收喀尔喀四部汗、王颁发众人的册封达尔罕文书的言语，但现在奴才携来他们颁发众人册封达尔罕的文书看得，〔数量〕非常多，且言语都很过分，将此理应亦法禁才对，是故奴才一并将查办之处谨奏闻。此外，现虽已将车登多尔济等的执照查收送去，然车臣汗部的尚未送来。奴才我一面严加催促，视接着送来的情况，由奴才处陆续送给奎林。再，部院此前议奏的事务内称：四部尚有何欺压属下阿勒巴图等事，将此一并查办严加法禁上奏，等语。对此，奴才今携来土谢图汗、车臣汗两部盟长、副将军的值班档及众扎萨克旗从阿勒巴图凑取贡赋档看得，喀尔喀人欺压属下阿勒巴图的事情甚多，俟奴才详查后另再办理上奏。为此谨奏。恳请圣主明鉴。

乾隆四十八年二月二十八日所奉朱批谕旨：著该部议奏。

341

钦此。

这是时任库伦办事大臣勒保上奏乾隆帝的一件满文奏折。其中勒保针对蒙古文的吉古呼文书,使用了满文的"敕书(ejehe)"一词,表明蒙古吉古呼文书拥有与清朝的册封公文相等的政治社会权力,为此清朝方面要加以否定和销毁。

勒保:费莫氏,满洲镶红旗人。1756年,由监生充任清字经馆誊录。1759年,为笔贴士。1762年,充任军机章京。1773年,补授兵部堂主事。1778年,授江西赣南道。是年,充任库伦办事章京。1780年,升任办事大臣。同年,擢内阁学士兼礼部侍郎衔。1781年,授正蓝旗汉军副都统。1783年,调正蓝旗满洲副都统,寻迁兵部右侍郎,均留库伦办事。1785年,召回北京,仍在军机章京上行走。1811年,卒[①]。奎林:富察氏,满洲镶黄旗人。1772年,授领队大臣,从阿桂征讨金川。1780年,出任乌鲁木齐都统,同年改授乌里雅苏台将军。1792年,卒[②]。勒保和奎林等满洲大臣,皆是乾隆帝看中的得力人物。

在这件奏折中,勒保首先讲道:1782年即乾隆四十七年十二月十一日,接到理藩院行文,要求勒保就近详查土谢图汗部、车臣汗部中"骑乘乌拉的执照"即吉古呼、噶舒克等文书,汇报乌里雅苏台将军奎林,最后由奎林汇总上报到理藩院。表明拉旺多尔济弹劾十六天之后,勒保即收到理藩院的命令,可见清朝的办事效率在当时是非常之高,也说明清朝很重视这件事情。为此,勒保通过秘密探访得知,喀尔喀"四部汗王等,自前以来颁发给众人的此些永远享用骑乘乌拉执照甚多,四部人等有,哲布尊丹巴呼图克图沙毕纳尔人等亦有"之后,立即唤来车臣汗车布登扎布到库伦,当面戳穿之后,命土谢图汗

---

① 参见《清史列传》,卷29,大臣传次编四,勒保。
② 参见《清史稿》,列传118,奎林。

第十一章
清朝统治的加强：1783年土谢图汗获罪事件

车登多尔济、车臣汗车布登扎布及哲布尊丹巴呼图克图的商卓特巴达木吹拉布杰等，将该部所有的吉古呼、噶舒克等文书，毫不隐瞒和遗漏地送到勒保处。之后，勒保经过详细分辨得知"土谢图汗部所有执照共计一百二十二件，车臣汗部所有执照共计一百六十八件，呼图克图之沙毕纳尔所有执照共计一百二十三件。其中，有为永远享用乌拉、舒斯而颁发的，有不给每位使者提供乌拉、舒斯而颁发册封达尔罕者，有原来授予的，有新授予的，有先颁发给某人，然后令其子孙承袭的，也有不给承袭。给大人物的享用乌拉、舒斯的文书，不仅记载其自身可以享用乌拉、舒斯，其派遣任何人时俱令享用乌拉、舒斯。乌拉、舒斯的数量，一日六十匹马、十只羊以下，至两匹马、一只羊不等。所制定的，俱是实情。这些文书，有四部汗、王等与哲布尊丹巴呼图克图一同颁发的，也有只其汗、王等各自授予的。唯看所有这些执照，〔用的〕丝毫不是纸张，也丝毫不叫执照，大体都写在黄色绸子上，直接称'敕书（ejehe）'。看文书中所盖的印章，盖有主子赏给的印章的甚少，大体都盖着他们另外的印章。文书中所记的言语，都甚过分"。意思即喀尔喀蒙古四部使用的吉古呼文书，在其文书形式和权力行驶上，并不是清朝的规定，且与清朝的国家权力相抵触，两者之间具有排他性的权力性质。

为此，勒保质问土谢图汗等印章的由来时，土谢图汗、车臣汗等答称："我等祖父时代既已有了，想必是达赖喇嘛给的"，表明直至1783年乾隆四十八年为止，喀尔喀四部仍在使用七和硕喀尔喀兀鲁斯时代达赖喇嘛授予的印章及传统的用黄色绸子制作的吉古呼文书。这是因为，达赖喇嘛授予的印章背后存在着相应的蒙古封号。如前所述，五世达赖喇嘛授予喀尔喀蒙古领主的封号，大体都迎合了喀尔喀方面的请求，所以即使在服属清朝后，喀尔喀蒙古内部也继续使用了这种蒙古封号及印章，维护了他们权力的延续性。另外，清朝皇帝颁发给喀尔喀蒙古王公们的印章，是代表扎萨克的，是一种军事管理者的印章，而不是象征领主王公权力的印章。吉古呼文书等喀尔喀内部通行的公文,是众领主王公或单个领主王公颁发的,是代表他们领主王公权力的文书,所以其上不应该使用清朝皇帝授予的扎萨克印章,权力的由来和意义不一样。

而对此,勒保认为:"凡享用乌拉、舒斯者,俱在紧要公事公派时才可使用。不仅如此,或是部院,或是驻扎各地之大臣等,俱务必视其所派之人的等级,照例将所享用的乌拉、舒斯的数目写入文中,俟完事后仍旧回交销算。凡大臣、官员等,也没有一日使用六十匹马、十只羊的。今喀尔喀人无事给这么多人颁发另一种永远享用乌拉、舒斯的执照,且将乌拉、舒斯的数目定的如此之多,此并不仅是一件欺压属下阿勒巴图的事情,将颁发的文书直接称作'敕书(ejehe)',妄自在黄色绸子上写过分的言语,真是擅自行事也。即使与呼图克图一同颁发的,因呼图克图是喇嘛,所以写在黄色绸子上尚可,然称作'敕书(ejehe)'则不可也。不仅如此,车登多尔济、车布登扎布自身又怎可将其各自颁发他人的文书,在黄色绸子上妄自书写过分言语呢?此更是彼等妄自行事,全然不堪入目也。"以此,批判喀尔喀四部的王公们"擅自行事",在其内部使用与清朝皇帝的权威相抵触的公文。勒保在此使用的"过分"一语,不是程度的问题,而是性质的问题,即存在两种权力来源,两种体制并存的问题。一方是清朝导入的"旗—佐领制度",一面是喀尔喀蒙古固有的行政制度,它们在18世纪的蒙古社会是并存的。清朝方面没有给旗制官员提供俸禄钱粮,也没有其他优遇措施,清朝导入的制度,只是个军事单位,在战场上比平时更有其存在意义。在日常的生产生活中,蒙古故有的行政体制发挥着基本的作用,不然无法正常运转,清朝没有自上而下地改变蒙古普遍的社会秩序,而是在这种秩序上达成统治的。勒保忽略这种现实,一味地指责喀尔喀方面利用吉古呼文书给属下办事人员提供乌拉、舒斯的传统,其背后俨然存在着以此为借口弹压喀尔喀蒙古王公,解除其四部合一政治社会体制的阴谋。

于是,勒保经过调查得知:此"俱是土谢图汗车登多尔济指使哲

第十一章
清朝统治的加强：1783年土谢图汗获罪事件

布尊丹巴呼图克图领头制定之事"。旋即询问车登多尔济时答道："自二十八年起四部汗、王、公、扎萨克等开始颁发这种执照的原由是：专为二十六年参赞大臣、副将军、亲王德沁扎布与定边左副将军、盟长、亲王成衮扎布商议，为给青素珠克图诺门汗提供乌拉、舒斯，交给扎萨克图汗巴勒达尔，以行文通告四部而授予。因有'旧制度 fe kooli'，是故车臣汗嘛呢巴达喇、扎萨克图汗巴勒达尔等才与我车登多尔济商议，我等汗、王、贝勒、贝子、公、扎萨克、台吉等之间也开始授予享用乌拉、舒斯的执照。"这着实表明，服属清朝之后，喀尔喀四部合成一体使用吉古呼文书，是从1763年即乾隆二十八年开始的。土谢图汗车登多尔济认为这是"旧制度（fe kooli）"，所以要恢复。并表示："车登多尔济我，当时才十九岁，什么事都不知道，又是没有职位之人，跟随众人而发起，此乃属实。虽然那样，我蒙主子之恩甚重，不可比作他人。嘛呢巴达喇、巴勒达尔及我部旧盟长、副将军等俱已身故，今车登多尔济我亦不可推诿此事，且自二十八年至今为止，我仍旧随声附和众人而行，此乃全然我之过错矣。奏请主子之恩，治重罪于车登多尔济我。"如此，土谢图汗车登多尔济，表现出承担责任的态度。

这里的"旧制度（fe kooli）"，也可以翻译成"旧法律（fe kooli）"，即指在七和硕喀尔喀兀鲁斯时代形成的，基于大法典的精神组织起来的，领主们共同举行会盟，共同商议事务，共同制定乌拉、舒斯，并优遇公共人员的，这种喀尔喀蒙古固有的政治社会体制及其组织原则。可知，在服属清朝后的喀尔喀蒙古四部，这种"旧制度"一直没有被忘记。土谢图汗等喀尔喀蒙古王公，还将这种"旧制度"教授给藏地出身的第三世哲布尊丹巴呼图克图，要求其与喀尔喀蒙古众王公一同举行会盟，实施这种制度。勒保为了不扩大打击面，将责任全推在土谢图汗身上，而以此保护了哲布尊丹巴呼图克图。另外，1763年是第三世哲布尊丹巴呼图克图坐床的年份，逢此大礼，开始颁发吉古呼文书。因当时准噶尔被清朝平定，威胁喀尔喀蒙古安全的隐患被消除,征用于战争的人员和牲畜减少,喀尔喀蒙古社会出现泰平繁荣景象,故而想必恢复了这一"旧制度"。但这些却成为清朝弹压喀尔喀蒙古的原因,因为是隐患。

接着,针对勒保所奏的以上这些内容,乾隆帝下达谕旨,命罢免土谢图汗车登多尔济的库伦办事大臣职务。其具体事务,在蒙古国立档案馆所藏蒙古文档案,馆藏号 M-9,案卷号 1,件号 299,"乾隆四十八年春季同名来文抄件",三月二十五日档中,记载如下:

  A. 盟长土谢图汗、将军和硕亲王文书。致本盟二十一旗。为遵行事。自钦差驻扎库伦办理事务大臣处札付称:为行文事。据印务处呈文称:本年三月初八日接准军机处字寄,乾隆四十八年二月二十八日所奉谕旨:著令勒保,遵理藩院行文,查明拉旺多尔济所弹劾之土谢图汗车登多尔济等向他人发授骑乘乌拉执照一事。B. 据称:土谢图汗部、车臣汗部、哲布尊丹巴呼图克图之沙毕纳尔等,俱各有一百多件黄绸制的被称为吉古呼的执照。此事皆由车登多尔济领头而行,等语。如此上奏。已在其奏折上批示:著该部议奏。此外,车登多尔济蒙朕之恩,承袭汗位,且亦任命为盟长,今在库伦领头办理事务,且还擅自做主向他人发授这么多黄绸骑乘乌拉之执照,实不知朕恩,属实骄横。罢去车登多尔济驻库伦办事之职,令其立刻返回游牧地。在其位子上,派拉旺多尔济驻扎库伦办理事务,再将云端多尔济带去,于库伦学习办事。拉旺多尔济到达库伦前,勒保暂时持印办事。俟到达后,即将印信交给拉旺多尔济。拉旺多尔济等乘驿到达库伦前,一面办理事务,于七月朕前去盛京前,拉旺多尔济来避暑山庄,跟随前往。拉旺多尔济往这边出发后,勒保、云端多尔济办事时,为考虑新旧,令由勒保持印。钦此。C. 另于是日一同接捧的乾隆四十八年二月二十九日所奉谕旨:适才,经拉旺多尔济弹劾,行文交付奎林、明善、勒保查办后,据明善奏

第十一章
清朝统治的加强:1783年土谢图汗获罪事件

称:查得,科布多近边扎萨克图汗部有九件乘驿乌拉之执照,等语。今勒保亦奏称:查得,土谢图汗部、车臣汗部、哲布尊丹巴呼图克图之沙毕纳尔等,俱各有一百余件黄绸制被称为吉古呼的执照。此事皆由车登多尔济领头而行,等语。此三盟及哲布尊丹巴呼图克图之沙毕纳尔等所持骑乘乌拉之执照俱已查出。思赛音诺颜部亦有。著令奎林,接收明善、勒保所查的行文,同时查办赛音诺颜部骑乘乌拉之执照,俟来上奏时,由该部另议奏。除此之外,此事皆由车登多尔济领头而行,是故罢去其驻库伦办事之职。在其位子上,派拉旺多尔济携云端多尔济驻库伦学习办事。钦此。如此颁旨。唯此一事,本非车登多尔济发起领头而行之事,俱是伊等之父祖时,不晓内地法度,遵蒙古制度,愚昧行事而来耶。今若治罪,此罪伊等不能接受。且从前如此行事之汗、王、扎萨克等,皆已亡故。若治罪伊等子孙,朕亦于心不忍。今在世的汗、王、扎萨克等内,只车登多尔济够资格,且彼亦自幼御前行走,不可不知法度。这般以擅自向他人发授黄绸骑乘乌拉执照为由,即将他照内地法律治罪,则车登多尔济确实不能接受。唯念车登多尔济乃一蒙古人,虽有些愚昧,然蒙朕恩,担任一部之汗,且还是驻扎库伦领头办事之人,实辜负了朕恩。著令罢免车登多尔济御前行走。据勒保奏称:贝子逊都布多尔济、台吉格济多尔济等没取骑乘乌拉之执照,等语。如此看来,伊等尚知法度也,甚是可嘉。著令将逊都布多尔济、格济多尔济交给部院议叙。此事朕施恩,俱以伊等父祖之时不晓内地法度,愚昧行事而来为由,未加谴责其人。D. 自此不给喀尔喀四部汗、王、扎萨克制定骑乘乌拉之法度,仍不合适也。自今日起,哲布尊丹巴呼图克图于其库伦范围内,给属下沙毕纳尔颁发黄色骑乘乌拉执照使用,尚符合喇嘛法规。呼图克图若颁发给他部之汗、王、扎萨克等,则仍不可。四部之汗、王、扎萨克等若骑乘乌拉,理应使用白纸执照,于各自旗内,令属下阿勒巴图骑乘乌拉、册封达尔罕,则可也。绝无从其他旗及非阿勒巴图者,以及凡每走一地便向他旗擅自骑乘乌拉、册封达尔罕之理。即使内地人,以使唤家奴为例,可使唤各自之奴才。除自家奴才外,擅自使唤他人奴才,如何可行耶。著将此交付理藩院,详细议定上奏喀尔喀四部汗、王、扎萨克等往来行走时,如何向本旗阿勒巴图摊牌骑乘乌拉,其违反法律后,视各自爵位,如何治罪等事。制定此律后,朕之喀尔喀蒙古奴仆,今后知晓法度,仁慈各自属下阿勒巴图,不至于欺压,亦不至于违法而行,以此可安逸过活万万年,永蒙朕恩。除在此已宣谕拉旺多尔济、云端多尔济外,将此上谕一体宣布喀尔喀四部,以示朕仁慈喀尔喀蒙古奴仆之意。钦此钦遵。送来。是故,将此札付喀尔喀四部盟长、副将军及哲布尊丹巴呼图克图之商卓特巴等。除详细查看谕旨内事务谨遵行外,再由盟长、副将军、商卓特巴等,向该部诸王、贝勒、贝子、公、扎萨克、台吉、沙毕纳尔等众人宣布,等语。如此札付,等语。如此呈来。为此札付,等语。为此,详细查看谕旨内事务谨遵行,等语。为此行文。

四十八年三月二十五日。

这篇行文,是土谢图汗车登多尔济及将军王齐巴克多尔济,转发给该部二十一旗扎萨克的文书。可将此文书内容分四段理解。A. 文书的流通:乾隆四十八年二月二十八日、二十九日两天,乾隆帝颁发谕旨给勒保,除要求他继续查明颁发使用乌拉执照即吉古呼文书的事情之外,通告了乾隆帝对车登多尔济的处罚意见。得到这一谕旨后,军机处立刻向库伦办事大臣勒保寄出了信函。是年三月初八日,勒保接到军机处的寄信。其后三月二十五日,车登多尔济等转发给了该部各旗扎萨克。B. 乾隆帝对以土谢图汗为首的喀尔喀王公使用吉古呼文书的处理意见是:因车登多尔济领头擅自颁发吉古呼文书,故决定罢免土谢图汗车登多尔济驻库伦办事的职务,令其返回旗

第十一章
清朝统治的加强：1783年土谢图汗获罪事件

地。而在其位子上，任命了拉旺多尔济。此外，乾隆帝追加的处理意见是：C. 根据明善所奏喀尔喀四部及哲布尊丹巴呼图克图的沙毕纳尔俱持有吉古呼文书，且是由土谢图汗车登多尔济等领头颁发的内容之后，乾隆帝解释了为何只处罚土谢图汗车登多尔济的理由。即颁发吉古呼文书一事，本来不是车登多尔济领头发起的，而是王公们遵照祖上传下来的蒙古制度"愚昧行事"的，所以如果要治罪全体王公的话，恐怕王公们不能接受，且乾隆帝本身也于心不忍。其中，车登多尔济作为一名自幼在御前行走长大的首领王公，理应知道清朝的法度，然他还是擅自向他人颁发了吉古呼文书，为此罢免他驻库伦办事的职务和御前行走的权利。此处，乾隆帝仍表达了不能用内地法律来治罪车登多尔济的意见。D. 是乾隆帝对喀尔喀四部及哲布尊丹巴呼图克图的沙毕纳尔等今后如何使用吉古呼文书的意见：乾隆帝认为，借此事件需要给喀尔喀四部制定使用乌拉的法度。今后，哲布尊丹巴呼图克图在其管辖范围内仍可颁发黄色的吉古呼文书，而不可向其他汗、王、扎萨克等颁发。此外，允许四部的汗、王、扎萨克等在自己的旗内颁发白纸上写的吉古呼文书，以册封达尔罕，授予使用乌拉的权利，但不可向其他旗的属民阿勒巴图颁发吉古呼文书。以此要求喀尔喀四部遵行。

分析乾隆帝的以上处理意见可知，清朝处理此事的最终目的在于：首先，终止以哲布尊丹巴呼图克图为首的四部王公联合起来向全体喀尔喀蒙古颁发吉古呼、塔尔哈文书。其次，禁止四部汗王向所部王公及有功人员颁发吉古呼文书的制度，以此断绝汗对部的强有力控制。通过这两种途径，拆毁当时的喀尔喀蒙古四部作为统一的政治体活动的平台和纽带。

自1691年至1783年的90余年时间里，清朝虽然通过编立扎萨克旗，设置盟长、副盟长，设置副将军等措施，逐渐分化了喀尔喀蒙古汗王的军事权力。但1763年后，喀尔喀蒙古四部为延续七和硕喀尔喀兀鲁斯时代的传统，仍然恢复了使用吉古呼文书来统合四部为一体的体制。这种吉古呼文书的使用,主要体现在四部联合体对王公领主及公共人员颁发吉古呼文书,授予享用乌拉、舒斯的特权,以及册封达尔罕,免除乌拉、舒斯,进行优遇,以此维持一元的社会统治的体制上。但对清朝而言,这是一种潜在的威胁,并不愿意看到这种一元体制成为抵制清朝统治的堡垒。

第三节　清朝对土谢图汗车登多尔济等的处分

上揭档案史料中,乾隆帝罢免了土谢图汗车登多尔济驻扎库伦办事的职务,不久对全体喀尔喀蒙古四部和车登多尔济又继续施加了压力。关于此,蒙古国立档案馆藏蒙古文档案,馆藏号M-9,案卷号1,件号240,"乾隆四十八年夏季同名来文抄件",四月二十八日档中,记载如下:

钦差驻扎库伦办理事务、御前大臣、领侍卫内大臣、都统、扎萨克和硕亲王、固伦额驸、内阁学士、礼部侍郎、兼正蓝旗汉军副都统,御前行走、副将军、扎萨克多罗郡王、多罗额驸文书。札付土谢图汗部盟长、副将军等。为行文事。据印务处呈文称:今年四月二十五日接准军机处字寄,乾隆四十八年四月十六日所奉谕旨:拉旺多尔济等处已上奏:议定查禁喀尔喀土谢图汗及车臣汗两部之汗、王、扎萨克欺压属下阿勒巴图等项,以及为将土谢图汗车登多尔济等交部议叙严加论罪,并为查奏赛音诺颜、扎萨克图汗两部是否有此等事而行文奎林、海宁等事。除在奏折上批示:著该部议奏等外,唯在奏折内有土谢图汗部副将军亲王齐巴克多尔济、贝子德沁喇木丕勒各自时隔三五年查属下阿勒巴图等之四种牲畜数目,明目张胆地抽取之事,等语。查明喀尔喀汗、王、扎萨克欺压属民之事,乃是为了禁止伊等擅自越

第十一章
清朝统治的加强：1783年土谢图汗获罪事件

旗，欺压他旗阿勒巴图，妄自抽取等违例事件。向来并非为了禁止全体扎萨克从各自本旗属下阿勒巴图抽取赋税等事。谓之为何。因喀尔喀一切汗、王、扎萨克等皆依靠从各自阿勒巴图抽取赋税生活。作为阿勒巴图，不向各自所属汗、王、扎萨克等缴纳赋税，则诸汗、王、扎萨克等无法度日。即使内扎萨克，亦如此也。伊等之内，若真有违例擅自过分欺压阿勒巴图及无故从非己阿勒巴图越旗抽取牲畜等无法无天而行者，俟接到控告后，详加审讯，或照例严加查禁。将如齐巴克多尔济等这般时隔三五年遍查抽取属下阿勒巴图牲畜事一同查禁，则不符合规矩。著将此交付桂良、海宁，令详看朕之谕旨，谨遵查奏。除此之外，再宣布给全体喀尔喀四部汗、王、扎萨克等，令今后各自仁慈属下阿勒巴图，除照例抽取赋税外，不可妄加擅自越旗欺压行事。钦此钦遵。到来。是故，将此札付土谢图汗部盟长及副将军等，以使详细查看谕旨内事务一同遵行，等语。如此呈来。为此札付。

四十八年四月二十八日。

该档案中，"钦差驻扎库伦办理事务、御前大臣、领侍卫内大臣、都统、扎萨克和硕亲王、固伦额驸、内阁学士、礼部侍郎、兼正蓝旗汉军副都统"，指的是拉旺多尔济。而"御前行走、副将军、扎萨克多罗郡王、多罗额驸"是云端多尔济。这两人遵循乾隆帝的谕旨，很快即到库伦办理事务。这件奏折，是拉旺多尔济、云端多尔济两人于1783年四月二十五日接到军机处寄来的四月十六日的上谕后，于四月二十八日发给土谢图汗部盟长、副将军等王公首领的行文。在此，乾隆帝基于拉旺多尔济所奏"查禁喀尔喀土谢图汗、车臣汗两部之汗、王、扎萨克等欺压属下阿勒巴图等项"的内容，对其所提"土谢图汗部副将军亲王齐巴克多尔济、贝子德沁喇木丕勒各自时隔三五年查属下阿勒巴图等之四种牲畜数目，明目张胆地抽取"之事，表达了自己的意见。从乾隆帝所表示的："查明喀尔喀汗、王、扎萨克等欺压属民之事,乃是为了禁止伊等擅自越旗,欺压他旗阿勒巴图,妄加抽取等违例事件"可知,拉旺多尔济等查明的土谢图汗部个别王公欺压阿勒巴图的事情,是由乾隆帝授意处理的。想必乾隆帝借此一举摧垮喀尔喀汗、王、扎萨克等越旗向他旗渗透权力、行使权力的问题,针对的是土谢图汗等汗王级别的首领统辖该部扎萨克旗的这种旧有体制。

为此,乾隆帝最终强调"不可妄加擅自越旗欺压行事"。这里的"欺压"俨然是清朝方面的用语,实际上从属民抽取赋役是蒙古王公们赖以生存的最重要的财源,乾隆帝也认可了这一事实。在此事件中,乾隆帝所要禁止的重点在于"擅自越旗",即喀尔喀汗王等不可干涉他旗事务,不可从他旗抽取赋役。意在从制度上断绝土谢图汗等汗王对所部属下旗分的权力介入。另外,以"欺压他旗阿勒巴图"为名办理此事,可在言论上争取更大的公正性,以此杜绝喀尔喀方面因清朝没收和禁止他们颁发吉古呼文书而带来的不满和抵触情绪。

所以,在蒙古国立档案馆藏蒙古文档案,馆藏号 M-9,案卷号 1,件号 240,"乾隆四十八年夏季同名来文抄件",五月七日档中,清朝颁布了如下的最终处理意见:

> 钦差驻扎库伦办理事务、御前大臣、领侍卫内大臣、都统、扎萨克和硕亲王、固伦额驸、内阁学士、礼部侍郎、兼正蓝旗汉军副都统、御前行走、副将军、扎萨克多罗郡王、多罗额驸文书。札付土谢图汗部盟长、副将军等。为行文事。印务处呈文称:理藩院来文称:我部奏称:为遵旨议奏事。适才内阁抄出乌里雅苏台将军奎林所奏全部查处喀尔喀四部汗、王等擅自发授给人的执照,严加议罪乾隆二十八年、四十六年两次增发执照的土谢图汗车登多尔济及议罪四十六年增发一次执照的车臣汗车布登扎布、扎萨克图汗齐旺巴勒斋、赛音诺颜部亲王诺尔布扎布等事的

第十一章
清朝统治的加强：1783年土谢图汗获罪事件

奏折。所奉朱批谕旨：著该部议奏。钦此钦遵。抄出送至部院。臣我等议论：据奎林奏称：奴才奎林前曾奏称：俟四部执照全部送来之日再归纳奏闻，等语。今扎萨克图汗部执照至三月十九日已陆续清点送来。奴才看遍喀尔喀四部及呼图克图所属沙毕纳尔等之执照，全部一百五十六件，大致可分为使用乌拉、舒斯，免交乌拉、舒斯，以及授予虚名封号，此三种。其中，有一人获得两三件的，获得一件的亦有，再有将一件承袭给其子嗣、兄弟等的。详查原件可知，康熙时期颁发的有八件，雍正时期颁发的有十九件，至乾隆二十七年颁发的共计有八十一件。唯有二十八年，土谢图汗车登多尔济、车臣汗嘛呢巴达喇、扎萨克图汗巴勒达尔、郡王车木楚克扎布等全体同意一次即增发过二百六十四件。四十六年，哲布尊丹巴呼图克图坐床时，土谢图汗车登多尔济、赛音诺颜部亲王诺尔布扎布、车臣汗车布登扎布、扎萨克图汗齐旺巴勒斋等俱前去库伦，全体商议再次增发过二百一十一件。故多至五百五十六件。奴才翻译执照上所写的字句得知，俱与康熙时期的旧执照上所写的字句相同。虽坚持旧传统的本非土谢图汗车登多尔济等发起，然二十八年一次增发，且四十六年再次增发者，实乃辜负主子教导仁慈之至意，任意欺压属下阿勒巴图而妄行也。今除了未将嘛呢巴达喇、巴勒达尔、车布登扎布、车木楚克扎布等算入外，商议二十八年、四十六年两次增发之事时，土谢图汗车登多尔济俱在场，是故应将车登多尔济交该部议罪。赛音诺颜部亲王诺尔布扎布、车臣汗车布登扎布、扎萨克图汗齐旺巴勒斋等，于四十六年商议增发之事时俱跟从，故尚不可免其罪，将伊等一同交部议罪。再查得，执照上虽有多处王、贝勒、贝子、公等字眼，然尚不知其名，写的很隐讳。奴才另又详查问得，伊等不在商议此事中，实由盟长等囊括写入，故此辈没有写名的王、贝勒、贝子、公等，俱毋庸议。今所携各执照上所写的字句，大体相同。勒保已将其中五件呈上奏览,故奴才不再呈递。此外,现在分别执照概略,另具文呈览。再,奴才目前没收的五百五十一件执照,将其或送交该部,或由奴才销毁之事,俟奉旨后谨遵处理,等语。查得,适才曾任科布多参赞大臣的明善及库伦办事大臣勒保,各自查处这些执照后上奏。经臣我部遵旨议论,俟奎林简括奏来后再议奏,等语。除如此上奏外,喀尔喀四部擅自给人发授使用乌拉、舒斯,册封达尔罕之执照一事,乃是土谢图汗车登多尔济领头而行,事情重要,故臣我等立即事先议论彼之罪行,相应免去车登多尔济汗爵及盟长职务,等语。如此上奏时,主子施恩,著令将车登多尔济交部再轻罪议论上奏。钦此。如此颁旨。是故臣我等又谨遵仁慈谕旨,减轻议论车登多尔济之罪,只免去车登多尔济盟长职务,没收顶戴、朝服,再停发其汗之俸禄,等语。如此上奏时,主子再次施恩,只免去车登多尔济盟长职务,停发五年俸禄。是故不再议论。此外,今奎林简括奏称:车臣汗车布登扎布、扎萨克图汗齐旺巴勒斋、赛音诺颜部亲王诺尔布扎布,于乾隆四十六年跟随车登多尔济,增发过二百一十一件执照等语。此仍属辜负主子之恩,欺压属下阿勒巴图妄行。审查此三人之罪行,虽比车登多尔济略轻,但如此擅自妄行之人,理应免去汗、王爵才是。只是像车登多尔济这样的重罪,主子俱已宽恕,免去盟长职务,停发五年俸禄。是故臣我等迎合主子之仁慈,将车臣汗车布登扎布、扎萨克图汗齐旺巴勒斋、赛音诺颜部亲王诺尔布扎布等之罪,比土谢图汗车登多尔济稍稍减轻议论,只停发各自汗、王五年俸禄,以示惩戒。增发这些执照时,没有书写众多王、贝勒、贝子、公等之名字,且本非一同准许。是故即照奎林所奏,俱毋庸议。今奎林从四部没收的五百零一件执照内,除遵旨将达赖喇嘛、班禅额尔德尼所授六件,仍旧保存外,将其余五百四十五件执照交给奎林,立即亲自销毁。再,勒保所奏览的五件执照,奉旨已交给拉旺多尔济销毁。是故另毋庸议。臣我等之议论,是

第十一章
清朝统治的加强：1783年土谢图汗获罪事件

否可行，俟奉训旨后遵办。为此谨奏请旨，等语。如此于乾隆四十八年四月十六日上奏时，所奉上谕：依议。著将达赖喇嘛、班禅额尔德尼等所授六件虚号执照，仍旧由其本人保存之事，已颁旨。除此之外，今后诸汗、王等于本旗内给属下阿勒巴图等骑乘乌拉、册封达尔罕，尚可。给他旗，或非属下阿勒巴图，或擅自越旗使用骑乘乌拉、册封达尔罕，则万万不可。将此事，宣布给众喀尔喀蒙古。钦此钦遵。为此行文，等语。如此送来。是故，将此札付喀尔喀四部盟长及副将军等，以使查看谕旨内事务谨遵行，等语。如此呈来。为此札付。

四十八年五月七日。

这件档案，是驻扎库伦办理事务的拉旺多尔济、云端多尔济二人，接到理藩院的行文后，五月七日转发给土谢图汗部盟长、副将军的行文，其内容记载了清朝处理喀尔喀四部汗王等颁发吉古呼文书事件的最终结果。首先，理藩院议论称，根据奎林、勒保、明善等人的奏折，喀尔喀四部及哲布尊丹巴呼图克图的沙毕纳尔的执照，即吉古呼文书、噶舒克文书、塔尔哈等文书，大致可分为使用乌拉、舒斯，免交乌拉、舒斯和授予封号3种。主要集中在康熙、雍正，尤其是乾隆时期。其中，1763年颁发264件，1781年颁发211件，属件数最多的两次。喀尔喀四部共计有551件执照。除保留达赖喇嘛、班禅喇嘛所授的6件噶舒克文书外，其余的尽行销毁。另外，因1763年、1781年颁发执照时土谢图汗车登多尔济俱在场，所以情节严重，罪加一等，应该免去汗的爵位和盟长职务，但因乾隆帝两次要求从轻处分，故最终决定只免去盟长职务，停发五年的俸禄。此外，对同样参与此事的车臣汗车布登扎布、扎萨克图汗齐旺巴勒斋、赛音诺颜部亲王诺尔布扎布的罪行，因乾隆帝要求减轻议论，故最终决定停发他们五年的俸禄。

对理藩院的以上决定，乾隆帝给予允准，还再次强调："今后诸汗、王等于本旗内给属下阿勒巴图等骑乘乌拉、册封达尔罕,尚可。给他旗,或非属下阿勒巴图,或擅自越旗使用骑乘乌拉、册封达尔罕,则万万不可。"说明乾隆帝的最终意思即在于此,不可向他旗颁发吉古呼文书、册封达尔罕,而对本旗的属下阿勒巴图仍可照旧实行,以此终止土谢图汗等首领对本部及全体喀尔喀四部的权力渗透,减除他们的影响力,杜绝喀尔喀作为统一的整体来行动的制度和纽带。这篇行文中,清朝就以"任意欺压属下阿勒巴图而妄行"为理由了,而不是上述三月二十五日的行文所记载的"擅自做主向他人发授如此多黄绸骑乘乌拉之执照"了。可见清朝为了达到最终目的,强调处理此事的公平正确性,以打消喀尔喀方面的不满,改变了为何处理此事的理由。与此同时,理藩院强调乾隆帝屡屡要求从轻治罪也是为了尽量减少喀尔喀方面的不满。以此,平稳地达到最终目的。

本章通过论述,得出以下结论:

首先,1782年即乾隆四十七年,乾隆帝授意喀尔喀蒙古额驸拉旺多尔济,将其从前线战场调往喀尔喀蒙古地方,通过祭奠父亲、参加葬礼等形式,使拉旺多尔济了解喀尔喀蒙古下层民众的生活情形。至此,拉旺多尔济以下层民众生活困苦,王公阶层摊派的乌拉、舒斯较多,对属下的盘剥比较严重为由,开始弹劾喀尔喀蒙古王公。

其次,接到拉旺多尔济的弹劾之后,库伦办事大臣勒保、乌里雅苏台将军奎林等,开始没收喀尔喀四部的吉古呼文书,批判这种文书的使用是"擅自行事",文书的样式、颁发形式及其内容与清朝的体制不相符合为由,严厉抨击以土谢图汗车登多尔济为首的喀尔喀王公的冒失行为。对此,乾隆帝下令裁撤车登多尔济的库伦办事大臣职务,由拉旺多尔济、云端多尔济接任,最后还削去车登多尔济的盟长职务,以示惩戒。

最后,清朝虽然弹劾并批评喀尔喀王公等使用吉古呼文书的行为,但最终并没有完全禁断。只是禁止汗王在部内颁发吉古呼文书,

第十一章
清朝统治的加强：1783年土谢图汗获罪事件

四部合一颁发吉古呼文书的体制，而允许扎萨克旗内扎萨克王公等向其旗民颁发吉古呼文书。以此，清朝断绝了喀尔喀四部合一的体制及汗王统合汗部的权力。

七和硕喀尔喀兀鲁斯体制，在1691年即康熙三十年服属清朝前后，被康熙帝以清朝的爵位高低为秩序编立成三个汗部，后来雍正朝时扩编为四部。为了有效统合原八扎萨克家系混在一起的汗部，喀尔喀的汗王们通过利用吉古呼文书，优遇自己汗王家族出身的扎萨克旗，建立汗王家族在中心，原扎萨克家族在其外缘的汗部支配体制，以此达到汗部的统一。后来，1763年即乾隆二十八年，喀尔喀四部开始颁发统一的吉古呼文书，以哲布尊丹巴呼图克图为首，四大汗王其次，一般王公为下一级的统治阶层，通过吉古呼文书的利用，理顺四部的秩序，达到强固统合四部为一体的体制。但1783年即乾隆四十八年，乾隆帝指使拉旺多尔济、勒保、奎林等清朝大臣，通过揭发问题、没收吉古呼文书、惩治土谢图汗、警示众扎萨克等手段，禁断了这种四部为一的体制。

笔者认为，1780年即乾隆四十五年前后，喀尔喀蒙古四部擅自奏请向西拓展游牧地的要求①，严重刺激了乾隆帝，为了削弱其实力，消除隐患，乾隆帝这才指使拉旺多尔济、勒保等人，弹劾其王公，治罪土谢图汗，分化其权势，以示惩戒。而喀尔喀蒙古试图向西拓展游牧地，是有其历史依据的，这与清朝的平定准噶尔有着直接的关系。为了安置大规模归顺清朝的杜尔伯特等游牧集团，清朝曾将喀尔喀西部的土地，赏赐给这些准噶尔人居住。即使1756年平定准噶尔之

---

① 关于喀尔喀蒙古四部请求扩展游牧地的事务，可参见中国第一历史档案馆所藏"军机处满文录副奏折档"，档号：03-0188-2825-001，官职爵位：定边左副将军，责任者：巴图，"奏议杜尔伯特三音诺颜部扩展游牧诸事宜折"，乾隆四十五年五月初一日奉朱批。另外，就服属清朝后的喀尔喀蒙古游牧地的划分问题，请参见冈洋树：《ハルハ・モンゴルにおける清朝の盟旗制支配の成立過程——牧地の問題を中心として——(在喀尔喀蒙古的清朝盟旗制度的成立过程——以游牧地问题为中心——)》，载日本《史学杂志》97—2，1988年，第1—32页。

后,清朝也没有将其迁移至天山北麓,而是一直居住在了那里。其后1771年,游牧在伏尔加河下游的土尔扈特东归,清朝将舍楞等部安置在了科布多周边。这又加剧了喀尔喀方面的顾虑,故而提出了向西扩展的请求,其实是在恢复应有的权利。

结　论

　　本书利用满、蒙、汉、藏多语言文字史料,以蒙古高原、青藏高原为主要历史舞台,考察了自 16 世纪中后期至 18 世纪后半期为止的喀尔喀蒙古的政治社会体制的发展演变及其原由。从蒙古中兴之主达延汗末子格哷森札领有喀尔喀万户右翼,经分封成立七和硕,再到七和硕领主合议建立联合的兀鲁斯;又从七和硕喀尔喀兀鲁斯与四卫拉特的关系发展,到一致奉戴达赖喇嘛权威,建立新的联合政权;从七和硕喀尔喀兀鲁斯与清朝的早期接触,到建立八扎萨克外交体制,再到 1691 年服属清朝,经喀尔喀四部的建立,最后到喀尔喀原有体制的恢复与改革问题,对此展开了系统而又深入的探讨。各章得出的结论如下:

　　第一章:首先,16 世纪中后期至 17 世纪前半期的七和硕喀尔喀兀鲁斯是个政治、军事、经济共同体。兀鲁斯的最高权力机关是"七和硕领主大会盟",汗王也须执行会盟制定的法律与决定。军事上,出征等行动要协同合作,不能单独行动。若要单独行动,须经与其他和硕商定后再进行。行政上,七和硕设置有公共的执政长官,他们联合在一起成为政府,主要办理乌拉、舒斯的差派,诉讼案件的审理,特权阶层册封手续的办理,会盟的召集,处理和硕间的矛盾纠纷等事务。法律上,七和硕是在成文大法典的精神下达成统一的,各大和硕内部在立法、司法、行政上,都要基于大法典来处理事务,注重维护整体的利益。其次,作为七和硕喀尔喀兀鲁斯最大、最重要的政治、军事、行政单位的和硕,拥有巨大的自主权力。具有一定独立的立法权、司法权、行政权、军事组织权、豁免权、经济贸易权和人事任免权。实力强大的单个和硕或几个和硕往往推举一位汗王来担任首脑,但汗王即使在和硕内其权力也非专制,必须通过和硕领主大会,在与其他领主们商议后才能做决定。且汗王即位,须七和硕全体领主大会盟的合议承认,不能违反大法典的规定。另外,和硕拥有自己的执政诺颜和执法长官,以处理和硕内外的事务及审理众多鄂托克领主们的纠纷案件。再是,和硕内部的政治、军事、行政、经济单位是领主们各自支配的鄂托克。而这种鄂托克,是领主及其属民、财产、牲畜等共同构建的一种人的组织,一种支配秩序,一个游牧单位,而非地域概念。鄂托克之间,没有细致划分的界限,只有达成共识的漠然的游牧领域。基于蒙古"领主—属民统治关系",属民居住在领主附近,一同形成了鄂托克。鄂托克具有独立的人事任免权。领主通过任命自己的属下为官员来管理鄂托克的阿拉特民众,并征收赋税。鄂托克是支撑整个兀鲁斯财政的关键所在。在军事上,鄂托克又是组织和训练军队的最下级单位,整个兀鲁斯军队的行动,需要鄂托克领主的合作才能完成,鄂托克的领主必须服从和硕和兀鲁斯的决定,要谨遵大法典和和硕的法律条款及领主会盟上商定的决议来办理事务。还有,大到整个七和硕喀尔喀兀鲁斯,小到每一鄂托克,其领主层皆出自同一父系祖先,血缘上是近族。领主们一般拥有汗、洪台吉、济农、诺颜、楚库尔、伊勒登、代青、巴图尔、阿拜等封号,再修饰以和硕齐、冰图、额尔克、车臣、默尔根等美号来体现地位和家系。随着领主层封建的发展,从一个家族析出若干个小家族,小家族变成大家族后,又从其中析出若干个小家族,以此次第增加。而在某一和硕或鄂托克内,领主的权力也并不是绝对的,在大的政治军事活动中,领主还要尊重领主与其属民共同召开的会议的决议。这种会议制度,是17

世纪前后七和硕喀尔喀兀鲁斯基层社会的普遍制度。16 世纪中后期至 17 世纪前半期的七和硕喀尔喀兀鲁斯是基于领主层血缘关系和成文大法典来构建的一个联邦的、合议的政治共同体。在这一时期,兀鲁斯中最主要的政治力量是各大和硕,最主要的关系是各大和硕之间的关系,最高权力在于全体领主的大会盟,而基层民众也有一定的社会参与权利。

第二章: 首先,16 世纪中后期至 17 世纪前半期的七和硕喀尔喀兀鲁斯与四卫拉特之间,虽然七和硕喀尔喀兀鲁斯的领主们作为蒙古中兴之主达延汗的直系子孙,以征伐卫拉特为其历史使命,但 1586 年以后,因忽必烈可汗所立蒙古"朝政与教法二道"传统的影响,阿巴岱汗及硕垒乌巴锡洪台吉等喀尔喀首领在统治卫拉特期间,对其社会普及蒙古文及黄教,最终奠定了两者走向统合的政治社会基础。其次,林丹汗的军事威胁及相继而来的满洲—清朝的威逼利诱,迫使七和硕左翼不得不考虑右翼的意见去与卫拉特联合。绰克图洪台吉虽然不愿接受这种联合而从七和硕叛逃,但通过征讨绰克图洪台吉,喀尔喀右翼与卫拉特更加走在了一起。加上通往拉萨之间的道路的开辟,使得双方的首领为了共同的政治取向和利益,最终成为新的政治同盟者。最后,"喀尔喀—卫拉特联合政权"的建立,不仅在当时的内陆亚洲因重新创立了蒙古政权而有效抵挡住了沙皇俄国的侵蚀,同时在内部也因此政权的运营而带来了政治社会制度、文化、宗教方面的巨大变革。而且,在政治上,这一政权的影响一直存在到准噶尔灭亡为止的 1750 年代。

第三章: 首先,从 1603 年第四世达赖喇嘛即位到 1640 年为止,具体应该说到 1642 年固始汗征服卫藏地区为止,信奉黄教的青海多伦土默特及七和硕喀尔喀兀鲁斯的首领们,一直在摸索怎样将达赖喇嘛置于蒙古人直接保护下的问题。为此青海多伦土默特、七和硕喀尔喀、四卫拉特蒙古的领主们前仆后继地领兵前往卫藏,与反黄教、反达赖喇嘛势力进行斗争,并进一步有了征服卫藏的冲动。这些都是在蒙古"朝政与教法二道"政治传统下进行的,蒙古领主在卫藏的活动,与其在蒙古政治中的地位有直接关联,因为他们是代表人物。出于对政治权利的渴望及自身地位的提升,领主们不辞辛劳,前往卫藏开展活动,而这种活动又摸索出了双方之间的进一步合作。其次,七和硕喀尔喀兀鲁斯左翼绰克图洪台吉及其子阿尔斯兰台吉在卫藏的军事活动,其目的不是为了消灭格鲁派、消灭达赖喇嘛,而是要将其置于"无名的地位",以此切断格鲁派黄教在蒙古社会中的影响力。且阿尔斯兰的军事行动具有征服战争的性质,远远超出了宗教战争的范畴。虽然绰克图洪台吉的事业在其内部的不和及外部的打击下失败了,但其历史性地为接下来固始汗的军事征服打下了基础。一方面,我们不得不思考这一时期即喀尔喀与卫拉特蒙古达成和平后,怎样与卫藏黄教上层,主要是怎样与达赖喇嘛建立关系的背景和制度问题。1624 年喀尔喀与卫拉特两大蒙古集团间的议和,为双方在卫藏的行动拉开了序幕。因双方的议和是在"崇奉黄教、尊重达赖喇嘛"这一信仰基础上达成的,故在这层意思上他们是阿勒坦汗所创蒙古新政治的忠实履行者。但喀尔喀与卫拉特,也有他们的时代和自身特色。怎样与达赖喇嘛会见、建立什么样的礼仪、座次怎么排定、选择哪一寺庙为自己的主要布施对象、布施多少贡物、从哪条路线进藏等等,都需重新制定和相守。所以 1640 年前喀尔喀蒙古右翼与卫拉特蒙古部分领主前去卫藏活动,在这种礼仪与制度方面也开创了初步的局面,显然这些都为 1640 年会盟建立新朝政打下了基础。

第四章:首先,自 1640 年至 1650 年为止的时间内,除了七和硕喀尔喀兀鲁斯右翼温布额尔德尼洪台吉和左翼图蒙肯昆都伦楚库尔家族外,左翼土谢图汗家族,尤其是左翼车臣汗家族的领主们与达赖喇嘛的关系并不紧密,这一时期右翼是主要的活动者。但是 1650 年前后,土谢图汗家族出身的嘉木扬活佛前去卫藏,从达赖喇嘛处获得哲布尊丹巴呼图克图封号后,土谢图汗家族与达赖喇嘛的关系就变得密切。这里隐含着土谢图汗家族利用达赖喇嘛的权威进一步提高哲布尊丹巴呼图克图在七和硕中的政治地位的意图。其后,1650年代后半期,扎萨克图汗部的亦林臣赛音洪台吉联合毕希热勒图汗诺尔布攻打赛音巴特玛哈坦巴图尔所领的额勒济根鄂托克,开启了喀尔喀右翼内乱的序幕。当时,基于"喀尔喀—卫拉特联合政权"的政治体制,在此纷争中喀尔喀左右翼一同请求达赖喇嘛给予调停和解决。于是,达赖喇嘛指示准噶尔首领僧格抓捕亦林臣,再拥立成衮为扎萨克图汗。这一干预,导致喀尔喀左翼与右翼的进一步分裂及左翼与准噶尔的对立。在1660—1680年代的七和硕喀尔喀兀鲁斯左右翼纷争期间,喀尔喀领主们不断遣使达赖喇嘛,以期达到事务向有利于己方的方向发展。但是,拥立哲布尊丹巴呼图克图,试图在全体喀尔喀中扩大权威的土谢图汗家族,与为尽量保持自身实力及权威而不得不与准噶尔等卫拉特兀鲁斯拉近关系的右翼之间的矛盾,在后五世达赖喇嘛时代桑杰嘉措的偏袒操作下,最终导致大规模战争的爆发。其结果,喀尔喀左翼不得不选择逃入清朝境内,请求康熙帝的保护。

第五章:首先,在1640年至1686年为止的"喀尔喀—卫拉特联合政权"时期,达赖喇嘛常以噶舒克文书的形式颁旨给七和硕喀尔喀兀鲁斯。不过这种噶舒克文书的颁布,是在尊重七和硕喀尔喀兀鲁斯传统及其内部权力构造及与领主间关系的基础上进行的,而非擅自任意做出决断。且达赖喇嘛的旨令往往在喀尔喀方面提出请求的前提下进行。其次,在利用噶舒克文书册封七和硕喀尔喀兀鲁斯的某首领时,达赖喇嘛先要得到喀尔喀方面推举的某位候补的系谱、对人品的评价、对朝政与教法做出的功绩等情况,其后向以哲布尊丹巴呼图克图及土谢图汗、扎萨克图汗、车臣汗为首的全体七和硕领主下达旨意,要求给予相应的优遇,最后,哲布尊丹巴呼图克图等经认真周全考虑,进行具体的册封和优遇。还有,在五世达赖喇嘛的支持下,哲布尊丹巴呼图克图逐渐成为七和硕喀尔喀的首脑级人物,再因七和硕喀尔喀兀鲁斯内部的权力、利益纠纷需要达赖喇嘛的裁断,故达赖喇嘛的权威通过哲布尊丹巴呼图克图渗透进喀尔喀蒙古社会。

第六章:在七和硕喀尔喀兀鲁斯与清朝的关系上,首先1634年林丹汗病故后,喀尔喀蒙古左翼乘察哈尔兀鲁斯残留部人员向东归附满洲汗王皇太极之机,让克什克腾首领索诺木侍卫台吉向皇太极捎去书信,表示基于蒙古的"朝政与教法二道"政治传统,彼此承认政治地位、相互遣使、平等往来。对此,皇太极也向喀尔喀蒙古派出使者,表达了自己同意和平往来的意向。值此,双方正式建立了通使关系,交涉了怎样解决喀尔喀蒙古向明朝卖马等问题。其后,1637年后七和硕左翼首领致书皇太极,请求其基于蒙古"朝政与教法二道"政治传统,一同迎请达赖喇嘛。对此,皇太极亦表示同意,派出了相应的使团。但七和硕左翼因惧怕清朝派兵攻打自己而没有配合清朝一同遣使西藏。崇德年间的与清朝的外交往来,主要是左翼土谢图汗和车臣汗。右翼的扎萨克图汗将外交重点放在了与卫拉特蒙古的联合及与达赖喇嘛的关系上,故对清朝一直显示出敌意,采取了不合作的态度。右翼的这种态度,影响到了左翼与清朝的关系。最后考虑到整个七和硕喀尔喀兀鲁斯政体的安全与利益,左翼也没有与清朝往来,而是在七和硕大法典的精神下,左右翼共同一致联合卫拉特蒙古,建立了"喀尔喀—卫拉特联合政权"。一方面,清朝皇帝皇太极虽然表面上和行动上都响应七和硕左翼首领要求其建立"朝政与教法二道"政治的请求,并向西藏派遣使者,但实际上没有完全依照"朝政与教法二道"政治理念施政。面对蒙古、明朝和朝鲜的问题,皇太极采取了积极应对,但不入其流的保持自身满洲特色的政策。

第七章:首先,因是在"喀尔喀—卫拉特联合政权"的政治秩序下建立的外交关系,所以七和硕喀尔喀兀鲁斯与清朝之间的"八扎萨克体制"中,清朝皇帝对扎萨克及其继承人的任命,需要以七和硕喀尔喀兀鲁斯方面的提名为前提。而七和硕的题名又是在"达赖喇嘛——七和硕喀尔喀兀鲁斯全体领主——扎萨克或其继承人"这种秩序中产生的,所以喀尔喀八扎萨克与康熙帝的关系,屡屡受到八扎萨克与达赖喇嘛间关系的影响。另外,七和硕喀尔喀兀鲁斯与清朝之间的"八扎萨克体制",是基于满洲、蒙古政治外交传统——"发誓行为"来建立和发展的,是平等的外交关系。但在外在形式上,又很像中华王朝的朝贡关系。还有,从朝贡品的进献和赏赐品的情况来看,八扎萨克体制就像金字塔式地分散开来,从最上面的清朝皇帝到中间层的八扎萨克,其下是各个扎萨克的远近亲属领主,其下是领主们的属民。从一个高点逐层铺展到底层领主,形成了一个有序的支配体系,以此覆盖了整个七和硕喀尔喀兀鲁斯。这种外交体制俨然像一个"利益均沾"的贸易体制,惠及整个兀鲁斯。所以,虽然"喀尔喀—卫拉特联合政权"的建立目的之一是为了抵抗清朝的进攻,但这一政权在其建立之后,因商业贸易的重要性,不得不与清朝建立关系。为了追求平等的政治外交,七和硕喀尔喀兀鲁斯与清朝基于"发誓行为"建立起契约式的协议关系,但在形式上不得不顾及清朝皇帝的统治合法性而进行朝贡,其背后是惠及整个兀鲁斯的巨大商业利益。基于这种友好贸易关系,七和硕喀尔喀兀鲁斯继续朝见和布施达赖喇嘛,维系着"喀尔喀—卫拉特联合政权"的政治社会体制。

第八章:首先,1682年康熙帝为了维护清朝西北边疆的稳定,主动向七和硕喀尔喀兀鲁斯八大扎萨克的十位首领遣使赏赐,并要求"时刻表示诚心",以此开始干预"喀尔喀—卫拉特联合政权"的内部事务,试图通过交涉来解决喀尔喀的内部不和,寻求安定。其次,以八扎萨克体制为基础,康熙帝试图通过与达赖喇嘛的合作解决喀尔喀左右翼的纷争问题。为此积极召集达赖喇嘛、喀尔喀左右翼及准噶尔召开会盟,以期能够以和平方式解决争端。但康熙帝的这种调停,激化了"喀尔喀—卫拉特联合政权"范围内,以七和硕右翼、达赖喇嘛集团及准噶尔为一方,以七和硕左翼为单独一方的对立态势。会盟前后土谢图汗与噶尔丹博硕克图汗两人发生不和,以致噶尔丹领兵攻打土谢图汗,喀尔喀全体避难清朝。再是,在七和硕喀尔喀兀鲁斯被噶尔丹攻击,摇摇欲坠败亡之际,清朝"趁火打劫",康熙帝派遣大臣强行编立喀尔喀汗王下面的属民为"旗—佐领",以此越过汗王权利及领主会议去干涉和硕内部事务,在汗王不由自主的情况下,将清朝的制度强行设置在喀尔喀蒙古社会中。对此,汗王们表示了极大的不满,但迫于形势只能忍气吞声。不过,尊重汗王们的以上不满,康熙帝不但没有剥夺喀尔喀汗王们的封号及军权外的其他权利,而且还通过册封,将原来的七和硕编立为三大汗部,即土谢图汗部、车臣汗部、扎萨克图汗部。将原来的八扎萨克,以册封清朝爵位的形式,编在汗王下面,加强了喀尔喀的汗权,在清朝皇帝的权威下形成了新的体制。

第九章: 首先,1691年服属清朝后,康熙帝除令一世哲布尊丹巴呼图克图"献九白年贡",与其确立臣属关系外,三番五次邀请至热河及北京,持续加以优待,两者之间构筑起了亲密的个人关系。这是康熙帝通过哲布尊丹巴呼图克图来笼络喀尔喀蒙古的一个策略,同时也是考虑到将来的清朝西北边疆形势而做出的政策性铺垫。当1715年以后清朝与准噶尔的关系受到挑战时,哲布尊丹巴呼图克图在康熙帝授意下,致信策旺阿喇布坦,规劝其向康熙帝道歉,以重新建立友好关系。一方面,康熙帝还将策凌等喀尔喀蒙古领主子弟养育宫中,与其建立深厚的人格主从关系,以便利用这些人物加深统治。其次,准噶尔首领策旺阿喇布坦和噶尔丹策零父子,仍怀有恢复原"喀尔喀—卫拉特联合政权"的政治抱负。为此在18世纪前期,不断与清朝发生外交纠纷和军事战争,并向喀尔喀蒙古有力王公送去策反文书,号召他们离反清朝,重新联合准噶尔。在此紧迫形势下,清朝除牢牢控制哲布尊丹巴呼图克图,将其移至多伦诺尔,加以保护外,雍正帝还致信喀尔喀蒙古王公,加以规劝和善导。最终,在喀尔喀蒙古亲王丹津多尔济和额驸策凌的奋勉下,以喀尔喀兵为主力的清军在额尔德尼召战役中打败准噶尔军队,成功保住了喀尔喀游牧的安全。再者,因喀尔喀蒙古与准噶尔,原先同在"喀尔喀—卫拉特联合政权"下,且清准战场主要还在阿尔泰山一带,故牵扯到喀尔喀蒙古的游牧地问题。为此,当清准之间的外交交涉难以为继,陷入僵局时,以喀尔喀蒙古台吉厄墨根为首的使团的活动,为双方的重新谈判,注入了新的线索。而从厄墨根的立场和言语中,可以看出当时的喀尔喀蒙古王公,已承认清朝皇帝的权威和统治合法性,并表示对其忠心效力,乐意成为清朝皇帝的臣属。

第十章:首先,于服属清朝后的喀尔喀蒙古,达赖喇嘛授予的噶舒克文书,不像"喀尔喀—卫拉特联合政权"时那样具有政治权力。18世纪达赖喇嘛所赐的噶舒克文书,是达赖喇嘛以一名黄教高僧的身份出发,颁发给对黄教做过贡献的喀尔喀人员的文书。而且,这种噶舒克文书主要授予旗里的一般人员,而非王公领主。正因其没有了政治权力,所以清朝于1783年前后没收喀尔喀蒙古的噶舒克文书后,又将其返还给了相关人员。其次,七和硕喀尔喀兀鲁斯服属清朝前后,从1686年起奉戴清朝皇帝的权威后,主动放弃了从达赖喇嘛请求噶舒克文书及封号、印章的政治行为。为此,原来奉戴达赖喇嘛权威的七和硕喀尔喀兀鲁斯体制,转变成了以哲布尊丹巴呼图克图为首脑,三汗部的汗王在其次,与一般王公领主共同会盟召开会议,通过向有功王公及臣官、属民颁发吉古呼文书来理顺四部秩序的政治社会体制。再是,服属清朝被编为三汗部或四部之后,为了建立有序的内部关系,汗王通过给自己家系出身的扎萨克多颁发吉古呼文书的形式,让自己家族出身的王公多行走于公事上,掌握部内权力,以此排斥实力相当的非汗王家族出身的原八扎萨克家族的王公,通过使用吉古呼文书来达到有效统合汗部的目的。还有,服属清朝后的喀尔喀蒙古四部的吉古呼文书,并非普通的合同契约类的证件,而是汗王、王公等领主层,施行固有权力、巩固汗部秩序、协调相互间关系的极其重要的政治社会文书。原来的七和硕体制的八大扎萨克被编入三汗部或四部之后,汗王需要建立在汗部中的支配地位,通过吉古呼文书的有意图的利用,汗王家族变成汗部的中心,其他家系的王公在边缘,以此形成了汗部的基本构造。然而这种强固的统合体制,会威胁到清朝的统治,为此1783年前后清朝寻找理由,没收吉古呼文书,断绝了汗王对部内他旗的权力干涉。

第十一章:首先,1782年乾隆帝授意喀尔喀蒙古额驸拉旺多尔济,将其从甘肃战争前线调往喀尔喀蒙古地方,通过祭奠父亲、参加葬礼等形式,使拉旺多尔济演出视察喀尔喀蒙古下层民众生活的一幕。于是,拉旺多尔济以下层民众生活困苦,王公阶层摊派的乌拉、舒斯较多,对属下的盘剥比较严重为由,开始参奏喀尔喀蒙古王公。其次,接到拉旺多尔济的参奏事务后,库伦办事大臣勒保、乌里雅苏台将军奎林等,开始没收喀尔喀四部的吉古呼文书,并批评这种文书的使用是"擅自行事"。认为文书的样式、颁发形式及其内容与清朝的体制完全不相符,同时严厉抨击以土谢图汗车登多尔济为首的喀尔喀蒙古王公。对此,乾隆帝下令裁撤车登多尔济的库伦办事大臣职务,由拉旺多尔济、云端多尔济接任,最后还削去车登多尔济的盟长职务,以示惩戒。另外,清朝虽然弹劾并批评喀尔喀王公等使用吉古呼文书的行为,但最终并没有完全禁断。只是禁止汗王在部内颁发吉古呼文书,另否定了四部合一颁发吉古呼文书的体制,而允许扎萨克旗内扎萨克王公等向其旗民颁发吉古呼文书。七和硕喀尔喀兀鲁斯体制,在1691年服属清朝前后,被康熙帝以清朝的爵位高低为秩序编立成三个汗部,后来雍正时编为四部。为了有效统合原八扎萨克家族混在一起的汗部,喀尔喀的汗王们通过利用吉古呼文书,优遇自己汗王家族出身的扎萨克旗,建立汗王家族在中心,原扎萨克家族在其外缘的汗部支配体制,以此达到汗部的统一。后1763年喀尔喀四部开始颁发统一的吉古呼文书,以哲布尊丹巴呼图克图为首,全体喀尔喀王公联合在一起,通过吉古呼文书的利用,理顺四部秩序,达到强固统合为一体的体制。但考虑到对抗清朝的隐患,乾隆帝指使拉旺多尔济、勒保、奎林等清朝大臣,最终禁断了这种四部联合的政治体制。

如此,16世纪中后期基于成文大法典形成的一个联邦的、合议的七和硕喀尔喀兀鲁斯,在17—18世纪的风云变幻中,在自己推进的政治统合与宗教信仰中,首先在达赖喇嘛的权威下哲布尊丹巴呼图克图成为这一体制的首脑,后在清朝皇帝的统治下,七和硕变成三汗部或四部体制,并于准噶尔灭亡后,四部联合的体制也被清朝所禁断。但基本的领主王公制没有改变,哲布尊丹巴呼图克图的首脑地位没有动摇,王公们对其属民的私有支配也得到承认。

应该将本书中阐明的16—18世纪的喀尔喀蒙古政治社会体制,表现为领主合议政体,即领主们掌握最高权力的政体,领主们制定和执行法律,而不是民众,也不是汗王个人。领主之间的关系,是最大的政治。领主们合议协商事务,崇尚对全体兀鲁斯所做贡献的荣誉、册封公共的达尔罕、调整兀鲁斯公共事务上的赋役和人事。而喀尔喀蒙古的这种领主合议政体,不是孤立的,在16、17世纪的蒙古其他兀鲁斯和满洲—清朝早期,也都有过起源类似的所谓"分权"的政体,唯是在喀尔喀蒙古延续的比较长而已,其发展轨迹不尽相同。

如何延续和维护七和硕的政治社会体制传统,是16—18世纪喀尔喀蒙古领主们的主要意志和行动目的。无论是七和硕喀尔喀兀鲁斯的成立及对法支配的遵守,无论是喀尔喀与卫拉特的联合,无论是推崇达赖喇嘛,无论是拥立哲布尊丹巴呼图克图,无论是准噶尔与清朝的战争,无论是喀尔喀四部的联合,不管外在形式怎么变化,其内在的本质皆在于持续兀鲁斯的传统,蕴含着蒙古中心主义的思想。即使在被清朝兼并的屋盖下,试图恢复"旧制度"仍然成为喀尔喀蒙古王公们的一道主题。这是喀尔喀蒙古在这一时期的基本体制特征。然而这种特征和趋势,与逐渐崛起的满洲—清朝,因其起源、执政理念和制度不尽相同而会产生必然的对抗。七和硕喀尔喀兀鲁斯及延续它的四部联合体制,是在享有主权的喀尔喀蒙古领主王公的自由意志上建立的,而清朝这一帝国是通过征服和归顺统合起来的。当喀尔喀蒙古基于自由意志的联合体制威胁到清朝统治时,它也就无情地被禁断了。

而作为政治的暴力表现,这一时期的战争,也具有明显的时代特征。与成吉思汗及其子嗣"占领东方日出之地至西方日落之地为止的全部世界"的这种赤裸裸的对外征服战争有别的是,16—18世纪的喀尔喀蒙古的战争,显示出以下一些特点。首先,是短暂的复仇主义战争。这主要表现在对西边卫拉特蒙古的进攻上。为了对"掠去羊只财产的卫拉特"复仇,七和硕喀尔喀兀鲁斯前三代领主,皆向西攻打过卫拉特蒙古,不仅将后者赶至巴尔喀什湖一带,还进行过一段时间的统治。但因两者皆是蒙古朝政的遗民,且拥有了共同的黄教信仰,所以不久就建立起联合政权。其次,是维护七和硕喀尔喀兀鲁斯大法典权威的战争。这主要表现在驱逐绰克图洪台吉的事件上。违反七和硕共同的意志,违法大法的一致性原则,遂与大多数领主产生矛盾,这是绰克图洪台吉被赶出七和硕的主要原因。但因是同宗同族,故没有发生大的流血冲突。再者,维护自身独立的战争。这主要体现在七和硕喀尔喀兀鲁斯与噶尔丹的战争上。为了尽量在七和硕内部解决争端,为了维护七和硕的统一性及核心利益,以土谢图汗、哲布尊丹巴呼图克图为首的左翼首领们,并没有接受以第巴桑杰嘉措和噶尔丹为一方的所谓"达赖喇嘛方面"的旨意和谴责,而是采取了坚决抵制的态度。即使后来噶尔丹策零进军阿尔泰,试图联合喀尔喀,抵抗清朝控制时,喀尔喀四部的王公们亦没有投靠准噶尔,这也是为了维护自身的完整和安全。故可以说,这一时期喀尔喀蒙古的政治和战争,其显著特点就是"保全自己"。所以领主王公们在德行上也是节制的,因而在重大问题上迅速达成了高效统一的行动。

另外,16—18世纪这一历史阶段,也是喀尔喀蒙古在法律、宗教、商业和文化上取得巨大成就的黄金时代。具有宪法性质的七和硕喀尔喀兀鲁斯的"猴年大法典"、意味着七和硕喀尔喀兀鲁斯与四卫拉特组成联合朝政的"喀尔喀—卫拉特法典"及18世纪上半期的"喀尔喀法规"等法律典籍,在这一时期发挥过极其重要的作用,并向后人证明了蒙古政治社会体制中法律的基础性作用和非凡意义。而在宗教上,这一时期是喀尔喀蒙古黄教发展的隆兴时代。自1586年,阿巴岱汗前往呼和浩特会见第三世达赖喇嘛,请得"佛法大瓦齐赉汗"号以来,喀尔喀蒙古的领主们在"并持朝政与教法"理念的引导下,不仅使属下喀尔喀人皈依佛教,还在卫拉特社会传播宗喀巴教法,使黄教深入蒙古社会的基层,构筑起了广泛而扎实的信仰基础。这也是蒙古社会更加强固的原因所在,汗王、领主和平民之间多了一层结合的元素,具有重大意义。此外,1617年图蒙肯昆都伦楚库尔亲自前往拉萨,拉开了喀尔喀和卫拉特蒙古领主在雪域高原圣地活动的序幕。至1686年为止,在蒙古高原与青藏高原之间,喀尔喀的领主、使者和喇嘛们,自由往来,络绎不绝,极大地促进了两地人员、物品和信息的交流,其意义比任何时代都是巨大的。即使1691年服属清朝之后,喀尔喀蒙古的王公们,仍积极维护黄教信仰,并对达赖喇嘛、班禅额尔德尼、哲布尊丹巴呼图克图等高僧及其教团,提供了持续不断的供养和布施。这不仅是传统,也与他们的统治合法性,紧密地联系在一起。为此导致整个社会及人们的生活和文化,都充满了浓厚的黄教色彩。一方面在商业上,这一时期是喀尔喀蒙古与南边的汉地、北面的俄罗斯、西面的伊斯兰世界及西南的西藏、印度地方,进行大规模自由交易的重要时期。除汉地商人和伊斯兰商人外,蒙古领主属下的商人集团,也发挥了重要作用,这是不容忽视的。另在文化上,重要的佛教经典的整理与翻译、蒙古文史书的撰写与传播、法律典籍的保存、佛教建筑的兴建等等,都有了突飞猛进的发展,并奠定了其后的基础。今天我们所能看到、所能瞻仰的历史文化遗迹和经典,大都是在这一时代创造的。比起承前启后的作用,这一时期的开创性意义更为深远。

不同民族、不同文化的碰撞与共存,总能带来历史的进步和人的素质提升。以上喀尔喀蒙古政治社会体制及相关事物的发展,不仅是喀尔喀蒙古政治、社会及宗教的单一演变,也可以说是多元文明综合作用的结果。16—18 世纪,西方俄罗斯的东进、东方满洲的崛起、南方明清的鼎革及与西藏的联合等这些发生在亚洲东方的剧变,时刻都在影响着喀尔喀蒙古内部事务的演进。通过领主王公们能动的自主性应对和法律制定,七和硕传统体制的基本构造,前后延续了将近二百年,展示出很高的柔韧性和适应性。

但这种政治社会体制的演变,并没有带来社会生产力及社会关系的根本性改变;游牧生产方式没有改变,经济上显示出很高的单一性;"领主—属民统治关系"不但没变,反而得到法律制度上的强化;领主们通过宰桑、达鲁噶等官员管理鄂托克及从其属民收取实物税成为一种普遍的支配方式,极大地限制了人们的自由移动。另外,蒙古高原恶劣的自然环境及内陆闭塞的地理条件也束缚了自由经济的展开,使其不能形成多种经济生产方式并存及带有强烈竞争的活跃市场。服属清朝后,仅存的与俄罗斯帝国的商业往来,也被清朝隔离了。

1783 年后,因清朝禁断了喀尔喀蒙古的合议体制,故领主王公们只能在直隶属民中施展治理了。至此,可以说喀尔喀蒙古的领主合议政体正式退出了历史舞台,唯剩下没有政治生活而只有军事检阅和娱乐性质的会盟,这时王公们也就成为皇帝的官僚。

故可以说在喀尔喀蒙古,到了 1783 年,真正意义上的具有高度独立行政的扎萨克旗体制才得以确立。然而,这种扎萨克旗体制的确立及外部敌人的消失,终止了领主王公间及领主王公与其属民间的密切合作关系,降低了协商一致对外的这种建立在排他性特征上的社会一体性,这是不容忽视的。所以,当乾隆帝下令喀尔喀蒙古王公们只能管理自己所辖的旗政之后,王公们对自己属民的治理,扎萨克王爷对其旗民的管理,就变成喀尔喀蒙古社会的主要矛盾。而这种矛盾性质的转换,削弱了喀尔喀蒙古政治社会体制能动的进步性变革及军事事务的发展,同时也弱化了蒙古人的精神气质。在这一点上,清朝的蒙古统治,带来了非常消极的一面,致使其社会变得停

结　论

滞和穷困。但另一方面,清朝也保护了喀尔喀蒙古的安全与稳定,使其免受外部的侵略。

接下来,对清朝统治下蒙古扎萨克旗社会的考察,将进入一个重点研究时期。其多元而复杂的社会关系是怎么发展演变的,就此还请待笔者以后的探讨。

附录一
系 谱

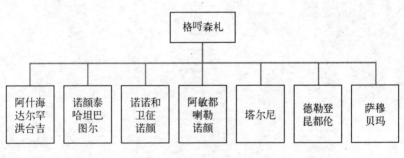

【一】格呼森札七子系谱①

---

① 本书中的系谱,均基于《阿萨拉克齐史》《大黄史》等蒙古文年代记的原件影印版及《王公表传》中的相关记载制作而成,且只录入与本书内容相关的人物。

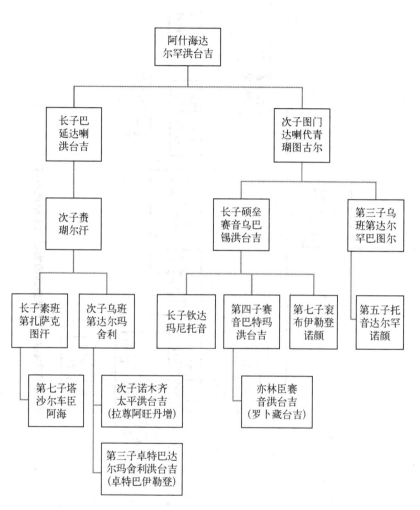

【二】格呼森札长子阿什海达尔罕洪台吉家族系谱

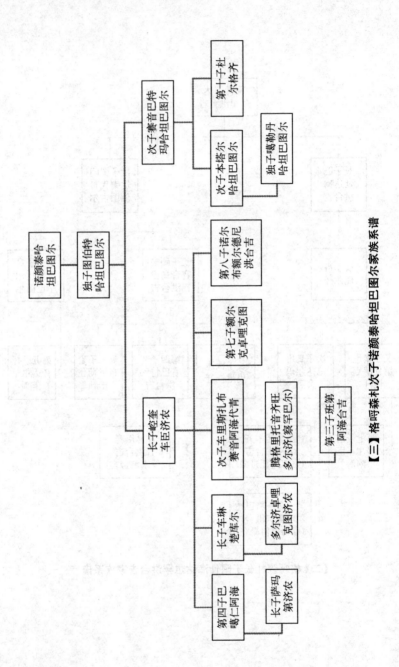

【三】格哷森札次子诺颜泰哈哈坦巴图尔家族系谱

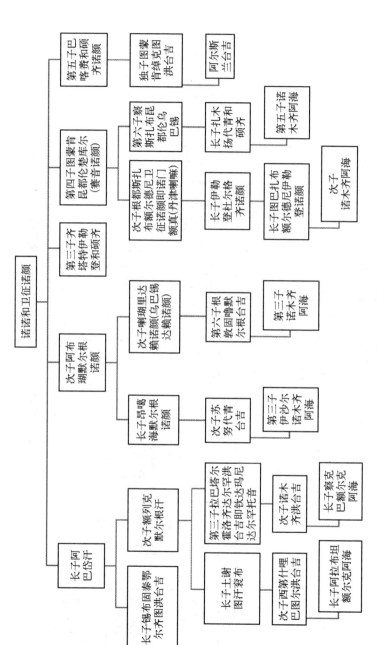

【四】格哷森扎第三子诺和卫征诺颜家族系谱

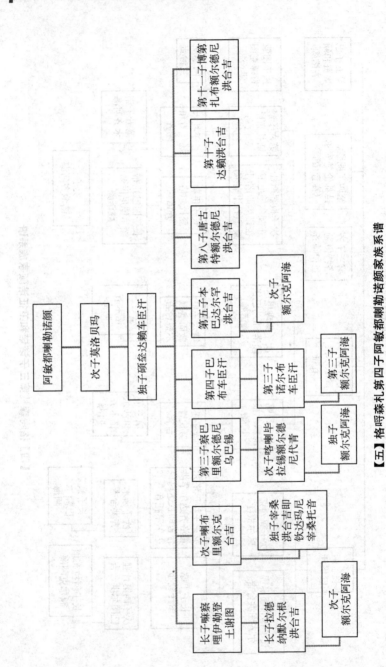

【五】格哷森札第四子阿敏都勒喇都勒诺颜家族系谱

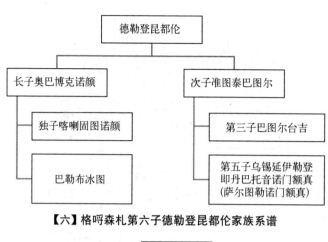

【六】格呼森札第六子德勒登昆都伦家族系谱

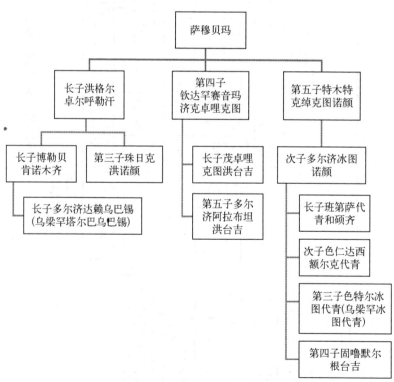

【七】格呼森札第七子萨穆贝玛家族系谱

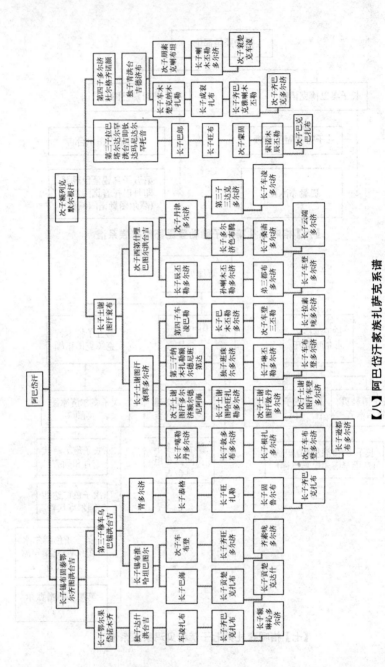

【八】阿巴岱汗家族扎萨克系谱

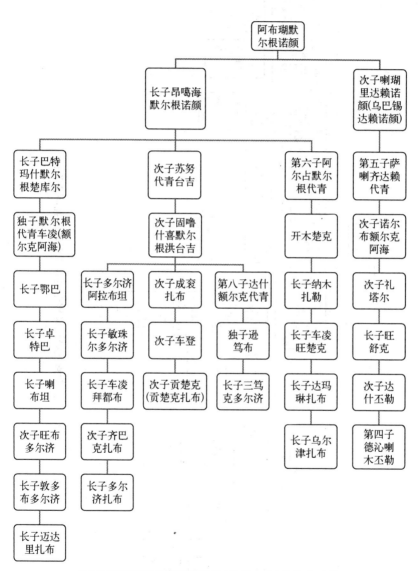

【九】阿布瑚默尔根诺颜家族(戈壁六旗)扎萨克系谱

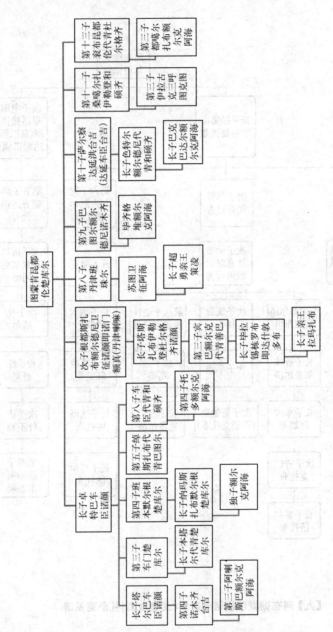

【十】图蒙肯都楚库尔赛音诺颜家族扎萨克系谱

附录二
大事记表

公元纪年	蒙藏历法	明清皇帝年号	大 事 记
1513年	癸酉 水鸡年	明武宗正德八年	喀尔喀领主层之祖格呼森札,诞生在蒙古中兴之主达延汗宫帐。
1530年	庚寅 铁虎年	明世宗嘉靖九年	格呼森札长子阿什海达尔罕洪台吉出生。
1531年	辛卯 铁兔年	嘉靖十年	格呼森札次子诺颜泰哈坦巴图尔出生。
1534年	甲午 木马年	嘉靖十三年	第三子诺诺和卫征诺颜出生。
1536年	丙申 火猴年	嘉靖十五年	第四子阿敏都喇勒诺颜出生。
1540年	庚子 铁鼠年	嘉靖十九年	第五子塔尔尼出生。
1542年	壬寅 水虎年	嘉靖二十一年	第六子德勒登昆都伦出生。
1544年	甲辰 木龙年	嘉靖二十三年	第七子萨穆贝玛出生。

续表

公元纪年	蒙藏历法	明清皇帝年号	大 事 记
1549 年	己酉 土鸡年	嘉靖二十八年	格哷森札去世于克鲁伦河之博隆地方。
1551 年	辛亥 铁猪年	嘉靖三十年	图伯特哈坦巴图尔诺颜出生。
1552 年	壬子 水鼠年	嘉靖三十一年	蒙古右翼阿勒坦汗等率兵征讨卫拉特,格哷森札子孙进一步向西扩展领地。
1554 年	甲寅 木虎年	嘉靖三十三年	阿巴岱瓦齐赉赛音汗出生。
1556 年	丙辰 火龙年	嘉靖三十五年	硕垒赛音乌巴锡洪台吉出生。
1561 年	辛酉 铁鸡年	嘉靖四十年	图蒙肯昆都伦楚库尔诺颜出生。
1562 年	壬戌 水狗年	嘉靖四十一年	赉瑚尔汗出生。
1580 年代			七和硕喀尔喀兀鲁斯全体领主,推举阿巴岱为赛音汗。
1581 年	辛巳 铁蛇年	明神宗万历九年	绰克图洪台吉出生。
1585 年	乙酉 火鸡年	万历十三年	阿巴岱汗始建"额尔德尼召"。
1586 年	丙戌 火狗年	万历十四年	阿巴岱汗前往呼和浩特附近,会见第三世达赖喇嘛,请得"佛法大瓦齐赉贲汗"号。
1587 年	丁亥 木猪年	万历十五年	阿巴岱汗率领七和硕喀尔喀军队,在库博科尔地方,再次彻底打败卫拉特联军,将其征服。

续表

公元纪年	蒙藏历法	明清皇帝年号	大 事 记
1588年	戊子 土鼠年	万历十六年	阿巴岱汗去世。
1589年	己丑 土牛年	万历十七年	第四世达赖喇嘛云丹嘉措,出生在蒙古右翼阿勒坦汗孙苏密尔代青洪台吉家中。
1594年	甲午 木马年	万历二十二年	土谢图汗衮布出生。
1596年	丙申 火猴年	万历二十四年	三月,七和硕喀尔喀兀鲁斯全体执政诺颜齐聚塔喇尼河畔召开大会,在先前"六和硕法典"基础上,制定了新的具有宪法性质的"猴年大法典"。
1603年	癸卯 水兔年	万历三十一年	云丹嘉措于藏北热振寺坐床,正式成为第四世达赖喇嘛。同时,格咩森札第三子诺诺和卫征诺颜家族的领主们召开会议,制定了"水兔年小法典"。
1613年	癸丑 水牛年	万历四十一年	在瓦齐赉赛音汗的主寺前,七和硕喀尔喀兀鲁斯左翼四和硕的领主们召开会议,制定了"水牛年小法典"。
1614年	甲寅 木虎年	万历四十二年	七和硕喀尔喀兀鲁斯左翼四和硕的领主们召开会议,制定了"阳木虎年赛罕庙法典"。其后,诺诺和卫征诺颜家族的领主们召开会议,又制定了"木虎年秋之法典"。

续表

公元纪年	蒙藏历法	明清皇帝年号	大 事 记
1616年	丙辰 火龙年	万历四十四年	第四世达赖喇嘛,在拉萨哲蚌寺圆寂。同年,七和硕喀尔喀兀鲁斯左翼四和硕的领主们召开会议,制定了"火龙年小法典"。一方面,右翼硕垒赛音乌巴锡洪台吉接见俄罗斯使者,并向卫拉特人传授蒙古字,引导卫拉特人信仰黄教。就在这一年,卫拉特蒙古的领主们派各自子弟前往拉萨学习佛经。
1617年	丁巳 火蛇年	万历四十五年	五世达赖喇嘛阿旺洛桑嘉措出生。同时,七和硕喀尔喀兀鲁斯左翼图蒙肯昆都伦楚库尔诺颜到达拉萨。
1618年	戊午 土马年	万历四十六年	右翼硕垒赛音乌巴锡洪台吉援助沙俄使者通过喀尔喀蒙古前往北京。
1623年	癸亥 水猪年	明熹宗天启三年	右翼硕垒赛音乌巴锡洪台吉在征讨卫拉特人的战事中阵亡。
1624年	甲子 木鼠年	天启四年	这一年前后,七和硕喀尔喀兀鲁斯与四卫拉特握手言和,初步达成联合。
1627年	丁卯 火兔年	天启七年	这一年前后,原林丹汗麾下的苏尼特、乌珠穆沁、浩齐特及阿巴嘎、阿巴哈纳尔等集团逃往漠北,推举硕垒为"共戴玛哈萨玛第车臣汗"。
1630年代			右翼巴特玛额尔德尼洪台吉要求沙俄方面准许他的商队通过俄罗斯的土地前往奥斯曼土耳其、耶路撒冷、基齐尔巴什和印度等地。

续表

公元纪年	蒙藏历法	明清皇帝年号	大　事　记
1631年	辛未 铁羊年	明思宗崇祯四年	右翼阿海代青到达西藏。
1634年	甲戌 木狗年	崇祯七年	蒙古宗主林丹汗去世。同时,左翼绰克图洪台吉与七和硕喀尔喀兀鲁斯其他领主发生争执,带领属民南下。
1635年	乙亥 木猪年	崇祯八年	一世哲布尊丹巴呼图克图出生在左翼土谢图汗衮布多尔济家中。同时,绰克图洪台吉占领青海后,派其子阿尔斯兰率军进抵西藏北部的达木。
1636年	丙子 火鼠年	崇祯九年 清崇德元年	满洲宗室领主、漠南蒙古领主及少数汉人军阀,于盛京召开大会,共同推戴皇太极为"可汗—皇帝",以他为中心建立了"大清国"政权。
1637年	丁丑 火牛年	崇祯十年 崇德二年	右翼领主和少数喀尔喀以固始汗为首的四卫拉特领主们的联军,于青海中部大败绰克图洪台吉,致使其在逃亡途中被杀。同时,七和硕喀尔喀兀鲁斯左翼车臣汗和土谢图汗等遣使致书皇太极,要求一同邀请达赖喇嘛。
1639年	己卯 土兔年	崇祯十二年 崇德四年	固始汗从白利土司那里开始征服藏地。同年,皇太极向西藏派遣了以察罕喇嘛为首的使团。
1640年	庚辰 铁龙年	崇祯十三年 崇德五年	七和硕喀尔喀兀鲁斯与四卫拉特各兀鲁斯的首领,齐聚扎萨克图汗领地,举行了具有重要意义的"喀尔喀—卫拉特会盟"。会盟期间与会领主共同商议制定《喀尔喀—卫拉特大法》,并于蒙古社会赋予达赖喇嘛权威,新成立了"喀尔喀—卫拉特联合政权"。

续表

公元纪年	蒙藏历法	明清皇帝年号	大 事 记
1641年	辛巳 铁蛇年	崇祯十四年 崇德六年	大批喀尔喀和卫拉特人员到达拉萨,为了"喀尔喀—卫拉特联合政权"的安定,向僧俗众人发布了告示。
1642年	壬午 水马年	崇祯十五年 崇德七年	固始汗将五世达赖喇嘛请至日喀则,将卫藏全体民众及其土地,献给五世达赖喇嘛,并在此基础上建立了西藏地方政府。
1643年	癸未 水羊年	崇祯十六年 崇德八年	五世达赖喇嘛召集青海和硕特的固始汗和七和硕喀尔喀兀鲁斯右翼的温布额尔德尼洪台吉二人,使他们立誓和好。
1644年	甲申 木猴年	清顺治元年	清军入关,占据北京,定鼎中原。
1646年	丙戌 火鼠年	顺治三年	漠南蒙古苏尼特部发生"腾机思事件",七和硕喀尔喀兀鲁斯左翼土谢图汗两万、车臣汗三万军队,与前去追击腾机思的由豫亲王多铎率领的清朝军队,在图拉河查济布喇克地方发生交战。
1650年	庚寅 铁虎年	顺治七年	七和硕喀尔喀兀鲁斯嘉木扬活佛前往卫藏,于是年十二月到达拉萨拜见五世达赖喇嘛,取得"哲布尊丹巴呼图克图"封号。
1651年	辛卯 铁兔年	顺治八年	哲布尊丹巴呼图克图从拉萨回到喀尔喀蒙古,其后仿照哲蚌寺七扎仓建立相关寺院机制,大力弘扬黄教。
1650年代			七和硕喀尔喀兀鲁斯右翼发生内讧。

续表

公元纪年	蒙藏历法	明清皇帝年号	大　事　记
1652年	壬辰 水龙年	顺治九年	五世达赖喇嘛启程前往北京觐见顺治帝。并从六月起开始撰写《四世达赖喇嘛传》。
1653年	癸巳 水蛇年	顺治十年	是年三月,对清朝的态度感到失望而急忙返回拉萨的五世达赖喇嘛,在呼和浩特和张家口之间接见喀尔喀蒙古使者。是年,五世达赖喇嘛撰写完《四世达赖喇嘛传》。
1655年	乙未 木羊年	顺治十二年	七和硕喀尔喀兀鲁斯与清朝之间达成共识,决定清朝皇帝将喀尔喀八位领主册封为"扎萨克",每年这八位扎萨克定期向清朝皇帝进献"九白之贡",双方建立外交贸易关系,史称"八扎萨克体制"。
1657年	丁酉 火鸡年	顺治十四年	于额尔德尼召地方,七和硕喀尔喀兀鲁斯全体领主召开大会,承认哲布尊丹巴呼图克图的首领地位,宣告哲布尊丹巴呼图克图统治体制的开始。
1662年	壬寅 水虎年	康熙元年	七和硕喀尔喀兀鲁斯右翼罗卜藏台吉即亦林臣赛音洪台吉,击杀扎萨克图汗浩塔拉,抢夺了扎萨克图汗属下的斡勒呼努特鄂托克。
1669年	乙酉 土鸡年	康熙八年	来自喀尔喀、卫拉特、藏地和汉地的代表,齐聚布达拉宫大殿,与达赖喇嘛共同庆祝新年。

续表

公元纪年	蒙藏历法	明清皇帝年号	大 事 记
1674年	甲寅 木虎年	康熙十三年	正月,土谢图汗察珲多尔济与在拉萨的喀尔喀、卫拉特领主共同参加了达赖喇嘛举办的新年宴会,并于是年五月,从达赖喇嘛取得"具有信仰力的土谢图汗"封号。
1682年	壬戌 水狗年	康熙二十一年	五世达赖喇嘛圆寂于布达拉宫。是年,康熙帝派遣亲信侍卫等,前去赏赉以八扎萨克为主的七和硕喀尔喀兀鲁斯首领,从此开启了双方关系的新篇章。
1686年	丙寅 火虎年	康熙二十五年	在达赖喇嘛使者噶勒丹锡热图呼图克图及康熙帝使者阿喇尼前,七和硕喀尔喀兀鲁斯左右翼全体领主及准噶尔的噶尔丹博硕克图汗等,于喀尔喀蒙古的库仁博勒齐尔地方召开会盟,共同商讨了怎样解决左右翼围绕属民返还而引起的对立与争执问题。
1687年	丁卯 火兔年	康熙二十六年	土谢图汗察珲多尔济以扎萨克图汗沙喇投奔噶尔丹为由,领兵前去杀死扎萨克图汗沙喇及前来支援的噶尔丹博硕克图汗弟多尔济扎布。
1688年	戊辰 土龙年	康熙二十七年	准噶尔的噶尔丹博硕克图汗领兵三万,越过杭爱山脉,以问罪哲布尊丹巴呼图克图及土谢图汗为口号,大举进攻七和硕喀尔喀兀鲁斯左翼,致使喀尔喀部众,被迫南下投靠清朝。

续表

公元纪年	蒙藏历法	明清皇帝年号	大 事 记
1690年	庚午 铁马年	康熙二十九年	康熙帝组织京畿八旗和漠南蒙古军队,于乌兰布统地方迎击南进的噶尔丹军队,迫使其返回漠北。
1691年	辛未 铁羊年	康熙三十年	康熙帝召集哲布尊丹巴呼图克图及土谢图汗、车臣汗、扎萨克图汗弟等已逃入漠南的喀尔喀重要领主,又集合清朝宗室王公和漠南蒙古王公,于八旗察哈尔境内的多伦诺尔地方举行会盟,使七和硕喀尔喀兀鲁斯服属清朝。
1692年	壬申 水猴年	康熙三十一年	清朝将土谢图汗部定为喀尔喀后路,将车臣汗部定为喀尔喀东路,扎萨克图汗部设为西路。
1694年	甲戌 木狗年	康熙三十三年	康熙帝在热河接见一世哲布尊丹巴呼图克图,以示优待。从此以后,二人常在热河、北京、五台山等地会面。
1696年	丙子 火鼠年	康熙三十五年	由喀尔喀蒙古兵、漠南蒙古扎萨克兵、阿拉善和硕特兵及众多八旗、绿营组成的清朝联合军团,在康熙帝的统一调度下,于漠北图拉河南边的昭莫多地方,与噶尔丹所领的准噶尔军队发生战斗,最终将其全部歼灭。
1697年	丁丑 火牛年	康熙三十六年	喀尔喀蒙古王公各自带领属下民众,陆续返回先前领地,逐渐恢复了原来的政治社会秩序。
1709年	己丑 土牛年	康熙四十八年	土谢图汗部王公制定《喀尔喀法规》。

续表

公元纪年	蒙藏历法	明清皇帝年号	大 事 记
1715年	乙未 木羊年	康熙五十四年	准噶尔军队袭击哈密,清朝将土谢图汗部的军队调往西边阿尔泰山附近驻防。
1716年	丙申 火猴年	康熙五十五年	一世哲布尊丹巴呼图克图致信准噶尔首领策旺阿喇布坦,规劝其向康熙帝认错。
1717年	丁酉 火鸡年	康熙五十六年	清朝又调土谢图汗部的军队驻防扎布坎河一带。
1719年	己亥 土猪年	康熙五十八年	再令土谢图汗部的军队建造扎克拜达里克城。
1723年	癸卯 水兔年	雍正元年	一世哲布尊丹巴呼图克图,以89岁高龄,在北京黄寺圆寂,雍正帝赐予"弘法大师"封号。
1724年	甲辰 木龙年	雍正二年	雍正帝令喀尔喀2 000名军队继续驻防阿尔泰,并在其管理上任命土谢图汗部的丹津多尔济、赛音诺颜部的策凌、扎萨克图汗部的博贝为副将军,从此开始设置了管辖军队的副将军一职。
1725年	乙巳 木蛇年	雍正三年	雍正帝将图蒙肯昆都伦楚库尔的"赛音诺颜"封号,转给达什敦多布,令其统率亲族从土谢图部析出,另立一部,称"赛音诺颜部",自此喀尔喀蒙古开始形成四部体制。
1727年	丁未 火羊年	雍正五年	清朝任命土谢图汗旺济勒多尔济为盟长,自此开始在喀尔喀四部设立管理军事行政的盟长一职。

续表

公元纪年	蒙藏历法	明清皇帝年号	大 事 记
1729年	己酉 土鸡年	雍正七年	清朝与准噶尔宣战。
1732年	壬子 水鼠年	雍正十年	亲王丹津多尔济与额驸策凌率领的以喀尔喀兵为主力的清军,在额尔德尼召地方,大败小策凌敦多布率领的准噶尔军队,给予毁灭性的打击。
1733年	癸丑 水牛年	雍正十一年	在车臣汗恳请下,清朝第一次向喀尔喀四部的部分王公支给俸禄。
1735年	乙卯 木兔年	雍正十三年	清朝与准噶尔之间进入和平交涉后,随即开始撤回驻扎在阿尔泰山附近的清军,但仍将喀尔喀四部的3 000名兵丁,安插在鄂尔浑河驻防,后来又迁至塔米尔河流域。
1740年	庚申 铁猴年	乾隆五年	乾隆帝向喀尔喀四部颁布谕旨,宣布已与准噶尔商定不可将喀尔喀游牧向西越过扎布坎河,故要求喀尔喀王公等遵守这一约定。
1752年	壬申 水猴年	乾隆十七年	乾隆帝命喀尔喀四部于各自游牧中预备兵丁,其中扎萨克图汗部1 000名,赛音诺颜部2 000名,土谢图汗部3 000名,车臣汗部4 000名。
1755年	乙亥 木猪年	乾隆二十年	喀尔喀蒙古兵协助清军,与投附清朝的准噶尔领主阿睦尔撒纳的军队一起,西征准噶尔。

续表

公元纪年	蒙藏历法	明清皇帝年号	大 事 记
1756年	丙子 火鼠年	乾隆二十一年	喀尔喀扎萨克郡王青衮咱卜举起义旗,公然反抗清朝,向四部发去信函,以求一同起事,但迅速被清军镇压,史称"青衮咱卜之乱"。
1758年	戊寅 火牛年	乾隆二十三年	清朝命喀尔喀四部各旗查明边界上报,这是自1691年服属以来,第一次针对旗界下达的命令。
1762年	壬午 水马年	乾隆二十七年	为处理与俄国之间的商业贸易及边境防御等事务,清朝在库伦设置钦差办事大臣。
1763年	癸未 水羊年	乾隆二十八年	从这一年开始,喀尔喀四部合成一体使用吉古呼文书,以恢复"旧制度"。
1780年	庚子 铁鼠年	乾隆四十五年	清朝制定"将军、参赞大臣、盟长、副将军办理事务章程",对喀尔喀四部办事机构进行整备与改革。
1783年	癸卯 水兔年	乾隆四十八年	清朝通过没收吉古呼文书、惩治土谢图汗、警示众扎萨克等手段,禁断了喀尔喀蒙古四部联合的政治体制。

参考文献

一 史料[①]

满文档案及文献

《大清太宗文皇帝实录(清太宗实录)》:台北故宫博物院所藏。

《旧满洲档》:台北故宫博物院,1969年。

《康熙朝满文朱批奏折》:中国第一历史档案馆所藏。

《库伦办事大臣档》(满文):蒙古国立档案馆所藏。

《亲征平定朔漠方略(朔漠方略)》:[清]温达等撰,中国国家图书馆所藏。

《乾隆朝满文寄信档译编》:中国第一历史档案馆编译,岳麓书社,2011年。

《清代新疆满文档案汇编》:中国第一历史档案馆、中国边疆史地研究中心合编,广西师范大学出版社,2012年。

《雍正朝满文朱批奏折》:中国第一历史档案馆所藏。

《军机处满文录副奏折档》:中国第一历史档案馆所藏。

《军机处满文准噶尔使者档译编》:中国第一历史档案馆、中国边疆民族地区历史与地理研究中心合编,中央民族大学出版社,2009年。

[①] 以下史料及参考文献,均按汉语拼音序列编排。

蒙古文档案及文献

《阿萨拉克其史》：蒙古国家图书馆所藏，蒙古国立大学、蒙古国家图书馆、蒙古国科学院历史所合作整理，乌兰巴托影印版，2011年。

《『アルタン=ハーン伝』訳注("阿勒坦汗传"译注)》：吉田顺一等，日本风间书房，2008年。

《宝贝念珠》：［蒙］格日勒巴达拉夫校，乌兰巴托，2007年。

《大黄册》：乌力吉图校勘注释、巴·巴根校订，民族出版社，1983年。

《反映满洲支配蒙古时期的资料》：蒙古国家图书馆所藏，［蒙］宝音楚拉罕整理，蒙古国立大学历史研究院再编，2007年。

《库伦办事大臣档》(蒙古文)：蒙古国立档案馆所藏。

《亲征平定朔漠方略(朔漠方略)》：阿拉善左旗人民政府整理，内蒙古文化出版社，1992年。

《青海卫拉特联盟法典》：才仁巴力、青格力注解，民族出版社，2009年。

《清内秘书院蒙古文档案汇编》：内蒙古大学蒙古学研究中心、第一历史档案馆、内蒙古自治区档案馆，内蒙古人民出版社，2003年。

《清内阁蒙古堂档》：中国第一历史档案馆所藏，内蒙古大学蒙古学学院等编，内蒙古人民出版社，2005年。

《清朝蒙古实录》：那顺乌力吉整理，内蒙古教育出版社，2013年。

《蒙古源流》：(清)萨冈彻臣著，呼和温都尔校，民族出版社，1987年。

《蒙古—卫拉特法典》：宝音乌力吉、包格校注，内蒙古人民出版社，2000年。

《蒙古乌巴锡洪台吉传》：引自策·达木丁苏荣编《蒙古古代文学一百篇》，第二册，第610—619页，内蒙古人民出版社，2008年版。

《卫拉特历史文献》：巴岱、金峰、额尔德尼整理，内蒙古文化出版社，1985年。

《十善福白史》：留金锁校注，内蒙古人民出版社，2000年。

《札雅班第达传》：拉德那博哈德拉著、西·诺尔布校注，内蒙古人民出版社，1990年。

《西藏历史档案荟萃》（八思巴蒙古文部分）：西藏自治区档案馆编，文物出版社，1995年。

《相关蒙古及中亚地区文化史的两件珍贵文献》：［蒙］呼·丕日烈整理录入，乌兰巴托，1974。

汉文档案及文献

《大清太宗文皇帝实录（清太宗实录）》：（清）图海等修，台北华文书局，1964年。

《大清世祖章皇帝实录（清世祖实录）》：（清）巴泰等修，台北华文书局，1964年。

《大清圣祖仁皇帝实录（清圣祖实录）》：（清）马齐等修，台北华文书局，1964年。

《大清世宗宪皇帝实录（清世宗实录）》：（清）鄂尔泰等修，台北华文书局，1964年。

《大清高宗纯皇帝实录（清高宗实录）》：（清）庆桂等修，台北华文书局，1964年。

《大清会典事例》（嘉庆朝）：（清）托津等纂，文海出版社，1993年。

《平定准噶尔方略》：（清）傅恒等纂，中国西北文献丛书编辑委员会编，1990年。

《亲征平定朔漠方略（朔漠方略）》：（清）温达等撰，西藏社会科学院西藏学汉文文献编辑室编，中国藏学出版社，1994年。

《清代蒙古官吏传》：包桂芹编，民族出版社，1995年。

《清史列传》：王钟翰校，中华书局，1987年。

《钦定外藩蒙古回部王公表传》：（清）祁韵士等纂，包文汉等整理，内蒙古大学出版社，1990年。

藏文档案及史料

《阿旺洛桑嘉措传》（五世达赖喇嘛传）：（清）阿旺洛桑嘉措著，西藏人民出版社,1989年。

汉译《五世达赖喇嘛传》:陈庆英、马连龙、马林译,中国藏学出版社,2006年。

《观世音菩萨遍知一切云丹嘉措贝桑布之传记—怀念被称为"已解脱的珍宝"〔的他〕》(四世达赖喇嘛传):(清)阿旺罗桑嘉措著,中国藏学出版社,2010年。

汉译《四世达赖喇嘛传》:陈庆英、马连龙等译,中国藏学出版社,2006年。

《如意宝顶》(七世达赖喇嘛传):(清)章嘉若必多杰著,西藏人民出版社,1990年。

汉译《七世达赖喇嘛传》:蒲文成译,西藏人民出版社,1989年。

《西藏历史档案公文选—水晶明鉴》:扎西旺都、王玉平译,中国藏学出版社,2006年。

《西藏社会历史藏文档案资料译文集》:西藏自治区档案馆等编,中国藏学出版社,1997年。

俄文

《十七世纪俄中关系》:苏联科学院远东研究所编、厦门大学外文系译、黑龙江大学俄语系校,商务印书馆,1978年。

二 参考书目及论文

蒙古文

宝音德力根:《17世纪中后期喀尔喀内乱》,载《明清档案与蒙古史研究》第1集,内蒙古人民出版社,2000年。

宝音德力根:《从阿巴岱汗与俺答汗的关系看早期喀尔喀历史的几个问题》,载《内蒙古大学学报》1999年第1期。

[蒙]车·索诺木达克巴著:《满洲统治下的漠北蒙古行政组织1691—1911》,蒙古国科学院,1961年。

[蒙]达·贡格尔著:《喀尔喀史》上册,蒙古人民共和国科学院历史

所,1970年。

[蒙]达·贡格尔著:《喀尔喀史》下册,蒙古人民共和国科学院历史所,1978年。

[蒙]舍·纳楚克道尔基著:《满洲统治时期的喀尔喀简史1691—1911》,蒙古国家出版理事委员会,1963年。

汉文

达力扎布著:《〈喀尔喀法规〉汉译及研究》,中央民族大学出版社,2015年。

达力扎布:《1640年喀尔喀—卫拉特会盟的召集人及地点》,载《民族研究》2008年第4期。

杜家骥:《清朝满蒙联姻研究》,人民出版社,2003年。

姑茹玛:入清前(1691)的喀尔喀车臣汗部研究,内蒙古大学博士论文,2008年。

马克·布洛赫著,李增红、侯树栋、张绪山译,张绪山校:《封建社会》下卷,商务印书馆,2004年。

齐光著:《大清帝国时期蒙古的政治与社会——以阿拉善和硕特部研究为中心》,复旦大学出版社,2013年。

齐光:《清朝时期蒙古阿拉善和硕特部扎萨克王爷的属众统治》,载《清史研究》2013年第1期。

齐光:《八旗察哈尔的编立及其与清朝可汗间的关系》,载《中国边疆民族研究》第9辑,2015年。

齐光:《关于清初克什克腾扎萨克旗的建立》,载《历史地理》第34辑,2017年。

齐木德道尔吉:《外喀尔喀车臣汗硕垒的两封信及其流传》,载《内蒙古大学学报(哲学社会科学版)》1994年第4期。

齐木德道尔吉:《1640年以后的清朝与喀尔喀的关系》,载《内蒙古大学学报(人文社会科学版)》1998年第4期。

乌云毕立格:《清太宗与喀尔喀右翼扎萨克图汗素班第的文书往

来——兼谈喀尔喀—卫拉特联盟的形成》,载《西域研究》2008年第2期。

乌云毕立格:《〈阿萨喇克其史〉研究》,中央民族大学出版社,2009年。

卫拉特蒙古简史编写组:《卫拉特蒙古简史》,新疆人民出版社,1992年。

俄文

沙斯季娜(Н. П. Шастина):《十七世纪俄蒙通使关系》(内部参考本),北京师范大学外语系七三级工农兵学员及教师译,商务印书馆,1977年。

符拉基米尔佐夫(Б. Я. Владимирцов):《蒙古社会制度史——蒙古游牧封建制度》(征求意见稿),刘荣焌译,中国社会科学院民族研究所社会历史室编,1978年。

日文[①]

石濱裕美子:《グシハン王家のチベット王権喪失過程に関する一考察——ロプザン・ダンジン(Blo bzang bstan 'dzin)の「反乱」再考(关于固始汗家族丧失西藏王权过程的一项考察——再考罗卜藏丹津叛乱)》,载《東洋学報》69-3·4,1988年。

石濱裕美子:《ガルダン・ハルハ・清朝・チベットが共通に名分としていた『仏教政治』思想——満州文・モンゴル文・漢文『朔漠方略』の史料批判に基づいて(噶尔丹、喀尔喀、清朝、西藏共同作为名分的"佛教政治"思想——基于满文、蒙古文、汉文〈朔漠方略〉的史料批判)》,载《東洋史研究》59-3,2000年。

石濱裕美子:《チベット仏教世界の歴史的研究(西藏佛教世界的历史研究)》,東方書店,2001年。

岡洋樹:《ハルハ・モンゴルにおける清朝の盟旗制支配の成立過

---

① 日文参考文献,均按日语假名序列编排。

程——牧地の問題を中心として(于喀尔喀蒙古的清朝盟旗制支配的成立过程——以游牧地问题为中心)》,载《史学雑誌》97—2,1988年。

岡洋樹:《清朝国家の性格とモンゴル王公(清朝的国家性质与蒙古王公)》,载《史滴》16,1994年。

岡洋樹:《清朝とハルハ「八扎薩克」について(关于清朝与喀尔喀〈八扎萨克〉)》,载《東洋史研究》52—2,1993年。

岡洋樹:《清代モンゴル盟旗制度の研究(清代蒙古盟旗制度研究)》,東方書店,2007年。

岡田英弘等:《清朝とは何か(清朝是什么)》,藤原書店,2009年。

斉光:《1730年前後の戦争期におけるジュンガルの対清戦略(1730年前后战争期准噶尔的对清战略)》,载《史滴》,第40号,2018年。

渋谷浩一:《清朝と内陸アジアの関係を研究するための第一級史料(研究清朝与内陆亚洲关系的第一级史料)》,载《東方》313,2007年。

渋谷浩一:《ウンコフスキー使節団と一七二〇年代前半におけるジューン=ガル,ロシア,清の相互関係(温科夫斯基使团与一七二〇年前半期准噶尔、俄罗斯、清朝间的相互关系)》,载茨城県大学文学部紀要《人文コミュニケーション学科論集》2,2007年。

萩原守:《清代モンゴルの裁判と裁判文書》,創文社,2006年。

森川哲雄:《中期モンゴルのハーンとサイトの関係について(关于中期蒙古的大汗与赛特间关系)》,载《待兼山論叢》7,1974年。

森川哲雄:《中期モンゴルのトゥメンについて——特にウルスとの関係を通じて(关于中期蒙古的土门——特别是通过与兀鲁斯之间的关系)》,载《史学雑誌》81—1,1972年。

森川哲雄:《『四オイラト史記』に見られる諸集団について(关于出现在〈四卫拉特史〉的诸集团)》,载《歴史学・地理学年報》2,1978年。

森川哲雄:《ハルハ・トゥメンとその成立について(关于喀尔喀土门及其成立)》,载《東洋学报》第 55 卷,1972 年。
宫脇淳子:《オイラット・ハーンの誕生(卫拉特汗的诞生)》,载《史学雑誌》100—1,1991 年。
宫脇淳子:《最後の遊牧帝国(最后的游牧帝国)》,講談社,1995 年。
宫脇淳子:《モンゴルの歴史(蒙古的历史)》,刀水書房,2002 年。

后 记

一位翻译家曾说：不可贸然用某种普遍的，特别是自己时代的道德原则和价值标准去评判别的文明、别的时代和别的民族，不可草率地将自己的观念见解投射到别的时代和别的民族身上，有距离感和差异感才会有历史感。

虽然近现代以来的国民国家（单一民族可称"民族国家"）需要单一的历史叙述模式，以有效统一他的国民意志和自我认同，左右国民感情，但是一个追求进步，更加文明的现代国家公民，须要客观认识多样性的真实历史，须正确理解其他民族，这样才能建立强固的友谊和彼此尊重的桥梁。何况奠定今天中华人民共和国版图的清朝又是个多民族的大帝国呢！

众所周知，喀尔喀蒙古是今蒙古国的前身，也是其大多数国民的祖先。研究这部分人的历史，与论述当前生活在中国的蒙古族历史，是有些不同的，其鲜明的个性及在近现代史中的显著性，决定了这种研究的非凡之处。对于笔者来说，也是个不小的挑战。兰克的一句话给了我莫大的动力：我情愿忘却自我而只讲述能够彰显强势人物的事情。

在喀尔喀蒙古，历史发展至17世纪，出现了非常多元化和复杂化的倾向，因而也容易被描述成割裂的、零碎的，或注重外因的可怕结果。坚持史料的正确性和第一性,以及论述上的客观性,忠实于当时的历史事实,只按事实发生的状态叙述,这是很有必要的。这本书,只属于 16—18 世纪联合统一的喀尔喀蒙古,而非其他。

为了完成这部著作,笔者多次前往蒙古国立档案馆及图书馆,查阅相关喀尔喀蒙古政治社会体制的满、蒙文档案文献,同时又到中国第一历史档案馆,收集了事关清朝政策的军机处满文奏折,为此花费了不少精力。在 2013—2016 年间,笔者认真翻译分析多语文史料,将工作时间多花在了这本书稿的写作上。

本书在撰写过程中,曾受到国家社科基金项目的经费支持,在此表示感谢!

此外,感谢复旦大学校内出版资助项目及复旦大学出版社胡春丽编审!

还要感谢一直支持我的妻子萨日娜和史地所的同事们!

希望本书能够推进相关研究的深入发展!

2020 年 6 月于复旦大学

图书在版编目(CIP)数据

16—18世纪喀尔喀蒙古政治社会体制研究/齐光著. —上海:复旦大学出版社,2020.8
ISBN 978-7-309-15191-6

Ⅰ.①1… Ⅱ.①齐… Ⅲ.①喀尔喀蒙古-民族历史-研究-16世纪-18世纪
Ⅳ.①K289

中国版本图书馆 CIP 数据核字(2020)第 130445 号

16—18世纪喀尔喀蒙古政治社会体制研究
齐　光　著
责任编辑/胡春丽

复旦大学出版社有限公司出版发行
上海市国权路 579 号　邮编:200433
网址: fupnet@fudanpress.com　http://www.fudanpress.com
门市零售: 86-21-65102580　　团体订购: 86-21-65104505
外埠邮购: 86-21-65642846　　出版部电话: 86-21-65642845
上海华业装潢印刷厂有限公司

开本 890×1240　1/32　印张 12.875　字数 335 千
2020 年 8 月第 1 版第 1 次印刷

ISBN 978-7-309-15191-6/K·732
定价:88.00 元

如有印装质量问题,请向复旦大学出版社有限公司出版部调换。
版权所有　　侵权必究